Von der Unmöglichkeit oder Möglichkeit, ein Christ zu sein

Mit Nietzsche denken

Publikationen des Nietzsche-Forums München e.V.

BAND 2

Von der Unmöglichkeit oder Möglichkeit, ein Christ zu sein

Symposion 1996 des Nietzsche-Kreises München
Vorträge aus den Jahren 1996-2001

Herausgegeben
von
Beatrix Vogel

Der Allitera Verlag ist ein BoD™-Verlag der Buch & medi@ GmbH, München.
Dieser Verlag publiziert ausschließlich Books on Demand in Zusammenarbeit
mit der Books on Demand GmbH, Norderstedt, und dem Hamburger Buchgros-
sisten Libri. Die Bücher werden elektronisch gespeichert und auf Bestellung
gedruckt, deshalb sind sie nie vergriffen. Books on Demand sind über den
klassischen Buchhandel und Internet-Buchhandlungen zu beziehen.

Weitere Informationen über den Verlag und sein Programm unter:
www.allitera.de

Die Deutsche Bibliothek – CIP-Einheitsaufnahme

Von der Unmöglichkeit oder Möglichkeit , ein Christ zu sein : Symposion 1996
des Nietzsche-Kreises München / Eberhard Simons .... Vorträge aus den Jahren
1996 - 2001 / Nietzsche-Kreis München. [Gesamtw.] Hrsg.: Nietzsche-Forum
München e.V. Hrsg.: Beatrix Vogel. - München : Allitera-Verl., 2001
(Mit Nietzsche denken ; Bd. 2)
ISBN 3-935284-47-0

Dezember 2001
Allitera Verlag
Ein BoD™-Verlag der Buch & medi@ GmbH, München
© 2001 Beatrix Vogel/Nietzsche-Forum München
Umschlaggestaltung: Kay Fretwurst unter Verwendung der
»Seefahrt des Dionysos«, Innenbild einer Trinkschale des Exekias, um 530 v. Chr.
(Staatliche Antikensammlung, München)
Lektorat: Mechthild Gerdes, Dr. Birgit Petrick, Lothar Diehl
Textbearbeitung: Dr. Beatrix Vogel, R. M. Baumgartner
Herstellung: Books on Demand GmbH, Norderstedt
Printed in Germany · ISBN 3-935284-47-0

INHALT

TEIL 1

VON DER UNMÖGLICHKEIT ODER MÖGLICHKEIT, EIN CHRIST ZU SEIN
Zur europäisch-geschichtlichen Freiheits- und Wertekonstitution

*Symposion vom 23. – 25. Februar 1996
in der Münchner Seidlvilla*

Teil 2

Vorträge 1996 – 2001

ANHANG

Das NIETZSCHE-FORUM MÜNCHEN e.V.
dankt der HANS-SAUER-STIFTUNG, Deisenhofen
und der CEROS VERMÖGENSVERWALTUNG AG, Frankfurt am Main
für die freundliche Gewährung eines Zuschusses

CEROS VERMÖGENSVERWALTUNG AG

DANKSAGUNG

Diese Dokumentation verdankt sich dem Zusammenwirken vielfältiger Bemühungen: einem Netz von Umständen und Prozessen, die sie begleiteten, unterstützten und trugen.

Den Referenten des Symposions: »Von der Unmöglichkeit oder Möglichkeit, ein Christ zu sein. Zur europäisch-geschichtlichen Freiheits- und Wertekonstitution«, das vom 23.-25. Februar 1996 in der Münchner Seidlvilla stattfand, sowie allen Autoren dieses Bandes sei für ihre speziellen Beiträge gedankt.

Ein ganz besonderer Dank gilt der HANS-SAUER-STIFTUNG, Deisenhofen, die dieses Symposion materiell und ideell gefördert und den vorliegenden Band durch Gewährung eines Zuschusses unterstützt hat. In den Gesprächen mit Herrn Dr. Hans Sauer – der am 13.05.1996 plötzlich verstarb – kristallisierte sich das Thema des Symposions als eine Grundfrage von höchster praktischer Relevanz heraus: die Auseinandersetzung mit der abendländisch-europäischen Tradition im interkulturellen Kontext, mit der zu entwickelnden Zielperspektive der vom Menschen selbst beeinflussten Evolution: eine Frage, die seitdem in alljährlichen Gesprächskreisen und Kolloquien, die ebenfalls von der Hans-Sauer-Stiftung gefördert werden, sowie in den regelmäßigen Vorträgen des Nietzsche-Forum München in unterschiedlichen Akzentuierungen vertieft und weiterverfolgt wird. Die Kooperation des Nietzsche-Forums München mit der Hans-Sauer-Stiftung ist daher von besonderer Bedeutung.

Ein großer Dank geht auch an die CEROS VERMÖGENSVERWALTUNG AG, Frankfurt, die das Buch ebenfalls finanziell unterstützte; ebenso Dank an den Verlag, der das Risiko trägt.

Für die aktive Hilfe bei der Erstellung des Buchmanuskripts geht mein besonderer Dank an Frau Mechthild Gerdes, die in mannigfaltigen, schwierigen Fragen einfühlsame und kompetente Lösungen einbrachte; sodann an Frau Dr. Birgit Petrick und Herrn Lothar Diehl für die Durchsicht des Buchmanuskripts.

Beatrix Vogel
Otterfing, im August 2001

Friedrich Nietzsche – ein Mythos?

Heinz Friedrich

Zehn Jahre vor der Wende zum 20. Jahrhundert verwirrte sich Nietzsches Geist. Zehn Jahre lang dämmerte der Philosoph noch dahin. In diesem Jahrzehnt konstituierte sich Nietzsches Ruhm und Wirkung. Seine harsche Kritik an der Décadence des Bürgertums erregte die jungen Gemüter der fin-de-siècle-Epoche ebenso wie die Abrechnung mit dem Christentum und die prophetische Charakteristik des europäischen Nihilismus. Am meisten jedoch begeisterte die ins 20. Jahrhundert aufbrechende Generation die Vision eines neuen Menschen, die nach dem europäischen Debakel eine hoffnungsvollere Menschenära beschwor. Nietzsche, der große Unbekannte in den siebziger und achtziger Jahren des 19. Jahrhunderts, avancierte also in nur wenigen Jahren zur fast mythischen Figur. Sein Tod im Jahre 1900 glich einer messianischen Verklärung. Seither muss sich das Nietzsche-Bild zwischen kultischer Verehrung und empörter Ablehnung, zwischem unkritischem Bekenntnis und polemischer Verteufelung behaupten. Zweifellos gehört Nietzsche zu den am meisten missverstandenen und missbrauchten Philosophen des 20. Jahrhunderts. »Übermensch« und »Wille zur Macht« – Schlagworte wie diese schienen einem Königsweg in glorreiche, hochgezüchtete Menschenzukunft vorauszuleuchten und rassistischen Hochmut zu bekräftigen. Aber so idealistisch-utopistisch leicht macht es Nietzsche weder sich selbst noch seinen Lesern. Er zögert nicht, auch in Frage zu stellen, was er fordert. Er provoziert sozusagen sich unentwegt selbst, um seine Perspektive zu überprüfen – und zwar an der Lebens-Realität. Ewige Lust und Wille zur Macht sind für ihn die Spannungspole, zwischen denen sich Leben ereignet und in Selbstbehauptung von den Individuen gestaltet werden muss. Für billige Tagesparolen taugen solche Begriffe so gut wie nichts. Man muss sich auf Nietzsches Denk-Niveau des freien Geistes hinaufbemühen, um ihn in seiner facettenreichen und scheinbar widersprüchlichen Gedankenwelt eindeutig verstehen zu können als den Liquidator einer menschlichen Vorstellungswelt, die seiner Überzeugung nach unter dem Vorzeichen des Christentums die europäische Kultur glanzvoll und zuletzt kläglich verdarb. Der Materialismus in allen seinen Erscheinungsformen wird als Nihilismus des kommenden Jahrhunderts (und damit als Ergebnis dieser abendländischen Entwicklung) diagnostiziert.

Wie gesagt: Nietzsche macht es seinen Bekennern wie seinen Gegnern schwer, gegen die Florett-Ausfälle seines Geistes anzukommen. Die produktivste Art, sich mit Nietzsches Denken zu beschäftigen und aus dieser Beschäftigung Erkenntnis-Nutzen zu ziehen, ist daher die sachliche Auseinandersetzung, ist der unbefangene Dialog. Keine Augenverdrehungen, keine Heilserwartungen – aber auch keine Vorurteile oder polemisch institutionalisierten Missverständnisse also, sondern die Bereitschaft, sich Nietzsche und seiner Jahrhundert-Kritik zu stellen – das ist die Basis, auf der die Beschäftigung mit Nietzsche fruchtbar wird.

Die Symposien und Vorträge des Nietzsche-Forums München bemühen sich seit etlichen Jahren mit Erfolg, das heißt: mit Widerhall, diese Basis zu festigen und auf ihr die solide, fruchtbare, erkenntnisbringende Auseinandersetzung mit Nietzsche wachzuhalten und auch herauszufordern. Die Beiträge des zweiten Bandes der Publikationen des Nietzsche-Forums München bekräftigen diese Absicht des Forums eindrucksvoll. In ihnen wird zum Beispiel ohne polemischen Eifer sehr nachdenkenswert die abendländische Rezeption des Christentums diskutiert, und zwar nicht zuletzt als staatsreligiöses Erbe des Römischen Imperiums – ein Aspekt, der in den letzten Jahren nicht gerade im Vordergrund der religions- und staatshistorischen Diskussionen stand.

Mit anderen Worten: es ist gut und hilfreich, dass es diesen zweiten Band der Dokumentarien des Nietzsche-Forums München gibt. Ihn verdanken wir der unermüdlichen, ja: leidenschaftlichen Hingabe von Beatrix Vogel an die Idee des Nietzsche-Forum und ihrem Eifer, die finanziellen Mittel für den Druck zusammenzubringen.

Möge dem Band das Echo beschieden sein, das wir ihm wünschen!

Heinz Friedrich
Im August 2001

Einleitung

Überlegungen zur Situation des Religiösen im Umkreis von Nietzsches Religions- und Christentumskritik

Beatrix Vogel

»Das ist es nicht, was u n s abscheidet, daß wir keinen Gott wiederfinden,weder in der Geschichte, noch in der Natur, noch hinter der Natur, – sondern daß wir, was als Gott verehrt wurde, nicht als »göttlich« ... empfinden,nicht nur als Irrthum, sondern als V e r b r e c h e n a m L e b e n ...«

(Friedrich Nietzsche, *Der Antichrist*, § 47; KASA 6, S.225)

»...diess müßte doch ein Glück ergeben, das bisher der Mensch noch nicht kannte, – eines Gottes Glück voller Macht und Liebe, voller Thränen und voll Lachens ... Dieses göttliche Gefühl hiesse dann – Menschlichkeit!«

(Friedrich Nietzsche, *Die fröhliche Wissenschaft*, § 337; KSA 3, S. 565)

»Shakespeare ist zu gleicher Zeit Jude und Grieche ... Der Spiritualismus und die Kunst haben sich in ihm ... durchdrungen und zu einemhöheren Ganzen entfaltet. Ist vielleicht solche harmonische Vermischung der beiden Elemente die Aufgabe der ganzen europäischen Zivilisation?«

(Heinrich Heine, *Briefe von Helgoland*, Brief vom 29. 7.)

1. Zum Verständnis der Reihe *Mit Nietzsche Denken*

Die Herausgabe der Reihe *Mit Nietzsche denken. Publikationen des Nietzsche-Forums München* folgt einer doppelten Absicht: Zum Einen soll sie die Arbeit des Nietzsche-Forums München an eine größere Diskursgemeinschaft anschließen. Zum Andern, in interner Ausrichtung, versteht sich die

Dokumentation als Dienstleistung für die Teilnehmer und Interessenten unserer Vortragsabende, die die gehörten (oder auch versäumten) Vorträge gerne zur intensiveren Beschäftigung schwarz auf weiß in Händen hätten. Die Möglichkeit solcher Beschäftigung bedeutet eine Anregung für die aktive Teilnahme sowohl an den Diskussionen als auch bei der Themenwahl und Gestaltung künftiger Vortragsabende, Tagungen und Symposien; sie trägt dazu bei, die geistige Atmosphäre unseres Nietzsche-Forums München zu verdichten und den lebendigen Austausch von Wahrnehmungen und Reaktionen zu bereichern und zu differenzieren.

Dieses angesprochene lebensgeschichtlich relevante Moment der Dokumentation der Arbeit des Nietzsche-Forums München rechtfertigt einen großzügigeren Spielraum bei der Gestaltung der Publikationen, sowohl unter formellem Gesichtspunkt (wenn etwa die Beiträge in unterschiedlichen Graden redaktionell überarbeitet erschienen) wie hinsichtlich der Komposition der in einen Band aufgenommenen Beiträge (die z.B. auch durch die Zugänglichkeit derselben in einem bestimmten Zeitraum mitbestimmt ist).

Welches Interesse im Endzustand des hergestellten Gleichgewichts der Einflussgrößen schließlich überwiegt, gibt natürlich auch darüber Aufschluss, wie die Vereinigung sich selbst, zumindest derzeit, sieht und situiert.

Das Nietzsche-Forum München e.V., zurückgehend auf die 1919 in München von Dr. Friedrich Würzbach gegründete Nietzsche-Gesellschaft e.V. (mit Thomas Mann, Hugo von Hofmannsthal, Ernst Bertram, Leo Schestow, Richard Oehler, Heinrich Wölfflin u.a. als weiteren Gründungsmitgliedern)[1], hatte von jeher einen ausgeprägten lokalen Bezug. Sein historischer Lebenslauf ist eng verwoben in den Gang der Münchner Kulturgeschichte, erwachsen aus dem Geschehen der literarischen Moderne, dem Kreis jener Literaten, Maler, Musiker, Philosophen und politischen Denker (zumal der politischen Linken vor 1933), »denen das Werk Friedrich Nietzsches zum entscheidenden Erlebnis geworden«[2] war. Gerade durch diese Einbindung war sie aber nie nur lokal bedeutsam, sondern von Anfang an international und – das verdient m. E. eine deutliche Hervorhebung – g e g e n d e n S t r i c h der Kontextbedingungen der Nietzsche-Rezeption in Deutschland – also der zuerst erfolgenden ideologischen Vereinnahmung, wie auch der späteren Tabuierung Nietzsches entgegengesetzt – ausgerichtet.

Insofern besteht der lokale Bezug oder Akzent von Publikationen des Nietzsche-Forums München (des ehemaligen Nietzsche-Kreises München) – das sich im Jahr des Gedenkens des 100. Todestages Friedrich Nietzsche auch rechtsfähig neu bzw. rekonstruiert hat – heute, in einer Zeit, da die Kontextfindung für eine Nietzsche-Vereinigung in Deutschland keine Herausforderung mehr ist, auch darin, auf die Existenz dieser frühen Münchner

Nietzsche-Gesellschaft, deren Schicksal und die beachtliche Kontinuität dieser Nietzsche-bezogenen kulturphilosophischen Aktivität in München hinzuweisen.[3]

Inhaltlich sieht das heutige Nietzsche-Forum München – im Einklang mit der Zweckbestimmung der früheren Münchner Nietzsche-Vereinigungen und in deren Fortsetzung – seine Aufgabe dahin gehend, einen fruchtbaren Beitrag für die Kultur der Gegenwart, die zu wünschende kulturelle Evolution des Menschen, ganz besonders durch eine intensive Auseinandersetzung mit Nietzsche zu leisten. Nietzsches Analysen und Diagnose der Moderne und seine Versuche einer Transgression der Epoche sind in heutiger Situation immer noch im »Ankommen«[4]. Seine »anthropologischen Jahrhundertfragen«[5] drängen heftiger denn je auf eine Antwort. Wenn also Nietzsche die Fragen stellt, die unsere heutige Situation bestimmen, so ist der Absicht, Nietzsche zu verstehen, ein doppelter Fokus vorgegeben: Nietzsches fundamentale Fragen sind in den komplexen, offenen, auch schroffen und unvermittelt-widersprüchlichen Zusammenhängen, in denen er sie im Kontext seines Werkes dachte, zu reflektieren und in Kontexten, in denen heute, sehr unterschiedlich, ein Weiterdenken dieser Zusammenhänge (des zu erringenden Einstellungswandels) geschieht, eingehend zu erwägen, zu elaborieren, auszuloten.

Die Frage nach der Einheit, der inneren Kohärenz von Nietzsches Denken und Werk als Frage nach der Gesamtinterpretation und/oder der Frage nach dem »eigentlichen Nietzsche« bleibt als offen zu haltende im Hintergrund bestehen. Auch in Bezug auf ein Nietzsche-Verständnis im engeren Sinne gilt es, eine Balance zu finden zwischen »Nähe« (»Nietzsche finden«) – dem Anliegen der historisch-kritischen Rekonstruktion Nietzsches – und »Distanz« (»das individuelle Muster Finden«[6] bzw. dem Versuch, »mit den Bausteinen seiner Philosophie immer wieder anders zu bauen«[7]), und dies nicht ganz unter Verzicht auf den Anreiz, möglicherweise dieses »genuin-Nietzschische« in neuer Akzentuierung zu bedenken.

Im vorliegenden Band 2 der Publikationen des Nietzsche-Forums München sind die Vorträge des Symposions 1996 sowie Vorträge von 1998-2001 versammelt. Die Beiträge sind chronologisch geordnet[8], stehen aber auch in einem gewissen inhaltlichen Zusammenhang zum Symposionsthema: »Von der Unmöglichkeit oder Möglichkeit des Christseins«, das auch als Buchtitel gewählt wurde. Sie sind also Fragen gewidmet, die, direkt oder indirekt, im Umkreis von Nietzsches Auseinandersetzung mit dem Christentum, deren Voraussetzungen und dekonstruktiv-kritischen wie positiv-heuristischen Implikationen angesiedelt sind.

2. Fragen und Überlegungen zur Situation des Religiösen im Umkreis von Nietzsches Christentumskritik

2.1. Allgemeine Bemerkungen zu Nietzsches Kritik des Christentums

Die Beiträge des vorliegenden Bandes sind unter der thematischen Klammer »Nietzsches Christentumskritik« zusammengefasst. Damit kommt zunächst zum Ausdruck, dass dieses Thema, dem im Spektrum unserer Veranstaltungen vergleichsweise zahlreiche Vorträge gewidmet sind, in der Tat einen Schwerpunkt der Arbeit des Nietzsche-Forum München bildet. Dies hat – wie dies in der realempirischen Wirklichkeit zu sein pflegt, nicht nur, aber doch auch – gewichtige inhaltliche Gründe. Auf diese möchte ich in den folgenden vier Stichpunkten etwas näher einzugehen versuchen:

(1) Nietzsche hat sich zum Thema »Christentum« entschieden und unübergehbar geäußert.
(2) Die entscheidende Infragestellung des Christentums ist für Nietzsches Lebens- und Denkweg zentral. Nietzsches Christentumskritik ist in die zwei großen Bewegungsrichtungen seines Denkens: die kritisch-diagnostische seiner Moral- und Erkenntniskritik wie die neuschöpferisch-umwertende im Versuch, eine ganz neue Sicht des Menschen und der Welt zu eröffnen und in der kulturellen Evolution der Menschheit eine Wende herbeizuführen, aufs Engste verflochten[9]. Sie bildet so ein wesentliches Stütz- und Verbindungselement in der Architektonik seines Denkgebäudes, das nicht herausgenommen oder beiseite gelassen werden kann und das man bei der Rekonstruktion dessen, was Nietzsche gedacht habe und wollte, auf den unterschiedlichsten Interpretationspfaden und von unterschiedlichsten Nietzscheschen Themen und Begriffen ausgehend, immer wieder antrifft und zu berücksichtigen hat. Die christliche Wirklichkeitskonstruktion, als Gegenstand der Kritik und Bezugspunkt der Umwertung, ist als Konstante ein Faktor der Kontinuität und Kohärenz von Nietzsches Denken im historischen wie logisch-systematischen Sinn. Erkenntnisse in dieser thematischen Zone (wozu ich auch Forschungen, die die Geschichte und innere Struktur dieser christlichen Wirklichkeitskonstruktion selbst betreffen, zählen möchte), haben und hätten weit reichende Wirkungen auf ein Verstehen und Weiterdenken mit Nietzsche.
(3) Die Kerngedanken von Nietzsches Auseinandersetzung mit dem Christentum und die sich daran knüpfenden Fragen bilden heute – in unterschiedlichen begrifflichen und denkmethodischen Varianten und im Zusammenhang mit anderen Strängen der Erkenntnisarbeit – ein The-

mengewebe von großer Aktualität und Brisanz. Fragen nach Gott und nach dem Religiösen im Denken der Gegenwart[10] enthalten und erlauben seismografische Konstatierungen gegenwärtiger Mentalitätslagen und -bewegungen. Diese Kerngedanken heraus- und in heutigen Kontexten zur Debatte zu stellen dürfte allemal in beiden genannten Richtungen: des stets unabgeschlossen bleibenden Verständnisses Nietzsches wie der heute zu leistenden Orientierung, nützlich und fruchtbar sein, wenn es darum geht (nach Worten Jörg Salaquardas[11]), Nietzsches Denken in heutigen Zusammenhängen zur Geltung zu bringen und im Kontext von Nietzsche in eigener Verantwortung selber zu denken und – in der Spannweite der hinsichtlich Nietzsches Einstellung zum Christentum, zum christlichen Gott, zu Gott und zum Religiösen dargebotenen Interpretationen – »das individuelle Muster« zu finden.

(4) In der heutigen Situation, inmitten der Tatsachen der vollendeten Säkularisation eines alltagspraktischen Materialismus einerseits und den unterschiedlichen Phänomenen einer »Renaissance der Religionen oder des religiösen Bewusstseins«[12] und der hierzu stattfindenden intellektuellen und existentiellen Auseinandersetzungen andererseits, scheint die Religionskritik des 19. Jahrhunderts in keiner Weise obsolet und bewältigt. Eher verharrt sie in verschiedenartigen Reaktionsbildungen der Gespaltenheit, dergestalt, dass in einer Bewusstseinsverfassung vollendeter Säkularität Relikte einer christlichen Sozialisation (häufig mit Gewissens- und Schuldängsten) inselhaft weiterwirken, wie z.B. so, dass eine Art Pocket-Version eines Christentums »für alle Fälle« in Krisensituation oder zur Bewältigung von Lebensängsten herangezogen wird; oder so, dass eine Auseinandersetzung mit dem religiösen und metaphysischen Bedürfnis zum Schaden der gesuchten eigenständigen Entwicklung nicht gewagt wird.[13] Andererseits kann eine Avisierung neuer Zukunft, wie sie gegenwärtig vielfältigst und häufig ohne jeden Versuch einer Bezugnahme auf die Probleme und die Potentiale der europäischen Kulturgeschichte geschieht, auch unter dem Gesichtspunkt der Reaktionsbildungen der Gespaltenheit betrachtet werden. In solcher Situation zeigt sich, dass eine eingehende Auseinandersetzung mit Nietzsches Argumenten einer konsequenten Delegitimierung christlicher Moral und Metaphysik und seiner Forderung nach einer Selbstüberwindung des Christentums in keiner Weise überholt und erschöpft, dass sie vielmehr noch immer nicht ausreichend erfolgt ist.

So schwierig und auch problematisch dies ist: Ich möchte versuchen, Nietzsches Christentumskritik in aller Kürze durch Konzentration auf zwei Ihrer grundlegenden Gedanken zu umreißen[14], um daran zu verdeutlichen, inwiefern Nietzsches anti-christliches Engagement für seine Denkbewegung so zentral ist – im Hinblick auf ein Verständnis seiner Philosophie im ganzen – sowie auch im Hinblick auf heutige Ansätze eines postmetaphysischen und postchristlichen Denkens in Philosophie, Literatur und Kunst, in deren weitgespanntem Spektrum die Gegebenheit des Religiösen – sowohl in der Verarbeitungsrichtung eines »Austritts aus der Religion«[15] wie auch als Versuche, die Frage nach Gott bzw. die Frage, in welcher Sprache die Spannung zwischen Gott und Welt gegenwärtig thematisiert werden könne, neu zu denken – erstaunlich vielfältig virulent ist.[16] Im Spannungsfeld der Versuche, in ein postchristliches Zeitalter vorzudringen bzw. Kernpunkte des religiösen Interesses neu zu formulieren oder zu bewerten, beschäftigen uns heute drängender denn je Fragen, wie es um die »höhere Möglichkeit« des Menschen bestellt sei, wie der Mensch sich selbst organisieren und wohin er seine weitere Entwicklung lenken solle, d.h. Fragen nach einer Orientierung für den Menschen angesichts seiner Verantwortlichkeit für sich selbst im Umkreis der Welt.

Es schiene mir wichtig, in solchen Kontexten – immer wieder neu – den Zusammenhang mit Nietzsche herzustellen und die Frage im Auge zu behalten, ob und inwiefern in gegenwärtigen Diskussionen Nietzsches Andenken gegen die zentrale Figur des christlichen Denkens und die christliche Tiefenstruktur des europäischen Denkens a l s B e s t a n d t e i l u n d M i t t e l s e i n e r V e r s u c h e , z u e i n e r v ö l l i g n e u e n D e u t u n g d e r W e l t – einer »Umwertung a l l e r W e r t e« – v o r z u s t o ß e n , aufgenommen, aufgearbeitet, gegebenenfalls präzisiert oder weiterentwickelt werden. Anders gesprochen: es schiene mir wichtig, die Frage im Auge zu behalten, inwiefern – ausdrücklich unter Bezugnahme auf Nietzsche – gute Gründe dafür sprechen, jenes Spannungsfeld der Debatten um einen Ausweg aus der Moderne in spezifischer Weise s e h r o f f e n zu halten.

2.2. Versuch einer Charakterisierung von Nietzsches Kritik des Christentums

2.2.1. Nietzsche als »Atheist« – Nietzsche als »Krypto-Christ«. Zwei Deutungen, die zu kurz greifen

Nietzsches anti-christliche Äußerungen – das der christlichen Weltsicht entgegengerichtete Moment seines Denkens – hat ein sehr weites Spektrum von Deutungen und Verarbeitungen erfahren, das vom gottleugnenden Nietzsche, über Nietzsche als gottnahen Atheisten; als Experimentator, der den Atheismus als heuristisches Prinzip benutzt, um zu sehen, wie weit man damit kommt[17] für ein umfassendes Selbst-Experiment des Menschen[18], zu einem Nietzsche als Gottsucher[19] oder als Garanten einer »paradoxen Einheit von Frömmigkeit und Gottlosigkeit« (wie in Bonhoeffers Konzeption eines »religionslosen Christentums«)[20] reicht, bis zu einem Nietzsche als Gesprächspartner eines sich von Verfälschungen befreienden Christentums – trotz bleibenden Widerspruchs[21] – oder schließlich einem Nietzsche, der einer nichtchristlich-religiösen oder mystisch-spirituellen Erfahrung auf der Spur ist[22].

Konsens besteht heute mehr oder weniger darin, dass sich keine Hintertüre zu einer Rechristianisierung Nietzsches finden lässt; dass »der Atheismus im Sinne der Negation des jüdisch-christlichen Gottes … eine Prämisse (bildet), die sich in allen Phasen von Nietzsches Denkweg mit seiner kompromisslosen Radikalität der Christentumskritik unbedingt durchhält«,[23] dass es verfehlt wäre, Nietzsches Kritik des Christentums durch eine ursprünglichere christliche Motivierung erklären zu wollen[24]; dass es, wenn man Nietzsche ernst nehmen will, keine »Synthese zwischen selbstreflektierendem Christentum und Nietzsches Antichristentum«[25] geben kann. Aber Nietzsche unterwirft das Christentum nicht nur der historischen Kritik und der genealogischen Analyse; er beschreibt nicht nur »den langwierigen geschichtlichen Prozess, in dem der unbedingte Atheismus über den christlichen Gott gesiegt habe«[26], kulminierend in dem Diktum: »Gott ist tot! Gott bleibt tot«, »einem ›tollen Menschen‹ bei seinem Auftritt auf der Agora der Epoche in den Mund gelegt«[27]; er bekämpft auch das Christentum und verfolgt damit aufs vehementeste ein Anliegen, welches er als seine Aufgabe, seine Mission versteht, die aber wiederum lediglich als Destruktion von überholten Gottesvorstellungen und auch als »atheistisch« in einem herkömmlichen Sinn nicht ausreichend charakterisiert ist.[28]

Die zu negierende Synthese zwischen selbstreflektierendem Christentum und Nietzsches Antichristentum stellt nicht nur die Theologie-Treibenden vor eine Reihe schwieriger Fragen, »die sich durch einen supramentalen Diskurs nicht vom Tisch wischen lassen«[29]; sie bezeichnet auch das Problem, das das Denken damit hat, ins Neue vorzustoßen, ein »ganz neues Verständnis« der Welt zu artikulieren. Welchen Status hätte eine solche Artikulation? Sie lässt sich nicht in die alte, von ihr überwundene, durch das *anti..* gekennzeichnete Welt der Dualismen einordnen. Das Denken gelangt hier, wie für Nietzsche charakteristisch, in eine Grenz-Zone, wo sich das logische Profil der Aussagen verflüchtigt, jedenfalls einer eindeutigen Erfassung entzieht, wo Argumentationsfiguren ihr Gegenteil als ebenso gut begründbar (ja vielleicht sogar mitgemeint?) aufscheinen lassen, so dass man zur Kenntnis nehmen muss, dass hier jeder Schritt nicht zwangsläufig aus logischer Notwendigkeit geboren (und – bei unterstellter intellektueller Redlichkeit – rekonstruierbar) wird, sondern dass, um sich hier überhaupt zu bewegen und weiterzubewegen, ein guter Schuss eigener Akzentsetzung, Stellungnahme, Befürwortung bzw. Ablehnung, ein Starkmachen von Gesichtspunkten: m. a. W. ein subjektiv-aktiver Aspekt unerlässlich ist.

Die Kritik des Christentums ist im Kontext von Nietzsches Denken so wichtig, weil sie versucht, im »gegen«-über zur christlich geprägten Weltsicht e i n g a n z n e u e s V e r s t ä n d n i s d e r W e l t zum Zuge kommen zu lassen: eine »Umwertung a l l e r Werte« zu vollziehen oder eine solche doch wenigstens zu befürworten und ihre Möglichkeit anklingen zu lassen. Um das Christentum, seine Abschaffung oder Überwindung geht es ihm deswegen, weil es den Horizont für unser bisheriges Weltverständnis abgab und auf Grund der weit reichenden Implikationen – der »Schatten Gottes«[30] – immer noch abgibt. Das, was das traditionelle Christentum in seiner spezifischen Verbindung mit griechisch-platonisch-neuplatonischer Philosophie als kulturelle Formation bestimmt, durchzieht als Grundstruktur unser Denken, unser Welt- und Wirklichkeitsverständnis, unsere Moral und Erkenntnishaltung bis heute. Die christliche Interpretation der Wirklichkeit bedeutet somit in der Einschätzung Nietzsches ein kaum zu überschreitendes Überzeugungsmuster. Mit der Kritik dieses Musters lässt sich das bisherige Weltverständnis beim Schopfe packen.

2.2.2. Zwei Kerngedanken von Nietzsches Christentumskritik

Ich beschränke mich auf die Charakterisierung von zwei Momenten[31], die nach meinem Verständnis das Hauptgewicht von Nietzsches Kritik des Christentums tragen – die mithin als Grundansatzpunkte der Umwertung fungieren, die herbeizuführen Nietzsche unter dem Druck der geschichtlichen Stunde als seine Aufgabe und Mission ansah:

(1) Die K r i t i k d e s m o n o t h e i s t i s c h e n G o t t e s b e g r i f f s und des mit ihm konstituierten Gedankens der Dualität, d.h. der mit ihm einhergehenden grundlegenden Zweiteilung der Welt; sowie
(2) in Verbindung damit (jedoch auch als eigener Komplex ansprechbar) die K r i t i k a m *status quo* d e s M e n s c h e n bzw. Gedanken, Argumente, Konzeptionen, die sich mit der Frage: »Was soll aus dem Menschen werden?«, der Frage nach der Möglichkeit einer neuen S e l b s t b e s t i m m u n g d e s M e n s c h e n b e f a s s e n.

Die »Verelendung der Welt« (1) und die »Verelendung des Menschen« (2) stehen m.E.. als die zentralen Momente im Mittelpunkt von Nietzsches Christentumskritik. Die historische und genealogische Kritik des Christentums – und hier vor allem die Psychologie des Ressentiments –, obgleich ungemein gewichtig und in seinen Argumenten überall gegenwärtig, ist m.E.. nicht schlechthin grundlegend, denn die sich unter den beiden soeben genannten Gesichtspunkten ergebenden Einwände Nietzsches gegen das Christentum bleiben auch bestehen, wenn man zugesteht, dass die religiöse Interpretation der Welt mit der historischen Kritik nicht erledigt ist und wenn man Nietzsches Hypothese, »dass das Christentum von vorn herein und ausschließlich Produkt und Ausgestaltung des Ressentiments sei«[32], für bestreitbar hält. (Nach Nietzsche wäre ja auch ein ressentimentfreies Christentum nicht wünschenswert.) Auch wenn man – worauf Jörg Salaquarda hinweist[33] – die christliche Weltsicht als eine mögliche Interpretationsperspektive, um die »Fakten« zu verstehen, von Nietzsche her nicht grundsätzlich verwerfen kann, bleibt eine Differenz der Unverträglichkeit beider Perspektiven, der christlichen und der Nietzsches, die zu denken gibt, in der Tat bestehen. Die Frage nach der Bedingung der Möglichkeit eines Gesprächs des »Christentums«[34] mit Nietzsche – über den von Nietzsche mit dem *Antichrist* gezogenen Schlussstrich hinaus – (wie sie im Titel des Symposions sowie des vorliegenden Bandes gestellt ist), die eine weitergehende wechselseitige Klärung als möglich anstrebt, wird den »harten Kern«[35] der Differenz in der einen oder anderen Form aufnehmen müssen – wobei mit dessen Formulierung unleugbar bereits eine wichtige Weichenstellung getroffen ist.

Das Problem der Dualität – Die grundsätzliche Zweiteilung der Welt

Nietzsche kritisiert das Christentum als eine der reinsten Formen der moralischen Weltdeutung.

Die moralische Weltauslegung – in enger Verbindung mit der monotheistischen Gottesidee[36] – impliziert und induziert die Strategie oder logische Figur einer allesdurchdringenden Polarisierung, eine absolute Zweiteilung der Welt oder des Lebens oder des Wirklichen, wodurch sie auch in den allgemeinsten Thesen der von ihr geprägten theologischen und philosophischen Lehren präsent ist. Zu dieser Zweiteilung kommt es durch die Einführung einer einzigen Eindeutigkeit: durch die Konzeption des »Guten« selbst, die die Wirklichkeit in Gut und Böse zerreißt; durch die Konzeption, die Welt im Ganzen gründe im Guten als ihrem höheren Grund oder wahren Wesen. Die Möglichkeit, das Sein in zwei Sphären von unterschiedlicher Dignität zu teilen, »eine jenseitige Welt« zu postulieren, in der wenigstens formal der absolute Pol des Guten entworfen ist, sowie die Auffassung, dass es möglich sei, »den Zwist zwischen Gut und Böse allgemein, d.h. durch eine grundsätzliche Einstellung, zu entscheiden«[37], ist bei Nietzsche eine unerlässliche Voraussetzung der moralischen Deutung: die Illusion der Einsicht ins wahre Wesen der Welt.

Diese einzige Teilung in zwei eindeutige Welten im Sinne des grundlegenden Dualismus des Guten und des Bösen zieht jene von Wahrheit und Unwahrheit, Sinn und Unsinn, von natürlicher und übernatürlicher Ordnung, von Diesseits und Jenseits, richtigem und unrichtigem Leben auf Erden, Erlösten und Verurteilten – eine Welt der Gegensätze – nach sich.

Die mit der moralischen Weltauslegung gegebene Zweiteilung, gegen die Nietzsche so leidenschaftlich angeht, ist für ihn so unannehmbar, nicht durch das Vorhandensein von Gegensätzen und Widersprüchen des Negativen und Positiven als solchen, sondern durch die Einstellung, d a s s d a s N e g a t i v e a l s e t w a s z u B e s e i t i g e n d e s o d e r z u Ü b e r w i n d e n d e s g i l t; dass diese Polaritäten als einander nicht gleichwertig angesehen werden; dass die negativen Erscheinungen als Schwäche und Sünde ausgelegt werden, von denen wir erlöst werden müssen. »Das ganze ringende und kämpfende voll Glanz und Finsternis wirkliche Dasein nur ein schlechtes, falsches Dasein: von ihm e r l ö s t werden ist die Aufgabe«[38].

So münden nach Nietzsche die vielfältigen Konsequenzen dieser mit der moralischen Weltdeutung gegebenen, grundlegenden, alle Dimensionen des theoretischen und praktischen Lebens durchziehenden Dualisierung unweigerlich in eine V e r n e i n u n g d e s G r u n d c h a r a k t e r s d e s L e b e n s. Der natürliche Charakter des Lebens, zu dem notwendig auch Schuld, Arbeit, Schmerz und Not gehören (wie die Sinnlosigkeit zum Sinn und die Unwahrheit zur Wahrheit): mithin d i e E n d l i c h k e i t, die erste und wichtigste Bedingung des Lebens überhaupt, steht im Widerspruch zum christlichen Ideal. Leiden, Kampf, Tod werden als Einwände und Fragezeichen gegen das Leben abgeschätzt.

> Der Begriff »Gott« war bisher der größte E i n w a n d gegen das Dasein ... Wir leugnen Gott, wir leugnen die Verantwortlichkeit in Gott. D a m i t erst erlösen wir die Welt.[39]

Es ist dieses »Capital-Verbrechen am Leben«[40], dem Nietzsches Haupteinwand gegen die moralische Denkart (christlicher wie auch griechisch-platonischer Provenienz) gilt, dem gegenüber andere mögliche Einwände (z.B. die historische Kritik am Christentum) als »eine ganz nebensächliche Angelegenheit« rangieren[41].

Partieller und totaler Nihilismus der moralischen Weltauslegung

Die ins Abendland prägend eingegangene Konzeption des monotheistischen Gottes und die mit ihr gegebene moralische Weltauslegung führt die Welt, auf dem Boden eines letzten Gegensatzes, als eine eindeutig polarisierte Struktur vor; sie schafft ein geschlossenes dogmatisches System, eine Entweder-oder-Logik, wodurch all unser Werten verliert. Sie suggeriert, dass es möglich und wünschenswert ist, sich in der Welt ganz allgemein ein für allemal (für das Gute) zu entscheiden, jedoch ergibt sich aus Nietzsches Analysen mit der Grund-Zweiteilung ein Dilemma, was die Entwertung des konkret Handelnden vorprogrammiert:

- Gutes und richtiges Handeln, obwohl als möglich unterstellt, wird im Einzelnen entwertet und ist letztlich nicht möglich, weil das einzelne Gute des menschlichen Handelns von den abgelehnten Bestimmungen der Endlichkeit nicht freigehalten werden kann; der Riss der Polaritäten geht durch jede Handlung (»Sündhaftigkeit«);
- Die wahre Qualität des Guten ist der Verwirklichung im Jenseits vorbehalten.

Leben und Welt werden als grundlegend so strukturiert gesehen, dass die außerhalb der Welt und des Lebens situierte Qualität der Absolutheit als vom konkreten Leben und seinen realen Bestimmungen getrennte, von ihm nicht (rein, als solche) verwirklichbare für dieses bestimmend ist. Leben und Welt sind durch ein Verhältnis grund- oder metabestimmt, das seine partielle, letztlich totale Verneinung ist, indem es das Eigentliche des Lebens in sein Außerhalb verschiebt. Im asketischen Ideal wird diese grundsätzliche Selbst-Verneinung zu einer Lebenspraxis.

Vermittelst der eine Kette bildenden guten Handlungen, welche das Diesseitige mit dem Jenseitigen verknüpft, hält der Mensch seine besten Kräfte aufs Jenseits seines Lebens gerichtet, wo er als dessen Endsinn die Teilhabe am (»dort«) bereits verwirklichten Vollsinn des wahren Guten, dem er in seinem tatsächlichen Leben nur in der Form der Negation desselben nachstrebt, erhofft: eine auswegslos negativ-nihilistische Lebenskonstruktion.

Die moralische, letztlich metaphysische Weltsicht muss nach Nietzsche überwunden werden:

- »weil es sich nicht so verhält« – weil die christlich-moralische Beschreibung irreal (eine Fiktion) ist[42];
- weil der moralische Imperativ das situativ richtige Handeln/Bewerten behindert oder verfälscht;

– (genereller) weil diese Version, mit der die (Last der) Lösung der endlichen Probleme (das Schwergewicht des Leben) ins Jenseits verlegt wird, uns davon abhält, im irdischen Leben fruchtbare Antworten zu finden und das Äußerste zu tun, um – unter dem Druck der Wahrnehmung unserer tatsächlichen Kondition – die eigenen Kräfte und Fähigkeiten zu steigern.

»Enteignung des Menschen«[43]

Was Nietzsche an der mit dem Christentum der abendländischen Kultur eingravierten moralischen Skepsis am meisten empört, ist ihre Auswirkung als Schwächung und Herabminderung des Menschen; dass sie den »höheren Menschen« verhindert und verhindert, dass die tiefsten und besten Möglichkeiten des Menschen hervortreten und sich entwickeln. Gott erscheint als Lähmung genuin menschlicher Größe und Selbstbemächtigung, wie im Gleichnis vom »Gefängniswärter«[44] oder als permanente Verminderung und Schwächung des menschlichen Energiereservoirs, wie im Gleichnis vom ausfließenden See:

> Es gibt einen See, der es sich eines Tages versagte, abzufließen, und einen Damm dort aufwarf, wo er bisher abfloss: Seitdem steigt dieser See immer höher …; vielleicht wird der Mensch von da an immer höher steigen, wo er nicht mehr in einen Gott ausfließt«.[45]

Der als ereignete Tat ausgerufene Tod Gottes setzt den Menschen einem kolossalen Druck aus, dahin gehend, seine »Größe«, alle seine Dimensionen, seine Kräfte und Daseinspotentiale für möglich zu halten, zu bejahen, angstfrei zu erproben und konsequent zu entwickeln; er fordert den Menschen heraus, die in ein Jenseits projizierten Energien ins Hier und Jetzt des konkreten Daseins – in die Situation, in der er sich tatsächlich befindet – zurückzuholen und im bewussten Auf-sich-Nehmen der nihilistischen Kondition eine Umwendung zu einem aktiven und positiven Nihilismus zu vollziehen; ernstzumachen mit dem Versuch, den vertrauten Boden einer Schein-Sicherheit unter den Füssen fahren zu lassen und sich ins Offene einer neuen Erfahrung dessen, »was die Welt ist« und »was Ich ist«, hinauszuwagen.

2.3. »Die Welt nach Nietzsche«[46] – Fragen in einer offenen Debatte

Nietzsches antichristliches Engagement ist für seine Denkbewegung so zentral, so wurde argumentiert, weil er im Christentum jene das abendländische Denken bestimmenden Muster verdichtet sah, die eine anders geartete Betrachtungsweise und damit auch den Zugang zu den positiven Chancen menschlicher Existenz – einem aktiven und positiven Nihilismus – versperren. [47]

Indessen stellen sich die Konturen einer neuen Welt-Anschauung nach der Diagnose und Überwindung von Fixierungen an überholte Muster nicht spontan, im Sinne eines Gestaltwandels der Wahrnehmung[48] ein; vielmehr erweist sich die Konstruktion eines neuen Standpunkts, der andere Wahrnehmungs- und Existenzmöglichkeiten eröffnen könnte, als ein äußerst langwieriges Bemühen.

Als langwierig – im Sinne der Denkstrategie einer »langen Logik«[49] – erweist sich das Projekt, aus dem alten Denkhorizont herauszutreten und zur Explikation eines »Neuen« zu gelangen, im Hinblick auf die Bemühungen und Versuche von mehr als hundert Jahren der Nietzsche-Rezeption, Nietzsches Botschaft zu entziffern und, was Nietzsche »wirklich« dachte und wollte, gültig zu rekonstruieren. Indessen ist Nietzsche selbst davon ausgegangen, dass der von ihm – teils als geschehen beschriebene, teils »hervor«-gerufene – Wendepunkt einer grundlegenden Veränderung der Bedingungen der Existenz und des Denkens kollektiv nur sehr langsam ins Bewusstsein dringt – wie wir auch Bedeutung und Konsequenzen der im Aphorismus 125 der *Fröhlichen Wissenschaft* ausgerufenen Botschaft vom »Tod Gottes« noch lange nicht genügend ermessen haben.

Nietzsche Verstehen und Debatte um die Postmoderne

Der Prozess, Nietzsche zu verstehen, bringt in eigentümlicher Weise einen »mit der Zeit« wirksam werdenden logischen Zirkel ins Spiel; vollzieht er sich doch – und dies umso deutlicher, je mehr man davon ausgeht, dass Nietzsche mit seiner Beschreibung eines »Wendepunktes«, dem sich unser Erleben stellen muss, Recht hat – just in der Bewegung (um nicht zu sagen: im Strudel) des vermittelst dieser Beschreibung versuchsweise akzentuierten Geschehens und ist selbst betroffen und bestimmt durch die Parameter jener l a n g s a m mehr und mehr in ihrem veränderten Charakter deutlich werdenden Situation, die zu erfassen Nietzsche – nach heutigem Verständnis – begonnen hatte. So spiegeln die Versuche eines Verstehens von Nietzsche den Prozess des »Ankommens« und Konstruierens eines Standpunkts der Weltbetrachtung, der, indem er zu Stande kommt, die bisherigen Normen und Kriterien für »Verstehen« verändert.

Wenn es Nietzsche um das Denken (in) einer Epoche geht, die durch die Auflösung stabiler Strukturen – etwa der Theorie der Wahrheit als ein in spezifischer Weise begründetes Wissen – gekennzeichnet ist, einer Epoche,

in der der Glaube an die Eindeutigkeit und Einheitlichkeit der Welt zerbricht, so dass die Frage, worum es im Ganzen geht, ihren Sinn verliert,
so können weder die Form seines Denkens noch die Interpretationen dieses
Denkens einheitlich und eindeutig sein. Auch die Rede davon, Nietzsche versuche, die moralische Weltauslegung zu »überwinden« und in seinem Philosophieren ein »ganz neues« Weltverständnis zum Ausdruck zu bringen, hat
etwas Irreführendes, denn das Verhältnis der metaphysischen Sicht und einer nichtmetaphysischen Sicht und Erfahrung lässt sich mit Kategorien, die
der Moderne zugehören – »(kritische) Überwindung«; »Neuheit« als Entfal-
tungsweise der Kraft des »Grundes« – nicht angemessen beschreiben.

Sehr einleuchtend interpretiert Vattimo die Bedeutungsfacetten der Heideggerschen »Verwindung«[50] als Beschreibung der Einstellung oder des Zu-
standes, der über die oder aus der Metaphysik hinausführt, und erläutert,
wie uns dieser Begriff »bei der Bestimmung dessen behilflich sein kann, was
Nietzsche unter dem Namen einer Philosophie des Vormittages anstrebt und
was dem hier von mir [G. Vattimo] gemachten Vorschlag zufolge die Essenz
der philosophischen Postmoderne ausmacht«[51].

Postmetaphysisches Denken zieht gerade keinen Schlussstrich, kann oder
will nicht beenden und führt nicht zu etwas »Neuem« – weshalb ja die Einführung des Begriffs der Postmoderne« selbst ein strittiger Punkt geblieben
ist. Vielmehr eignen sich Kategorien des späten Heidegger, wie »Andenken«,
»Wiederaufnahme« und »Wiederdurchdenken« – in wesentlicher Nähe zu
Nietzsche (so Vattimo) – als Charakterisierung der Zone, in denen eine postmoderne Einstellung zum Zuge kommt.

Sehr locker gesprochen: Indem die Situation eintritt, die Nietzsche kommen sah und zu artikulieren versuchte – indem heute sehr viele Menschen,
was sie erleben, in seinen Beschreibungen getroffen sehen –, geschieht mit
dem Nietzsche-Verständnis das, was einem »Gegentand« der Moderne im
Denkhorizont der Postmoderne widerfährt: er gerät in das Spiel der perma-
nenten Interpretationen und Neuinterpretationen, die sich selbst entweder
mehr oder weniger »positiv« als Explikation dessen, was Nietzsche dachte,
oder eher »negativ«, als Denken der Irrtümer[52], in denen sich Nietzsche als
Gegenstand auflöst und verliert, bestimmen: man kann nicht eindeutig
sagen, wo Nietzsche »anfängt« und »aufhört«[53]. Die Teilhabe an der Unmöglichkeit, eindeutig zu sprechen, ohne deswegen die Möglichkeit zu leugnen oder den Versuch aufzugeben, klar zu denken und das Ausgesprochene
zu legitimieren, könte als ein Merkmal der Situation, in der sich das Verständnis Nietzsches heute befindet, angesehen werden. Es ist, als durchliefen
die von den vorzufindenden Interpretationen akzentuierten Bedeutungen
von Nietzsches Denken die ganze Schleife unterschiedlicher Positionen, die
im Diskurs um Moderne und Postmoderne eingenommen werden, den Va-

rianten eines typisch (eher) modernen wie (eher) postmodernen Argumentationsstils folgend.[54] Innerhalb der Struktur des Feldes, in dem sich die Debatten bewegen, gewinnen die interpretierten Inhalte dabei – ihren Versuch, zu überzeugen und eine Geltung zu gewinnen, überlagernd – zunehmend ein neues Merkmal: das der Nichtentscheidbarkeit ihres Geltungsanspruchs.

Unaufhebbare Zweideutigkeit ist, nach Pavel Kouba, der Charakter der Welt in der Deutung Nietzsches – jener Charakter, wodurch diese sich »entscheidend« – so erheblich sich ein spätmodernes von einem modernen Denken unterscheidet – von der moralischen Weltdeutung abhebt.

> Die Möglichkeit, das Sein in zwei Sphären von allgemein unterschiedlicher Dignität zu teilen, »jene Welt« zu postulieren, ist bei Nietzsche eine unerlässliche Voraussetzung der moralischen Deutung. Seinen eigenen Standpunkt könnten wir dagegen summarisch als das Bemühen charakterisieren, gegen diese einzige Teilung in zwei eindeutige »Welten« eine zwei-deutige Welt zu stellen, die durch eine Teilung – d.h. durch eine Bedeutung des Ganzen – nie zu erfassen ist. ... Die Einheit der Welt kann daher nur als eine sich ständig erneuernde Zweideutigkeit wirklich werden.[55]

Man kann diese Welt der Zweideutigkeit, die das ganze Spiel der Widersprüche in sich enthält, das notgedrungene (oder als »dionysisch« erlebbare) Oszillieren der Bestimmungen im Auf- und Abebben der unter einem bestimmten Gesichtspunkt als äußerste Gegensätze (Anti-thesen) gefassten Unterscheidungen; diesen Zustand der Unbeständigkeit, der ständigen Bewegung, die niemals stehen bleibt und doch nirgendwohin mündet, auch als jenen Zustand des vollendeten Nihilismus charakterisieren, den Nietzsche als optimalen Entfaltungsraum des – unter der Chiffre »Willens zur Macht« konzentriert gedachten – Wirklichen visualisiert. Jene positive und aktive nihilistische Weltverfassung bedeutet nach Nietzsche aber gerade nicht den Verlust jeglicher Orientierung des Wertschätzens, eine Beliebigkeit des Wertens und des Wechselns der Perspektiven. Vielmehr ist nach Nietzsches Sicht die offene Unentschiedenheit der Welt der Spielraum, in dem die Unterschiede einzubringen sind und die Richtigkeit einer Perspektive – als Merkmal der Gewichtung (der relativen Macht) eines Wertes gegenüber anderen in einer bestimmten Situation – in einem Prozess schöpferischer Unterscheidung und Umwertung zu erringen ist.[56] Im Umgehen mit und im Umstellen von Perspektiven zu Gunsten des Bezogenseins auf eine »Sache«[57] – der »Fähigkeit, die Sachen hier und jetzt mit dem wahren Namen zu benennen«[58] – argumentiert Nietzsche radikaler und differenzierter als dies in manchen postmodernen Darstellungen eines universalen Perspektivismus geschieht.

Es überrascht oder auch nicht: selbst auf dieser Höhe der Sicht einer »Welt nach Nietzsche«, wie etwa Pavel Kouba sie entfaltet, oszilliert das Verständnis von Nietzsches Aussagen zwischen zwei Bedeutungspolen: dem Pol eines Metaphysik-nahen Verstehens (die »dionysische Welt« als alternative, umfassende Deutung, als eine nicht-moralische, lebensbejahende Metaphysik, wie sie in Nietzsches vielgedeuteter Vision[59] anklingt) und dem eines situations- und kontingenzbezogenen, »auf die nächste Nähe ausgerichteten Denkens«[60], das im Prozess der je erforderlichen Umwertung von Perspektiven Entscheidungen für das je vorübergehend Richtige zulässt. Wie bestimmt sich diese Spanne des Vorübergehenden? Woran lässt sich erkennen, dass eine Perspektive bereits zu dauerhaft eingenommen wurde? Kann man sagen, dass das postmoderne das moderne Denken hinter sich gelassen habe in dem Sinn, dass dessen Deutungsstrukturen in keiner Weise einer Situation jemals mehr angemessen sein könnten? Und erscheinen nicht in der Oszillationsbewegung des Verstehens von postmodern artikulierten Bedeutungen am Horizont Fragmente auch »überwundener« Deutungsmuster – wozu, außer den Sprachgewohnheiten, ja auch die unwillkürliche Blickrichtung des Verständnisses auf die Bedeutung des »Ganzen?« eines artikulierten Zusammenhangs gehört? Wie ist die Beschränkung auf die »Nähe« (als Kennzeichnung einer nichtmetaphysischen Ausrichtung) gemeint – auf dasjenige (an Tiefe, Höhe, Breite), was das Erleben in einer bestimmten Situation ermessen und in Unterscheidungen einbringen kann? Was gemeint ist, erscheint zunächst und ein gutes Stück weit klar und wird erst ab einem Punkt unklarer, wobei diese Zone des Zweideutigwerdens von der Situation, um deren Einschätzung es geht, gewiss nicht abzuziehen ist. Und so sind Fragen wie: bemisst sich der nichtmetaphysisch bestimmte Umkreis der »Nähe« (und Lebensnähe), in dem sich die differenzierenden Bewertungen situieren, der das, was »außerhalb« unserer Situation oder Kondition liegt, ausschließt, eher nach »materialistischen« Kriterien oder implizieren Nietzsches Beschreibungen dieser Nähe nicht doch auch ein Eingetauchtsein des Erlebens in eine transmaterielle spirituelle, unsichtbare Dimension (die Welt »von innen gesehen«), so dass nicht einzusehen ist, warum gewisse Bestandteile der verabschiedeten Strukturen, da in die postmetaphysischen Welt-Entwürfe hineinspielend, grundsätzlich aus dem Feld der Debatten um eine je angemessene Interpretation unserer Kondition oder Situation und um einen Ausweg aus der Moderne zu verbannen wären.

Die Frage verbleibt, in welcher Form die Gespräche zwischen modernen und postmodernen Diskursformen intensiviert werden könnten, wenn die Überlegung dahin geht, ob und wie alte Denkmuster auf der Höhe der postmodernen Debatte – im Versuch, ihr Reichtum und Qualität zu geben[61] – einzubringen wären. Eine besondere Brisanz gewinnt diese Überlegung, wenn man sie als Versuch versteht, Nietzsches Standpunkt, die Bezugnahme auf das ausdrücklich als »antichristlich« charakterisierte Moment seines Perspektivenwechsels, in der Aufmerksamkeit postmoderner Debatten stärker zu fokussieren.

Nietzsches Christentumskritik in der Offenheit der postmodernen Debatte

Wenn mit einigem Recht behauptet werden kann, »dass die philosophische Postmoderne im Werk Nietzsches entsteht«[62], so verdient und fordert Nietzsches Vorschlag eines antichristlichen Perspektivenwechsels im Kontext heutigen Fragens nach einem Ausweg aus der Moderne besondere Beachtung. Nietzsches Denken entfaltet die ganze Spannweite der Z w e i - D e u t i g k e i t dieses Auswegs: einerseits einer Vollendung des »Projekts der Aufklärung« (im Vokabular der Moderne) und andererseits als postmoderne »Verwindung« und Verwandlung jener Strukturen, in denen sich die grundlegenden Muster neuzeitlich-europäischer Geistes- und Kulturentwicklung der Moderne eingeprägt haben –, sozusagen zweisprachig, in d e n S p r a c h e n z w e i e r D e n k m e t h o d e n, die als nicht zu eliminierende Zwei-Deutigkeit seiner Analysen, Konstrukte und Visionen zum Ausdruck kommt.

Für Nietzsche knüpft sich der Entwurf neuer Möglichkeiten im Sinne dieses Auswegs – als die eine Seite – eng an die andere Seite der Entlarvung und Verabschiedung des mit der christlich-moralischen Weltdeutung dem kollektiven Bewusstsein eingeschriebenen Denk- und Wahrnehmungsmusters als eines Musters, das – wie eine Verschlingung, die sich bei Betätigung immer fester zuzieht – die Zone konkret-lebendigen Lebensvollzugs, in der zuallererst menschliche Entwicklung zu kultivieren wäre, stranguliert.[63]

Doch will Nietzsches Eröffnung m e h r als bloß hinweisen auf Möglichkeiten menschlicher Erfahrung, die wir dringend benötigten, auf die Erweckung der Sinne der »Nähe«, der »Vernunft des Leibes«, die Stärkung subjektiver Fähigkeiten, wie z.B. eines Wertens, das sich von enteignenden Vorurteilen freizuhalten vermag, damit die Welt, die wir mit unseren Lebensentscheidungen in aktiver Einfügung ins Netz des um uns Geschehenden schaffen, Qualität und Gestalt gewinne. Das Verständnis seiner Äußerungen will ja errungen, aus vielfältigen Verwechslungen herausgefiltert, am Faden einer »langen Logik« erarbeitet werden. Mehr noch, mit Nietzsche ist durchaus zu bezweifeln, ob der Mensch, so wie er jetzt ist, der »Jetzt-Mensch«, dem »Nietzschischen Augenblick« standzuhalten vermag und ob dazu nicht erst ein neuer Menschen-Typ, ein Zukunfts-Mensch zu-Standekommen muss – und das Wie des Zustandekommen dieses Zustands, d e s H e r s t e l l e n s d e r d a f ü r e r f o r d e r l i c h e n B e d i n g u n g e n, ist für uns eine der bedrängenden »anthropologischen Jahrhundertfragen«.

Die Chance, den Streit – um den Ausweg aus der Moderne, um das Ver-

ständnis von Nietzsches antichristlicher Position – in einer postmodern Debatte weiterzuführen, sehe ich darin, dass diese Einstellung eher geneigt ist,
anti-thetisch strukturierte Kontroversen an einem Tisch zu Wort kommen
zu lassen. Das Bewusstsein, »die Wahrheit nicht zu haben« – auf keiner
Seite – sensibilisiert für die Frage nach den Bedingungen der Möglichkeit
des Zustandekommens von Sachverhalten und stimuliert das Interesse für
den kategorialen Bezug der Erfahrungen, für Denkmethoden, mit deren
Hilfe es gelingt, unlösbare Dilemmata auf der Ebene der Aussagen als Ausdruck der Grenzen der sie konstituierenden Denkform zu benennen und somit als überschreitbar auszuweisen – für eine Wendung des Gesprächsziels,
so könnte man sagen, ins Therapeutische[64].

Das Eingeständnis, nach Mitteln – Denkmitteln und Heilmitteln – zu suchen, diese aus unterschiedlichen Denkrichtungen extrahieren und konstruieren zu müssen, regt dazu an, unter dem Gesichtspunkt, in solcher Situation
auf ein mögliches Hilfs-Mittel nicht zu verzichten, den (Un-)Wert abgeleg-
ter Formen neu zu erwägen. Auch die Denkform der Dualität, in der
Nietzsche die Essenz einer metaphysisch-christlich geprägten Denktradition
verdichtet sieht, mag ja denkmethodisch noch nicht zur vollen Reife gebracht bzw. weiterentwickelbar sein. Welche Gründe könnten ein für allemal ausschließen, dass ein post-nietzschisch-post-modernes und ein tra-
ditionelles (und modernes) dualistisches Denkmodell – nach seinem kategorialen Gehalt, nicht inhaltlich-moralisch genommen – in der Begegnung
einander bereichern und steigern?

Die Erringung des Denkmodells der Dualität des Wirklichen, das in neu-
zeitlich-säkularer Entwicklung als Begriff der Ebenendifferenz die
Theorie des wissenschaftlich begründeten Wissens konstituiert hat, ist un-
zweifelhaft eine hohe schöpferische Leistung, die es wert ist, in einer Plura-
lität von Perspektiven in geeigneter Form eingebracht, neu interpretiert und
erwogen zu werden. Auch sie forderte »die Fähigkeit, unter dem Druck der
Sache das zu negieren, was für uns bisher Realität hieß und was in diesem
Sinne ein Bestandteil von uns selbst war«; auch sie bedeutete und bedeutet
eine Wahrheit, um die der Mensch mit sich kämpfen, der er ein Stück von
sich opfern musste.[65]

Der Versuch, so lautet die Hypothese, in einem Feld postmoderner Debatten, in dem – im Sinne Nietzsches – die Kunst eines disziplinierten Perspektivenwechsels geübt wird, das Denkmodell der Dualität mit der
(nichtdualistischen) Konzeption der Machtwillen, verstanden
als Prinzip des größtmöglichen Offen- und Ausgespannthal-
tens des Feldes der Situierung von Perspektiven, in ein Wech-
selverhältnis der Reaktion und Interaktion zu bringen, dürfte ein
interessantes und, so meine ich, vielversprechendes Unterfangen sein.

Ein Vorschlag, wie das Denkmodell der Dualität in den Termen des Nietz-schischen Anspruchs der »größtmöglichen Offenheit des Horizonts für die Situierung von Unterschieden« als gesprächsfähig mit der Konzeption der Machtwillen zu interpretieren wäre, kann zum Schluss nur knapp angedeu-tet werden. Der Gedanke, das Wirkliche so zu beschreiben, dass zum Ver-ständnis der Logik seiner Verhaltenspotentialität eine Beziehung unterstellt wird, derart, dass eine gegenüber den artikulierbaren, sachhaltig-konkreten oder realempirischen Bestimmungen (1. Ebene) unabhängige Qualität des Wirklichen (2. Ebene) angenommen wird, die als »in jeder Hinsicht« nicht die zuerst genannte Ebene für diese bestimmend ist und also mit ihr einen ausgezeichneten Zusammenhang bildet, lässt sich durch-aus als eine denkmethodische Heuristik verstehen, die die Offenheit des Feldes für die Erfahrung und Artikulation von Differenz (unterschiedlicher Qualitäten als unterschiedlicher) unterstützt und steigert. Die These von der Dualität des Wirklichen – als Heurismus – könnte gedeutet werden als der Versuch, die Fähigkeit oder das Interesse zu steigern, das Maß artikulierba-rer Differenzen bis an die Grenze des Möglichen zu treiben, um die behaup-tete spezifische duale Zusammenhangshaftigkeit des Wirklichen auszulösen und zur Erfahrung kommen zu lassen.

In religiöser Sprache könnte diese Einstellung umschrieben werden: dass aus der von einem Glauben getragenen Hypothese der Existenz einer ganz anderen Ebene, die nicht die ist, auf der sich der Erlebende zunächst befin-det – und die doch im Erleben der Zusammenhangshaftigkeit der Erfahrung erfahren werden kann, die reale Fähigkeit gestärkt wird, den Horizont für die Wahrnehmung im Sinne der Kategorie des »Naheliegenden« und für das Zustandekommenlassen von Verhältnissen unterschiedlichster Unter-schiedlichkeit offen zu halten. Im Rahmen einer »Theorie der Ebenendiffe-renz« – als einer postmodernen Theorie der Erfahrung – wäre die Bedeutung der moralischen These, dass die Explikation von Daseins-Perspektiven die Möglichkeit einer grundsätzlichen Entscheidung zwischen Ty-pen (Kategorien) von perspektivischen Möglichkeiten impliziere (wie weiter oben gesagt wurde: dass es möglich sei, »den Zwist zwischen Gut und Böse allgemein, d.h. durch eine grundsätzliche Einstellung, zu entscheiden«), neu zu interpretieren.

So oder in anderer Explikation könnte, so meine ich, eine Konzeption, die eine Dualitätsstruktur des Wirklichen zu explizieren sucht, im Feld post-metaphysischer Debatten – im Verein mit weiteren Alternativen zum nietz-scheanisch-heideggerischen Nihilismus – dazu beitragen, dass die volle Dif-ferenzstruktur, wie sie in dem von Nietzsche initiierten »anti-christlichen Diskurs« aufgerufen ist, wirksam wird.

Die Beiträge des vorliegenden Bandes bezeugen das Interesse, das Spannungsfeld der gegenwärtigen Debatten, um einen Ausweg aus der Moderne sehr offen zu halten.

Anmerkung: Im vorliegenden Werk beziehen sich die Quellenangaben KSA auf die »Kritische Studien-Ausgabe« der Werke Friedrich Nietsches in 15 Bänden, erstellt durch G. Colli und M. Montenari, die als Taschenbuch-Ausgabe erstmalig 1980 bei dtv/de Gruyter herausgegeben wurde.

[1] Vgl. dazu: Vogel, Max Werner, Chronik des Nietzsche-Kreises, in: Alois K. Soller, Beatrix Vogel, Hrsg., Chronik des Nietzsche-Kreises München. Vorträge aus den Jahren 1990-1998, München 1999.

[2] Diese Formulierung entstammt einer Kurzinformation über »Die Nietzsche-Gesellschaft«, die der im Verlag der Nietzsche-Gesellschaft erschienenen vollständigen Faksimile Ausgabe der Dionysos-Dithyramben von Friedrich Nietzsche beigefügt war.

[3] Daher ist im vorliegenden Band 2 die bereits in Band 1 der Publikationen des Nietzsche-Kreises München der »Chronik des Nietzsche-Kreises« beigefügte »Chronik der Vorträge der Nietzsche-Gesellschaft bzw. des Nietzsche-Kreises München von 1965-1998« – hier aktualisiert bis 2001– erneut aufgeführt.

[4] Unter dem Titel: »Weisheit für übermorgen«, den Nietzsche einer Sammlung seiner verstreuten Gedankensplitter geben wollte, gab Heinz Friedrich »Unterstreichungen aus dem Nachlass« heraus und kommentiert dazu in seinen Vorbemerkungen: »Wir leben bereits in diesem Übermorgen«. – Heinz Friedrich, Friedrich Nietzsche. Weisheit für übermorgen. Unterstreichungen aus dem Nachlass 1869-1889, München 1995, S. 21.

[5] nach Heinz Friedrich in seinem Vortrag vom 2. November 2000 im Nietzsche-Forum München: Ecce Homo? Nietzsche »Übermensch« im Zwielicht unserer Erfahrung.

[6] Friedrich Nietzsche, KSA 9, S. 206; 273.

[7] Reschke, Renate, Zehn gute Gründe, Nietzsche zu *denken*, in: H.-J. Koch, Neurere Arbeiten zur Nietzsche-Forschung, Essen 200, S. 172

[8] Die Anordnung der Vortrags-Beiträge des Symposions: »Von der Unmöglichkeit oder Möglichkeit, ein Christ zu sein. Zur europäisch-geschichtlichen Freiheits- und Wertekonstitution«, vom 23.-25. Februar 1996 in der Schwabinger Seidlvilla, folgt insofern nicht ganz genau dem chronologischen Prinzip, als die 4 Beiträge von Eberhard Simons, des Hauptreferenten dieses Symposions, im Zusammenhange, also fortlaufend wiedergegeben sind; und die beiden am 2. Symposionstag platzierten »Gegen-Reden« – die Beiträge von Franz Buggle und Michael von Brück – im Anschluss daran folgen.

[9] Urs Andreas Sommer spricht von dem »Riss, der durch Nietzsche als *Radikalaufklärer und Genealogen* und Nietzsche als *Gesetzgeber und Umwerter* hindurch-

geht«, in: Friedrich Nietzsches »Der Antichrist«. Ein philosophisch-historischer Kommentar, Basel 2000, S. 33.

[10] »Nach Gott fragen. Über das Religiöse« ist der Titel des Sonderheftes des Merkur. Deutsche Zeitschrift für europäisches Denken, Heft 9/10, September/Oktober 1999. – Gianni Vattimo spricht vom »Wiedererwachen des religiösen Interesses« bzw. von »der Wiederkehr der Religion«. In: ders., Glauben – Philosophieren, Reclam-Heft Nr. 9664, S. 7 bzw. 11.

[11] In der Forumsdiskussion der Tagung »Theologie nach dem Tode Gottes«, Weimar 1998, vgl. H.-J. Koch, Neuere Arbeiten zur Nietzsche-Forschung, Essen 2000, S. 94.

[12] Von Brück, Michael, Wunschbilder der Hoffnung, in: Serie: Die Gegenwart der Zukunft (18), Süddeutsche Zeitung Nr 105, 8./9. Mai 1999.

[13] Darauf verweist eindringlich Franz Buggle in seinem Beitrag: »Kann man redlicherweise noch Christ sein?«, in diesem Band.

[14] Für eine umfassendere Charakterisierung vgl. z.B. Jörg Salaquarda, Christentum, in: Henning Ottmann, Hrsg., Nietzsche. Handbuch. Leben – Werk – Wirkung, Stuttgart/Weimar 2000, S. 207ff..

[15] An diese Charakterisierung des Christentums als Religion des »Austritts aus der Religion« durch Marcel Gauchet knüpft Thierry de Duve an in seinem Essay: »Auf, Ihr Christen, noch ein Versuch, post-christlich zu werden!« In: Doreet Levitte Harten, Heaven, Katalog zur Ausstellung in der Kunsthalle Düsseldorf im August 1999.

[16] Erwähnt sei Peter Strasser, Journal der letzten Dinge, Frankfurt 1998, dem Jörg Salaquarda am 20. 03. 1999 (in Spektrum V) eine Besprechung gewidmet hat: »Seine Abhandlung ist ein großangelegter Versuch – gegen die siegreiche Haupttendenz unserer Kultur – Möglichkeiten eines Redens über die Religion zurückzugewinnen.«

[17] Vgl. F. Nietzsche, KSA 11, S. 89.

[18] KSA 5, S. 357ff.

[19] In seinem Buch »Gottsucher oder Antichrist? Nietzsches provokative Kritik des Christentums« (Salzburg 1982) bezeichnet Eugen Biser Nietzsche jedoch »weder als Antichrist noch als Gottsucher«, sondern als einen »Grenzgänger des Christentums« (a.a.O., S. 24).

[20] Eine z.B. von Hanfred Müller vertretene Auffassung.

[21] Als in diese Richtung weisend verstehe ich die diesbezüglichen Äußerungen etwa von Jörg Salaquarda und Ulrich Willers in diesem Band.

[22] So z.B. in der indischen und japanischen Nietzsche-Rezeption, also etwa bei Sri Aurobindo, Muhammad Iqbal, Bhagwan Shree Rajneesh oder Keji Nishitani. Vgl. dazu z.B. Koch, Hans-Joachim, a.a.O., S. 131ff.; Vogel, Max Werner, Nietzsches Hinterkopf. Meditationen über Friedrich Nietzsche. 5 Vorträge für den Nietzsche-Kreis München, Essen 1995, S. 73ff., S. 97ff., sowie sein Beitrag in diesem Band.

[23] Kouba, Pavel, Die Welt nach Nietzsche. Eine philosophische Interpretation. München 2001, S. 104).

[24] ebenda

[25] Urs Andreas Sommer, in Koch, a.a.a., S. 85.

[26] F. Nietzsche, KSA 5, 409.

[27] KSA 3, 480ff.; Formulierng von Peter Köster in Henning Ottmann, Hrsg., Nietzsche Handbuch. Leben - Werk - Wirkung, Stuttgart/Weimar 2000, S. 247.

[28] So z.B. Pavel Kouba, a.a.O., S. 133.

[29] Urs Andreas Sommer, a.a.O.

[30] KSA 3, S. 468f.

[31] M.E.. könnte man auch davon sprechen, die gegebene Charakterisierung konzentriere sich auf die Hypothese, Nietzsches Kritik des Christentums ziele letztlich auf einen einzigen Kernpunkt, aus dem sich in gewisser Weise alle weiteren Kritikpunkte – Enteignung des Menschen; Nihilismus – ableiten, nämlich auf die Dualität als grundlegende Kategorie der Deutung des Wirklichen. Die Problematik dieses Gedankens im Sinne Nietzsches weist ins Zentrum des christlich-theistischen Denkens und zeigt uns, wie christlich geprägtes europäische Denken überhaupt innerlich orientiert und strukturiert ist.

[32] Jörg Salaquarda in: Henning Ottmann, Hrsg., a.a.O., S. 211

[33] Auch Religionen sind »interpretierende Machtwillen«; vgl. Jörg Salaquarda im vorliegenden Band (hierzu auch sein Hinweis auf J. Figl) sowie in: Henning Ottmann, Hrsg., a.a.O., ebenda.

[34] In grob simplifizierender Abkürzung gesprochen

[35] Eine Formulierung wie diese weckt Suggestionen – wie etwa, es sei möglich, einer Sache auf den Grund und damit zu einer »endgültige(re)n« Wahrheit zu kommen –, die dem Kontext der metaphysischen Weltsicht entstammen, den Nietzsches anti-christliches Denken ja gerade überschreiten will. Im Abschnitt: »Nietzsche-Verständnis und die Postmoderne« (s. u.) wird diese Problematik aufgegriffen.

[36] Mit dem metaphysischen Dualismus als Preis des Übergangs vom Polytheismus zum Monotheismus und Ermöglichung einer einheitlichen Weltdeutung sowie insgesamt mit dem »Mythos der Dualität«, in dem wir leben, befasst sich ausführlich der Beitrag von Michael von Brück, Mythos der Nicht-Dualität, in diesem Band.

[37] Kouba, P., a.a.O., S. 94.

[38] KSA 13, S. 99.

[39] KSA 6, S. 97.

[40] »Man hat bisher das Christentum auf eine falsche und nicht bloß schüchterne Weise angegriffen. So lange man nicht die Moral des Christentums als Capital-Verbrechen am Leben empfindet, haben dessen Vertheidiger gutes Spiel.« KSA 13, S. 417.

[41] ebenda.

[42] »Weder die Moral noch die Religion berührt sich im Christenthume mit irgend einem Punkte der Wirklichkeit.« KSA 6, S. 181.

[43] Eberhard Simons befasst sich in seinen Symposionsbeiträgen , insbesondere im dritten und vierten Vortrag, im Zusammenhang der Frage der »Enteignung des Menschen« eingehend mit dem Unterschied zwischen griechischem und dem christlichem Dualismus; mit dem unterschiedlichen Charakter des christlichen Gegensatzes von Geist und Leib und des griechischen von Leib und Seele bzw. der teilweise auch innerhalb des Christentums unterschiedlich beantworteten Frage, inwiefern der Mensch ein Göttliches in sich trage, das ihm Unsterblichkeit verbürge und das er zu kultivieren hätte.

[44] KSA 2, S. 590f.

[45] KSA 3, S. 528.

[46] So der Titel der weiter oben zitierten Arbeit von Pavel Kouba, der ich wichtige Einblicke in den Zusammenhang von Moralkritik und neues Welt-Verständnis im

Denken Nietzsches verdanke. Kouba lässt offen, ob er das »nach« im Sinne von »gemäss« (secundum) oder/und im zeitlichen Sinne (post) auffasst. Ich verstehe ihn so, dass überwiegend ersteres zutrifft, wobei letzteres mitgemeint sein könnte, indem seine, Koubas, Nietzsche-Interpretation ein Beitrag zu einem Philosophieren (ausdrücklich) nach (post) Nietzsche bedeutet: »Es liegt im Wesen der Interpretation, dass das einzige Maß dafür, was uns über einen Philosophen zu sagen gelingt, dasjenige ist, was ihm über uns zu sagen gelingt, d.h. wodurch er unsere Vorstellungen verändert, worin wir dank seiner unsere eigenen Fragen neu stellen müssen«, Kouba, a.a.O., S. 13.

[47] Ebenso könnte formuliert werden: Weil er vom Christentum jene Muster ausgehen sah ...; m. a. W.: die genealogische Perspektive läst sich bei Nietzsche schwerlich ausklammern, wenngleich sie freilich im nichtmetaphysischen Sinn, d.h. nicht als »Rückführung zum Grund« verstanden werden kann. Genealogisch ist daher auch nicht entscheidbar, ob nun die metaphysische Weltsicht in einem moralischen Bedürfnis »gründe« oder jene, umgekehrt, dieses erweckt und stimuliert.

[48] Ähnlich einer Gesundung aufgrund der Beseitigung der Krankheitsursachen. – Das Christentum als »Krankheit des Auges«: KSA 6, S. 51.

[49] Kouba gebraucht Nietzsches Begriffsbild einer »langen Logik« (KSA 11, S. 452), zur Charakterisierung zunächst des schwierigen Prozesses, im Zusammenhang widerstreitender Gedanken und unvereinbarer Gegensätze im Denken Nietzsches, aus seinem Werk »ein Weltverständnis zu gewinnen, das wir bis jetzt nicht hatten und das uns fehlte«. (Kouba, S. 13)

[50] Eine Art »uneigentlicher Überwindung«, »die weder im gebräuchlichen Sinn des Wortes noch im Sinn der dialektischen Aufhebung zu verstehen ist« (Vattimo, G., Das Ende der Moderne, a.a.O., S. 186f.), die »eine Überholung anzeigt, welche Züge der Hinnahme und der Vertiefung in sich enthält; hinzu kommt der Hinweis auf zwei weitere Bedeutungen: »den der Genesung und den des Verdrehens« (S. 187).

[51] ebenda

[52] Vgl. Vattimo, G., a.a.O., S. 184.

[53] Dieser Gesichtspunkt aus der von Nietzsche selbst angestossenen Logik des postmodernen Diskurses könnte, von einer anderen Ebene des Denkens her, ein Licht auf das Phänomen einer »Entnietzschung Nietzsches« werfen: Schmidt, Hermann Josef, Wider weitere Entnietzschung Nietzsches. Eine Streitschrift, Aschaffenburg, 2000.

[54] »Das Denken geht nicht zum Ursprung zurück, um sich desselben zu bemächtigen; es tut vielmehr nichts anderes, als die Bahnen des Irrens noch einmal zu durchlaufen, in denen der einzige Reichtum und das einzige uns gegebene Sein liegt.« – Vattimo, Gianni, a.a.O., S. 190.

[55] Kouba, P., a.a.O., S. 93; S. 231.

[56] Ders., a.a.O., z.B. S. 99, 127, 186f., 233.

[57] »Der lebendige und aktuelle, d.h. situierte Unterschied zwischen Wahrheit und Unwahrheit, die Sache mithin, die Nietzsche niemals verlässt«, Kouba, P., a.a.O., S. 186.

[58] Ders., S. 195.

[59] »Und wisst Ihr auch, was mir »die Welt« ist? ... KSA 11, S. 610f.

[60] Vattimo, G., a.a.O., S. 184.

[61] »Mit Nietzsches Ausdrücken gesagt: Das Denken geht nicht zum Ursprung zurück, um sich desselben zu bemächtigen; es tut vielmehr nichts anderes, als die

Bahnen des Irrens noch einmal zu durchlaufen, in denen der einzige Reichtum und das einzige uns gegebene Sein liegt.« Vattimo, Gianni, a.a.O., S. 190.

[62] Vattimo, Gianni, Das Ende der Moderne, Reclam Universalbibliothek, Nr. 8624, Stuttgart 1990, S. 178f.

[63] Analysen und Versuche einer deutenden Beschreibung eines kollektiven Musters oder von Mustern – derart, dass etwa Reaktionsformen der Ohnmacht und solche der Usurpation göttlicher Omnipotenz verhängnisvoll zusammenwirken –, die die europäische Kultur immer mehr vereinseitigt und in eine Sackgasse geführt haben, bilden, im Umkreis von Nietzsches Christentumskritik, ein Thema der Beiträge in diesem Band.

[64] Was auch bei Nietzsche und in der Bedeutung der Heideggerschen »Verwindung« anklingt.

[65] Wie nach Nietzsche die Möglichkeit, »einen wirklich neuen Blickwinkel zu finden« – »als ein Zeichen von Stärke« – zu charakterisieren wäre. P. Kouba, a.a.O., S. 187.

Teil 1

Symposion 1996 des Nietzsche-Kreises München

Von der Unmöglichkeit oder Möglichkeit, ein Christ zu sein
Zur europäisch-geschichtlichen Freiheits- und Wertekonstitution

Abwanderungen
Das christliche Desaster als europäisches Desaster

Von der Unmöglichkeit, Christ zu sein[1]

Eberhard Simons

Der Diskurs zwischen Philosophie und dem Christentum findet im Allgemeinen nicht statt. Die Philosophie der Gegenwart – insbesondere in Frankreich, aber auch in Deutschland – schweigt zum Thema. Nur eine innerkirchlich oder nahkirchlich angesiedelte Philosophie äußert sich dazu, ansonsten gibt es darüber kaum philosophische Diskurse. Dass insbesondere in Frankreich geschwiegen wird, hängt natürlich auch damit zusammen, dass es in Frankreich eine Trennung zwischen Kirche und Staat gibt, in Deutschland dagegen nicht. In Frankreich scheint man konzilianter, toleranter zu sein, aber bei näherem Hinsehen gibt es tiefste Gräben des Schweigens, Nichtmiteinanderredens.

Im Hinblick auf diese Situation ist es natürlich zu begrüßen, dass in diesem Nietzsche-Kreis[2] gerade ein solches Gespräch versucht wird. Ich spreche hier, meine Damen und Herren, als Philosoph, und das bedeutet, dass Sie mir nicht »glauben« müssen; sondern die Argumente, die ich bringe, die Gründe, die ich anführe, die Erschließungen, die ich gebe, mögen Sie überzeugen oder auch nicht. Sie können sie verwerfen, wenn Sie anderer Ansicht sind und meinen, das sei so nicht zu sagen und zu erörtern. Ich habe also auch keinerlei Anspruch, hier irgendetwas zu verordnen, etwas Weltanschauliches oder Antiweltanschauliches. Da es zu unserem Thema fast keinen Diskurs gibt, weder in Deutschland, noch in Österreich – außer einigen wenigen Ausnahmen, wie z.B. Hans-Georg Gadamer –, noch in der modernen Philosophie in Frankreich, bedeutet dies natürlich auch, dass eine Reihe von Fragen neu zu stellen sind und neu gestellt werden müssen. Ich werde

Ihnen hier heute und in den kommenden Tagen einige meiner Forschungser-
gebnisse mitteilen, die Sie vermutlich noch nicht kennen. Ich werde einige
methodische und inhaltliche Dinge bringen, von denen ich meine, dass sie
sich noch nicht allzu sehr herumgesprochen haben. Hier lege ich sie dar,
nicht weil sie neu sind, sondern weil ich glaube, dass sie wichtig sind für die
Zukunft.

Diese Themen sind nicht enthalten in der klassischen neuzeitlichen Religionskritik – wenngleich diese zu einem Verständnis geführt hat, an dem
die hier gestellten Fragen zum Teil anknüpfen können. Der Hintergrund für
die Entwicklung meiner Thesen ist nicht nur die moderne und zeitgenössi-
sche Philosophie, der deutsche Idealismus, besonders Hegel und Fichte, auch
Kant, sondern auch die antike Philosophie, weil ich dort Fragen gestellt sehe,
die in der Neuzeit nicht mehr gestellt worden sind, die aber heute, in einer
Zeit, da das alte Europa zu Ende geht, denke ich, wieder gestellt und neu
gestellt werden müssen.

Der Hintergrund meiner Darlegungen ist eine antike, insbesondere platonische Kosmopolitie. Platon, meine Damen und Herren, – so scheint mir – ist
unbekannt. Er ist rezipiert worden gerade von den christlichen Traditionen.
Man sagte aber immer Platon und meinte tatsächlich Plotin. Es ist Plotinismus und Neuplotinismus, was da rezipiert wurde, aber nicht Platon.
Das waren viel zu heiße Themen, die Platon da zur Sprache brachte, die
»weggebügelt« wurden. Zum Beispiel die Übersetzung Schleiermachers, eine
unserer ersten ins Deutsche, bügelt die Originalbedeutungen in der Übersetzung glatt, weil eine wirklich adäquate Übersetzung dieser Originalbedeutungen – wie ich es sehe – zu einem unerträglichen Konflikt mit den damals herrschenden Grundüberzeugungen geführt hätte. Griechisch haben
diese Übersetzer alle sehr gut gekonnt, sie hätten es vermocht; aber das Bewusstsein durfte es sich nicht gestatten, so zu übersetzen. Ich meine also,
Platon ist nicht ein alter Hut, in den christlichen Traditionen endlos lang
schon weitergereicht, sondern er ist ein unbekannter Denker. Aber er wäre,
so meine ich, sehr wichtig für die Zukunft. Und er wäre überdies sehr wichtig für die Interpretation und die kritische Aufarbeitung einer beinahe zweitausendjährigen Christentumsgeschichte.

Sie werden also sehen, dass vieles, was ich da bringe – auch wenn ich das
wegen der begrenzten Zeit nicht ganz ausdrücklich machen kann –, philosophisch, historisch, philologisch von einer neuen Platon-Interpretation her inspiriert ist. Ich bin deshalb auf die antike Naturphilosophie zurückgegangen,
weil die moderne Naturphilosophie, die es immerhin in guten Ansätzen bereits im neunzehnten Jahrhundert gibt, doch selbst noch sehr stark unter dem
oben genannten Verdikt steht, gegen das anzutreten ist, so dass bestimmte
Fragen und Themen auch von der modernen Naturphilosophie her noch nicht

zureichend zu stellen sind. So sind zum Beispiel keine Ansätze vorhanden, die es ermöglichen würden, Fragen der Familiengenese, der Mannwerdung, der Frauwerdung – zentrale Fragen einer philosophischen Vorverständigung über unser Dasein in der Welt – zu thematisieren. Die Antike wusste sehr viel mehr von kosmopolitischen Generationszusammenhängen und der Ermannung des Mannes wie auch der Erfrauung der Frau und was damit alles noch zusammenhängt. Also schon aus diesem Grunde, weil die neuzeitliche Naturphilosophie die Vollendung der Natur noch gar nicht in der Menschengattungs- und Begattungsgeschichte (und was das bedeutet) sieht, muss man meines Erachtens auf antike Naturphilosophie zurückgreifen, um von dort zu sehen, was nun für morgen im Hinblick darauf zu tun ist.

Die europäische Geschichte, insbesondere die des Christentums – und das ist das Erstaunliche am Christentum – ist ausdrücklich durch ihr Verhältnis zur Philosophie gekennzeichnet. Diese Bezugnahme des Christentums auf die Philosophie ist ziemlich einzigartig und fast von Anfang an gegeben und für die Formulierung seiner Inhalte bestimmend, sogar schon vom Johannesevangelium an: Der Prolog wäre in dieser Art nicht denkbar gewesen ohne den Bezug zur griechischen Philosophie. Die Theologie des Christentums hat sich von Anfang an auch an der Philosophie orientiert. Das haben Sie weniger in anderen Religionen. Das Judentum hatte in seinen Anfängen kaum mit reflektierender Philosophie in unserem heutigen Verständnis zu tun, und erst viel später ist es dann z.B. auch von griechischer Philosophie beeinflusst. Und auch im Islam geschah dies erst später [3]. Man muss anerkennen, dass das Christentum recht bald gerade auch eine philosophische Religion sein wollte und sich philosophisch artikuliert hat. Das ist erstaunlich. Was dann aber letztlich philosophisch wirksam geworden ist, war, wie ich schon sagte, Plotin und der Plotinismus (Plotin war ein griechisch-römischer Philosoph). Und dieser Plotinismus war damals im Umlauf bis weit über das Mittelalter hinaus, aber im Mittelalter kam dann auch Aristoteles zum Zuge, den man vorher gar nicht kannte, weil er verschollen war. Die Araber haben seine Schriften herübergebracht, dann hat man sie aus dem Arabischen ins Lateinische übersetzt, und erst im Hochmittelalter fand man die Schriften des Aristoteles, und es wurde eine große Aristotelesrezeption in Europa eingeleitet an allen Universitäten, wodurch überhaupt erst das begründet wurde, was eine Universität ist. Also, Neuaristotelismus und Plotinismus waren es, die als Philosophie zum Zuge kamen. Und dieser Neuaristotelismus in Form der verschiedenen scholastischen Schulen – Hochscholastik, Spätscholastik, Barockscholastik – war für die katholische Kirche etwa die verbindliche Philosophie bis zum Vatikanum II; alles andere stand auf dem Index. Kant durfte lange nicht gelesen werden, Schelling auch nicht, Hegel auch nicht, Nietzsche schon gar nicht. Plotinismus und Neuaristotelismus waren die verbindliche Philosophie. Dann kam die große Freigabe: Es begann bei Kant, dann auch bei Heidegger, für manche auch bei Hegel, und heute ist selbst Nietzsche schon ein wenig in bestimmten theologischen Konzepten in Umlauf. Aber, wie gesagt, Platon nannte man, meinte aber Plotin. Warum und warum das so wichtig ist – das möchte ich dann in meinem letzten Vortrag ausführen.

Nun zum Thema. Ich werde, um die Aufklärungsarbeit an der Geschichte des Christentums und seines Kirchenwesens durchzuführen, hier eine neue Methode einführen, die in Deutschland unbekannt ist, aber in Frankreich schon länger geübt wird. Es ist die Methode der Intrigenforschung.[4] Wir kennen den Begriff der »Intrige« vom Theater, vom Lustspiel: Da geht es ja immer um Intrigen. Der Begriff der Intrige ist hier nicht nur theatralisch gemeint, er ist auch nicht nur persönlich und individuell gemeint, sondern er bezieht sich insbesondere auf Institutionen und erforscht, inwiefern Institutionen »intrigant« sind und unter welchen Bedingungen. Und nur so scheint mir klärbar zu sein, warum gewisse verrückteste Entwicklungen in Institutionen passieren können, die sich wider allen besseren Willen dennoch durchsetzen.

Ich werde Ihnen hier drei große Intrigen der europäischen Christentumsgeschichte darstellen, und dann können Sie daraus selbst entnehmen, ob und wie diese Methode greift. Die Methode hat den folgenden Vorteil gegenüber anderen Darstellungen der Christentumsgeschichte. Gewöhnlich geht es in Diskussionen so zu, dass man zuerst das Positive und dann das Negative darstellt. Zwischen diesen beiden Seiten muss man dann abwägen und anschließend eine ausgewogene Darstellung bringen. Und dann kann man immer sagen: Gewiss, aber … Man hat ein bisschen von dieser Seite und man hat ein bisschen von jener Seite. Und so geht das hin und her, und da kann man dann immer, je nach Standort, sagen: Na, dann wähle ich mir das Positive, das Negative aber lasse ich weg, das ist Randphänomen; oder ich wähle mir das Negative und sage: Seht Ihr's, das ist das Eigentliche. Dies ist meines Erachtens keine sehr ergiebige Vorgehensweise. Die Methode der Intrigenforschung ist da besser, denn sie zeigt die inneren Strukturen, die Notwendigkeiten auf, warum was wie läuft. Und dann ist es gar nicht so wichtig, ob jetzt in den geschichtlichen Phänomenen ein wenig mehr das Negative oder das Positive vorherrscht – man erkennt die Strukturen wieder, und dann kann man die Zusammenhänge kennen lernen und diese zu verstehen suchen. Das halte ich für sehr fruchtbar.

Die Intrigenforschung ist im kirchlichen Bereich verpönt, nicht nur deswegen, weil es da viele Intrigen gibt, sondern auch deswegen, weil man der Meinung ist, man müsse die Geschichte des Christentums affirmativ

und möglichst positiv darstellen für das fromme Gemüt des einfachen Menschen und für die Kirchenführung, die schließlich nicht mit Abgründen leben kann, sondern irgendwie institutionell über die Runden kommen muss.
Und deshalb ist man für affirmative Darstellung im Sinne der sozusagen
positiv-negativen Ausgewogenheit. So werden dann die negativen Dinge vor
allem Randphänomene. So zum Beispiel kann man sagen, es gab fünfhundert Jahre lang – für eine Religion der Liebe unfassbar – eine tyrannische,
mörderisch-verbrecherische Inquisition, fünfhundert Jahre, vielleicht sogar
sechshundert, und das wird dann als eine Ausnahme, eine Abweichung vom
Wesentlichen dargestellt. Wird das heute noch zur Kenntnis genommen?
Das interessiert doch heute nicht mehr, das ist Randphänomen, das gehört
nicht zum Wesen des Christentums. Ich setze dagegen: Es gehört zum Wesen des Christentums. Das kann aber zum Beispiel eine Intrigeninspektion
herausfinden, und dann muss sich dieses Christentum seinem verfälschten
Wesen stellen und kann nicht nur sagen: Das ist Randphänomen, das allzu
Menschliche, wie es immer bei den Menschen vorkommt, so eben auch hier.
Wir bedauern das zutiefst... So wird bagatellisiert und nichts gelernt und
geändert.

Die Ausgewogenheit der Darstellung, meine Damen und Herren, wie wir
sie gewohnt sind, insbesondere durch die Kirchengeschichte, aber auch die
Kulturgeschichte, ist nicht wirklich ausgewogen, sondern sie ist eingewo-
gen worden, eingestellt worden durch das »Ancien Régime«. Das »Ancien
Régime« hat jenes Bild der eigenen Geschichte entworfen, sowohl der Geschichte der Monarchien wie der Kirchengeschichte – das gehörte ja zusammen. Und so haben wir bestimmte Bilder Europas, an denen sich Darstellungen zu orientieren haben und an denen man die Geschehnisse gemessen hat.
Aber diese Bilder von der europäischen Geschichte, insbesondere der Monarchie und aber auch der Kirchengeschichte, illusionieren, sie verschönen.
Sie sind insofern auch sehr angenehm, aber sie schönen, und das war schon
immer eine Leistung eines Ancien Régime, die richtige Beleuchtungsregie
und Dramaturgie hinzubekommen. Da konnten Monarchien wegen Baga-
tellen die schlimmsten, fürchterlichsten Kriege mit Tausenden von Toten an-
zetteln. Der Glanz der Inszenierung hat das schnell vergessen lassen, und der
war das Wichtigste. Nun haben wir ja alle Interesse auch an Illusionierung,
selbst Nietzsche weist darauf hin, dass man das gelegentlich brauche. Das
sei uns also unbenommen. Aber es wäre vielleicht doch für eine potente Zu-
kunftsgestaltung gut, gewisse Schattenseiten nicht zu übersehen, um daraus
für die Zukunft zu lernen. So bin ich der Meinung, dass es Schattenseiten
des Christentums gibt, die den Christen und offiziellen Christen, Theologen
und Kirchenleitungen weitgehend unbekannt sind und auch unbekannt bleiben sollen. Unerträglich wäre, was dann ans Licht käme, und manche wür-

den dadurch so sehr »ins Schleudern« geraten, dass sie sozusagen aufhören müssten, Christ zu sein. Deshalb kann das nicht sein, darf das nicht sein. Und dennoch, meine ich, gehört es zumindest zu einer gewissen kulturellen Avantgarde, die, wie ich meine, hier z. B. ein wenig versammelt ist, sich dem zu stellen und zu sehen, was daraus für Konsequenzen zu ziehen sind. Das ist, glaube ich, eine Aufgabe für uns.

Ich werde also Ihnen hier keine – nach dem oben beschriebenen Muster – ausgewogene Darstellung geben, aber ich werde auch keine lediglich nicht ausgewogene Darstellung geben, sondern ich werde zunächst mal eine Darstellung in schöpferischer Parteilichkeit wagen, und das im Sinne eines Bewegungsinteresses, um das es mir geht, und nicht eines bloßen Legitimationsinteresses, an dem die Institutionen natürlich besonders zur Stabilisierung ihrer selbst interessiert sind. Mir geht es um ein In-Bewegung-Bringen und nicht um ein Legitimieren.

Die Intrigendarstellung, meine Damen und Herren, ist keineswegs nur eine Negativdarstellung, sondern sie setzt, gerade weil sie die Fesselungen des Schöpferischen erkennt, sehr viel Schöpferisches frei, was ohne diese Erkenntnis nicht freigesetzt werden kann: Die Fesseln halten sich durch, bewusstlos, unbewusst halten sie sich durch. Das Bild der Geschichte Europas, das Europabild samt seinem Menschenbild war über Jahrhunderte etabliert, gemalt und ausstaffiert von den Mächtigen der Zeit: Die Bilder wurden geschaffen, zugelassen und in Auftrag gegeben, wie die Mächtigen sie wünschten, dass sie da seien, von ihnen und von ihrer Geschichte. Und insofern ist das eine einseitige Darstellung. Diese Beleuchtungsregie ist heute aber nicht mehr notwendig. Es wäre noch vor hundert Jahren eine solche Tagung wie diese gar nicht möglich gewesen, denn man hätte hier auf Grund bestimmter Thesen Hochverrat anmelden können, und da hätte entweder der Staat oder sonst wer zugegriffen, es war damals kein Problem, so eine Veranstaltung polizeilich zu erledigen. Also wundert es einen ohnehin, wie das neunzehnte Jahrhundert immerhin schon einige kritische Überlegungen auf den Tisch hat bringen können. Heute haben wir diese Verpflichtung gegenüber dem Ancien Régime nicht mehr. Die Einheit von Kirche und Staat, die Einheit von Kirchenleitung und Staatsleitung, oft in Personalunion der territorialen Staaten, ist beendet. Und also ist eine neue Beleuchtungsregie möglich und frei gegeben. Das erklärt auch, warum nun ausgerechnet in unserer Zeit so viel neues kritisches Material herausgebracht und diskutiert wird. Es ist nicht nur so, dass Europa beschäftigt war mit einem dreißigjährigen Krieg von 1914-1944; Europa war dann auch beschäftigt mit totalitären Systemen wie dem Faschismus, und es war beschäftigt mit totalitären Systemen wie dem Sozialismus. Aber erst heute stellt man die Frage, inwieweit die Kirche bzw. die Kirchen die Wurzel aller totalitären Systeme sind. Und diese

Frage ist deshalb möglich, weil heute ein anderes Beleuchtungsinteresse da ist. Deshalb bin ich auch der Meinung, dass die Kirchen auch in der Zukunft unter Druck kommen, der sie enorm ins Kriseln bringen wird, weil genau jetzt die Freiheit gegeben ist, mit sämtlichen Scheinwerfern auf die Gegebenheiten zu blicken, und insofern ist es auch für Theologen nicht ganz unwichtig, dass sie sich dieser neuen Beleuchtungsintensität überhaupt stellen können. Das haben sie nämlich traditionellerweise nicht gelernt. Sie wurden geschont. Diese Schonzeit, meine ich, ist vorbei, und deshalb ist heute ein anderes kritisches Milieu da, dem wir uns zu stellen haben. Das Bild Europas wird geprägt u.a. von der Kunst- und Kulturgeschichte, die das Antlitz Europas gebildet und ausgebildet hat. Und davon – wer ist eigentlich dagegen? – sind wir alle sehr angetan, von den romanischen Skulpturen und Bauten und Klöstern, angefangen über die Romanik, Gotik bis zum Barock; gerade hier in Bayern sind ja die schönsten Schöpfungen einer Kunst zu finden, die meines Erachtens auch zum Besten gehören, was diese Tradition hervorgebracht hat. Sie zeigen, dass es da Schöpferisches ganz eigener Art gibt. Man kann zum Beispiel überhaupt keine Alternative aufmachen zwischen etwa einem altromanischen Fresko und der griechischer Vasenmalerei. Das ist sozusagen nicht vergleichbar. Man kann sagen, das ist schon was Eigenes, etwas wundersam Eigenes. Denken Sie mal nur an die Musik, da gibt es Schöpfungen grandioser, wunderbarster Art, auch aus einem christlichen Geiste von Bach bis Wagner. Das ist schon sehr anerkennens- und erlebenswert. Dennoch ist ein solches Bild von Europa aus der europäischen Kunst gewonnen; das sehen die Abendländer, wie ich sie nenne, gerne und sozusagen mit Recht.

Aber sie übersehen auch ein Problem, das ich jetzt so formuliere: Wenn denn die europäische Kultur einen großen Reichtum an Kunst bietet und insbesondere auch das Schöne, Wahre und Gute künstlerisch darstellt: Warum und wieso ist der europäische Kontinent und seine Geschichte, insbesondere in der Neuzeit, eine Geschichte von Desastern, Katastrophen und Vernichtungen der schlimmsten Art? Und auch die folgende Frage darf man weiter stellen: Ist das Zufall oder hat das System und Methode? Und wenn ja, welches System und welche Methode? Wir haben in der ersten Hälfte unseres Jahrhunderts eine Apotheose der Vernichtung erlebt – die schlimmste Zeit nach dem dreißigjährigen Krieg für Deutschland – dass man sich wirklich fragen muss, wie das möglich war. Wenn das Methode und System hat, müssen wir das zur Kenntnis nehmen und analysieren und können uns nicht darauf berufen, dass wir doch eine sehr schön reiche Kultur haben, sondern wir müssen dann fragen: Und woran liegt es, dass ein kulturell so hochstehender Kontinent wie Europa auch so etwas produziert? Und wenn sich nun zeigt, dass das System und Methode hat, möchte man die Frage durchdenken, welche Wurzeln das nun eigentlich hat: Also wieso Kriege nach außen und Kriege nach innen so zugenommen haben – vor allem in der Neuzeit –, und ob das Zufall ist oder ob es vielleicht sogar System und Methode bis hin zu den Konzentrationslagern hat. Die haben meines Erachtens nämlich nicht die Stalins erfunden und die Hitlers, die haben nur aufgenommen, was ohnehin schon im Untergrund da war und haben daraus ihre blanke, gewalttätige Art der Menschenvernichtung inszeniert. Wir sind als Europäer gerade der Neuzeit sehr daran gewöhnt, dass Kriege unvermeidlich zur Geschichte der Völker gehören. Dabei gab es Völker ganz anderer Art. Wir neuzeitlichen Europäer sind daran gewöhnt zu sagen: Krieg gehört dazu – trotz des Bekenntnisses zu allem Schönen, Wahren und Guten. Irgendwie ist das eben auch da. Und dieses »auch« ist nun eben das, worauf ich die Aufmerksamkeit lenken möchte.

Ich möchte Ihnen – nicht heute Abend, aber im Laufe der anderen Beiträge – drei große Intrigengeschichten darstellen, die aus dem Christentum selbst und aus dem Kirchenwesen oder -unwesen – nicht nur peripher – mit einer gewissen Schicksalsnotwendigkeit hervorgegangen sind und die verheerende Wirkung für die europäischen Völker, für ihr Zusammenleben, für ihr Leben, Überleben oder massenhaftes Untergehen gehabt haben.

Die erste Intrige ist die, die durch das Staatskirchenchristentum römischer Machart entstanden ist und die bis in unser Jahrhundert gedauert hat, denn Rom ist erst eigentlich mit dem Ende der Monarchien in unserem Jahrhundert zu Ende gegangen. So lange gab es das römische Reich in seinen verschiedenen Abwandlungen. Nachfolger reichen bis hin in die territorialen kleineren Staaten, die auch Nachfolger Roms waren. Diese Zeit ist vorbei. Ich bin aber der Meinung, dass in den Strukturen der Kirchen auch heute, bis in die Intimstrukturen des Gewissens, bis in die Intimstrukturen theologischen Denkens, auch in den Kirchen der Reformation und Theologien der Reformation, noch immer Imperial-Römisches maßgeblich bestimmend ist; dass also, obwohl äußerlich gesehen das römische Reich in all seinen Nachfolgereichen zu Ende gegangen ist, dennoch in den Köpfen, Seelen und Leibern diese Imperialgeschichte eingraviert ist, bis heute nachwirkt und meines Erachtens dafür zuständig und verantwortlich ist, dass Bestimmtes einfach nicht gedacht werden kann und gedacht werden darf, geschweige handelnd gebracht werden kann.

Die zweite große Intrige ist die Intrige, die ich die Intrige der Metaphysik nennen würde und nennen möchte, also nicht jeder Philosophie und Metaphysik, sondern eben jener neuplatonisch-neuaristotelischen Metaphysik, die ich für eine Intrige wider die Natur und den Kosmos halte, eine Intrige wider den Leib, eine Intrige wider die Schöpfung und auch eine Intrige wider Gott. Wieso macht eine Kirche eine solche Metaphysik zu ihrer Hauptideologie, wenn es derartige Intrigenimplikationen gibt? Das artet dann aus in eine Selbstintrige wider das Christentum selbst.

Die dritte große Intrige ist die diejenige, die beide noch mal verursacht. Es ist die Intrige des Kreuzes. Die Intrige des Kreuzes, das ja ein Zeichen von Heil und Heilung ist und sein soll, aber durch intrigante Pervertierung ein Zeichen für Unheil und Kränkung wird. Es ist meines Erachtens die schlimmste Intrige und die versteckteste, weil sie bis in abgründige Perversionen hinabreicht, die menschlicher Ungeist zu erfinden offenbar in der Lage ist. In meinem letzten Vortrag werde ich versuchen aufzuzeigen, worin ich dieses Unwesen sehe, dass nämlich die christliche Botschaft vom Kreuz – die zentrale Botschaft des Christentums – als wirklich heilend und Heil bedeutend nun pervertiert worden ist ins Abgründige, was umso leichter zu erkennen ist, als wir die alte Beleuchtungsstrategie und Dramaturgie zu Europa nicht mehr brauchen. Der Schatten des Kreuzes, diese Art Schatten als Unwesen der Kreuzesbotschaft, liegt und lastet ungeheuer über den europäischen Völkern, und nicht nur über ihnen und auf ihnen, sondern er hat sich eingraviert in die letzten Fasern der Seele, des Leibes und des Existierens; er ist dem europäischen Empfinden und Denken gleichsam intim geworden. Das ist fatal und furchtbar. Wenn das so ist, dann wäre doch hier eine Aufhebung dieses Schicksalsvernichtungszeichens vonnöten, das – in aller Unschuld, im Zeichen des Heils, so raffiniert – Anstiftung zum Töten, Anstiftung zum Mord impliziert; dann wäre es doch an der Zeit, eine solche Intrige aufzudecken und dieser Art Anstiftung zum Töten und zum Mord dadurch Einhalt zu gebieten und so dazu beizutragen, aus Europa einen friedlichen Kontinent zu machen. Es wurde ja immer von christlicher Seite beteuert, dass man für den Frieden ist. Nein, man muss statt dessen sagen, das Europa der Neuzeit gehört zum kriegslüsternsten in der Weltgeschichte. Woher kommt das, diese Kriegslüsternheit? Meine These ist: Diese hängt mit der Last des Kreuzes zusammen, und all das ganz unreflektiert, ganz naiv, ganz einfach verordnet, getan, verabreicht.

Aber um sich dem zu stellen, sind Begriffe erforderlich, Kategorien der Erschließung, die man so noch gar nicht kennt. Da muss man Zusammenhänge sehen können, die man mit den normalen Begriffen, schon gar nicht denen metaphysischer Art, überhaupt nicht befragen, geschweige denn herausbringen kann. Das europäische Christentum gerade der Moderne und auch der europäische Kontinent ist – bei aller Kultur – ein Kontinent der Kriegszivilisation, bis zur extremsten Steigerung der Kriegsmittel und Waffenmittel, die ja, wie wir wissen, so weit gesteigert worden sind, dass wir unseren Globus vernichten können. Das war höchste Produktivität der Europäer, scheinbare Notwendigkeit aus dem Machtspiel der Mächte. Die Frage ist: Woher kommt das – trotz einer Religion der Liebe und einer Religion der Menschlichkeit, der Humanität? Und wie sind da die Zusammenhänge?

Die europäische Geschichte und das kirchliche Europa hat wegen der Intimisierung von Gewalt, von Tortur und Folter keine erotische Kultur entwickelt. Es gibt in Europa keine kirchliche erotische Kultur, meine ich. Es gibt eine in den mystischen und spirituellen Traditionen, aber eine wirkliche offene erotische Kultur – dazu ist das christliche Europa nie fähig gewesen, abgesehen von einigen Anklängen im Bürgerlich-Aristokratischen. Es fehlt uns aber auch, im Gegensatz zur Antike, in Europa, zumal im Europa der Moderne – und das hängt mit dem Mangel der erotischen Kultur zusammen – eine entwickelte Streitkultur. Was wir haben, ist sozusagen Schweigen und Nicht-Austragen, die *doxa*, und dann sich den Schädel einhauen.

Es ist zum Beispiel sehr auffällig, dass eine ganz große Wortverschiebung durch das Christentum in die europäische Kultur gekommen ist. Philologen werden das wissen. Für die Griechen hieß *doxa* die »Meinung« bis hin zum »Wahn«. Es ist dasjenige, wovon die normalen Menschen leben, in das sie verliebt sind über alles und das sie niemals lassen wollen – ihre *doxa*, ihr Höchstes, ihr Gott. Man wage bloß nicht, sozusagen der *doxa* des einfachen Menschen an den Kragen zu gehen. Da wird er wild. Da schlägt er zu, wenn er kann. Wieso, wenn *doxa* so eine Gewalt ist? Wieso nennen die biblischen Schriften nunmehr die *doxa*, also *doxa tou theou*, die »Herrlichkeit Gottes«? Was ist das für eine Umkehrung? Aus dem wahren Wesen des Lebens in seiner Alltäglichkeit, Menschlichkeit und Unmenschlichkeit, wird »Herrlichkeit«. Ist das Zufall oder was heißt das?

Ich mache nur darauf aufmerksam, dass es meines Erachtens – ich kann das hier nicht zu sehr entwickeln – neben den bisher angedeuteten drei großen Intrigen noch eine weitere gibt, die ich die »plebejische Intrige« nennen würde. Vor den Plebejern hatten die Herrschenden immer alle Angst. Und Konstantin musste die Christen zu Hilfe rufen, weil seine aristokratischen Hierarchien nicht mehr funktionierten, und die Christen haben es geschafft, das Volk zu mobilisieren, einschließlich der Sklaven und der Knechte und so weiter, und deshalb wurde es so wichtig. Das war wie bei Hindenburg, wenn der Vergleich gestattet ist. Die Monarchie damals war am Trudeln, und man sah: Der Hitler kann die Massen begeistern, den brauchen wir. Und dann haben von Papen und der Sohn von Hindenburg, Oskar von Hindenburg, dem damaligen Parlament beigebracht: Den brauchen wir, den Hitler integrieren wir. Wir mögen ihn zwar alle nicht, aber wir brauchen ihn. Wir integrieren ihn, und damit haben wir die Massen integriert, und wenn wir die dann haben, dann entlassen wir ihn. So war die Strategie der Politiker von Papen bis Hindenburg. Und Hitler hat das mitgemacht und auch auf die Verfassung geschworen, im Frack mit Diener, und dann hat er die Verfassung benutzt und hat gesagt: So, nicht ich lasse mich von Euch rausschmeißen, ich schmeiße Euch raus, und hat die Macht übernommen auf Grund der Verfassung.

Ein ähnliches Thema und Problem gab es damals auch unter Konstantin. Man brauchte eine Integration der Massen, jener Massen, um die sich sonst niemand kümmern wollte. Das war auch da ein großes Problem. So musste eine solche Bewegung wie die des Christentums damals all die Sklaven, all die Knechte, all die Mägde und so weiter zum Zuge kommen lassen, aufnehmen. Da kann man sagen, das ist ein großes soziales bis sozialistisches Unternehmen gewesen, nach meiner Meinung das größte in der europäischen Geschichte. So gut haben es die späteren Sozialisten nicht gekonnt. Der Schulterschluss mit der Arbeiterklasse ist da nicht so gut wie damals gelungen. Gleichzeitig heißt das aber auch Ungeheuerliches. Es stellt sich nämlich die Aufgabe, auf die Bedürfnisse der großen Zahl jener Menschen einzugehen, denen es nicht in erster Linie darum geht, ein »Umdenken« zu betreiben, sondern die nur ein neues Kleid, einen neuen Namen haben wollen, denen es um eine Verbesserung ihrer Lebensumstände zu tun ist. Wie geht man nun mit dem Übergewicht von Interessen um, die dem christlichen Impetus fremd sind? Das, meines Erachtens, gibt eine Art proletarische Intrige für die europäische Geschichte, die man nicht übersehen darf. Wir haben in der Neuzeit, besonders im neunzehnten Jahrhundert, die klassische Religionskritik, die vor allem auf die Herrschaft guckt und die Logik der Herrschaft auf alle Missstände anwendet. Wir haben gar nicht so sehr eine Logik des Proletarischen. Das lateinische *prolis* heißt »das Kind«, bezeichnet also die Kinder der Gesellschaft, die Unmündigen der Gesellschaft. Welche Entwicklungen im Christentum, die wir als »fürchterlich« wahrnehmen und die mit einer gewissen Notwendigkeit so geschahen, sind aus solchen Zusammenhängen zu begreifen? Dies sei hier nur ein Hinweis auf noch wenig bekannte Gesichtspunkte, die eine heutige Religions- und Christentumskritik fruchtbar einbringen könnte. Auch der Verlust an erotischer Kultur – denn erotische Kultur setzt schon eine gewisse Bildung voraus – sowie der Verlust der Streitkultur – in der Antike höchstentwickelt und wichtigst für kulturelle Bewegungen – ließe sich aus dieser proletarischen Tendenz und den daraus für das Christentum erwachsenden Konsequenzen erhellen. Und so haben wir dann kaum noch Streitkultur, weswegen wir auch über Jahrhunderte fast keine christlichen Tragödien und Dramen haben. In der Renaissance ändert sich das dann ein bisschen angesichts des vielen, was die Antike da schon an höchster, produktiver, schöpferischer Streitkultur entwickelte. Die Streitkultur geht in der Neuzeit im kirchlichen Bereich nahezu vollständig verloren. Jeder, der da was anzettelt, ist schon verdächtig und überlebt allenfalls in gewissen evangelisch-theologischen Diskursen. Jedenfalls findet sich in kirchlichen Kreisen kaum ein Forum, wo die wirklich heißen Themen einmal öffentlich beredet werden können.

Meine Damen und Herren, wir haben heute keine Veranlassung mehr, uns auf all das, was nahezu zweitausend Jahre lang das Christentum deformiert hat, weiterhin verpflichtet zu fühlen. Jedenfalls gibt es keinen äußerlichen Grund mehr dafür. Es gibt so manche Gewissens-, Leibes- und Seelengründe und Geistes- und Denkgründe, die wir nicht so leicht abstreifen. Aber gesellschaftlich-politisch sind wir dazu nicht mehr verpflichtet, weil wir nicht gleich wegen Hochverrat hinter Gittern landen, falls wir mal einige kritische Gedanken äußern. Wenn das zutrifft, was ich hier so thesenhaft gesagt habe, dann ist es, mit Blick auf die drei großen Intrigen mit ihrer Gewaltproduktion und ihrer doxischen, systematischen Verlogenheit – die systematisch, nicht zufällig ist – natürlich eigentlich richtig für einen freien, offenen, nach Vernunftkriterien handeln wollenden Menschen zu sagen: Es ist unmöglich, ein Christ zu sein. Das ist nur eine Last, eine Last, die nur verschönt wird, wenn man die schönen Seiten dieser Tradition sieht und die grauenhaften ausblendet.

Und da kann man dann nicht nur sagen, dass es eine gewisse Unmöglichkeit gibt, Christ zu sein. Es gibt da noch die Argumentation, bei der es so aussieht, als sei die Institution möglich, aber die Einzelnen haben halt ihre Probleme, können da Zugang finden oder auch nicht. Nein, man muss sagen, die Institution ist unmöglich. Wenn es so ist, wie ich es gesagt habe, ist sie unmöglich, und es handelt sich um eine Unmöglichkeit des Christentums und der kirchlichen Institution selbst. Das, denke ich, darf man ernst nehmen, so ernst sogar, dass es nicht nur eine logische Unmöglichkeit, eine metaphysische Unmöglichkeit ist, sondern das Christsein sittlich nicht erlaubt ist. Wer nicht auf diese Weise für Lug und Trug, Gewalt und Vernichtung sein möchte, was ja Sittlichkeit heißt, kann das nicht tun, kann daran nicht teilnehmen, muss das lassen.

Wenn das stimmt, meine Damen und Herren, dann wäre jetzt der Schluss zu ziehen: Das Ende ist eingeläutet. Viele meiner Fachkollegen haben diesen Schluss gezogen und sagen: Mit dieser Tradition reden wir nicht mehr, wir überlassen sie sich selbst, sie geht zu Grunde. Und das wollen wir auch, aber wir tun nichts dazu, denn das heißt, sich schon wieder hineinzuverwickeln. Sich dieser Kritik zu stellen wagt das Christentum bislang kaum, offiziell oder inoffiziell; gewisse Stimmen nehmen zu, auch seitens der Avantgarde unter den Theologen. Sie müssten sich der kritischen Analyse stellen und das tun, was sie von den einzelnen Gläubigen stets verlangt haben, nämlich Reue, Busse und Umkehr – nun auf der Ebene der Institution. So etwas fällt natürlich einer Institution furchtbar schwer, wenn es denn überhaupt möglich sein kann. Aber wenn ja, dann könnte ich mir vorstellen und denken – das ist der weitere Horizont meiner Beiträge –, dass daraus eine Erneuerung Europas kommen kann, eine Einleitung einer neuen Renaissance, wie wir sie noch nie hatten, weil die alten Renaissancen – von der karolinischen angefangen über die ottonische bis zur italienischen und auch deutschen Renaissance – unter dem Diktat einer gewissen Herrschaft, einer römischen Herrschaft standen, die ihre schöpferische Wirkung einer solchen »Wiedergeburt« begrenzte. Da wir diese Grenzen und Auferlegungen nicht mehr haben, könnte ich mir vorstellen, dass wir mitten in einer Epoche stehen, die eine völlig neue Renaissance einleitet, wie wir sie noch nie gehabt haben. Und was dabei für die Natur und unser Naturverhältnis herauskommt, auch für das Christentum und die Natur oder auch zum Beispiel für die Frage, ob nicht das Christentum auch eine Naturreligion ist, sich nur immer nicht so interpretiert hat und diese Tatsache verdrängt hat, das wären dann interessante Einzelfragen.

So, meine ich, muss man auf Grund der heutigen Analysen nicht den Schlussstrich ziehen – das ist meine These oder meine Einstellung, die ich hier vertrete: Man muss nicht radikal sagen: Ende, Schluss, das Spiel ist passé. Das tun sehr viele, gerade unter deutschen und französischen Intellektuellen. Auch unter den Philosophen gibt es viele, die sagen: Nein, das Spiel ist aus, *les jeux sont faits*. Man könnte auch sagen: Das Spiel ist zwar aus, aber wir spielen es neu und anders weiter, so wie wir es redlich und ehrlich und entwicklungsoffen tun können.

(23. 02.1996)

[1] Bei den vier nachfolgenden Beiträgen von Eberhard Simons handelt es sich um die redigierte Transskription seiner insgesamt vier Symposionsvorträge. (Anm. der Herausgeberin)

[2] Mit der Feier des 80.Gründungsjubiläums der 1919 in München gegründeten Nietzsche- Gesellschaft e.V. benannte sich am 29. 11. 1999 die vorübergehend als Nietzsche-Kreis München firmierende Vereinigung in Nietzsche-Forum München (seit 13. 06. 2000 e.V.) um. (Anm. der Herausgeberin)

[3] bzw. man könnte sagen: Der sich relativ zu seiner Entstehungszeit »vergleichbar« schnell (wie im Christentum) herausbildenden philosophischen Spekulation des Islam (z.B. Al Kindi, der im 9. Jahrhundert die Philosophie des Aristoteles in den Islam einführte) standen bereits die neuplatonische und christliche Gnosis als Anknüpfungspunkte zur Verfügung. (Anm. der Herausgeberin)

[4] Hinsichtlich der Intrigenforschung in der französischen Philosophie verweise ich auf das Werk von George Bataille und Jean Baudrillard. (Anm. des Autors)

Kirchenchristentum als imperiale Staatsreligion - bis heute

Zur Rezeptionsgeschichte des Christentums

Eberhard Simons

Das alteuropäische Kirchenchristentum als imperiale Staatsreligion bis heute, das ist im Folgenden das Thema, und zwar im Sinne der drei großen Intrigen, die ich im ersten Vortrag aufgezeigt habe, Intrigen aus dem Christentum und wider dasselbe durch seine imperiale Verstaatlichung seit Kaiser Konstantin und zwar im Zeichen des Kreuzes: *In hoc signo vinces* (in diesem Zeichen wirst Du siegen). Das war die Vision des Konstantin an der Milvischen Brücke, die ihn mit veranlasst hat, Rom und das römische Reich mit einer christlichen Religion auszustatten und zu versehen. Aus den christlichen Gemeinden, die im römischen Reich bis zum Jahre 300 verstreut waren, die nicht immer, zum Teil aber durch die römischen Kaiser schwer verfolgt wurden, aus diesen christlichen Gemeinden und ihrer Ökumene mit mehreren Mitten und Zentren – ein Zentrum war Alexandrien, ein anderes Antiochien, aber es gab auch noch andere Mitten dieser Ökumene – bildete Kaiser Konstantin – über fünfzig Jahre zog sich dieser Prozess hin, geschah aber dennoch gleichsam über Nacht – die römische Staatsreligion.

Die üblichen Darstellungen in den Kirchengeschichten der Kirchenhistoriker und auch der Theologen ist in erster Linie die, dass die Römer und das römische Reich sich bekehrt haben, den christlichen Glauben angenommen haben, vor allem, weil die christliche Botschaft den heidnischen Religionen, die für Rom vorher maßgeblich waren, überlegen sei. Die Überlegenheit des christlichen Glaubens führte, so hat man das dargestellt, zur Bekehrung Roms. Dieser Bekehrungsprozess wird gefeiert als Manifestation des wahren Glaubens über den heidnischen Aberglauben. Diese simple Darstellung vergisst – und deshalb wird sie heute auch von manchen Kirchenhistorikern so nicht mehr vertreten –, dass die Römer das Christentum »bekehrt« haben, nämlich zu sich als römischer Staatsreligion. Das ist umso merkwürdiger, als die christlichen Gemeinden und ihre Episkopale, das heißt ihre Vorsteher, eigentlich hätten äußerst skeptisch sein müssen wegen der immerhin dreihundertjährigen Befeindung zwischen Rom, den römischen Kaisern, und dieser merkwürdigen religiösen Bewegung. Wieso ist dann aber gleichsam über Nacht aus und trotz dieser Befeindung und wegen dieser Befeindungsgeschichte eine Befreundung möglich? Ist das überhaupt machbar gewesen? Und war dieser Vorgang nicht merkwürdig naiv? Das ist ein eigenes Thema der Geschichtsforschung, ob der Vorgang nicht ein grandioses Missverständnis war, vielleicht von beiden Seiten, insbesondere aber von christlicher Seite, denn dort, der biblischen Botschaft nach, geht es nicht um ein Königreich in dieser Welt, auch gar nicht um ein Kaiserreich in dieser Welt, sondern um die *basileia tou theou*, um das Reich Gottes, das ausdrücklich nach neutestamentlicher Botschaft nicht von dieser Welt ist.

Wieso kann eine Religion, die auf die *basileia tou theou* hofft und setzt, sich doch einer *basileia* des römischen Kaisers anbequemen oder vielmehr sich von ihr einverleiben lassen? Ist das nicht tiefster Verrat? Und dieser Verrat wird begangen – ja, man weiß eigentlich gar nicht wieso, wo man sich doch vorher mit dem Einsatz des eigenen Lebens gewehrt hat – denken Sie an die vielen Märtyrer –, und dann auf einmal, so scheint es, begeht man diesen Verrat. Was ist da passiert?

Diese Prozesse, meine Damen und Herren, sind noch nicht ausreichend erforscht. Es wäre aber doch zu klären, was wohl die eigentlichen Beweggründe und auch die daran eventuell beteiligten Missverständnisse für dieses Umschwenken waren. Wir Europäer kennen das Christentum gar nicht anders denn als Staatsreligion, und zwar als römische Staatsreligion – auch in den Abwandlungen des römischen Reiches in den neuzeitlichen Territorialstaaten. Die Reformation hat, was das anlangt, die Sachlage noch verschlimmert, denn eine solche Identität und Identifikation zwischen Fürst oder Landesfürst und König und Kirche gab es vorher nicht im Christentum. Es waren die wenigsten Fürsten zugleich Bischöfe, und die wenigsten Bischöfe zugleich Fürsten, und die Bischöfe waren immerhin nicht das Oberhaupt der Kirche. Hingegen war dann der König von Preußen sowohl der König von Preußen wie auch Oberhaupt der lutherischen Landeskirche in Preußen, und zwar das oberste Oberhaupt. Dazu kam die feine Merkwürdigkeit, dass z.B. Friedrich der Große dieser Konfession gar nicht angehörte, er war kein Lutheraner. Er war Kalvinist, und das aus machtpolitisch durchsichtigem Grunde – ihm waren die lutherischen Untertanen sehr recht wegen ihres Gehorsams dem Staate gegenüber, wegen ihrer Untertänigkeit und ihres Fleißes, aber er hatte in Bezug auf seine Interessen erkannt, dass der

Kalvinismus für ihn finanziell, kapitalmäßig, militärisch und machtpolitisch viel ergiebiger war; er hatte das gelernt in Holland, ähnlich wie Peter der Große, der auch Kalvinist war, während seine Untertanen dem russisch-orthodoxen Bekenntnis angehörten. Also, bis dahin war es möglich, dass das Oberhaupt einer Kirche noch nicht einmal Mitglied dieser Kirche war, woraus Sie entnehmen können, wie wenig es hier um den Glauben und das Bekenntnis des Glaubens ging und wie sehr die Konfessionszugehörigkeit für machtstaatliche Zwecke instrumentalisiert worden ist. Was die macht-politische Deformation des Christentums angeht, hat die Reformation die Lage nicht verbessert, sondern verschlimmert, meine ich.

Die Strukturen des römischen Reiches zogen sich durch die ganze euro-päische Geschichte bis in unser Jahrhundert hinein: die Weiterentwicklung des römischen Reiches in West-Rom und Ost-Rom, das weströmische Reich und das oströmische Reich, Byzanz, das ja bis zum Mittelalter bestand, bis um 1450 (West-Rom ist um das Jahr 400 untergegangen), dann die Nach-folgereiche des west- und oströmischen Reiches, dann die heiligen römischen Reiche sowohl deutscher Nation wie griechischer Nation wie auch russi-scher Nation; das waren alles »heilige römische Reiche« und eine Neuauflage und Abwandlung des alten römischen Reiches. Das ging bis hin zu den mo-dernen Territorialstaaten, in denen es Identifikation und Identität sogar bis zur Personalunion von Staat und Christentum gab, und das bis in unser Jahr-hundert. Wir kennen also kein Christentum außer in der Form einer Staats-religion. Der Begriff »Kirche« ist eher ein Euphemismus – es handelt sich vielmehr um eine Staatskirche und nicht einfach nur um eine religiöse Insti-tution. Das ist ein sehr amphibolischer Kirchenbegriff. Schon damals, um 330, war der Kaiser das Oberhaupt dieser Religion und, wenn Sie wollen, dieser Kirche oder eben dieser Staatsreligion. Der römische Kaiser war Vor-sitzender der ersten wichtigen Konzilien, auf denen der christliche Glaube formuliert und artikuliert worden ist für die ganze christliche Ökumene bis heute. Die ersten sechs Konzilien gelten als Basis der Verständigung über das, was christlich heißt. Dort wurden die Glaubensbekenntnisse arti-kuliert, die Symbola. Man kann überhaupt nicht übersehen – lesen Sie es bitte nach im konstantinopolitanisch-nicenischen Symbolon, also dem nice-nischen Glaubensbekenntnis, wie dort das spätrömische Dominat eingegan-gen ist in die »Domini« der Trinität: der »Dominus Pater«, der »Dominus Filius« und der »Dominus Spiritus Sanctus«. Das Dominat ist also eingegan-gen in das christliche Glaubensbekenntnis. Wir kennen demnach die christ-liche Verkündigung, Spiritualität, Theologie und Moral nur in einer staats-politisch gefärbten Form.

Man kann nun sagen: Wieso soll eine Religion nicht Staatsreligion sein, so wie sie es beim Islam einst auch gewesen ist? Aber man muss dazu sagen, dass das Christentum eine Religion des damals herrschenden Staates ist, und dass es eine Theologie in der Form einer römischen Staatstheologie entwickelt hat, einer römischen Staatsverkündigung und einer römischen Staatsliturgie. Das wurde zwar nie zugegeben, sondern man trieb immer generelle Theologie, man trieb immer generelle christliche Glaubensmission. Theologisch wurde so argumentiert, als sei die Basisform, die institutionelle Form, unerheblich für den Inhalt. Dabei war diese Form nicht unerheblich, sondern sie formierte und, wie ich meine, deformierte das Christentum, und zwar wesentlich und nicht nur äußerlich in bestimmten Erscheinungen. Diese institutionalisierte Existenzform einer römischen Staatsreligion war die Formation und – wie ich meine – Deformation, in der das Christentum sich zeigte. Und davon sind nicht nur bestimmte Randerscheinungen des Christlichen betroffen, sondern, wie wir jetzt gleich noch sehen werden, durchaus genau jene Kernstücke, die das Wesen des christlichen Glaubens ausmachen.

Man war sich der Konsequenzen, die diese Einheit von Staat und Kirche für die Kirche haben würde, nicht bewusst. Die damalige römische Staatsform hatte natürlich ihre ausgesprochenen Bedürfnisse, Interessen und Notwendigkeiten, spezifisch jene Interessen, die sich als »das Römisch-Imperiale« charakterisieren lassen. Also wurde das Christentum eine imperiale Religion, und das ist natürlich der größte Gegensatz zu dem, was biblisch überkommen ist, indem gerade das Imperiale nun gar nicht im Programm des urchristlichen Glaubens steht; dort ist nur vom Reich Gottes, der *basileia thou theou*, die Rede, und diese und die imperiale Daseinsweise sind ein äußerster Widerspruch. Und darum haben wir es auch mit einer Widerspruchsgeschichte von äußersten Extremen zu tun, die deshalb – und das versuche ich hier darzustellen – zu den extremen Ausbrüchen dieser Widersprüche im Laufe seiner europäischen Geschichte geführt haben. Der Kulturhistoriker Jacob Burckhardt meint, Konstantin habe sich nicht wirklich zum christlichen Glauben bekehrt, sondern er habe einen typisch römischen sicheren Machtinstinkt gehabt und gewusst – das römische Reich war am Wackeln –, dass genau über diese Religion das Reich noch zu retten war, und darum habe er sich, wenn man will, »bekehrt«, als der einzigen Lösung, die zur Erhaltung und Selbsterhaltung des Imperium Romanum übrig blieb.

Wieso ist das Christentum eine so gute Lösung gewesen, das Imperium Romanum zu erhalten? Zunächst einmal ist mit dieser Staatsform, der imperialen Staatsform, in die dies christliche Denken und sein Glaubensleben eintrat, das Folgende gegeben (was übrigens völlig unausgesprochen blieb, aber faktisch passierte): Im Zweifelsfalle wurde nach dem Motto entschieden: Die Einheit (das Erfordernis des Imperiums) geht über die Wahrheit. Diese grundsätzliche Einstellung zeigte sich bereits sehr früh in den spannungsreichen Auseinandersetzungen dogmengeschichtlicher Debatten, die stets auch ein Politikum darstellten, so zum Beispiel im »arianischen Streit«, in dem es, theologisch gesprochen, um die Ausarbeitung eines trinitarischen Gottesverständnisses ging. Es gab ja, wie Sie vielleicht wissen, viele Gelehrte, die von der Gottä h n l i c h k e i t Christi sprachen, die Arianer, und andere, die die Gottg l e i c h h e i t Christi behaupteten: der berühmte Streit um das Jota – griechisch gesagt: *homoousius* (gleichwesentlich) und *homoiousius* (ähnlich-wesentlich). Und es wäre durchaus bedenkenswert gewesen, ob nicht beides stimmt – das wäre theologisch sicher auch vertretbar –, und es hätte sich gelohnt zu bedenken, was das bedeuten könnte. Die Arianer konnten sich in diesem Streit durchsetzen: »Gleichwesentlichkeit« war typisch römisch gedacht, in der germanischen Denkweise waren mehr die Ähnlichkeiten wichtig. Auch für andere Völker sind die Ähnlichkeiten wichtig und nicht die Identitäten – ich werde gleich noch darauf zurückkommen. Aber unter dem Gesichtspunkt der Einheit des Reiches als dem obersten römischen Staatsinteresse musste die »Einheit« vor der »Wahrheit« rangieren: Die Einheit musste gewahrt sein. Diese Rangordnung hat sich als Weichenstellung etabliert: Einheit ist das wichtigste und im Zweifelsfall das vorrangige Ziel. Ähnlichkeitsverhältnisse – die der Einheit gewissermaßen einen Spielraum lassen, in dem sie zu Stande kommen kann oder auch nicht – sind weniger wichtig als identifizierende Identitätsverhältnisse. Identifizierendes Identitätsinteresse wurde dadurch zu einem Grundzug europäischen Geistes, Denkens und Handelns.

Durch die Festlegung des Denkens auf ein Identität identifizierendes Erfassen fallen andere Denkkategorien dahin, die es ermöglichen würden, das »Andere«, das »Ähnliche«, das »Familiäre«, das »Verwandte« zu bedenken und gelten zu lassen. Im Sinne der Weichenstellung auf der Ebene der Denkstruktur, die ich zu markieren versuche, wird die Macht des Identitätswesens dominant, und damit wird für die europäische Geschichte ein Wesensdenken im Sinne eines Identitätsbestimmungswesens wesentlich, in dem es Ähnlichkeitsverhältnisse, Wesensverwandlungen, Verwandlungswesen nicht gibt. In dieser Art des Denkens, so meine ich, behauptet sich das römische Prinzip.

Mit dieser Art von Identitätsdenken kommt ein Zwangswesen und eine Zwangswesentlichkeit in die europäische Geschichte und insbesondere auch in die Orthodoxie-Debatten der Kirche – eine äußerste Anspannung der Auseinandersetzung zwischen orthodoxen Bedeutungsbestimmungen – Zwangswesentlichkeiten –, die sich gegenseitig ausschließen, wodurch dann die bekannten Spaltungen und Verrücktheiten, Übertriebenheiten und Unverständigkeiten innerhalb des Christentums und seiner konfessionellen Debatten herrühren.

Dieses Identitätsdenken als Machteinheitswesen macht europäische Geschichte nicht nur im Kirchentum und Christentum, sondern auch in seiner Philosophie sehr stark. Und dennoch könnte dieses Denken eine Wesensverfälschung des Christlichen bedeuten, und in diesem Fall wäre eine Wesensverwandlung des Christlichen angesagt; es wäre dann erforderlich, dieses »Wesen« des Christentums anders zu fassen – das ist ja Thema unseres Symposions. Meine These, die ich hier vertrete – dass das Christentum und nicht nur das Christsein in gewisser Weise unmöglich geworden ist –, bezieht sich also auf das Wesen des Christentums, wie wir es kennen, nicht lediglich auf einige Randphänomene. Ich meine aber, dieses Wesen wäre als Resultat einer Wesensverfälschung zu erkennen, was immerhin die Möglichkeit einschließt, aus dem verfälschten Wesen zu einer neuen Erfassung des Wesens selbst zu gelangen. Als einen Beitrag in dieser Richtung möchte ich in meinem vierten Vortrag die Umrisse eines neuen kosmopolitischen Christentums skizzieren, eines Christentums, das diese Wesenszwänglichkeit der Orthodoxie, die bisher diese Religion gefesselt und in Bann geschlagen hat, überwunden und abgelegt hat. Es wurden ja nicht nur andere in den Bann geschlagen, das Christentum hat vor allem sich selbst gebannt. Und dieses gebannte, sich selbst gebannt habende Christentum wäre dann vielleicht von seinem Bann zu befreien.

Zurück zum römisch-staatskrichlich geprägten Denkparadigma und seinen Konsequenzen. Im Zweifelsfall, sagte ich, ging für ein solches Denken die Einheitsidentität über die Wahrheit, und umgekehrt konnte die Wahrheit immer nur als eine Einheitswahrheit gefasst werden. Die Einheitswahrheit – in staatstragende, justiziable Formeln gefasst – wurde die Wahrheitsmacht. Die Wahrheitsmacht stellte sich vor allem in einem Beurteilungswesen und Verurteilungswesen dar. Die Wahrheit war weniger oder überhaupt nicht eine Erschließungsbewegung, eine Erschließungskraft, sondern war vorzüglich die Darstellung des Wahren in Form des Urteils, und das Urteil war die Beurteilung oder die Verurteilung. Das war das Ritual, in dem sich das Wahre als Einheitswahrheit feststellt. Also, so ein Satz wie ihn Hegel, dionysisch die Antike zitierend, sagt, ist christlich dann nicht mehr denkbar – zum Beispiel der Satz: »Das Wahre ist so der bacchantische Taumel, an dem kein Glied nicht trunken ist.«[1] Hegels dionysisches Wahrheitsverständnis – was ja vielleicht für eine christliche Botschaft der Auferstehung »himmlisch« schön wäre, denn da würde der lachende, der tanzende, der singende Mensch heraus- und zur Darstellung kommen, ist von einer solchen Einheitswahrheit her, die stets nur Urteile bildet, verurteilt oder beurteilt, nicht mehr zu fassen. Die Urteilswahrheit ist es aber, in der sich das Wahre in den Orthodoxien darstellt, die dann innerhalb des Christentums wichtig werden. Damit ist auch gesagt, dass diese Art der Einheitswahrheit im Zweifelsfalle nicht die Erscheinung des Guten ist, noch weniger die Erscheinung des Schönen, sondern dass es sich um eine Gewaltwahrheit handelt, um eine Gewaltidentität, die zum substanziellen Fundament erklärt wird.

Das Schicksal der alten griechischen Transzendentalienlehre zu verfolgen, ist in diesem Zusammenhang aufschlussreich. Im griechischen Denken stand das *kalon*, das Schöne, an erster Stelle; an zweiter Stelle kam das *agathon*, das Gute, dann das *aletés*, das Wahre, und zuletzt erst das *hen*, das Eine. Im Mittelalter kehrte sich die Reihenfolge um, und an erster Stelle stand nun das *unum, verum et bonum convertuntur*: das Eine – und die Einheit ist das Wichtigste in aller Realitätserfassung –, dann erst das Wahre, *verum*, dann das *bonum*, und das *pulchrum*, das Schöne, kam ganz am Schluss.

Dass das *pulchrum* ganz am Schluss kommt, zeigt auch: Trotz den erstaunlichen künstlerischen und kulturellen Darstellungen aus dem christlichen Leben, die die europäische Geschichte ja aufweist – wir haben im ersten Vortrag davon gesprochen –, werden der Kunst und der Kultur keine wirkliche Realitätsbedeutung zugebilligt. Sie sind sekundär, wenn nicht noch weniger als sekundär. Das Eigentliche, worum es geht, so meine These, sind die Machtverhältnisse oder sogar Gewaltverhältnisse. Die Kunst hat jenen gegenüber eher dekorativen Charakter. So ist es auch durchgängig geblieben. Die Kunst war dann ein Mittel zur Verkündigung, ein Mittel zur Verschönerung – Gott sei Dank war sie in der europäischen Geschichte nie bloß ein Mittel, sondern immer wieder doch auch eigenständig etwas ganz Neues. Aber das änderte nichts an der generellen Einschätzung: Kunst war nachrangig und diente vor allem repräsentativen kirchlichen und staatlichen Interessen. Und daher ist auch das zunächst höchst erstaunliche Phänomen erklärbar, wie es möglich war, dass – um ein konkretes Beispiel zu geben – die Ausgestaltungen barocker Kirchen durch die Zensur gegangen sind. Die barocke Theologie hatte es sich erlauben dürfen, dass zum Beispiel da neben einer Maria auch eine Venus auftaucht, dass zum Beispiel ein Apoll an den Wandgemälden oder Deckengemälden zu sehen ist. Wieso ist das erfolgreich durch die Zensur gegangen? Das war doch eigentlich unmöglich. Das ging durch die Zensur – ganz pfiffig –, weil es nur als Allegorie galt. Und die Allegorie hat keine Wahrheitsbedeutung, keine Wirklichkeitsbedeutung, und deshalb konnte man das so dekorativ-allegorisch durchaus zulassen, was ja ganz schön ist, und darum können wir das heute genießen, nicht wahr? Aber streng genommen, d. h. unter dem Gesichtspunkt eines Wahrheits- und Wirklichkeitsanspruches, hätten solche Darstellungen natürlich nicht erlaubt sein können, außer eben durch diesen schönen Trick, dass es nur allegorisch gemeint und also nicht ernst zu nehmen sei. Wie kommen solche wunderbaren Beine – bei den größeren älteren Engeln zum Beispiel – in die Barockkirchen? Das ist doch ziemlich erstaunlich, dass solche Darstellungen durch die Zensur dieser Einheitswahrheit und Wahrheitsvereinheitlichung gegangen sind.

Diese Wahrheitsverständigung, die als Sprach- und Rahmenregelung den Einheitsbedürfnissen des römischen Reiches diente und an die Reichsöffentlichkeit als ihren Adressaten ausgerichtet war, hat nun eben das ausgebildet, was man Orthodoxie nennt. Und diese Orthodoxie – die Formulierung eines Kanons wahrer Lehre mit ihren Dogmen und verbindlichen Lehraussagen – hat auf Grund ihrer Struktur als Urteilswahrheit, in der sie erscheint und ausschließlich erscheint, eine durch und durch anathemische Struktur. Das *Anathema* steht hinter jeder dogmatischen Formulierung: Wer eine bestimmte Aussage nicht glaubt, eine bestimmte Lehrmeinung nicht teilt, der sei – *anathema sit* – verdammt, verurteilt, ausgeschlossen. Einschluss – Ausschluss: Das ist die dogmatische Grundstruktur der Orthodoxie. Wer nicht dazugehört, wird verdammt. Für eine europäische Streitkultur bedeutet diese Situation das Ende. Entweder man gehört dazu oder man wird ausgestoßen. Und eins von beiden gilt. Wenn man dann noch sieht, welche Allmacht des Ausschlusses die Kirche hatte, nämlich dass außerhalb fast keine Existenzmöglichkeit mehr blieb, so ist diese anathemische Struktur natürlich eine äußerste Bedrohung des Menschen gewesen. Man kann sie harmlos interpretieren, dann geht es nur darum, dass man sagt: Na ja, wir können nun hier nicht alles dulden, nicht jede Meinung als christlich anerkennen. Man kann die anathemische Struktur aber auch so interpretieren, wie sie dann gehandhabt worden ist, nämlich als exklusiv-inklusiven Lebenseinschluss-Todesausschluss oder ein Hinauswerfen in den Abgrund einer weltlosen, gesellschaftslosen und sogar himmelslosen Existenz.

Die anathemische Struktur des Dogmatischen wie des Moralischen wie auch des Kirchenpolitischen wird maßgebend für die Formation und Artikulation des christlichen Glaubens. Das bedeutet die Zerstörung der Ökumene der frühchristlichen Großkirche, deren Einheit keine organisatorische oder legislative Spitze kannte, mit ihrem Diskurs, mit ihren Verständigungen, mit ihrem Sinn für Entwicklungen und mit ihrem Sinn für die unterschiedlichen Völker, die es gibt, die unterschiedliche Interessen haben, zu Gunsten einer monozentrisch exklusiv-inklusiven Orthodoxievollstreckung. Und genau diese Orthodoxievollstreckung, ein juristischer Strafvollzug, machte in der Folge die vielen Christentumsspaltungen und, besonders in der Neuzeit, die Religionskriege nötig. Man hätte sich ja durchaus verständigen können, selbst Luther wollte keine Kirchenspaltung. Aber unter solchem Orthodoxiezwang und solcher Zwangsorthodoxie ist die Konsequenz, dass man weder streiten noch sich verständigen kann. Das liegt in der Struktur dieser Art Orthodoxie: Unverständigtheit.

Also, diese staatsintriganten, falschen Voraussetzungen, diese monokratischen Voraussetzungen mit ihrer anathemischen Struktur sind in die Geschichte des Christentums und in die politische Geschichte Europas eingegangen und wirken bis in die Machtkämpfe der neuzeitlichen Machtstaaten mit ihren ständigen gegenseitigen anathemischen Ausschließungen. Das ist ganz wider den Geist, meine ich, des Christentums, wie er frühchristlich und biblisch zum Ausdruck kommt, jedenfalls weitgehendst gegen diesen Geist (anders sieht das zum Beispiel Franz Buggle[2]; über seine Thesen wäre zu diskutieren), und ist Ausdruck eines imperialen Geistes oder Ungeistes. Erschließende Bewegungen, Entwicklungen werden zu Gunsten von Be- und Verurteilungsformationen der Orthodoxie verdrängt, es entwickelt sich ein Macht- bis Gewaltdenken, was noch viel mehr ist als eine bloß äußerlich physische Machtanwendung, sondern es ist Macht- und Gewaltdenken und Macht- und Gewaltwissen. Das zeigt sich dann auch im Dogma und in den Dogmatiken wie in der Morallehre.

Dieses Macht- und Gewaltdenken, Macht- und Gewaltwissen, ist der Tod der Religiosität. Denn wahre Religiosität, meine ich, kann nur lebendig sein, wenn sie auch wirklich aus der Seele und dem Leibe und dem Geiste ihre Art freier Poesie und eine Freiheit des Handelns und des Denkens entwickeln kann. Macht- und Gewaltdenken aber bedeutet – und das ist die Intrige –: im Namen der Religiosität diese zu töten. Das ist christliche Intrige, im Namen der Formation und im Namen der Orthodoxie genau das zu töten, was realisiert werden sollte.

So also schafft es diese Orthodoxie mit ihrer Dogmatik und Morallehre, in ihrem Kirchenregiment die Offenbarung und das Offenbarungsgeschehen an den Rand oder in den Tod zu bringen. Deshalb ist Offenbarung kirchenorthodox, wird dann zu einem ehemals schon geschehenen Ereignis, begrenzt auf die apostolische Zeit; weitere oder spätere Offenbarungen, die so genannten Privatoffenbarungen, sind höchst verdächtig, unerwünscht, wenn sie nicht schlicht zu verurteilen sind. Das ist also auch eine Intrige wider ein fortdauerndes Offenbarungsgeschehen des Sich-Zeigens des Göttlichen zu Gunsten eines festgelegten Offenbarungsdepositums aus apostolischer Zeit, aus dem dann die Dogmen jeweils abzuleiten sind. Dieses »depositum fidei« ist die Depositenkasse, wenn Sie so wollen, aus der dann die späteren Dogmen schöpfen müssen. Ein bleibendes Sich-Inspirieren-Lassen, eine geschichtliche Lebendigkeit aus dem Geist der Gegenwart fällt damit natürlich flach, und die Intrige wider die Tradition und ihre Vergegenwärtigung und Verlebendigung ist damit institutionalisiert. Die traditionsverbindlichste Institution wird somit traditionstötend. Tradition wird über alles hochgehalten und gleichzeitig getötet, ebenso wie die Frömmigkeit. Und das tangiert natürlich das Wesen und nicht nur irgendwelche Randerscheinungen, diese Intrige wider das eigene Lebendige, die Intrige gegen sich selber als tödliche

Intrige. Wer also das Christentum umbringt bzw. umgebracht hat, waren nicht die Leute von außen; vielmehr wird deutlich, dass es mit einem bestimmten Verhalten sich selbst umbringt und das auch weiter tun wird.

Die Verstaatlichung des Christentums zur römisch-imperialen Staatsreligion geschah im Zeichen des Kreuzes: *in hoc signo vinces* (»in diesem Zeichen wirst du siegen«), nach der Vision des Konstantin in Rom an der Milvischen Brücke. Zu welchem Sieg sollte das Kreuz verhelfen? Zunächst zu einem militärischen Sieg. Aber dann noch zu einem viel größeren Sieg – dem Sieg der Selbsterhaltung des römischen Imperiums, zum Beispiel durch die Integration der Massen, die der römischen Aristokratie, dem römischen Beamtentum nicht mehr möglich war. Mit den unteren Schichten konnte die Antike, insbesondere die römische Elite, nie etwas anfangen, mit den Sklaven und Knechten und all den kleinen Leuten und den Proles. Die waren aber nun einmal da und vermehrten sich. Wie sollte man diese Massen integrieren? Und da war natürlich das Christentum mit seiner plebejischen Herkunft, mit seiner Nähe zu den kleinen Leuten, hervorragend geeignet. Es waren zu Beginn fast nur die kleinen Leute, die christlich wurden; die anderen hatten viel zu viel zu verlieren und bekehrten sich nicht; aber die kleinen Leute in den frühchristlichen Gemeinden waren es, die hier ihre Hoffnung sahen. Zu ihnen konnte die Kirche ein Verhältnis aufbauen. Ähnlich hat auch Hitler die kleinen Leute gesammelt, worauf sich dann Hindenburg mit seiner nicht rechtsgerichteten Politik stützen zu können glaubte. In ähnlicher Weise, so kann man es sich vorstellen, gab es auch in konstantinischer Zeit ein solches Problem der Integration der Volksmassen.

Aber das Kreuz bedeutete noch mehr. Es war einmal ein Herrschaftszeichen: *in hoc signo vinces* (»In diesem Zeichen wirst Du siegen und herrschen«), das zugleich aber auch ein Unterdrückungszeichen wurde. Das Heilszeichen, wie man ja christlich sagt und auch sagen darf, wurde zu einem Herrschaftszeichen und zugleich aber auch zu einem Unterdrückungszeichen, weil es Zustimmung für Unterwerfung abverlangte und auch bekam. Die römischen Freien haben diese Zustimmung zur Unterwerfung äußerst widerwillig, wenn denn überhaupt, gegeben. Diese ablehnende Einstellung kommt in einer römischen Karikatur zum Ausdruck, die einen »komischen (Menschen)«, dem sie einen Eselskopf gaben, am Kreuze hängend zeigt, mit der Unterschrift: »Der ... (Name des Christen) betet seinen Gott an.« Das war günstig im Rahmen der römisch-imperialen Staatsreligion, dass es Menschen gab, die solch einen Gott anbeteten, denn sie waren damit für alle Unterwerfungswünsche durchaus vorbereitet, prädisponiert und offen – und genau darum ging es: Unterwerfung ohne Widerwillen zu leisten, so dass keine Gewalt notwendig war. Daher ist die Zustimmung das Wichtigste zur Unterwerfung. Und diese Eselei des Kreuzes – so haben es die Römer dargestellt – machte das vorzüglich möglich: eine Unterwerfungsmentalität zu bilden, Herrschaft gewissermaßen freiwillig anzuerkennen oder die Unterdrückung als Selbstunterdrückung zu vollziehen, in freiwilligem Gehorsam der Unterwerfung.

Dieser freiwillige Gehorsam der Unterwerfung, der natürlich ein zwangswilliger Gehorsam der Unterwerfung ist und wird, wird Grundakt des Christlichen in der ganzen europäischen Geschichte. Unterwerfung unter Gott, unter den Willen Gottes, Unterwerfung unter die kirchliche Hierarchie, Unterwerfung unter die Wahrheit in diesem Sinne. Das wird christliches Credo. Das ist eine Versklavungsinszenierung im Namen Gottes und der Erlösung. Das kennzeichnet zutiefst die europäische Geschichte in ihrer Schattenseite.

Ohne diese Versklavungsinszenierung als einer Grundprägung aller nachfolgenden Generationen wäre meines Erachtens so etwas wie ein Archipel Gulag, ein Auschwitz, ein Bergen-Belsen nicht möglich. Auch Hitler hat diese Disposition einer Versklavungs-, Unterwerfungs-, Unterdrückungsmentalität abgerufen, die besonders im deutschen Volk, im Untergrund des Leidens und Lebens vorhanden war, und für sich genutzt. Sonst wäre das meines Erachtens nicht möglich gewesen. Dieser blinde Gehorsam bis in den Tod, dieses blinde Gehorchen wider jedes eigene Empfinden, das gilt als heroisch. Aufschlussreich sind da die Himmler-Reden gegenüber der SS: Es wird anerkannt, dass die Männer »eine furchtbare Arbeit, ein furchtbares Tun« leisten müssen, aber das müssen sie heroisch durchstehen im Gehorsam dem größeren Ganzen gegenüber, und dann würde die Geschichte das belohnen. Das ist dieselbe Struktur. Ich meine nun: Wir haben das bis zur Neige ausgelebt, diese Versklavung brauchen wir nicht mehr. Und diesen Gott – den durch die Intrige, die ich hier zu beschreiben versuche, verfälschten Gott – brauchen wir nicht mehr.

Das Kreuz, als Heils- und Erlösungszeichen gemeint, wird im Laufe der Geschichte also amphibolisch-ambivalent rezipiert, bzw. im Laufe der Geschichte unterschiedlich dargestellt. Die frühe Christenheit, auch die römische, war sehr vorsichtig mit den Darstellungen des Kreuzes, hat es nicht dargestellt. Erst ab dem spätem Mittelalter kamen diese schrecklichen Kruzifixusdarstellungen auf. Vorher gab es die anderen Kreuzesdarstellungen, die Auferstehung transparent machen wollten. Aber mit dem späten Mittelalter, als nämlich die Macht der Kirche ernsthaft bedroht wurde, kamen die anderen Kreuzesdarstellungen auf, nicht nur zur Darstellung des Leides des Menschen, sondern auch, wie wir jetzt sehen werden, zu einer Neuinszenierung von Tyrannei mittels dieses Zeichens.

Wie war das möglich? Zwang und Gewalt werden legitimiert durch das Zeichen des Kreuzes. Das Grundverhältnis zur Wirklichkeit ist geprägt durch die Verinnerlichung von Gewalt und gewaltsamer Grausamkeit. Gewaltsame Grausamkeit und grausame Gewalt bestimmt das Grundverhältnis zum Leben, zur Wirklichkeit bis in unser Jahrhundert. Grausame Gewalt als Weltverhältnis und Lebensverhältnis: Das ist kein humanes Programm, das ist ein Versklavungsprogramm, schlimmer noch, es ist ein Verbrecherprogramm, ein verbrechensbildendes Programm, europäisches Programm.

[Einwurf eines Hörers: Darf ich kurz etwas fragen? Wie erklären Sie sich dann die Nächstenliebe im Christentum und die Bergpredigt?]

Eberhard Simons: Ja, ich sage ja gerade, dass das Christentum ein Christentum zum Beispiel auch der Bergpredigt ist, dass aber gegen diese Bergpredigt, ihre Liebenswürdigkeit und das Menschliche darin, eine Intrige veranstaltet wurde. Die Intrige geschah durch die staatliche Vereinnahmung eben der Inhalte dieser Bergpredigt, denn die wurde einverleibt in ein staatskirchliches Programm, und von dort wurde dann gegen diese Bergpredigt eine Intrige wirksam. Und diese Intrige initiierte in der weiteren Kirchengeschichte einen Prozess der Verkehrung der Inhalte der Bergpredigt in ihr Gegenteil, und zwar in dem besonderen Sinne, dass sich in die Verkündigung der Liebesbotschaft ein Muster oder ein Mechanismus der Machtausübung einschlich, wodurch die Grausamkeit unterdrückender Machtausübung ins Innere der Liebesverkündigung eindrang. Diese Grausamkeit, die in der Gestalt der Liebesverkündigung vermittelt wird, wird »intimisiert«, damit meine ich, sie dringt umso viel tiefer in das Innere des Menschen ein, als Menschen sich um der Liebe willen zu öffnen und hinzugeben bereit sind – wozu ein äußerer Zwang sie nicht bewegen könnte. Dies ist ja hier die These. Das ist natürlich neu. Das ist nicht so, wie man es zu hören gewohnt ist. Dann haben wir es also nicht nur mit der »schönen Bergpredigt« zu tun, sondern mit der Geschichte des Christentums und den Dynamiken, welche dessen ursprüngliche Impulse und Gehalte grundlegend verzerrten (indem sie die dem Christentum wesensfremden Inhalte mit der Kraft seiner guten und schönen Gedanken ausstatteten). Dieses Schicksal des Christentums als einer Geschichte der systematischen Verfälschung müssen wir bedenken, sofern uns daran gelegen sein sollte, zu den Anfängen vielleicht wieder zurückzufinden.

Also so viel zur Bergpredigt. Ich verneine nicht, dass man sie wunderbar finden kann, ich finde sie auch wunderbar, nur – was bedeutet sie im Zusammenhang jenes Geschehens, das ich als Intrige deute und in diesem Sinne hier darstelle? Im Zusammenhang der Intrige bedeutet sie das außergewöhnliche Mittel, die Grausamkeiten weltlicher Machtausübung zu potenzieren, da sie nun – über die tiefe Resonanz, mit der diese Botschaft aufgenommen wird – manipulierend in das Wesen des Menschen eindringen kann. Das ist doch das Jammervolle. Und diese Art, das Kreuz zur Legitimation von Gewalt sowie der Legitimation der Forderung masochistischer Unterwerfung unter die Gewalt im Zeichen der Liebe zu missbrauchen: Das ist eben, meine ich, die intrigante Verkehrung dessen, was Liebe heißt und was die Bergpredigt ja wunderbar sagt.

Am Ende des Mittelalters wird die kirchliche Macht ernsthaft bedroht. Bis dahin war das Christentum offener in der Darstellung, es wurde mehr zugelassen. Nun aber wurden alle Mittel ergriffen, eine tyrannische Selbstbehauptung des Kirchen- und Staatswesens durchzusetzen. Das ist dann die inquisitorische kirchliche Behauptung. Diese inquisitorische Vollstreckung – nicht nur im Sinne der Tötung und der Vollstreckung der Grausamkeit im Namen des Kreuzes – ist natürlich eine furchtbare Bedrohung. Diese Angst vor der tyrannischen grausamen Bedrohung sitzt tief in den Seelen, sitzt besonders in den deutschen Seelen tief bis heute. Das war die Chance eines Hitler, dass man in Deutschland noch nicht einmal ein Attentat durchzuführen im Stande war, das gelingen konnte. Es war nur konsequent, dass Stauffenberg erfolglos war. Es lag ein Tabu auf der Tyrannei. Ich sehe diese Zusammenhänge durchaus auf dem Hintergrund der Logik der »Intimisierung von Gewalt« – als Konsequenz einer über das Liebesgebot eingepflanzten und eingeübten Akzeptanz von Gewalt. Die Tyrannei, so schlimm sie ist, so furchtbar sie ist, ist tabu, besonders für die Deutschen, weil uns diese Gewalterfahrung über die Jahrhunderte zum Erzittern gebracht hat.

Dieser Prozess – als Vollstreckung der beschriebenen Intrige – kam nach dieser Sicht in der Neuzeit zum Höhepunkt einer Gewaltunterwerfung mit voller Zustimmung der Unterworfenen, die noch nicht einmal das alte Rom kannte. Man könnte vermuten, die Christen haben sich ab dem späten Mittelalter für ihre Unterdrückung und für ihre Verfolgungen im Frühchristentum an ihren eigenen und anderen Leuten gerächt, indem sie diese ebenso grausam verfolgt haben wie die Waldenser und die Ketzer und andere. Das war auf jeden Fall etwas ganz anderes als das Verhalten der Römer. Die waren froh, wenn sie ihr Spektakel hatten, und wie dann und ob dann die Opfer (nach deren Tod) weiterlebten, das war ihnen egal. Die Römer wollten jedenfalls ihren Opfern das ewige Leben nicht absprechen. In der Inquisition wurde viel schlimmer und grausamer verfolgt, weil man den Verfolgten nicht nur töten, sondern seine Existenz und Existenzberechtigung in alle Ewigkeit auslöschen wollte. Demgegenüber ist Kaiser Nero harmlos.

Ich werde Ihnen jetzt hier einmal einen Text einer solchen »Existenzvernichtung in alle Ewigkeit« vorlesen. Dann hören Sie und vergleichen Sie mit der Situation im antiken Rom – da muss ich sagen: harmlos gegenüber dieser Art der Verfolgung.

Da heißt es also in einer solchen Verbannung – ich lese das Original jetzt vor und sage dann später auch, wem es gilt. Also hier heißt es:

»Nach dem Beschlusse der Engel und dem Urteil der Heiligen bannen, verwünschen, verfluchen und verstoßen wir mit Zustimmung des heiligen Gottes und dieser ganzen heiligen Gemeinde mit diesem Bannfluche, womit Elia dem Knaben fluchte, mit all den Verwünschungen, die im Gesetz geschrieben stehen. Verflucht sei er am Tage und verflucht sei er bei Nacht, verflucht sei, wenn er sich niederlegt und verflucht sei er, wenn er aufsteht, verflucht sei er bei seinem Ausgang und verflucht sei er bei seinem Eingang. Möge Gott ihm niemals verzeihen, möge der Zorn und Grimm Gottes gegen diesen Menschen entbrennen und seinen Namen unter dem Himmel austilgen, und möge Gott ihn zu seinem Unheil ausscheiden aus allen Stämmen der Lebendigen. Wir verordnen, dass niemand mit ihm mündlich und schriftlich verkehre, niemand ihm irgendeine Gunst erweise, niemand unter einem Dache mit ihm verweile, niemand auf vier Ellen in seine Nähe komme, niemand eine von ihm verfasste oder geschriebene Schrift lese.«

Das sind so harte Verurteilungen, da ist die Tötung vergleichsweise doch ein lächerlicher Klacks, der noch hinzukommt.[3]

Diesen Originaltext habe ich zitiert, um Ihnen eine Vorstellung zu vermitteln, wie das ist mit der Orthodoxie, der anathemischen Verurteilung, die auf Verdammnis und ewige Vernichtung abzielt. Das haben die Römer und Griechen nicht gemacht. Die Christen verhängten in einer bestimmten Zeit sofort immer ewige Vernichtung.

Ich möchte zum Schluss kommen und fasse zusammen: Die Vollstreckung dieser anathemischen Urteilsstruktur in der Bannaussprechung und Banndurchführung zeigt, dass es da eine Realisierung von Gewalt gibt, die ins europäische Bewusstsein, in sein Gewissen und in seinen Leib eingegangen ist.

In diesen Zusammenhang fällt auf, in welche unterschiedlichem Masse verschiedene Bereiche des menschlichen Lebens der Gewissensbeurteilung unterworfen werden: So werden zum Beispiel die Sexualität und der Leib »hypervergewissentlicht«; alles, was hier geschieht, wird mit der Lupe betrachtet, das Gewissen tritt quasi vorab in Kraft . Das spiegelt sich auch wieder in theologischen Traktaten: Über den Sexus gibt es endlose Reflexionen inclusive jener absurden Reflexionen, ob nun ein Achtel Masturbation schon leichte Sünde sei oder erst zwei Achtel. Im Gegensatz dazu gibt es über den Krieg nur einen kleinen Traktat über den *bellum iustum*, über den »gerechten Krieg«. Es wäre nun ja auch interessant gewesen zu klären, was ein

Achtel unrechter Krieg gewesen ist oder zwei Achtel. Krieg, Mord und Totschlag gehörten gleichsam zum menschlichen Leben. Wenn der Krieg von oben befohlen war, war er eigentlich immer recht. Aber die Prozesse der Verkörperung, der Verleiblichung, der Verliebung, die werden höchst gewissentlich analysiert. Mit der Tatsache, dass die Prozesse des Leibes in so besonderem Maße der Gewissensnot und Gewissenserforschung unterworfen werden, erreichen die Mächtigen eine größere Kontrolle über den Einzelnen, und das kommt der Herrschaftsstrategie entgegen. Es programmiert die Menschen zu willfährigen Untertanen, und Verbrechen großen Ausmaßes, die da begangen werden, gelten in diesem Kontext nicht als Verbrechen.

Diese Verkehrung europäischen Gewissens bedeutet die Förderung eines kriegerischen Wesens. Auch deshalb haben wir in der Neuzeit keinen friedenstiftenden, sondern einen äußerst kriegerischen Kontinent Europa. Europa – kriegerisch muss es sein, grausam muss es sein, und dann ist man doch froh, wenn man diesem Leben dort in Europa ein Ende bereiten kann, denn es ist ja sowieso schuldig, schuldig durch und durch. Und daran ändert auch die Reformation nichts; sie macht es meines Erachtens noch schlimmer, denn sie dient der Aufteilung zwischen dem inneren und dem äußeren Menschen: Der innere Mensch gehört Gott, der äußere als der schuldige Mensch dem Teufel.

Damit habe ich einige Entwicklungen in der europäischen Geistesgeschichte als Konsequenzen der Verkehrung des christlichen Heilszeichens, des Kreuzes, zu charakterisieren versucht, die eine Stigmatisierung des europäischen Menschen bewirkt haben – bis heute.

(24. 02. 1996)

[1] G.W.F. Hegel, Phänomenologie des Geistes, Frankfurt 1970, S. 36.
[2] Siehe den Beitrag von Franz Buggle in diesem Buch. (Anm. der Herausgeberin)
[3] Zwar stammt das zitierte Exkommunikationsurteil gegen den 24jährigen Baruch de Spinoza nicht aus päpstlichem Munde, sondern wurde vom Rat der jüdischen Gemeinde in Amsterdam ausgesprochen; doch veranschaulicht es die Struktur des Bannfluchs, wie er auch über jene verhängt wurde, deren Gedanken mit der päpstlichen Orthodoxie nicht übereinstimmten. (Anm. der Herausgeberin)

Ende des alten Europa - Ende des alten Kirchentums

Christentum als europäische und weltweite Bewegung
Machtdispositionen – Dispositive der Freiheit

Eberhard Simons

Meine Damen und Herren, wir kommen jetzt zum dritten Themenabschnitt.

Das römische Staatschristentum musste mit dem Widerspruch klarkommen, einerseits ein reales Staatsimperium, andererseits eine *basileia tou theou* (ein Reich Gottes) zu vertreten, die Jesus und die biblischen Verkündigungen aussprechen, die als nicht von dieser Welt dennoch in dieser Welt real sein soll. Ein äußerster Widerspruch. Nun kann man sagen, wenn eine Religion überhaupt in dieser Welt sein will, selbst wenn sie nicht von dieser Welt ist – um diese Formel zu gebrauchen – muss sie sich in die Welt einlassen, sonst kann sie in ein Jenseits abwandern, wie gewisse Sonnentempler das heute tun und sagen: Nichts ist besser als sterben, um in die andere Welt zu kommen. Eine Religion, die nicht verkünden will: Leute, ab ins Jenseits, das ist das Beste, darf also, muss also in diese Welt gehen.

Nun muss man aber unterscheiden. Diese Welt ist nicht generell »die Welt«, es gibt unterschiedliche Welten: z.B. eine alexandrinische Welt, in der das Christentum zunächst zu Hause war. Deshalb sind die neutestamentlichen Schriften nicht in hebräischer Sprache geschrieben, sondern in Griechisch, weil die Christen in der griechischen Welt Fuß fassten und sich dort mitteilen wollten. Insofern haben wir als Erstes eine griechische Fassung des Neuen Testaments. Das Christentum ist seinerzeit durch Paulus eine griechische Religion geworden. Dies, meine ich, sollte man sich einmal klarmachen. Theologischerseits steht meistens der Zusammenhang von Neuem Testament und Altem Testament im Vordergrund. Das Neue Testament ist aber auch die Überschreitung des Judentums. Jesus verstand sich als Prophet im Judentum, der das Judentum reformieren wollte. Er wollte den Juden seine Botschaft vom Reiche Gottes bringen. Als Reformer des Judentums ist Jesus gescheitert. Später war es dann als erster Paulus, der die neue christliche Botschaft in die griechische Welt getragen hat. Und insofern ist es auch nicht unerheblich, dass das Neue Testament zunächst in Griechisch geschrieben ist. Und damit ist auch gesagt, dass die griechische Kultur, das griechische Denken, das spätantike griechische Denken für das Christentum eine ganz erhebliche Bedeutung gewonnen hat; und seine Selbstverständigung hat es später nicht mehr in jüdischen Kategorien betrieben, sondern in griechischen Kategorien beschrieben. Man lese die Symbola vom nicänischen bis zum apostolischen Glaubensbekenntnis nach: Das sind alles griechisch orientierte Selbstverständigungen. Das muss im Bewusstsein sein, wenn man sich auf das hebräische Alte Testament und das vielfältig geprägte Neue Testament stützt. Wir haben hier eine griechisch beeinflusste Religion in einer griechisch geprägten Welt vor uns.

Nun, sagte ich, gibt es aber nicht nur Religion als Platzhalter der Transzendenz gegenüber der Welt. Eine Religion, die überhaupt keinen Weltbezug findet, kann eigentlich der Welt nur empfehlen, ins Jenseits abzuwandern, das heißt das Leben hienieden aufzugeben. Eine Religion, die jedoch nicht einfach in ein Jenseits abtriften will – und das hat das Christentum griechischer Art nicht gewollt – muss einen Weg finden, sich auf die diesseitige Welt, wie immer sie nun aussieht, einzulassen. Das hat das Christentum auch getan. Und natürlich ist es ein großer Unterschied, ob sich das Christentum einlässt in eine alexandrinische Welt oder in eine lateinisch-römische Welt. Ich träume immer noch von folgender Utopie – bei der wäre es uns Europäern m. E. besser gegangen –, wenn wir diesen zwei Dreißigjährigen und deren Weltstiftung hätten folgen können: Der eine Dreißigjährige, das war Jesus; und der andere Dreißigjährige war Alexander – da ein »Sohn Gottes« übrigens, er wurde vom Ammon–Tempel in Ägypten zum Sohn Gottes erhoben. Zwei Söhne Gottes – das hätte ein anderes Europa gegeben, meine ich. Dann hätten wir nämlich – indem Alexander dabei war, nicht nur die kleinasiatischen Länder zu erobern, sondern bis nach Rom, Italien, Spanien vorzudringen – ein alexandrinisches Reich als Basisreich der europäischen Geschichte, und das wäre ganz anders gewesen als das römische Reich. Hier hätte es keinen Monozentrismus gegeben, sondern es wäre dort sehr föderal, föderativ, sehr kosmopolitisch und nicht so unitaristisch zugegangen– also, man kann sich die schönsten Vorstellungen machen, was dann geworden wäre. Nun sind diese griechischen Christen nicht mehr Judenchristen (Juden brauchten sie nicht mehr zu werden, sie konnten gleich griechische Christen werden). Diese griechischen Christen waren bald in der Mehrheit, die jüdischen Gemeinden wurden zur Minderheit, und sie lebten in der alexandrinischen Welt. Sie waren noch nicht römisch. Und in dieser alexandrinischen Welt haben sie kosmopolitische Selbstverständigungen erarbeitet, die noch bis in die griechischen Väter hinein nachwirken, die etwas ganz anderes bringen als später die lateinischen Väter oder dann die mittelalterlichen Theologen. Die ganze Konzeption der Theologie und Philosophie ist in dieser Zeit viel kosmopolitischer. Das ist nachlesenswert.

Nun, meine Damen und Herren, es geht also nicht einfach um d i e Welt, sondern darum, welche (kulturelle) Welt denn nun einigermaßen geeignet ist, dass man sich in sie hineinbegibt. Die griechisch-alexandrinische Welt war geeigneter als die römische Welt, scheint mir, weil da der Widerspruch zwischen Imperialem und *basileia thou theou* (Reich Gottes) nicht so extrem war. Jeder große Staat, jedes Reich braucht seine Ideologie. Die Ideologie, die römische Staatsideologie, gründete zunächst, im noch unchristlichen Rom, auf einer Philosophie. Es war Plotin und der Plotinismus, dem die Römer anhingen, denn die Römer wollten sich über das Leben und mit dem Leben verständigen und fanden eine nur politische und eine sozusagen nach altem Götterritual geführte Verständigung nicht ausreichend; sie wollten das auch philosophisch tun. Die Philosophie war hoch im Kurs im Rom vorchristlicher Zeit. Und diese Philosophie fußte auf Plotin, einem sehr späten Schüler des Platon. Das war die römische Staatsphilosophie, die zugleich den Kult des *Sol Invictus*, der »unbesiegbaren Sonne«, und auch des römischen Pantheon erschloss. Die Römer wussten, wir können mit einem Pantheon allein nicht leben – das ist dann so, wie wenn man mit der Bibel allein, ohne Interpretation, leben muss, das geht überhaupt nicht, da kommt man in die Verstrickung. Sie wussten, wir brauchen eine erschließende und erläuternde Philosophie, um mit dem Pantheon leben zu können, sonst missverstehen wir es ja grundlegend. Darum brauchen wir eine Vorverständigung fürs Pantheon und das bietet uns die Philosophie. Und auch der Kultus des Sol Invictus – darin gipfelte die spätrömische Religion – bedarf, um nicht missverstanden zu werden, der Philosophie. Und diese Philosophie Plotins hieß: Es gibt einen Aufstieg, es gibt einen Ascensus der menschlichen Seele in ein Licht, das der Sonne nicht gleicht, aber ihr vergleichbar ist. Es gibt einen Aszensus im Sinne einer Erleuchtung, der Illuminatio, und diese Illuminatio ist Voraussetzung dafür, überhaupt verstehen zu können, wovon in den heiligen Texten die Rede ist, in den heiligen Kulten oder unheiligen Kulten oder halbheiligen Kulten und in dem heiligen oder unheiligen Leben der Religionsmitglieder. Die Bibel allein, für sich genommen, ist verwirrend, chaotisch, verrückt, wenn man nicht eine Vorverständigung hat, von der aus man unterscheidend wahrnehmen und sich beziehen kann, sich distanzieren kann. So klug waren die Römer und wussten: ohne eine solche Illumination, die philosophisch vermittelt und argumentativ erschließt, ist alles sinnlos. Man braucht nicht mal irgendwelche heiligen Schriften zu lesen, jedes Buch zu lesen ist sinnlos, wenn man da nicht die richtige Vorverständigung kennt.

Diese Vorverständigung für die noch heidnischen Römer war die *Illuminatio* (Erleuchtung), artikuliert, reflektiert in der Philosophie des Plotin als eines Neuplatonikers. Diese Philosophie war leicht zu verchristlichen, denn auch die Christen haben sich die Frage gestellt: Was geht uns der Jesus an? Das ist doch eine historische Figur, mit der beschäftigen wir uns nicht mehr. Sollen wir den etwa nachahmen? Das wäre doch absurd. Die Christen haben ihn als eine Gestalt gesehen, die uns etwas eröffnet, nämlich eine Transzendenz des Lebens, so dass wir im alltäglichen Leben nicht versinken. Wir wollen eine Eröffnung zu etwas Unendlichem, damit wir im Endlichen nicht untergehen. Und wenn Jesus uns dabei hilft bzw. das, was von ihm kommt, dann ist das für uns eine neue Lebensperspektive. So haben die Christen jener Zeit gedacht. Und deshalb übernahmen sie diesen Neuplatonismus und die *Illuminatio*. Lesen Sie das nach beim Theologen und Philosophen Augustinus, der zum Untergang oder während der Zeit des Untergangs des römischen Reiches gelebt hat, erst in Rom, Mailand und dann in Karthago. Er hat die neuplatonische Philosophie und Theologie entwickelt als Grundlage eines neuen Zugangs zu den Dingen des Lebens. Und von daher interpretiert er und erschließt er die Welt und das Leben. Dieser Neuplatonismus wird maßgebend für die gesamte westeuropäische Religions- und Christentumsgeschichte bis ins Mittelalter hinein und auch noch weit über das Mittelalter hinaus. Während des Mittelalters kannte man zwar schon Aristoteles, aber nur an den Universitäten und in den Gelehrtenstuben. Allgemein gültig war der Augustinismus als die christliche Form des Neuplatonismus.

Die christliche Religion unterscheidet sich auch insofern von der jüdischen Religion, als sie eine philosophisch begründete Religion wird – das darf man nicht übersehen. Das Judentum ist sehr geprägt von den Schriftgelehrten, und die Schriftgelehrten haben auch die theokratische Staatsideologie entwickelt und entworfen. Dabei ist das Judentum nie – wie das Christentum – zu einer philosophisch begründeten Religion geworden. Es gab später im Judentum Philosophen wie Spinoza oder andere, aber die jüdische Religion hat sich nicht verstanden als philosophische Religion. Die christliche Theologie hat sich dagegen sehr wohl an philosophischen Denksystemen orientiert und tat dies aus der Erkenntnis, dass alle heiligen Schriften, so heilig sie sind oder sein mögen, unheilig genug sind, dass man mit ihnen allein nicht leben kann. Es bedarf der Verständigung, Vorverständigung, Lebensverständigung, um überhaupt zu wissen, was »heilig« und was »nicht heilig« ist, sonst kann man nicht einmal diese Unterscheidung machen. Man muss die Unterscheidung kennen, um sie auch anwenden zu können. Also, die christliche Religion, möchte ich sagen, ist eine philosophische Religion geworden, zunächst im Sinne des Neuplatonismus. Und als solche hat sie sich auch verstanden, als solche hat sie sich von Anfang an artikuliert – das macht das Andere dieser Religion aus gegenüber der jüdischen, babylonischen, assyrischen: Sie ist stark geprägt vom griechischen Bildungswesen.

Die Griechen haben die Philosophie begründet, und zwar gerade aus demselben Grunde. Die Griechen haben auch ihre Geschichte, ihre Mythen, ihre heiligen und unheiligen Geschichten. Und dann waren es die so genannten Vorsokratiker und natürlich Sokrates, die sahen: Wir kommen in furchtbare Abgründe, wenn wir uns nicht vernünftigerweise, kritischerweise, argumentativerweise, begrifflich überprüfbarerweise mit diesen Mythen auseinander setzen können. Und darum haben diese ersten Philosophen Philosophie als Möglichkeit der Reflexion entwickelt. Die Philosophie ist geboren aus dem Bedürfnis der Interpretation und Klärung der mythischen Überlieferung. Und dieser Prozess der Klärung der Geschichtenüberlieferungen, und seien sie noch so hoch und heilig, etwa auch des Homer, führte zu der Einsicht: Das genügt immer noch nicht. Die großen tragödischen Dichter tragen zwar weit, aber das reicht immer noch nicht. Wir müssen noch mehr klären und noch mehr Aufklärung treiben. Und dann wurden die Philosophien Heraklits, Pamenides', Platons und Aristoteles' entwickelt, und davon lebt die ganze europäische Geschichte. Das leitet nicht nur europäische Wissenschaftsgeschichte ein, sondern auch die Geschichte europäischer Wissenschaftlichkeit. Und das ist schon etwas Besonderes in der Geschichte der Europäer, das sie nicht verraten sollten.

Wir finden also zunächst die christliche Religion als nicht mehr nur jüdische, sondern als Überschreitung, Erweiterung der jüdischen Religion vor. Und das Thema: Wie beendet ist denn eigentlich das Judentum oder wo wird es denn noch in der christlichen Botschaft übernommen? ist nach wie vor eine wichtige Frage in der heutigen theologischen Reflexion des Christentums.

Dann kommt aber im Mittelalter eine neue Philosophie eines Philosophen auf, der schon viel früher gelebt hatte, der aber verschüttet gewesen war: Aristoteles war vergessen. Er war bekannt bei den Arabern, ins Arabische übersetzt, und die hatten den Versuch gemacht, Islam und Philosophie in Verbindung zu bringen. Und von denen kamen also nun die Ideen des Aristoteles über Südspanien in arabischer Sprache nach Europa, und da übersetzte man ihn zurück ins Lateinische. Zum Glück tauchten dann auf einmal – das ist eine schöne, lange Geschichte – die griechischen Originaltexte wieder auf, und so hatte man Zugang zu Aristoteles im Original.

Und dadurch kam eine ganz neue Rezeption der Philosophie ins Christentum hinein, die neue Denkanstösse brachte. Denn diese Aristoteles-Rezeption brachte nicht nur dem Christentum eine philosophische Grundlage, sondern versuchte auch, es wissenschaftlich zu etablieren und begründete die Theologie als Wissenschaft. Dieser Versuch, Philosophie als Wissenschaft, Theologie als Wissenschaft zu begründen, brachte im Mittelalter eben eine sehr produktive Institution hervor, nämlich die europäische Universität. Die ist auf diese Weise entstanden in all ihren Lehrformen, Lernformen, als Körperschaft eigenen Rechts, als freigesetzt von unmittelbarer Macht und unmittelbarem Einspruch, und so hat diese Gründung positiv europäische Geschichte beeinflusst. Wir verdanken also im Grunde Aristoteles und der Aristoteles-Rezeption im Mittelalter, dass all die Universitäten entstanden sind von Paris bis Prag und von Bologna bis Padua und bis Köln. Dort konnte nun in ganz anderer Weise geforscht, gefragt, gestritten, argumentiert werden, als das in den alten Domschulen, Klosterschulen, Staatsschulen der Fall sein konnte. Gott sei Dank haben wir diese autonome Institution in Europa entwickelt, die in manchem zwar nicht autonom genug ist, aber immerhin doch eine relativ große Autonomie entwickelt hat, so dass man auch hier in Bayern, wenn man z.B. in München lehrt, die Autonomie der Lehre genießen kann.

Dieser Neuaristotelismus unterscheidet sich nicht von dem Neuplatonismus in der Eröffnung menschlicher und welthafter Transzendenz. Dieses Moment der Erleuchtung, der *Illuminatio*, kennt auch er, er ist aber in der Ernstnahme der Natur, der Naturerfahrung und der Welterfahrung deutlicher, als es der Neuplatonismus war. Der Neuplatonismus war eben auch ein Ausdruck der Weltflucht der heidnischen Römer. Das Reich ging unter, wo sollte man deshalb hin? Da waren die Romflüchtlinge, einschließlich Augustinus, einschließlich Benedikt, die verließen das römische Reich. Das Reich ging zu Grunde, und das hieß damals, die Welt ging unter. Auf diesem Hintergrund war es noch am besten, auf einen Berg zu ziehen und ein Kloster zu gründen.

Der Neuplatonismus hatte immer wieder auch die Tendenz, sich auf Natur und Welt und Polis gar nicht mehr so einzulassen, weil die ja ohnehin untergehen. Was soll man sich also damit noch beschäftigen? Nun ist aber das christliche Europa andererseits im hohen Mittelalter zu einer der schöpferischsten Epochen seiner Entwicklung gekommen: Das war eine wirklich sehr schöpferische Zeit auf allen Gebieten, zum Beispiel auf dem Gebiet des Städtebaus, der Kunst, des Kathedralbaus, der Wissenschaften usw., dieses elfte, zwölfte, dreizehnte Jahrhundert in ganz Europa – vergleichbar mit dem vierten, fünften Jahrhundert bei den Griechen. Man sagte sich eben auch: Nun wollen wir doch wissen, wie wir uns in der Welt einrichten. Nun wollen wir doch auch die Natur ernster nehmen und auch die Polis und sehen, was wir da schaffen können. Dieser Anspruch ist dem Aristoteles und seiner Art Transzendenzdarstellung gemäßer. Das bedeutet aber auch, meine Damen und Herren, für das Christentum ist nicht nur die Bibel wichtig, sondern für das Christentum ist auch die Philosophie wichtig. Und die Philosophie war die Voraussetzung, auch mit der Bibel etwas anzufangen. Die Lektüre der Bibel wurde erst durch Luther Allgemeingut, weil dieser die Bibel in die Volkssprache übersetzte und so für alle verbreitete. Vorher wurden die biblischen Texte nur ausschnittweise vorgetragen, meistens auch noch auf lateinisch oder griechisch. Und dann musste dazu ein Kommentar abgegeben werden; dadurch entstand die Predigt. Die Bibel hatte nur einen begrenzten Stellenwert und war keineswegs so das Volkslesebuch, was sie dann seit Luther geworden ist. Das hat die alte Kirche noch nicht so gesehen, sondern sie hat den Bibeltext liturgisch eingebettet. Und die Liturgie wiederum war begründet aus dem Bedürfnis des Menschen nach Erleuchtung und Transzendierung im Sinne der Begründung und Sinngebung des eigenen Lebens.

Nun konnte man sagen: So weit, so gut. Nun möchte ich aber hier eine kritische These vortragen. Denn so gut die beiden Interpretamente philosophischer Art, Neuplatonismus und Neuaristotelismus, auch waren – sie trugen hinein bis in die Neuzeit –, sie hatten auch ihre Mängel und Grenzen. Und diese Mängel waren typisch »römische« Mängel, typisch staatsideologisch-römische Mängel, denn man hätte ja auch andere Philosophen als Grundlage heranziehen können, z.B. Plato. Wieso rezipierte man den nicht? Und wieso rezipierte man andere bedeutende Philosophen nicht? Meiner Meinung nach kommt da die römische Staatsideologie zum Zuge und insbesondere auch die römisch-christliche Staatsideologie, die ihre spezifischen Hemmungen, ihre Scheu, ihre Verhinderungen nach sich zieht.

Worin liegen nun diese Verhinderungen, die Scheu, die Hemmungen? Jede Staatsideologie – das war auch bei Hitler so – hat die größte Chance auf Erfolg, wenn das Volk so richtig drinsteckt in den eigenen Problemen. Und wenn dann von jemandem die Auflösung der Misere angeboten wird, dann wird Hurra geschrieen und gewählt. Je größer die Misere, umso besser für den, der sich als Erlöser zeigt. So war auch Hitlers Strategie. Darum ist er gewählt worden. Er ist gewählt worden, meine Damen und Herren, er hat nicht einfach so die Macht ergriffen, er ist gewählt worden. Auf Grund dieser Konstellation – das war seine Strategie. So auch bei den Römern. Je schlimmer das Jammertal, umso besser, wenn man etwas anzubieten hat. Brot des Lebens, und zum Brot des Lebens gehört nicht nur das irdische Brot, sondern auch das himmlische Brot, auch davon lebt der Mensch. Und dieses himmlische Brot so anzubieten, dass es von oben komme, vom König, vom Kaiser und vom Papst, von den Episkopoi, ist doch schön. Die Väter sind großzügig und spendieren das Brot des Lebens. Und gleichzeitig weiß man es einzurichten, dass dadurch die Väter anerkannt und mit allen Würden bedacht werden. Das ist Herrschaftsetablierung.

Also besteht das Interesse, das Jammertal notfalls größer zu machen, als es ist, um das Brot das Lebens von oben umso begehrenswerter erscheinen zu lassen. Das ist gute Ökonomie der Herrschaftsproduktion und Erzeugung. Und die Römer waren in dieser Hinsicht keine unerfahrenen Leute, die kannten das Management, das Lebensmanagement, das Reichsmanagement, sie hatten ein ausgereiftes Herrschaftswissen. Mit diesem römischen Herrschaftswissen war es also zum Beispiel nicht ganz verträglich, dass die Welt und die Natur ihre eigene Anfänglichkeit hat, ihre eigene, griechisch gesagt: *arché*, aus der sie lebt und webt und schwebt, sondern sie sollte möglichst unmittelbar von Gott abhängig sein. Von daher wird die Welt zu einer radikal endlichen. Und diese radikal endliche Welt ist das *factum* oder die Schöpfung Gottes. Später, in der neuzeitlichen Theologie – noch nicht in der mittelalterlichen –, entsteht dann, besonders infolge der Metaphysik, die neuzeitliche Gottesvorstellung, mit folgender Überlegung: Der Gott schafft die Welt wie der Töpfer einen Topf. Und selbstverständlich kann man, wenn man den Topf geschaffen hat, ihn auch wieder kaputthauen, wie Kinder das ja manchmal machen. Erst schaffen sie einen Topf, dann hauen sie ihn wieder kaputt. Der Gott also hebt die Welt in ihrer Existenz aus dem Nichts, kann sie aber jederzeit fallen lassen. Er braucht nur anzudrohen: Wenn Ihr nicht brav seid, lasse ich Euch fallen. So machen das Mütter auch, die tatsächlich keine guten Mütter sind. Die sagen ihren Kindern auch: Wenn Du nicht brav bist, kommst Du in den Keller, und: Wenn Du brav bist, ja, dann wollen wir Dich halten. Analog dazu wurde ein Gottesbild geschaffen, wo der »Gott« argumentiert: Ich richte es mal so ein: Die Welt ist geschaffen als ein Faktum, und jederzeit kann sie ins Nichts fallen gelassen werden. Das wird damit zur Totalbedrohung. Die ist noch schlimmer als eine Höllenbedrohung, denn da ist dann ja gar nichts mehr. Mehr noch: Da war nie etwas gewesen.

Und diese Schöpfungsvorstellung ist eine – so sage ich – Intrige dieser Metaphysik, eine Intrige wider einen Gott, der damit nicht freie selbstschöpferische Wesen autark hervorbringt, wie das doch schon Menschen vermögen. Wenn ein Vater eine Tochter oder einen Sohn zeugt, dann ist das ja nicht nach dem Muster zu verstehen wie Töpfer und Topf, sondern er will ja dann, dass die Tochter oder der Sohn wirklich zu Eigenem erwachen. Wenn also Menschen dazu schon im Stande sind ... Doch können sie das natürlich auch manchmal nicht. Die Mütter geben ihre Kinder nicht frei, sondern halten sie einverleibt, und die Väter sind auch nicht wirklich Zeuger ihrer Kinder zur eigenständigen Art und zur selbstzeugenden Art. Zeugungsweitergabe ist ein hohes Gut. Viele sind dazu nicht im Stande.

So also, meine Damen und Herren, im Nicäno-konstantinopolitanischen Glaubensbekenntnis wird folgender Satz von Christus ausgesagt: *Genitum non factum*, (er ist gezeugt, nicht geschaffen). Das betraf aber da schon – typisch römisch, dieses Glaubensbekenntnis ist ja eine römische Artikulation – nicht mehr den Menschen, die Menschen sind nur *factum*. Nur der Christus ist *genitum*. Der ist gezeugt, um zu zeugen. Das ist Sohnschaft. Und das setzt sich dann in der Ideologie der Metaphysik fort. Die Welt ist nicht gezeugt, sondern *factum*, die Menschen sind nicht gezeugt, sondern gemacht. Und so wird Gott zum Obermacher, gleichsam dem Techniker des Universums. So erscheint er dann generell in der frühen Neuzeit. Die Welt ist ein Uhrwerk, Gott hat es gemacht, aufgezogen und gesagt: »So, die Selbstständigkeit besteht nur solange, bis das Uhrwerk abläuft.« Aber dies zeigt eine große Gleichgültigkeit zwischen dem Uhrmacher und seinem Werk. Und mehr als Uhren hat er dann nicht gemacht, und das bisschen Autarkie ist halt das Etwas- aufgezogen-haben. Das ist doch nicht Jemand-gezeugt-haben. Sehen Sie, der Gedanke der Zeugung verschwindet, wird nur auf Christus hin ausgelegt, die Menschen sind »gemacht«. Wenn wir aber sagen, dass die Menschen nur gemacht sind, können sie auch nicht selbst zeugen und auch nicht empfangen; aber zur Menschwerdung gehört Zeugung und Empfängnis. Auf die Empfängnis und das Zeugen kommt es als Erstes an, und dann kommt daraus die Geburt. Empfangen und Zeugen sind etwas ganz anderes als Machen und Herstellen, und das ist schon in der Menschengattungsgeschichte so, und so dachte das Christentum im Mittelalter auch von Gott und der Welt: Die ist gezeugt.

Und erst recht dachte so die Antike. Die hatte nämlich einen Begriff der Welt, der zeigt, dass sie etwas von der Ewigkeit der Welt wusste. Und diese Ewigkeit der Welt ist wichtig als Selbstständigkeitsvoraussetzung einer von sich her anfänglichen Natur, die nicht nur kausal verursacht ist, sondern die aus sich heraus leben, sich bewegen und gestalten kann. Dieses Prinzip der *arché*, des Anfangs für die Natur, für den Kosmos, gibt eine ganz andere Naturerfahrung, als wenn Sie die Natur nur als verursacht vor sich haben: In der Metaphysik von einem Gott verursacht, das ist dann die erste Ursache, Gott. So wird auch Gott zur ersten Ursache und in der Physik die erste von endlosen Ursachen. Aber Welt und Natur sollten als von sich her da sein könnend, selbst anfangen könnend gesehen werden. Da kann man halt was miteinander anfangen. Diese Ewigkeit der Welt heißt also nicht, dass es da keine Veränderungen gibt, dass es da keinen Anfang gibt, kein Ende gibt. Die Ewigkeit der Welt – und das war die griechische Vorstellung des Kosmos – ist nur erfahrbar als Weltseele; die Weltseele ist das Wichtigste. So ist auch Weltseele in den nichtseelischen Bereichen anwesend. Und die Weltseele ist Anfang ihrer selbst. Dieser Begriff »Anfang ihrer selbst« wurde dann als Konkurrenzunternehmen aufgefasst zu einem Gott, der allein anzufangen in der Lage sein soll. Und so kam es zum Machtkampf zwischen der Weltseele – wie sie bei Plotin noch da ist, bei Platon erst recht – und andererseits dem christlichen, scheinbar christlichen Gott; es entstand der Machtkampf um die Souveränität.

Dieser Machtkampf wurde im zwölften Jahrhundert an den neuen Universitäten in hoher Streitkultur ausgetragen, denn für die Ewigkeit der Welt im Sinne der eben erläuterten Weltseele traten vor allem die arabischen Philosophen ein. Der Islam war damit kompatibler, aber die christlichen Philosophen und Theologen sagten: Nein, das widerspricht unserem Souveränitätsgedanken von Gott. Der allein hat die Welt geschaffen. Das war natürlich ein römischer Gott, kein christlicher, ein römischer Gott, der für sich allein die Souveränität beansprucht. Und da flogen gewissermaßen die Fetzen an den Universitäten im Streit um die Weltseele. Er wurde ausgetragen mit dem Resultat, dass die arabischen Philosophen weiterhin sagten: Wir verlieren den Kosmos, wir verlieren die Natur, wir verlieren ja alle Poesie des Lebens, wenn wir die Welt ihrer Seele berauben. Aber auch die Christen machten nicht gleich Tabula rasa, sondern argumentierten: Die Ewigkeit der Welt bezieht sich weniger auf die Weltseele als vielmehr auf den Weltgeist. Der ist ewig. Der *intellectus agens*, der ist nicht bloß verursacht, vielmehr ist er eine illuminative Erschließung des Seins oder des Göttlichen und nicht gewissermaßen das tote Ende eines Kausalzusammenhangs; und insofern dieser schöpferische, Transzendenz erschließende *intellectus agens* ursprünglich zum Menschen und der Mensch zur Welt gehört, ist auch die Welt ewig, denn es gehört diese Transzendenz zum Menschen, und es gehört diese Transzendenz zur Welt. Es ist eine Welt immanenter Transzendenz.

Und damit war im Mittelalter immer noch – wenn auch sehr eingeschränkt gegenüber der Antike – so etwas da wie die Selbstständigkeit der Welt. Und es war nicht so, dass da der Gott hergehen und jederzeit sagen konnte: Wenn Ihr nicht brav seid, ich lass Euch fallen wie eine heiße Kartoffel, denn Ihr seid nichts anderes als eine heiße Kartoffel. Das kann er nicht mehr sagen; dann könnte nämlich die »heiße Kartoffel« widersprechen und sagen: Mach's doch, Du schaffst es gar nicht, es geht gar nicht, Du kannst es nicht mehr, es ist unmöglich. Das ist dann ungefähr so, wie wenn der unbotmäßige Sohn zum Vater sagt: Ich streite, und der Vater sagt: Ich erschlage Dich!, und der Sohn sagt: Dann tu's doch, Du kannst mich gar nicht erschlagen. Ich bin nicht mehr auslöschbar, Du musst das hinnehmen. – Der Vater könnte denken: Jetzt habe ich diesen Abkömmling in die Welt gesetzt. Es ist unfassbar. Der wagt es, mir zu widersprechen. Und ich kann ihn nicht vernichten. Es ist Wahnsinn. – So geht es dem Gott des Mittelalters auch. Er kann die Menschen nicht mehr ausradieren.

Leider, meine Damen und Herren, hat dann die Reformation in dieser Angelegenheit nicht weitergeholfen, denn die Reformation hat sich von diesen philosophischen Voraussetzungen der Welt, der Natur, der Weltseele, der Naturanfänglichkeit sehr getrennt – einschließlich und vor allem Luther, der Antiaristoteliker war. Es kam dann der Begriff der *sola gratia*, (allein durch Gnade), der die zentrale Rolle spielte. Die mittelalterliche Scholastik sagte noch: Gnade setzt die Natur voraus und vollendet sie. Nun aber war die Naturvoraussetzung und die Vollendungsvoraussetzung weg. Da haben wir dann wieder das Zittern und Beben und Bangen: In Furcht zittert der Untertan Mensch. Er muss wimmern, dass die Gnade komme.

Also, gerade der Protestantismus und die Reformation sind hier wieder doch sehr stark bäuerlich, knechtisch in ihren Voraussetzungen – keine Kosmopoliten. Auch Melanchthon bringt das nicht besser ein. Das haftet leider der Reformation an: Die Religion wird, was das Naturdenken angeht, zur Grabstätte besonders der Natur und des Leibes, nicht zuletzt auch auf der Grundlage der lutherischen Vorstellung: Der menschliche Leib ist des Teufels, nur die Seele ist für Gott von entscheidender Bedeutung. Und da sagte dann der jeweilige Landesfürst: Das ist mir gerade recht. Her mit den Leibern. Ich brauche sie als Soldaten; die sind ja sowieso des Teufels, und ich brauche sie als Arbeiter und Untertanen. Und es ist dann ganz passend zu argumentieren: Die haben ja schon recht, die Leiber dürft Ihr auch haben, uns kümmert nur die Seele. Deshalb spricht man auch von »Seelsorgern« und nicht von »Leibsorgern«.

Das bringt natürlich arge Not in die europäische Szenerie. Für die europäische Erfahrung ist die Anfänglichkeit der Natur sehr wichtig und ebenso die Anfänglichkeit des Menschen, wenn sie sich ausleben kann als *Illumination*, als Transzendenzüberschreitung und dadurch Lebensbegründung und so auch Lebensneubegründung schaffen kann. Die mittelalterliche und vor allem neuzeitliche Schöpfungskonzeption ist nun – so meine These – wieder eine Intrige des Römischen wider die Schöpfung, indem sie die Schöpfung total verendlicht. Das haben wir ja heute: eine total verendlichte Schöpfung. Es geht los mit der Geburt und mit dem Tod ist dann Schluss. Und die Physik verfährt ähnlich. Das ist ein bisschen endloser, aber im Grunde ist das alles ganz geschlossene Endlichkeit. Wir haben in unserer Neuzeit und Jetztzeit keine offene, schon gar keine ewige Natur mehr, sondern Natur wird als endlich aufgefasst, und eine solcherart endliche Welt – eine Kerkerwelt und eine Kerkernatur –, die wird zum »An sich«, zum Ganzen des Wirklichen erklärt. Das ist die moderne Situation. Und dass es zu dieser Kerkernatur und diesem Weltenkerker kommt, ist nun wieder eben ein Resultat römischer Staatsideologie. Wäre Platon mehr zur Kenntnis genommen worden, hätte die Situation anders ausgesehen. Ich möchte Ihnen jetzt eine Stelle bei Platon vorlesen, damit Sie hören, wie wunderbar und wie lebendig hier von der Ewigkeit der Welt gesprochen wird.

Da heißt es hier bei Platon in seinem Dialog *Phaidros*:

»Jede Seele ist unsterblich, denn das stets sich selbst Bewegende kann gar nicht sterben. Was aber anderes bewegt und selbst von anderem und nur von anderem bewegt wird, was also ein Anfangen schlechthin hat, hat auch ein Aufhören. Was aber sich selbst zu bewegen in der Lage ist, hat kein Aufhören. Nur also das sich selbst schöpferisch bewegen-Könnende verlässt sich auch nie und wird auch nie aufhören, und dies ist auch für alles andere, was sonst bewegt wird, Quelle und Anfang der Bewegung und des Sichbewegens. Der Anfang aber dieses Sichbewegens ist unentstanden. Denn aus dem Anfang muss alles Entstehende entstehen. Genesis der Genesis. Er selbst aber, der Anfang, ersteht aus Nichts. Denn wenn der Anfang aus etwas entstünde, so entstünde nichts mehr aus dem Anfang. Da er aber unentstanden ist, muss er notwendig auch unvergänglich sein. Denn wenn der Anfang unterginge, könnte weder er jemals aus etwas anderem, noch etwas anderes aus ihm entstehen. Wenn also etwas anderes entstehen soll, ist er selbst und darf er selbst nicht entstanden sein. Demnach also ist der Bewegung Anfang das Sich-selbst-Bewegende. Dieses aber kann weder untergehen noch entstehen oder der ganze Himmel und der gesamte Kosmos müssten zusammenfallen, still stehen und hätten nichts, woher bewegt sie wiederum entstehen können. Nachdem sich nun das Von-sich-selbst-Bewegende als unsterblich gezeigt hat, so darf man auch sich nicht schämen, eben dieses für das Wesen und den Begriff der Seele zu erklären.«[1]

Das war ein Text Platons, und die Seele, um die es da geht, ist nicht nur die Einzelseele, sondern das ist die kosmische Seele, die hier anfänglich ist und nicht sterben kann. Das sind Gedanken, meine Damen und Herren, die uns so weit weg liegen, weil in unserem Hirn totale Endlichkeit vollständig einprogrammiert ist, so dass wir solche Worte kaum noch verstehen: »Selbstanfänglichkeit«, »das Schöpferische aus sich, was kein Entstehen hat, woraus aber alles entstehen wird.« Diese wunderbaren Gedanken über die Anfänglichkeit aus sich beinhalten das Wunder der Existenz. Wenn das nicht wäre, wäre alles Leben nur Faktum oder Notwendigkeit. Die Freude des Daseins beginnt mit der Morgenröte des Seindürfens aus sich. So spricht das Nietzsche ganz platonisch. Und dieses Aus-sich-selbst-sein-Dürfen, frei gezeugt, frei geboren dafür: das erst ist menschlich-würdevolle Existenz, die nicht direkt oder indirekt immer an irgendeinem Gott der Abhängigkeit hängen bleiben muss und hängt.

Diese Selbstbeweglichkeit und Selbstschöpferischkeit ist – wie sich ja versteht – dem Gott zugedacht worden. Für ihn galt das. Man glaubte aber, dass man dem Menschen diese Eigenschaften nicht zusprechen kann. Und aus dieser Selbstbewegung wurde dann später die *causa sui*, mit der Gott bezeichnet worden ist, aber diese Selbstbewegung meint viel mehr als Kausalität, sondern sie meint ein menschliches, seelisches, lebendiges Sich-bewegen-Können in der Welt aus sich heraus. So wie man sagen kann: Ich kann jetzt einfach wollen, den linken Arm zu heben, weil ich es will. Es geht, nur weil man es will. Der Mensch kann wollen, und dann geschieht das Gewollte. Will er nicht, geschieht es nicht. Er kann sich entschließen zu etwas, was es sonst nicht gibt und was auch nicht ableitbar ist aus irgendwelchen Notwendigkeitszusammenhängen. Und er kann einfach da sein.

Und die Griechen haben nun diesen Gedanken der *arché* nicht in Konkurrenz mit einem Gottesverständnis, einem Gottesbegriff, gedacht. Auch Platon tut das nicht. Er sagt: Das passt schon zusammen. Der Gott ist autark, und der Mensch ist auch autark in diesem Sinne. So führt er das aus in seinem Dialog *Timaios*. Aber bei den Christen wurde das dann doch als problematische Konkurrenz gesehen, wenn auch im Mittelalter noch nicht vollständig. Was den Geist anging, durften die Menschen schon noch selbstständig sein: Das war die Weltvernunft. Aber für die Weltseele und die Welt galt das nicht mehr, für sie ging die Selbstständigkeit ganz verloren. Diese Einschränkung also, die Beraubung der Weltseele und der Weltseelenanfänglichkeit ist eine schlimme Enteignung des Menschen, die von Metaphysik und Staatsideologie vollzogen wurde, erstens natürlich, um die Souveränität eines Gottes zu wahren; zweitens – der römischen Staatsideologie gemäss –, um die Souveränität des Kaisers zu wahren, denn der kommt ja gleich nach Gott; und schließlich, um die Souveränität des Papstes zu gewährleisten. Dieser Gott ist souverän, der Kaiser als »von Gottes Gnaden«, der Papst auch als »von Gottes Gnaden«, sozusagen unmittelbar »von Gottes Gnaden«, für die Stellvertreter Gottes auf Erden, sie dürfen und müssen möglichst auch souverän sein. Und sie sind nur dann möglichst souverän, je weniger souverän die Menschen sind. Die Souveränität beider haben wir nicht mehr zusammenbringen können

In Griechenland dagegen wurde die Freiheit groß geschrieben, die Philosophie plädierte für freie Menschen, die auch freilassen können, so wie gute Eltern es ertragen können, dass ihre Kinder frei werden. Schlechte Eltern kann man solche nennen, die dafür sorgen, dass ihre Kinder knechtisch werden, abhängig bis sklavisch; sie können es nicht ertragen, sie freizugeben. Das sind dann Knechtsverhältnisse. Diese Knechtsverhältnisse können familiengeschichtlich an den Himmel projiziert werden, dann hat man einen älteren Gott, einen Vatergott, der meistens ein latenter Muttergott ist, ein Gott, der genau das braucht, was die Eltern auch gebraucht haben: Abhängigkeit. Und so hat man dann, wenn man die Weltseele dieses schöpferisch Freien beraubt, eine Knechtswelt und eine Knechtsreligion. Und die Knechtswelt ist für die Einrichtung einer bestimmten Arbeitsknechtswelt hervorragend geeignet. Und die Knechtsreligion ist natürlich für eine wackelige Souveränität auch hervorragend geeignet, und je schwächer die Potentaten werden, desto mehr brauchen sie die tyrannische Todesandrohung, damit alles zittert. Das brauchen all jene, von den inquisitorischen Fürsten bis zu den inquisitorischen Tyrannen des zwanzigsten Jahrhunderts. Aber im Mittelalter, wie gesagt, war diese Tendenz noch nicht so krass entwickelt. Verglichen mit der altrömischen Welt war etwa das karolingische Reich oder das ottonische Reich eigentlich schon eine sehr lebenswerte Angelegenheit, viel besser als das spätrömische Reich, woran man sieht, dass das Christentum hier durchaus schöpferisch war. Man hatte es noch nicht so nötig, die Welt und den Menschen zu enteignen. Erst die Neuzeit bringt hier die vollständigsten Enteignungen hinein.

Sehen Sie, diese Enteignungen sind wirklich so etwas wie eine ideologisch intrigante Beraubung der Welt in ihrem Innersten. Und diese Beraubung der Welt und des Menschen in seinem Innersten, nämlich die Beraubung seiner Zeugungs-, Anfangs- und Empfängnisfähigkeit im weitesten Sinne, die Beraubung also seiner Seele und der Weltseele ist schon eine arge Beraubung im Namen der Religion und im Namen Gottes und vollzogen von der Kirche. Das heißt, die Welt erscheint als Natur bloß noch als Faktum, aber nicht mehr als Genesis. Der Mensch erscheint nur noch als Gebrochener, aber nicht mehr als Genesis, das heißt als von sich her Lebendiger und Lebendigsein-Könnender. Und Gott wird zu einem Macher und Obermacher, zu einem Techniker und später nur noch zu einem Reparaturtechniker. Dann soll er immer einspringen, wenn wo was nicht gut läuft.

Aber Gott ist kein Techniker, sondern der Gott schafft schöpferisch, so sieht das Platon, »sich selbst in seinem anderen«. Und der kosmische Christus – so die frühe Christologie – ist nichts anderes als der von Gott geschaffene Gott, der selber selbstständig ist und der »Sohn« heißt. Der Sohn ist der Vater und der Vater ist der Sohn, nur eben in anderer Weise, aber doch jeweils selbstständig. So schafft der Gott des frühen Christentums keine Töpfe und keine Uhrwerke, sondern er schafft selbstschöpferische Wesen und kann sie auch ertragen und wünscht sie sich auch so. Die Kaiser und Könige, die wollten Freie, wenn möglich. Es waren dann später die Stalins und Hitlers und Francos, die konnten nur noch Knechte und Sklaven ertragen.

Also, der Gott schafft schöpferische Wesen, und die schöpferischen Wesen, Mensch, Welt, Natur sind selbst schöpferisch, und das ist auch gut so, wenn da dann auch manches Drama passieren kann. Das nimmt der Gott in Kauf und sagt sich: Ja, das ist mir lieber, als wenn die gezeugten Geschöpfe unschöpferisch sind. Ich kann jetzt nicht mehr garantieren, dass da alles gut läuft, die dürfen ja nun machen, wie sie das wollen … Ähnlich werden Eltern, die die Selbstständigkeit ihrer Kinder bejahen, nicht immer gleich eingreifen, sondern den Geschehnissen ihren Lauf lassen, wenn die Kinder nicht nach ihrem Gusto handeln: Wir meinen zwar, es müsste eigentlich ganz anders sein, aber macht ihr das mal so.

Es ist also im Mittelalter ein großer Streit ausgetragen worden, und er wurde damals nicht einfach zu Gunsten einer kausalursächlich erschaffenen faktischen Welt und Menschheit entschieden; es gab immerhin noch die Weltvernunft, und die wurde den Menschen noch zugestanden, die durfte schöpferisch sein. Die Weltseele und der Weltleib, die bei Platon eine Rolle spielten, kamen nicht mehr vor. Mit der Reformation, wie ich schon sagte, verstärkte sich die Tendenz, das irdische Leben schlechthin als ein Jammertal, ein Leben in der Sündhaftigkeit aufzufassen und die Erlösung als das einzige Ziel anzusehen, das noch übrig bleibt. Diese Metaphysik, trotz der Transzendenz, die sie entwickelt, blendet und exkommuniziert auf diese Weise die Natur, die Genesis der Natur, die Genesis des Kosmos, die Genesis der Menschennatur, seiner Gattungs- und Begattungsgeschichte und wirft die alte antike Kosmopolitie, die in diesen Kategorien dachte, aus dem Bewusstsein.

Statt dessen finden wir uns seitdem vor in einem Weltall oder Weltraum, der eigentlich kein Lebensraum mehr ist für den Menschen, sondern ein Gefängnis und ein Kerker, auch wenn in dieser Universumskonzeption, wie sie heutige Physiker bringen, die Wände Jahrmillionen entfernt sind. Die griechische Kosmopolitie, meine Damen und Herren, könnte uns völlig neue Begriffe über uns selbst, über unser familiäres Wesen, über unser Geschlechtswesen, über unser Naturwesen vermitteln können, nachdem wir bisher über all das nichts mehr wissen. Sie würde auch, meines Erachtens, das Christentum in ein völlig neues Licht bringen. Es gäbe eine neue Lesart dieser Traditionen, und diese neue Lesart der Tradition könnte auch zu einer neuen Existenzart des Christentums führen – und dafür plädiere ich dann in meinem nächsten Vortrag: zu einem kosmopolitischen Christentum, im Gegensatz zu einem bloß imperialen Christentum, als das wir das Christentum bisher vorwiegend kennen.

(24. 02. 1996)

---

[1] Platon, Phaidros, XXIV, 245

Kosmopolitisches Christentum
Zur Zukunft Europas und des Christentums

Von der Möglichkeit, Christ zu sein

Eberhard Simons

Meine Damen und Herren: Die bisherigen Beiträge zeigten, dass die Selbstbehauptung des Staatskirchenchristentums, das offiziell seit 1919 zu Ende gegangen ist, aber inoffiziell in bestimmten Bereichen strukturell doch noch weiterlebt, sich gerade so behauptet, dass es kehrseitig Intrigen aus sich hervortreibt und hervortreiben muss. Intrigen, von denen ich drei wichtige hier dargestellt habe: Intrigen wider die Natur und die Schöpfung, Intrigen wider Gott und den Menschen und schließlich die Intrige wider sich selbst. Seine zentrale Aussage sogar, die Botschaft vom Kreuz, ist dann intriganterweise keine Botschaft der Auferstehung mehr, wenn diese Botschaft vom Kreuz selbstbehaupterisch zur totalen Herrschaft und Unterdrückung verwendet und benutzt wird; und der absolute Herr, der hier beschworen wird, ist der Tod. Er ist es, der durch das Kreuz zum absoluten Herrn erhoben wird, und er soll Furcht und Zittern verursachen und hat dies auch getan, so dass das Furcht- und Zitterwesen Mensch natürlich zur unbedingten Unterwerfung bereit ist, einer Unterwerfung besonderer Art, denn es ist mehr als eine Unterwerfung durch Gewalt und Vergewaltigung und Gewaltanwendung; es ist eine Unterwerfung in innerster Zustimmung zur Unterwerfung. Das ist die größtmögliche Unterwerfung, die es überhaupt gibt. Das bedeutet die Perversion der christlichen Botschaft durch die Intrige, und diese Intrige entspringt eben dem Wunsche nach absoluter Herrschaft und Selbstbehauptung. Die Intrige wider Gott bedeutet dann, dass Gott nicht das ewige Leben ist, sondern der ewige Todbringer und der ewige Tod: statt Himmel – ewige Hölle. Das muss klar gesehen werden.

Diese hier dreifach dargestellten Intrigen wider andere und sich selbst gehen hervor aus einer solchen Art imperialer Selbstbehauptung, zu der das Christentum durch seine Symbiose mit dem spätrömischen kaiserlichen Rom bereit oder genötigt war. Ich betone: Es geht um das spätrömisch-kaiserliche Rom, denn es gab ja auch ein anderes Rom, das Rom der Republik, das Rom, das ein Rechtswesen entwickelt hat, von dem wir in Europa immer noch leben, das alte römische Recht, das auch für unseren modernen, gottlob bestehenden Verfassungs- und Rechtsstaat wesentlich ist. Aber die römische Zeit der Republik ist etwas anderes als die Spätkaiserzeit. Die römisch-imperiale, kirchlich-christliche Selbstbehauptung kennt natürlich in ihrer langen Geschichte unterschiedliche Epochen, in denen das intrigante Wesen des Christentums weniger zum Zuge kommen musste und kam, und in denen das Christentum deshalb auch sehr schöpferisch war, und Zeiten, in denen dieses intrigante Wesen besonders stark zum Zuge kommen musste. In groben Zügen lässt sich das so beschreiben: Da ist bis zum Jahre 1000 die Situation der Christianisierung Europas, etwa um das Jahr 1000 war Gesamteuropa christlich geworden. Eine andere Phase ist alsdann die hohe Zeit von 1000 bis 1300. Hier kennen wir schon, aber nicht nur, die titanische Art der Selbstbehauptung, die insbesondere Papst und Kaiser und ihre titanischen Kämpfe gegen-, mit-, für- und auseinander kennzeichnet, die aber nicht notwendig die ganze Christenheit tangierten. Im Gegenteil, das hohe Mittelalter ist eine der schöpferischsten Zeiten der europäischen Geschichte und Kulturgeschichte.

Davon ist wieder zu unterscheiden jene tyrannisch-inquisitorische Art der Selbstbehauptung jenes imperialen Staatschristentums, das sich in der Neuzeit ausbildet und das dann keineswegs nur mehr den Papst und den Kaiser angeht. Die hatten ihr Spiel schon verloren, die waren entmachtet und lagen gewissermaßen darnieder. Jetzt geschah es, dass im Namen der Reinheit des Glaubens Tausende und Abertausende von Menschen umgebracht wurden, denn es ist besser, die Reinheit des Glaubens zu bewahren, wenn dafür auch Menschen, die diesen Glauben verunreinigen – wie man meinte – sterben müssen. Das ist die tyrannisch-inquisitorische Zeit, die Neuzeit, wie wir sie kennen. Gerade in dieser Art der Vernichtung von anderen ist aber auch die Vernichtung seiner selbst mit programmiert gewesen. Und gerade die Art der tyrannisch-inquisitorischen Selbstbehauptung ist schon ein Ausdruck der Bedrohung dieses Christenwesens, das zwar zur Allmacht gekommen war – außer ihm gab es ja nichts anderes mehr in Europa –, das sich aber auch schon nicht mehr ganz seiner sicher war.

Die furchtbaren Verfluchungen und Bannungen, die von dieser Art des Christentums ausgehen – das darf man nicht übersehen – bannen nicht nur andere, sondern bannen das Christentum selbst und schlagen es in Fesseln, an denen es dann in der Neuzeit mehr und mehr zu Grunde geht. Und das ist ein großer Abstieg von einem Christentum, das überall Avantgarde war bis ins späte Mittelalter, von der Agrikultur bis zum Bibliothekswesen, vom Klosterbau und der Klosterarchitektur bis zur Kunst, bis hin zu einem in der Neuzeit immer mehr in ein Ghetto verschwindendes, versinkendes, schrumpfendes Christentum, das schließlich eher im Gespenstischen landet, im Gespenstischen eines Doppelwesen hienieden und da droben.

Zum Ausdruck »Doppelwesen« muss ich erläuternd das Folgende einbringen. Zunächst einmal kann man dem bis jetzt Gesagten gegenüber einwenden: Dem Christentum ging es nie um Selbstbehauptung, sondern es ging ihm gerade darum, Gottes Willen auf Erden zu vollziehen und im Gehorsam gegenüber dem Willen Gottes reinen Dienst für Gott zu tun, einzig zu seiner Ehre. So wird und wurde es gelehrt. Es ist gewissermaßen beiläufig, dass man im Kampf und Streit und Einsatz für die Ehre Gottes nun eben auch selber zusehen muss, dass man zu etwas kommt, möglichst zu allem; zu allem an Grund und Boden, zu allem Finanziellen, zu allen politisch möglichen Kräften und Möglichkeiten. Und so ergibt sich ganz beiläufig, dass dieses Zur-Ehre-Gottes-Dasein auch höchste Ehre seiner selbst ist, so sehr, dass man dann oft gar nicht mehr unterscheiden kann, ist das jetzt zur Ehre Gottes oder zur Ehre der Hoheiten, die da zu Ehren kommen. Mit anderen Worten: Die simple Unterscheidung: hier die Selbstbehauptung, da zur Ehre Gottes, die ist doppelzüngig.

Wir Neuzeitler sind hier etwas verdummt und verblendet, denn wir meinen, der Ego-Trip, den wir ja kennen, geht nur so direkt vom einfachen individuellen Ego aus, und wir haben verlernt, dass es einen viel besseren, höheren Ego-Trip gibt, wenn man ein größeres Ganzes, ein Hohes, ein Anderes oder gar einen Gott für diesen Ego-Trip mitbenutzen kann, verwendet oder geradezu dafür erfindet. Das hat enorme Vorteile, meine Damen und Herren. Herr Buggle[2] hat das in den Texten des Alten Testaments, wie die Christen sagen, oder der Thora gezeigt. Da gibt es z. B. die Vorstellung gewisser gläubiger Juden, die sich so äußert: Hier sind wir als ein Volk, und außer uns gibt es nichts und niemand. Das darf man natürlich nicht von sich aus öffentlich sagen, sondern das sagt dann der Gott und sagt es so, dass er befiehlt: Vernichtet die Feinde, vernichtet die anderen Kulte! Nun ist man selbst nur noch gehorsam. Man hat ein gutes Gewissen, weil man ja nichts Böses tut, der Gott befiehlt doch, man ist nur gehorsam. Eine Gewissensdoppelung von äußerst produktiver Art oder – je nach Sicht – destruktiver Art. Der Gott befiehlt, und man gehorcht, weil Gott es so will. Und er befiehlt die Vernichtung der Kulte der anderen und die Vernichtung der Feinde, und man ist selbst ganz unschuldig daran. Das ist gute Selbstbehauptung: ein verdecktes Spiel durch Zusammenspannen zweier Ebenen.

Und für diese Art der Selbstbehauptung haben wir Neuzeitler nicht mehr so sehr viel Sinn. Ob nun eine solche Doppelung nur und schlichtweg ein höherer Ego-Trip ist oder vielleicht doch noch etwas anderes zeigt, lasse ich noch mal offen. Man muss bedenken, dass die Selbstbehauptung imperialen Christentums, wie die Geschichte manifest zeigt, eine Selbstbehauptung auch und gerade dann ist, wenn es wirklich oder scheinbar um die Ehre eines ganz anderen Höheren, nämlich eines Gottes oder des Gottes geht. Trotzdem und gerade deswegen darf man von Selbstbehauptung sprechen, die sich auch selbstbehaupterisch-imperial darstellt.

Nun ist ja meine These gewesen, das frühe Christentum sei unschuldiger gewesen und hätte diese Art der Selbstbehauptung gerade nicht gewollt. Es wollte die *basileia thou theou* (das Reich Gottes), die etwas ganz Anderes ist, und sei, obwohl das Christentum die *basilea thou theou* wollte, nun in eine Symbiose mit einer Realität gegangen, die den größten Widerspruch bedeutet, nämlich in die Symbiose mit universal-imperialer staatlicher Selbstbehauptung, wie es den spätrömischen Staat kennzeichnet. Dieser Wahnsinnswiderspuch des Christentums wurde ihm nun selbst zum Verhängnis.

Nun könnte man daraus zur Konsequenz kommen: Die Römer sind also an allem schuld. Ich denke, dass es nicht so ist. Dass die Römer in ihrer Spätzeit einen solchen universal-imperialen Kurs hielten, hat noch andere Gründe, die auch sonst in der Geschichte immer wieder festgestellt werden müssen. Denn was schickt denn auf einen so einfachen oder gedoppelten Ego-Trip der Selbstbehauptung anderes als die Daseinsnot und die Bedrohung durch den Tod und die Bedrohung vom Untergang? Und da gab es eben die spätrömische Angst wegen der Bedrohung: Das Reich geht unter und damit geht die Welt unter, nicht nur ein Reich. Für die Römer ging damit die Welt unter, und sie fühlten sich vom Weltuntergang bedroht. Angesichts solcher Weltuntergangsangst und -bedrohung ist klar, dass sich dann noch mal Alles aufbäumt, um aus diesem Untergang herauszukommen. Und zu diesen Aufbäumungshandlungen gehörte der geniale Streich von Konstantin, zu wittern, den Ausweg könne es mit dem Christentum geben, und – wie man im Nachhinein sagen muss – hat er Recht bekommen, denn das weströmische Reich ging zwar alsbald unter, das oströmische Reich blieb erhalten bis um 1400 herum, aber die ganzen Nachfolgereiche zogen sich hin bis heute. Und insofern hat Konstantin dieses Reich immerhin zweitausend Jahre lang fortgesetzt. Es war also schon ein erfolgreiches Unternehmen, so dass erst wir in unseren Tagen uns von diesen Imperialbedingungen befreien können.

Ich wiederhole, man kommt nicht umsonst auf einen so übermäßigen Selbstbehauptungstrip, wenn die Daseinsängste entsprechend groß sind, die das herausfordern, und so ist es denn auch sonst – die Römer sind da keineswegs an allem schuld – sondern da, wo das Leben den Daseinszwang als Zwangsdasein nicht überschreiten kann und anders nicht leben kann, da kommen eben die größten Übersteigerungen, Verdoppelungen und Gotteinbildungen zu Stande, wie gerade die jüdische Geschichte sehr gut zeigt. Denn der Daseinszwang und das Zwangsdasein ist es, was zu diesen Gottesbildern führt, die dann angeblich diese Befehle geben. Da spricht sich Daseinsnot aus auf der Folie eines imaginierten Gottes. So verstehe ich das. Und insofern hat natürlich das Christentum einen Vorfahren, und es sind nicht nur die Römer schuld, es sind auch bestimmte jüdische Götter – sage ich jetzt – oder jüdische Gotteinbildungen, die hier Pate stehen und gestanden haben für Verheerendes.

Und die Befreiung, die möglich gewesen wäre, hätte von jener Kultur kommen können, die am meisten den Daseinszwang und das Zwangsdasein überwunden hat, und das war nicht die jüdische Kultur, das war die griechische Kultur. Die hätte einbringen können und hat eingebracht, was das Thema der folgenden Ausführungen sein wird: Kosmopolitie. Wie kommt man heraus aus dem Daseinszwang, aus einem Zwangsdasein?

Die Römer also sind nun keineswegs an allem schuld. Aber die spätrömische Zeit hat ihre Selbstübersteigerungen bringen wollen und müssen und genau darum das Christentum integriert. Jacob Burckhardt ist, wie schon erwähnt, der Meinung, Konstantin habe sich nie zum christlichen Glauben bekehrt, das sei wo möglich instrumentell zur Reichsbehauptung und Selbstbehauptung und Erneuerung gemeint gewesen. Insofern also ist das Thema des Symposions falsch gestellt: »Von der Möglichkeit oder Unmöglichkeit, ein Christ zu sein.« Eine solche Formulierung unterstellt noch etwas, dem man sich m. E. nicht unterstellen muss. Sie unterstellt nämlich gewissermaßen die individuelle Applikation, ob der eine noch Christ sein kann und der andere nicht mehr, und das ist dann vor allem eine individuelle Angelegenheit: Dem einen ist es noch möglich, dem anderen ist es nicht möglich. Mir geht es stattdessen darum zu zeigen, dass es sich um die Möglichkeit und Unmöglichkeit des Christentums selbst handelt. Die steht zur Debatte, und nicht nur die Frage der Zugehörigkeit einzelner, die es gerade noch schaffen oder die es wollen, die es erfreut, und der Nichtzugehörigkeit jener, die sagen: Nein, nicht mehr mit mir.

Die Unmöglichkeit und Möglichkeit – sage ich jetzt genauer – des bisherigen europäischen Christentums, wie wir es kennen und wie wir es kennen lernen, ist nicht mehr unter der illusionären Beleuchtung zu sehen: »Es ist doch eigentlich alles ganz gut gewesen, am Rande gab es sicherlich das allzu-Menschliche...«, sondern wir haben heute eine Beleuchtung, die zeigt, dass das keineswegs nur eine Segensgeschichte, sondern eine Fluchgeschichte und Verfluchungsgeschichte mit vernichtend-verheerenden Folgen für ganz Europa war. Die Illusionsbeleuchtung ist eine große Inszenierung von Kirche und Staat über die Jahrhunderte hinweg gewesen, weil sonst das fromme Gemüt der Leute, aber auch die Kirchenleitung zu sehr erschüttert worden wäre. Deshalb war die Beleuchtungsregie des Bildes von Europa, wie wir ja gehört haben, einschließlich des Bildes der Kirche eben so angelegt, dass die Kirche im Wesentlichen doch als gut erschien, gewiss auch hier und da etwas allzu menschlich, was eben zum Menschlichen gehört. Dass dieses allzu Menschliche System und Methode hatte, dies einzugestehen war man nicht bereit, und dass dieses allzu Menschliche womöglich gar nicht nur Randphänomen, sondern das Wesen dieses Christentums betraf und aus ihm hervorging, zum Beispiel aus seiner Kreuzesverkündung, das wollte man und will man bis heute eher nicht wahrnehmen.

Ich wiederhole: Die Formulierung, ein Christ zu sein oder keiner zu sein, unterliegt selbst noch einem absolutistischen Spiel der Zuordnung hin zum Individuellen. Das »An-Sich« des Christentums, das historisch-geschichtlich geprägte Grundmuster und dessen – wie ich darzulegen versuchte – verhängnisvolle Wirkung bis heute, bleibt dabei untangiert. Diesem Grundmuster muss man sich nicht aussetzen, man muss sich dieses Grundspiel also nicht erst zu Eigen machen, um sich dann davon wieder abzusetzen suchen, was sehr viele tun, was aber nicht gelingen kann, weil bei solchem Vorgehen das Grundspiel als an sich geltend anerkennt wird und als Orientierungsgröße – sei es positiv oder negativ – erhalten bleibt. Auch durch die Ablehnung wird die Selbstbehauptung des Systems gefördert. Man affirmiert das, wogegen man ist. Auf das Grundspiel hereinzufallen, ist eben selbst dann noch und besonders dann noch möglich, wenn man sehr dagegen ist.

Nun wird es aber den Europäern schwer gemacht, nicht darauf hereinzufallen, also, auch im Dagegensein nicht darauf hereinzufallen. Warum? Erstens, weil es in Europa kein anderes Grundspiel gab, und zweitens, weil dieses Grundspiel absolute Macht hatte. Es hatte die absolute Macht der Ausschließung, der Exkommunikation, und das war nicht nur so eine Beurteilung, die im Übrigen existentiell belanglos war, sondern es bedeutete Entrechtung, es bedeutete Vertreibung, es bedeutete Entheimatung, es bedeutete An-den-Rand-Schieben in ein Nichts, in ähnlicher Weise, wie Sie es im Beispiel des Fluches wider Spinoza hören konnten. Es bedeutete nicht nur ein geistiges Wegschieben ins Nichts, sondern es wurde auch noch physisch vollstreckt. Insofern war das eine ungeheure Verbrechens- und Todesallmacht, die hier – im Namen des Heils selbstverständlich – vollstreckt worden ist. Angesichts dieser Allmacht, die sich über Jahrhunderte hinzog, kann man natürlich verstehen, dass die Menschen zitterten und zagten und überhaupt keinen Ort mehr finden konnten, kaum einen, wovon her sie irgendein Aufatmen erfahren und Rettung außerhalb erwarten konnten.

Sehen Sie, meine Damen und Herren, dieser Ort ist staatsgeschichtlich un-

ter großen Einsätzen und Kämpfen erst in unseren Zeiten hergestellt worden, erst wir haben nämlich die Chance, seit Jahrhunderten zum ersten Mal,
dass wir uns auf einen Staat verlassen können, der ein Rechtsstaat ist und
der als Rechts- und Verfassungsstaat es uns erlaubt, das zu sagen, was wir
wollen, und keine Inquisition kann kommen, uns verhaften und sagen: Das
geht nicht, hinab in die Grube! – Das war aber in früheren Jahrhunderten
in der Tat so. Erst in unserem Jahrhundert, ja in Deutschland erst nach
1945, ist zu Stande gekommen, dass wir diesen Ort des Heils und der Rettung haben. Diesen Ort außerhalb gibt es erst seit neuestem in Form einer
Rechtsstaatlichkeit, Verfassungsstaatlichkeit, in der Kirche eine Kraft unter
anderen, aber nicht mehr die dominante Macht ist, die sofort den Staat be-
auftragen könnte, hier eine Vollstreckung eines Urteils auszuüben.

Wir haben aber noch eine andere Schwierigkeit, hier eine Distanz aufbauen zu können, nämlich: Gibt es außerhalb dieses großen Grundspiels,
das doch alles beansprucht hat und alles Glück und alle Seligkeit und alle
Vollendung für sich artikuliert und ausgesprochen hat, gibt es da außerhalb dessen einen zureichenden Ort, wo man nicht einfach sozusagen im
nüchtern-alltäglichen-Reduzierten landet? Die neuzeitlichen Säkularisierungen zeigen nämlich meines Erachtens sehr deutlich, dass der Austritt aus
dem Grundspiel des Christentums mit großen Verlusten erkauft wurde. Die
Europäer haben die Säkularisierung, die die Neuzeit gebracht hat, meines
Erachtens teuerst bezahlt, viel zu teuer. Zum Beispiel mit dem Verlust des
Lebens, das nicht nur eingesperrt ist zwischen Geburt und Tod, wie es neuzeitliche Anschauung geworden ist: Da ist auf der einen Seite die Geburt,
und auf der anderen Seite ist der Tod, und das übrige ist Nichts. Das ist
der Preis, der bezahlt worden ist: Weil ja die andere Sicht durch das Groß-
grundspiel besetzt war – also das Kirchenstaatsgrundspiel –, meinte man,
nun muss man sich auf die Endlichkeit des Lebens beschränken, und die geht
von Geburt bis Tod – das ist alles. Das ist die allgemeine neuzeitliche Weltanschauung geworden. Das ist ein großer Verlust, der überhaupt nicht zu
rechtfertigen ist aus der Absetzung vom imperialen Grundspiel, das die Auskunft vom ewigen Leben bietet. Zwar bietet es auch, als imperiales Grundspiel, die Auskunft vom Tod, die Hölle, aber doch auch – amphibolisch – die
Auskunft vom ewigen Leben.

Die Menschen der Neuzeit haben ihre Säkularisierung meines Erachtens
bezahlt mit dem Verlust des Kosmos und dem Verlust der Natur, insbesondere und auch der Leibesnatur, weil sie zu einem Programm angesetzt haben, das Naturbeherrschung hieß und das Leib und Natur instrumentalisiert
hat, nicht aber zur Erscheinung oder gar zur Resurrektion geführt hat. Man
kann nicht sagen, dass die neuzeitlichen Programme der Naturbeherrschung
nicht ein großer Verlust wären, dessen man sich gerade darum nicht ge-

ständig war, weil man, so die frühen Naturwissenschaften, meinte: Wir wollen endlich heraus aus dem Monopol der Kirchenmetaphysik und der Staatsmetaphysik und uns nur an der Naturwissenschaft orientieren. Von diesem emanzipatorischen Impuls war die frühe Naturwissenschaft sehr bestimmt, merkte aber gar nicht, dass sie, wie viele solche Säkularisierungen, das Grundspiel der Macht im Sinne der Beherrschung fortgesetzt hat, nur mit anderen Titeln und Mitteln. Und insofern war das ein erheblicher Verlust oder ein Beibehalten des bisherigen verheerenden Grundspiels, wie ich meine. Denn die Neuzeit hat diese Säkularisierungen bezahlt mit dem Verlust des Wissens um »Seele«, »Natur« und »Kosmos«. Diese Kategorien waren in der Antike bis ins Mittelalter selbstverständliche Realitäten für die Menschen. Sie hat weiter bezahlt mit dem Verlust der Entschuldungsmöglichkeiten des Daseins, des verschuldeten Lebens, der Vergebungszusprüche, die ja die Religion, aber auch die Natur aussprechen und vollziehen, und haben sich eher auf so eine eiserne Lebens- und Überlebensstrategie festlegen lassen, die da heißt: Weiterleben ist alles – komme, was da wolle. Diese hartgesottene Lebenseinstellung ist meiner Meinung nach die Folge eines großen Verlusts, kennzeichnet aber die moderne Lebenseinstellung.

Nun gibt es noch andere Verluste, die ich nicht alle hier erwähnen muss. Sie sehen aus zwei Gründen, wie schwer es in jener Zeit war, überhaupt einen anderen als den imperialstaatskirchlichen Standort zu finden. Erstens wegen der Allmacht des Zugriffs der staatskirchlichen Inquisition, die ein Auslöschen in Ewigkeit, nicht nur in Zeitlichkeit, ausüben wollte. Das hätte noch nicht einmal ein Kaiser Nero gewagt. Insofern waren die Verfolgungen der Inquisitionschristen schlimmer als die kaiserlichen Christenverfolgungen, denn bei den letzteren wurden die Menschen »nur« umgebracht und man dachte dabei: Ob die jetzt in den Himmel kommen oder wohin auch sonst, das ist uns egal. Aber die Inquisitoren haben versucht, die Menschen in Ewigkeit umzubringen. Wenn ich als Christ an diese Ewigkeit glaube, ist das für mich der ewige Tod, den die Inquisition verabreicht und verordnet habt. Das ist sozusagen die religiöse Perversion par excellence. Das sind die schlimmsten Verbrechen – *corruptio optima* sagt der Römer.

Ich sagte also, wegen der Allmacht der Kirche war es schwer, einen Ort außerhalb zu finden. Dann ist klar, dass man in den Säkularisierungsprozessen zunächst vermied, das Kind mit dem Bade auszuschütten, sondern noch hoffte, durch die Rückbeziehung auf das Wesentliche den Kern zu retten. Diesen Ort außerhalb des staatskirchlichen Systems: Gibt es ihn überhaupt? Können wir ihn heute erfahren? Wir haben, meine ich, einen anderen, zweiten Ort, nämlich den eines freiheitlichen Verfassungs- und Rechtsstaates, der zum ersten Mal in der europäischen Geschichte erlaubt,

Dinge zu tun, ungeachtet, ob da Kirchen einverstanden sind oder nicht. Sie können inquisitorisch nicht zugreifen und das verhindern. Also, wir haben jetzt diesen staatlichen Ort, der sich entwickelt hat aus den Auseinandersetzungen mit diesem Staatskirchensystem, er ist ja nicht einfach vom Himmel gefallen. Diese Entwicklungsgeschichte aber muss ich jetzt hier nicht darstellen; sie hängt nicht nur mit der französischen Revolution zusammen, sondern mit vielem anderen mehr; sie ist aber auch sozusagen ein schöne Blüte des Christentums selbst, denn dieses setzt sich ja eigentlich ein für die Gerechtigkeit für alle. Es gehört zu den großen Leistungen des frühen Christentums, den sozusagen umfassendsten Sozialismus der europäischen Geschichte realisiert zu haben, so wie es der reale Sozialismus später nicht mehr geschafft hat. Man hat versucht, den Sklaven ihr Daseinsrecht zu geben. Man hat versucht, den einfachen Leuten ihr Daseinsrecht zu geben – also, das, was wir schon gehört haben. Das frühe Christentum war eine proletarische Bewegung gerade der kleinen Leute. Die Großen waren zunächst weniger ansprechbar, die hatten viel zu viel zu verlieren, als dass sie sich zum Christentum bekehrt hätten. Die, die nicht so viel zu verlieren hatten, die bekehrten sich gern und erfuhren hier eine neue Berechtigung ihres Lebens.

Indem wir nun heute einen institutionellen Ort haben, der außerhalb des alten Macht- und Allmachtspiels liegt, stellt sich die Frage: Haben wir denn auch einen geistigen Ort, der uns unabhängig und frei macht, nicht ein Leben lang sozusagen im Dagegen- oder im Dafürsein gegen das alteuropäische Grundspiel zu leben und stattdessen zu tun, was wir möchten und für richtig halten? Und da ist meine Antwort, die auch im Thema dieses Vortrags zum Ausdruck kommt: Ja, diesen geistigen Ort haben wir. Und meine These ist: Die Grundlage für diesen Ort haben wir immer gehabt in der europäischen Geschichte, denn die europäische Geschichte ist ja vor allem auch eine Fortführung nicht bloß der römischen bzw. spätrömischen Geschichte, sondern auch der griechischen Geschichte und griechischen Kultur. Insofern hat unsere europäische Kultur als einer bleibenden, verwandelnden, Renaissance auf Renaissance hervortreibenden Fortsetzung der griechischen Kultur diesen Ort uns ja immer auch geschenkt; und diesen Ort einer neuen Freiheit, wie sie sonst nicht formulierbar war – denken Sie an diesen wunderbaren Freiheitstext aus dem platonischen Phaidros – das finden Sie sonst nahezu nirgends in der Antike. Und so sage ich, die Kosmopolitie, die griechische Kosmopolitie, besonders wie sie bei Platon philosophisch artikuliert zur Vollendung kommt, ist ein wunderbarer Ort nicht nur institutioneller Art, sondern auch geistiger Art für eine neue, freiheitliche Daseinsbefindlichkeit, die damit auch eine ganz andere Freiheit realisiert als im Ancien-Régime-Grundspiel, die mit diesem sowohl in Beziehung treten kann, es aber auch lassen kann, nicht also sozusagen darum erst kämpfen muss, damit man überhaupt selbst existieren kann, sondern eine eigene große Freiheit demgegenüber hat, was wunderbar ist und sehr bedenkenswert.

Also, deshalb wäre nun also hier eine Plädoyer für die griechisch-antike Kosmopolitie, insbesondere die platonische, zu veranstalten. Ich muss mich der Zeit wegen kurz fassen.

Zunächst eine Kurzfassung eines Plädoyers für eine Kosmopolitie, die uns nie ganz fremd geworden ist in Europa, die wir auch für die Zukunft wiederbeleben können. Ich sehe da eine gute Zukunft für Europa, würde man eine solche Kosmopolitie realisieren können. Und wenn ich dann ein paar Grundzüge dieser Kosmopolitie dargestellt habe, möchte ich mich der Frage nach der Möglichkeit des Christseins zuwenden. Sie wissen jetzt, warum ich keine Neulegitimation des Christentums unternehme. Ich meine: Das Christentum ist unmöglich geworden, und das ist alles: *les jeus sont faits.* Man braucht es nicht mehr. Dann kann man immer noch die Frage stellen, ob das Christentum nun seiner Beerdigung entgegengeht – ungeachtet, in welchen Ghettoformen es überleben wird – oder ob es auch eine andere Kehrseite dieser Geschichte gibt, die ich eben »kosmopolitisches Christentum« nenne, und das wäre dann eines, das man gerne leben möchte.

Eine solche neue Idee und Konzeption des Christentums wäre allerdings erst von einer Kosmopolitie her zu erschließen und gewissermaßen als eine rudimentär vorhandene Kehrseite des Christentums zu entwickeln – eine Arbeit, die mit Blick auf die Denkangebote der Moderne wert scheint. Welche anderen Alternativen haben wir? Da haben wir eine soziologische Weltanschauung, dann haben wir eine psychologische Weltanschauung, dann haben wir gewisse politische Weltanschauungen, dann haben wir gewisse naturwissenschaftliche Weltanschauungen. Sie alle haben ihre speziellen Aufklärungs- und Beitragstätigkeiten geleistet, die wir nicht vermissen wollen. Aber sozusagen als Weltanschauungen finde ich sie nicht sehr geeignet für einen Dialog, wie wir ihn brauchen, wenn wir nicht zu viel verlieren wollen. Und da finde ich das Christentum, so gesehen, in aller Freiheit und Distanz betrachtet und nicht mehr sozusagen aus Furcht und Zittern, immerhin noch eine ergiebige »Weltanschauung«, bei der man einiges neu und wieder entdecken kann.

Meine Damen und Herren, die griechische Kosmopolitie geht nicht aus von einem Knechtsgott als Projekt knechtischen Zwangsdaseins, wie das sehr stark jüdische und auch christliche Betrachtungsweisen tun, sondern sie artikuliert ein Anfangswesen, eine wunderbare Art der Freiheit, kosmopolitischerweise artikuliert, was so in der jüdischen wie christlichen Geschichte nicht artikuliert wird. Dazu lese ich jetzt noch einmal die Stelle aus dem Platonischen Dialog Phaidros vor. Und das heißt so:

»Die Seele ist unsterblich. Und die Seele waltet auch über das Unbeseelte, denn das stets sich selbst Bewegende ist unsterblich. Was aber anderes bewegt und selbst von anderem bewegt wird und also einen Abschnitt und auch einen Anfang der Bewegung hat oder keinen, hat auch kein Ende der Bewegung. Nur also das sich selbst Bewegende, weil es sich selbst nie verlässt, wird auch nie aufhören, bewegt zu sein, sondern auch allem, was sonst bewegt wird, ist dieses Quelle und Anfang der Bewegung. Der Anfang aber ist unentstanden, denn aus dem Anfang muss alles Entstehende entstehen. Er selbst aber entsteht aus nichts. Denn wenn der Anfang aus etwas entstünde, so entstünde nichts mehr aus dem Anfang. Da er aber unentstanden ist, muss er notwendig unvergänglich sein. Denn wenn der Anfang unterginge, könnte weder er jemals aus etwas anderem, noch etwas anderes aus ihm entstehen, da ja alles aus dem Anfange entstehen soll. Demnach also ist die Bewegung Anfang des sich selbst Bewegenden. Dies aber kann weder untergehen noch entstehen oder der ganze Himmel und die gesamte Schöpfung müssten zusammenfallen, still stehen und hätten nichts, woher sie bewegt wiederum entstehen könnten. Nachdem sich das von sich selbst Bewegende als unsterblich gezeigt hat, so darf man sich auch nicht schämen, eben dieses für das Wesen und den Begriff der Seele zu halten, als der einzelnen wie der Weltseele.«[1]

Das, meine Damen und Herren, ist ein ganz anderer Anfang des Lebens und Daseins, und das ist dann später vergessen worden, denn der sich selbst Bewegende war dann später nur der Gott, man dachte nicht mehr an die Weltseele und daran teilnehmend auch die Einzelseele. Und damit war der Mensch, die Schöpfung – wie wir ja gehört haben – zum *factum* geworden. Nach dem römischen Symbolon ist Christus allein *genitum non factum* (gezeugt, nicht geschaffen); bei Platon heißt es sinngemäß: Nein, es ist der Mensch, der *genitum non factum* ist. Von hier aus entsteht eine ganz andere Würde des Menschen und der Welt, aus der Anfänglichkeit der Seele, weil Gott eben wirklich nicht ein *factum* gezeugt hat, sondern ein sich selbst Zeugen- und Gebärenkönnendes eigenständiges autarkes Leben. Diese Autarkie ist dann in der Folgezeit abhanden gekommen. Wir wissen natürlich, aus Herrschaftsgründen durfte nur einer souverän sein, der Gott, der Kaiser oder der Papst. Die anderen waren nicht souverän, sondern Untertanen. Und das sozusagen auch seelisch. Damit wurde der Mensch in einen Weltenkerker gesperrt, wie Platon sich ausdrückt, und musste den Weltenkerker für die Welt halten und hatte nur jene Gottheiten, die man vom Kerker aus erblicken kann, andere nicht. Zum Kerkerblick gehört der Tyrannengott, zum Kerkerblick gehört der ambivalente Gott – mal gut, mal schlecht –, zum Kerkerblick gehört der Gott, der schafft, aber fallen lassen kann, wie es ihm in seinem höheren Sinne beliebt, der die Schöpfung in der Hand hält, aber auch ins Nichts fallen lassen kann. Das ist nach Platon alles Kerkergott und Kerkerseele und Kerkerwelt – nichts anderes.

Und diese Verkerkerung war eben die Verknechtung und Versklavung, die man für die Normalität hielt. Dem standzuhalten ist natürlich schwierig: Wer will schon eingestehen, ein Knecht oder Sklave zu sein, wo wir doch alle Freie sein wollen. Wer wird schon eingestehen, im Kerker zu leben, wo wir doch alle die große offene Welt sehen. Bei Platon kann man nachlesen: Die Menschen leben in der Höhlenwelt, und sie haben eine dementsprechende Religiosität, und die kann man natürlich für das Normale halten.

Wenn man nun aus dem Gedanken der griechischen Kosmopolitie leben kann, geht Erfahrung der Natur und des Kosmos ganz anders auf; es geht ganz anders auf eine Natur- und Entwicklungsgeschichte, die sich nicht nur auf das Gegenständliche der Natur, auf die Pflanzennatur bezieht, sondern zum Beispiel weiß, dass das Wichtigste der Naturgeschichte die Menschwerdungsnaturgeschichte ist, denn der Mensch ist das höchstentwickelte Naturwesen, das wir kennen, und damit ist die Familienwerdungsgeschichte, die Geschlechterwerdungsgeschichte ganz wesentlich für die Naturgeschichte, wie die antike Kultur zeigt. Die großen Themen von Aischylos, Sophokles, Euripides sind Geschlechtergeschichten als Naturgeschichten. Diese Naturreligion ist eine Geschlechtergeschichte, in der allererst stattfinden kann, was griechisch sehr wichtig und christlich unter die Räder gekommen ist, nämlich die Ermannung des Mannes und die Erfrauung der Frau; und ebenso die Bildung von Familie aus der Ermannung des Mannes und der Erfrauung der Frau, was eine ganz andere Kindervoraussetzung und Elternvoraussetzung bedeutet. Und genau diese Zusammenhänge sind entscheidend.

Die Kulturwerdung Griechenlands ist ohne diese Prozesse undenkbar: die Ermannung des Mannes von der Gaia-Verfallenheit – Hesiod stellt das gut dar in seiner Theogonie – bis zum Olymp des Zeus. Das war eine große Entwicklung und Tat, so weit zu kommen, denn erst so gab es wirklich Väter und nicht nur Mütterabhängige, Mütterlinge.

Also, ich meine, die Naturwerdung ist die Vollendung der Menschwerdung, und in der Vollendung der Menschwerdung steht an die Mannwerdung, die Frauwerdung, Familienwerdung. Darum ist die Familie sehr wichtig, die kosmopolitische Familie, und ich denke, dass wir aus bestimmten Familien- und Identitätsproblemen der Geschlechterverhältnisse gar nicht herauskommen, wenn man nicht hier eine neue Sprache findet, zu der das Christentum aber nicht sehr viel beizutragen hat, weil das für das Christentums eher kein Problem und Thema ist. Es ist jedenfalls kein Problem für eine Christenheit, die das Geschlechtliche nicht ernst nimmt, sondern die das Geschlechtliche möglichst schnell verlassen will zu Gunsten des Geistes und des Höheren.

Diese kosmopolitische Entwicklung der Familiarität oder der Menschengattungsgeschichte ist eine große neue Freiheit, die wir meines Erachtens sehr nötig haben. Das sehen Sie auch in der griechischen Kultur. Die griechische Naturwerdung wird als Naturreligion bezeichnet, ist aber imperial-christlich diffamiert worden: Sie war eben nur eine heidnische Naturreligion, der man sich weit und haushoch überlegen fühlte. Diese »Naturreligion« ist gerade nicht keine Geschichtsreligion. Sie bringt über die Gattungs- und Familiengeschichte Polisgeschichte zum Austrag und ist insofern nicht nur krude Naturgeschichte, während die christliche Orthodoxie bis heute sagt: Wir sind Geschichts- und Offenbarungsreligion, sie kommt von Gott. Und die armen Heiden – auch die Griechen sind arme Heiden – haben nur ihre Naturreligion, keine Offenbarungsreligion. Das ist eine Nutzlüge deswegen, weil man überlegen sein wollte. Und die eigene Intrige wider diese Tatsache und die Erfahrung des Unterlegenen als Naturwesen und Naturerscheinung lässt man dabei außer acht. Also schimpft man auf die Heiden, um sich selbst besser zu dünken. Das ist seinerzeit ein genereller Ritus gewesen. Stellt man aber fest, dass die griechische Naturreligion eine Erscheinungsreligion ist, wie wir sie später gar nicht mehr haben – Erscheinung der Natur, Zur-Erscheinung-Kommen der Differenz in der Erscheinung: Eine Sicht, die später verloren geht und verhindert wird, gerade durch das Christentum, nicht erst durch die Naturwissenschaft –, dann wird Naturreligion auch zur Offenbarungsreligion und Offenbarungsreligion zur Polisreligion, und diese Polisreligion ist eine Geschichtsreligion. Und dann kommen wir auf jene Themen, die denen ähnlich sind, die sich griechisch symbolisieren und verdichten in Dionysos.

Dionysos ist ein Naturgott und trotzdem ein Geschichtsgott und ein Kunstgott und Kulturgott, und er hat dann jene Probleme, mit denen eben kosmopolitische Naturgeschichte zu tun hat: zum Beispiel dem Leiden, zum Beispiel dem Schmerz, zum Beispiel dem Sterben, zum Beispiel dem Zerrissenwerden, zum Beispiel dem Untergehen: Das alles kam vor im dionysischen Theater; das waren dionysische Theaterthemen und damit Gegenstand des Kults der Griechen, des religiösen Kults. *Theatron* als religiöser Kult, kosmopolitisch-religiöser Kult.

Sehen Sie, und nun – ich kann ja nur ganz kurz hier die Striche zeichnen – kann man den Versuch machen, von diesem Dionysos einen Blick zu werfen auf den christlichen Dionysos, den es ja auch gibt, nämlich den Christus; auch ihn kann man als Dionysos sehen. Gibt es nun etwas, wo man einen Übergang, einen Zusammenhang zwischen dem griechisch Dionysischen und einem möglichen christlichen Dionysischen herstellen könnte?

Wie Sie wissen, sagt Nietzsche: *aut Christus aut Dionysos*, entweder Dionysos, dann aber nicht Christus, das ist die Antifigur. Oder Christus, dann aber kein Dionysos. Da muss man wählen. Das ist die These Nietzsches. Es könnte aber möglich sein – das ist meine Vermutung, die ich hier einmal zur Überlegung anbieten möchte: *Et Dionysos et Christus*, sowohl Dionysos als auch Christus. Dazu müsste man allerdings auch klären, was ein christliches Dionysisches an Neuem bringen könnte.

Wenn man von da aus das Christentum betrachtet, könnte man entdecken, wie wundersam es ist. Denn das Christentum ist, genauer betrachtet, eine Religion des Leibes. Das ist schon fast vergessen; tatsächlich sind die großen Feste des Kirchenjahres alles Leibesfeste: Weihnachten – ein Leibesfest, Ostern – ein Leibesfest, selbst Karfreitag – ein Leibesfest, der sterbende Leib, der zerlittene Leib, der zerschundene Leib. Und Pfingsten ist auch ein Leibesfest, nämlich die Transformation des einfachen Leibes in einen Weltgeistleib, *pneuma* ist nicht leiblos und nicht unsinnlich. Da stürmt's, da ist Feuer, da ist Sprachbewegung, da ist *pneuma*. Pfingsten ist wiederum ein besonderes Leibesfest. Und wenn man nun diesen Christus als den Lobpreiser zu solcher kosmischer Leiblichkeit erfährt, dann kann man sagen – wie es ja auch apokalyptisch heißt: Es geht da auch um die neue Erde und den neuen Himmel, und zwar nicht erst im Jenseits, nach dem Tode des Einzelnen oder Menschheit, sondern der neue Himmel und die neue Erde ist auch das, was hier und jetzt angesagt ist, und was Zukunft sein darf. Dann kann man also sagen: Die christliche Verkündigung oder eine bestimmte Interpretation der christlichen Verkündigung sieht das als Jenseits an, was die griechische Kosmopolitie, unknechtisch, wie sie ist, nicht in einem Jenseits ansiedeln muss, die neue Erde und den neuen Himmel – sondern das ist ein Morgen, es ist ein Hier-schon-da, das ist nicht das absolute Jenseits, was das Neue bringen kann, sondern das gehört schon zu unseren Weltwandlungen und Weltwandlungsmöglichkeiten und -chancen dazu.

Von daher denke ich, dass es eine Ähnlichkeit zwischen beiden Vorstellungen gibt, die auch verdeutlichen könnte, was denn nun der Sinn des Kreuzes ist. Der Sinn des Kreuzes – von dem Unsinn des Kreuzes haben wir ja nun ausreichend gehört – der Sinn des Kreuzes könnte dann in der Akzeptanz des Todes und des Leides liegen, wie es Dionysos zeigt, der zerrissen wird, aber zugleich getragen vom Chor: Das ist die Akzeptanz des Leidens und zugleich die Offenbarung, dass das *kalon* (die Schönheit) des Lebens, die Herrlichkeit des Lebens, viel wahrer, innerlicher und wirklicher ist als alles, was da tödlich heißt. Und das ist die Erfahrung von Auferstehung. Solche Auferstehung gibt es dionysisch, solche Auferstehung feiern ja die Christen auch.

Wenn das zum Zuge käme und man verstünde, was das heißt, meine ich,

dass es da Ähnlichkeiten gibt, und von daher könnte man entdecken, dass
wir das Christentum noch gar nicht ausreichend kennen, weil wir es immer
nur in der falschen Form kennen gelernt haben, nämlich in einer imperialen
Staatsform. Wenn aber das einmal wegfällt, indem heute nichts mehr nötigt,
dass es sei, könnte es ja sein, dass wir ein anderes Christentum entdecken,
ein – wie ich jetzt das nenne – kosmopolitisches, und das würde völlig anders
sich darstellen können, in dem würden die Essentials sozusagen mal ganz
neu erscheinen, zur Erfahrung kommen können, und zwar auch und gerade
so, dass hier ein interkultureller Bezug sich eröffnet zwischen griechisch-
dionysischer und christlich-dionysischer Kosmopolitie und zwischen dieser
griechisch-christlich-dionysischen Kosmopolitie und dem Buddhistischen,
so dass man sagen muss, hier wird eine neue Ökumene von Weltkultur eröffnet, wo die identifizierende Benennung – das ist das und das ist jenes – nicht
mehr die Hauptsache ist. Die Identifikationskraft ist der Personalausweis,
aber nicht der Existenzausweis.

Ich meine, meine Damen und Herren, dass das Christentum das selbst auf
den Weg bringen wird und kann. Erstens dadurch (wenn ich Recht haben
sollte), dass diese Art des Christentums durch die Intrige seinen eigenen Untergang bereiten wird und muss. Das ist sein Schicksal, meine ich. Und zweitens, dass dieser Untergang die Chance böte zu einem neuen Aufgang eines
anderen Christentums. Das Christentum bekennt in allen seinen Denomi-
nationen und Kirchen den Untergang seiner selbst, wenn es nämlich in die
basileia thou theou eintritt – ganz simpel gesagt – dann hört Kirche auf.

Das bedeutet aber nun auch das Gericht. Das Gericht ist aber nun, meine
Damen und Herren, nicht eine äußere Sündenabputzung, sondern das Ge-
richt bezieht sich auf das Wesen des Christentums als eines verfälschenden
Falschwesens, und das wird offenbar, das ist sein Leib. Das wird auch sein
Gericht sein, das muss vollstreckt werden und das wird es selbst auch voll-
strecken.

Wenn dieses Gericht sich nun vollzieht, dann entbirgt sich ein anderes Wesen, und das ist schwer benennbar. Wir haben die Vorstellung, es müsse alles so weitergehen hienieden wie in anderen Welten, das ist nicht richtig, da
gibt es durchaus Wesensverwandlungen, und die eigentlichen Frevel liegen in
der Wesensverfälschung und nicht in irgendwelchen Erscheinungsdepravie-
rungen. Und so gesehen kann man sagen: Ja, das Christentum ist sozusagen
zu einem Wesen unterwegs, was es selber noch gar nicht kennt – wir auch
nicht – aber vielleicht können wir es schon doch ein bisschen kennen lernen,
wenn wir auf andere Kulturen schauen, die diese Einteilung von »hienieden
und nicht-hienieden« nicht so kennen, die von unserem europäischen Ungeist stammt, der immer nur Identitäten und Kontinuitäten feststellt, aber
keine Identitätsverwandlungen, keine Wesensverwandlungen, sondern eine

Zwangswesentlichkeit exekutiert und einen Wesenszwang erzeugt, der dann mit dem Zwangsdasein zusammenhängt.

Das Zwangsdasein produziert Zwangswesen und Wesenszwänge, die die Grundstruktur der Orthodoxie kennzeichnen. Das Judentum und das Christentum sind sich – im Gegensatz zu anderen Religionen – in bestimmter Wesenszwänglichkeit sehr ähnlich und kommen da auch nicht so leicht heraus. Es gibt aber die Möglichkeit, da herauszukommen – und das, meine ich, gab es auch im Judentum schon in bestimmten Offenbarungserfahrungen, die herausführten aus bestimmter Verwesentlichung und Zwangswesentlichkeit. Das sind die großen Ereignisse, die es schon in der Geschichte des Judentums und, so meine ich, auch in der Geschichte des Christentums schon gab. Es sind solche Erfahrungen, zu denen die österliche Erfahrung gehört. Die ist aber nicht nur für ein Jenseits gedacht, sondern auch für ein Kulturdiesseits und eine Zukunft in dieser Welt.

Das sind einige Grundlinien, die ich hier einmal aufzeigen wollte, und das hat ein bisschen länger gedauert, verzeihen Sie deswegen. Ich hatte keine leichte Aufgabe, nachdem wir hier schon festgestellt hatten, dass es sehr schwer möglich ist, heute noch ein Christ zu sein, und ich selbst diese Feststellung auch noch auf die Spitze getrieben habe mit der These, dass das Christentum in sich reichlich unmöglich sei. Es war eine schwierige Aufgabe, anschließend die Gegenthese zu vertreten, es gäbe doch so etwas wie ein kosmopolitisches Christentum, das Zukunft hätte und in Zukunft noch werden könnte. Das war nicht leicht zu entwickeln. Ich schließe hiermit diesen Beitrag und ich danke Ihnen.

(25. 02. 1996)

[1] Platon, Phaidros, 245bc.
[2] siehe nachfolgender Vortrag

Kann man redlicherweise noch Christ sein?

Konstitutive Inhumanität biblisch-christlicher Überlieferung?

Franz Buggle

Das Rahmenthema, dem wir uns an diesem Wochenende zuwenden, heißt – und es liegt mir so sehr nahe –: »Von der Unmöglichkeit oder Möglichkeit, ein Christ zu sein«. Tagungen mit einer solchen Thematik, so weit sie überhaupt stattfinden, pflegen meistens so abzulaufen, dass der Tagungsleiter gleich in der Einleitung oder spätestens der erste Referent die Frage umformuliert, und zwar im Sinne einer Verharmlosung: Er betont dann meistens, dass es natürlich nicht darum geht, o b man überhaupt noch Christ sein kann, sondern lediglich, w i e man Christ sein kann oder besser, wie man nicht Christ sein kann; also zum Beispiel natürlich nicht »amtskirchlich« und auch schon gar nicht »fundamentalistisch«, sondern »progressiv« oder »basiskirchlich« oder »ökumenisch«. Am Schluss geht dann jeder zufrieden nach Hause, weil er auf der einen Seite seinen Frust und seine Kritik an der »Amtskirche«, wie sie so genannt wird, losgeworden ist, und auf der anderen Seite ihn aber auch niemand unzumutbarerweise dazu gedrängt hat, sich entscheiden zu müssen, ob er überhaupt Christ bleiben will oder nicht.

Ich habe mich, Sie werden das nachvollziehen, gefreut, dass offensichtlich auf dieser Tagung das nicht so ablaufen soll und wird. Das zeigt sich schon darin, dass ich als Fundamentalkritiker eingeladen wurde; und aus den beiden Vorträgen von Herrn Simons entnehme ich auch, dass es hier nicht so harmlos zugehen soll, dass wir also nur über »Jungfrauengeburt« oder den »bösen Papst« und die »halbbösen Bischöfe« diskutieren, aber im Übrigen sagen, es wäre eigentlich eine ganz tolle Sache mit dem Christentum, wenn nur die nicht so böse wären. Das ist die alte Prämisse, die auch in den Medien noch weitestgehend die gegenwärtige Religions- und Kirchenkritik bestimmt: Kirche nein oder Kirche schlecht, Bibel oder biblischer Gott gut.

Gegen diese Prämisse habe ich in meinem Buch[1] massiv verstoßen, und das u.a. hatte sehr starke Reaktionen zur Folge und bedeutete natürlich eine sehr starke Provokation für viele Leser. Ich habe ja zur vorletzten Weihnachtsausgabe des *Spiegel*, die genau unter diesem Thema »Kirche schlecht, Bibel, biblischer Gott gut« stand, einen sehr provokativen Leserbrief geschrieben (der sogar veröffentlicht wurde; das ist ja nicht selbstverständlich nach meinen bisherigen Erfahrungen – nun liegt Hamburg ein bisschen weiter weg von den Zentren der Orthodoxie), der in seinen Kernsätzen lautete:

> »›(Biblischer) Gott ja, Kirche nein?‹ Aber liebe ›progressive Illusionisten‹, der biblische Gott ist aufs Ganze gesehen ja eher noch schlimmer als die Kirche, sein ethisches und humanitäres Niveau bleibt hinter dem der allermeisten heutigen Kirchenleute weit zurück. In zahlreichen Diskussionen, auch mit hochkarätigen Theologen, über mein Buch, in dem ich dies neben anderen fundamentalen Einwänden gegen biblisch-christliche Religiosität gründlichst aufgezeigt habe, konnte dieser Sachverhalt von niemandem ernsthaft bestritten werden.«

Am Erscheinungstag der betreffenden *Spiegel*-Ausgabe vor neun Uhr hatte ich den ersten Anruf, bevor ich überhaupt wusste, dass der Brief abgedruckt war. Die starke Reaktion ist verständlich; denn es wurde in diesem Leserbrief das brisante Thema angesprochen, das auch im Zentrum unserer Diskussion stehen dürfte. Es wird darum gehen: Ist Christentum etwas, das im Kern eine sehr gute Sache ist, die aber, sei es durch römische Machtstrukturen, durch Amalgierung mit dem Hellenismus und die anderen Amalgierungsprozesse – die Kirchengeschichte ist ja eine Folge von solchen Vermischungen und Aufnahmen von Seiten des Christentums in die ursprüngliche Lehre – verfälscht ist? Wenn wir nur diese Verfälschungen rückgängig machen, dann können wir da wieder neu anfangen, das heißt, wir können im Grunde weiter Christ sein. Oder ist es so – das ist ja meine provokative These –, dass im Kern dieser christlichen Lehre selbst solche problematischen Inhalte impliziert sind, dass das Ganze nicht mehr zu retten ist, weil schon im Kern der wesentlichen Aussagen des Christentums zu vieles an heute nicht mehr akzeptierbarem Inhumanen enthalten ist?

Ich glaube, es ist wichtig, dass diese radikale, diese fundamentalkritische Frage diskutiert und gestellt wird. Denn es ist ja evident, dass, wenn ich verneinen muss, dass auch der Kern des Christentums noch zu retten ist, ich mir eigentlich diese ganzen Folgediskussionen ersparen kann – ob also etwa der Papst ein guter Mann ist oder nicht; ob Frauen Priester werden sollen; ob wir an die Jungfrauengeburt biologisch oder metaphysisch oder gar nicht glauben sollen. Das erübrigt sich dann. Ich glaube, das ist logisch eindeutig. Und das ist auch das, was mich bei der momentanen Diskussion so wenig befriedigt, dass ja oft das Pferd vom Schwanz aufgezäumt wird, das heißt, dass man viel zu stark und viel zu ausschließlich Folge- und Nebenaspekte diskutiert, ohne die Fundamentaldiskussion ausreichend zu führen. Und genau das wollte ich mit meinem Buch in Gang setzen, und genau das hat ungeheuer provoziert; denn logisch ist es zwar unsinnig, so vorzugehen, wie der ganz große Teil der heutigen Kirchen- und Religionskritiker vorgeht – vor allem in den Medien; aber es ist psychologisch – ich bin ja Psychologe – völlig einsichtig, weil es dem Wunschdenken massiv entgegenkommt. Und hier ist natürlich jeder von uns gefragt, was er will: Wollen wir Diskussionen im Dienste des Wunschdenkens führen – das heißt, wollen wir uns im Grunde nicht vom Christentum verabschieden, weil wir dieses Christentum lieben, weil wir es wollen, weil wir unsere Identität mit ihm aufgebaut haben –, oder stellen wir uns vorbehaltlos dieser Diskussion? Und da bin ich als Psychologe nicht so naiv zu meinen, dass die rein logische, die Sach-Argumentation die Inhalte und die Art, wie diskutiert wird, bestimmt.

Wenn ich also hier die Frage nach dem Christentum radikal-fundamental angehe, so frage ich zum Beispiel: Sind die Aussagen, die die Kirche uns heute in Bibel und Offenbarung vorlegt – also nicht die abgeleiteten Lehren, nicht das Kirchenrecht, nicht die institutionalisierte Hierarchie, sondern wirklich das zu Grunde liegende Wort Gottes, die Bibel, das Alte, das Neue Testament –, sind diese noch als Basis heute verantwortbarer Religiosität und Ethik akzeptierbar? Oder drängt sich nicht zunehmend die Einsicht auf, dass in den Aussagen der Bibel und auch der durch sie konstituierten biblisch-christlichen Religiosität Projektionen von Menschen vorliegen, die vor zwei- bis dreitausend Jahren gelebt haben und die mit den entsprechenden doch sehr deutlichen Wissensdefiziten, Wissenslücken, aber auch massivsten ethischen und moralischen Defiziten behaftet waren? Ist es nicht eigentlich doch ganz offensichtlich so, dass diese Menschen damals eben ihre eigene Befindlichkeit – samt ihrer eben genannten Defizite und samt ihrer Vorzüge – in ihren Gott und ihre Götter projiziert haben? Und ist es heute eigentlich noch sinnvoll, intellektuell verantwortbar, dass wir diese alten Projektionen dieser in Bezug auf ihr Wissen, ihre Ethik, ihren humanitären Standard sehr unvollkommenen Menschen heute sozusagen aus dem Himmel zurückholen und als »Wort Gottes«, als letzte Instanz unserer Religiosität und Ethik reflektieren? Ich stelle bewusst die Frage: Warum tun wir das?

Ist das nicht zumindest zum Teil deshalb so, weil uns – jetzt kommt wieder der Psychologe ins Spiel – in früher, intellektuell weitgehend wehrloser Kindheit solche Auffassungen indoktriniert wurden, so dass wir vielleicht deshalb nicht davon loskommen? Immer wieder erlebe ich, dass mir Menschen in Diskussionen sagen: »Eigentlich haben Sie recht, mit meinem Verstand sehe ich das auch so, aber ich schaffe es dennoch nicht, bekomme ungeheure Ängste, wenn ich die entsprechenden Schritte, die Konsequenz aus den Dingen, die Sie hier sagen, vollziehe.« Andererseits, das müssen wir uns klarmachen, entspricht es natürlich unserem Wunschdenken, dass es z.B. – es wäre ja auch schön – einen Gott im Himmel gäbe, der uns unendlich liebt und der sich um uns kümmert und dem wir wichtig sind. Wer wollte bestreiten, dass eine solche Vorstellung – wenn wir diesen Teil jetzt einmal für sich betrachten; es gibt ja dann auch die andere, Angst machende Seite, wir werden darauf noch zu sprechen kommen – unser Wunschdenken massiv anspricht und befriedigt. Auch das sollten wir uns doch selbstkritisch immer wieder bewusst machen.

Und es sind eben nicht nur die Probleme mit der biblischen Botschaft – es gibt ja kein Christentum ohne Bibel –, die für mich die Sache des Christentums auch in ihrem Kern und ihrem Wesen, ihrem Fundament, problematisch machen, sondern es gibt für mich natürlich noch eine Reihe von anderen sehr harten Argumenten gegen die Möglichkeit des Christseins, die ich heute nur am Rande streifen kann.

Wir haben uns hier bereits mit dem Problem der Illusion befasst (vgl. den Beitrag von E. Simons), und da taucht natürlich am Horizont dieser »Fels des Atheismus«, das Theodizee-Problem auf: Wie kann man an einen unendlich liebevollen und gleichzeitig allmächtigen Gott glauben, ohne von dem üblichen Wunschdenken, von Illusionen geleitet zu sein, wenn man mit einem offenen, unverstellten Blick die Welt betrachtet, wie sie wirklich ist, und zwar schon die vorhumane Welt, also bevor der homo sapiens in die Weltgeschichte trat – der ja dann, wie es einer bestimmten traditionellen theologischen Erklärung entspricht, die Welt durch seine Sünde verdorben hat? Lange bevor der Mensch in der Evolution auftaucht, geht es ja schon furchtbar zu in der Natur. Denken Sie an dieses weithin vorherrschende, keineswegs denknotwendige Prinzip des Fressens und Gefressenwerdens: Irgendwann gab es offensichtlich eine Zeit in der Evolution, zu der dieses fürchterliche Prinzip entdeckt wurde und sich in der Folge zu einem großen Teil durchsetzte. Kurz: Wenn Sie sich schon in der vorhumanen Lebenssphäre umsehen, dann geht es doch überhaupt nicht so zu, als ob hier ein allgütiger, »jedes seiner Geschöpfe liebender Gott« existierte, der auch noch allmächtig ist, der also nicht nur liebt und gütig sein kann, sondern auch noch die Macht hat, die Konsequenzen daraus zu realisieren. Die Herausforderung durch diese Betrachtung potenziert sich natürlich noch, wenn man in die humane Welt sieht, mit ihrem unsäglichen Leid, mit ihren Grausamkeiten, mit ihren Erniedrigungen, Absurditäten, Gemeinheiten. Denken Sie an das schreckliche Wort von Hegel von der Geschichte als einer »Schlachtbank«. Dabei handelt es sich keineswegs nur um Leiden, das durch Menschen verschuldet ist. Das ist ja immer der erste Einwand, dass man sagt: »Das sind aber die bösen Menschen«. Ich hatte gerade vor kurzem – um nur eines von unzähligen Beispielen zu erwähnen – in meiner psychotherapeutischen Praxis Kontakt mit einem Elternpaar, das zwei Kinder hat, zwei Jungen. Der ältere hat eine ganz seltene Krankheit, eine Lähmung, die von den Füßen her ganz allmählich nach oben fortschreitet, und die Eltern und auch dieser Junge, der ja schon so bewusst ist mit seinen elf Jahren, können sich ungefähr ausrechnen, wann es so weit ist, dass er erstickt. Was sage ich solchen Eltern? Wie kann man da angesichts einer solchen Situation – und einer Unzahl weiterer Beispiele, die hier zu nennen wären – an einen sowohl allmächtigen als auch allgütigen, ja, die unendliche Liebe selbst verkörpernden Gott glauben? Wir können diese Thematik heute nicht vertiefen – wer dies möchte, den kann ich auf ein ausgezeichnetes Buch von Gerhard Streminger aus Graz verweisen: *Gottes Güte und die Übel der Welt*² – ein außerordentlich gründliches, klar geschriebenes Buch.

Ich hoffe, es wird allmählich deutlich, was »Fundamentalkritik« heißt; und ich hoffe, es wird auch klar, dass ich mir die Diskussionen um die Institutionalisierung, um die Missstände, die Verkrustung der Kirche und um andere sekundäre Fragen, die in den Medien bis zum Ermüden immer und immer wieder diskutiert werden, ersparen kann, solange ich solche fundamentalen Fragen nicht beantwortet habe. Man sollte sich vielleicht auch einmal fragen, warum diese Diskussionen, etwa zwischen »Progressiven« und »Konservativen«, auf der Stelle treten? Ist das vielleicht ein »Stellvertreterkrieg«, weil man nicht den Mut hat, die eigentlichen Fragen anzugehen?

Ich werde heute also – so weit dies in der kurzen Zeit möglich ist – Fundamentalkritik treiben und im Sinne der Rahmenthematik der Tagung die Frage stellen: »Ist Christentum rettbar und heilbar oder nicht?«

Meine Fundamentalkritik setzt zunächst an den Bibeltexten an. Dazu möchte ich eine Vorbemerkung machen: Ich vertrete sehr provokative Thesen, die keineswegs beliebt sind, da sie ja dem Wunschdenken widersprechen, und die nichts Erbauliches beinhalten, so dass man zum Schluss weggehen und sagen kann: »Ach, wie wunderbar ist doch alles, und wie schön, wie trostreich hat er geredet!« Als Fundamentalkritiker ist man da in einer etwas schwierigen Situation, weil man diese Erwartungen natürlich nicht erfüllen kann. Das heißt aber: Wenn ich provokative Thesen vortrage, dann bin ich umso mehr gefordert, diese möglichst gut durch Argumente zu begründen. Das kann natürlich nicht in einer Stunde geschehen – dieser Anspruch wäre geradezu lächerlich. Deswegen muss ich Sie auf mein Buch: *Denn sie wissen nicht, was sie glauben ...*³ verweisen. Hier kann ich nur versuchen, einige provozierende Denkanstöße zu geben, ein paar Steine ins Wasser zu werfen, damit sich etwas zu bewegen beginnt und die Möglichkeit wahrgenommen wird, gegen eine Auffassung anzugehen, die zweitausend Jahre weitgehend als selbstverständlich galt: dass nämlich die (biblische) Basis des Christentums gut ist und nur die geschichtliche, die historische Realisierung teilweise schlecht war.

Ich zitiere einige Passagen, zuerst aus dem Alten, dann aus dem Neuen Testament. Ich führe natürlich in erster Linie sehr kritische Stellen an, die »positiven Stellen« kennen Sie ja, weil diese, hoch selektiv, immer und immer wieder vermittelt werden. Ich sage natürlich nicht, dass es nur negative Stellen in der Bibel gibt, es gibt diese sehr positive Stellen, es wäre einfältig, dies zu leugnen. Schwarz-weiß-Phänomene gibt es nur für Fanatiker, und ich denke, dass ich das nicht bin. Das ergibt sich schon aus meiner These, dass für mich die Inhalte der Bibeltexte Projektionen von Menschen sind, die vor zwei- bis dreitausend Jahren gelebt haben, und diese Menschen waren nicht nur schlecht oder ethisch defizitär, sondern hatten auch sehr positive Seiten, und so ist völlig klar, dass auch diese sich niederschlugen. Nur genügt das nicht.

Von einem »Wort Gottes« als einer Basis heutiger Religiosität und Ethik erwarte ich, dass es, neben solchen positiven Stellen, nicht eine so ungeheuer große Zahl von gravierend archaisch-inhumanen Stellen aufweist, die in der Menschheitsgeschichte bis heute immer wieder als Rechtfertigungsgrund fürchterlicher Verbrechen oder sogar als deren Wurzel – das lässt sich historisch schwer differenzieren – herangezogen wurden bzw. fungierten. Denken Sie etwa, um nur ein Beispiel zu nennen – ich werde später noch andere anführen – an die biblische Vorschrift: »Eine Hexe sollst Du nicht am Leben lassen«[4]. Diese Stelle wurde von Papst Innozenz VIII. in seiner Bulle: *Summis desiderantes affectibus* (1484) zur Begründung seines Aufrufs zur Hexenverfolgung herangezogen; und ebenso beriefen sich die Dominikaner Institoris und Sprenger in ihrem berüchtigten *Hexenhammer* auf sie.

Sie verstehen, worum es mir hier geht: Ich erwarte von einer Heiligen Schrift, dass sie neben positiven Stellen nicht auch eine Fülle von Aussagen und Aufforderungen enthält, die, wenn man nur will, verwendet werden können, um fürchterlichste Exzesse zu rechtfertigen. Jahrhundertelang wurden mit biblischer Rechtfertigung Frauen verbrannt, z.T. vor den Augen ihrer Kinder. Man muss sich das einfach immer wieder klarmachen. Oder denken Sie an die zahlreichen Genozidbefehle von Seiten des biblischen Gottes. Da schickt Gott im Buch *Jesaia* – das bei uns immer noch assoziiert ist mit Advent und Adventskerzen usw. – s e i n e »heiligen Krieger«, s e i n e »hochgemuten, jauchzenden Helden«, um Kinder vor den Augen ihrer Eltern zu »zerschmettern«[5]. Da sollten Sie Ihre Fantasie einmal in Bewegung setzen und sich ganz konkret veranschaulichen, was das heißt. Wenn Sie selbst Kinder oder Enkel haben, so stellen Sie sich einmal vor, das würde Ihnen und Ihren Kindern oder Enkeln geschehen, und zwar von Gott selbst befohlen.

Wir sind damit bei der ersten Thematik: Gewalttätigkeit, Düsternis des biblischen Gottes, und ich führe exemplarisch zwei Bereiche dafür an. Das eine ist der Bereich des Krieges – für uns heute, für eine heutige Ethik ganz wichtig. Wie stellen wir uns zum Krieg, wie stellt sich die Basisschrift unserer Religiosität und Ethik zum Krieg? Schon in den Fünf Büchern Mose, dem Pentateuch, der Thora, dem Kernstück des Alten Testaments, wird immer wieder der Genozid befohlen, es wird immer wieder von Gott der Krieg befohlen, und zwar der Angriffskrieg (Sie finden in meinem Buch keine einzige Stelle angeführt, bei der es um einen Verteidigungskrieg geht), der Vernichtungskrieg, immer wieder begleitet von der Aufforderung: »Du sollst in Dir kein Mitleid aufkommen lassen!«. Ich will und kann die zahlreichen einschlägigen Stellen jetzt nicht vorlesen, Sie können Sie alle in einer Auswahl in meinem Buch, aber auch sämtlich in der Bibel selbst lesen. Ich bin ja in der vorzüglichen Lage, dass ich auffordern kann, die Bibel selbst zu lesen. Lesen Sie sie, glauben Sie mir nicht einfach, sondern prüfen Sie alles selbst. Sie werden dann selbst sehen, um auch diesen Einwand gleich anzusprechen, dass es sich nicht so verhält, dass ich mit Bosheit ein paar ganz wenige Stellen aus der Bibel herausgezogen hätte, um die Christen zu ärgern, sondern es findet sich dort eine Fülle solcher Stellen. Mehr als tausend Stellen, die gezählt wurden – die Zahl stammt von Raymond Schwager, Professor für Theologie an der Universität Innsbruck –, handeln davon, dass Gott Gewalt initiiert, sie androht, ausdrücklich bejaht und auch ausübt oder ausüben lässt. Ein Beispiel:

> »Doch der Herr, dein Gott, wird diese Völker dir nur nach und nach aus dem Weg räumen. Du kannst sie nicht rasch ausmerzen, weil sonst die wilden Tiere überhand nehmen und dir schaden.«[6]

Diese und andere Stellen erinnern mich an die Himmlersche These von den slawischen Untermenschen in der nach dem Endsieg zu germanisierenden Sowjetunion, die man noch eine Weile leben lassen müsse, weil sonst das Land veröde. Ich weise hier bewusst auf Parallelen, weil es mir einfach unerklärlich ist, wie man das so hinnimmt und akzeptiert, warum sich da niemand empört.

Eine andere Gruppe von Sätzen mit gewalttätigen Inhalten im Alten Testament betrifft die ausgeprägte Lust am Töten und auch Kriegführen dieses biblischen Gottes, der z.B. von sich sagt:

> »Meine Pfeile mache ich trunken von Blut, während mein Schwert sich ins Fleisch frisst – trunken von Blut Erschlagener und Gefangener.«[7]

Man liest auch immer wieder, dass Gott den Kampfgeist der potentiellen Gegner anstachelt, damit es zu keinen friedlichen Lösungen, sondern zum

Kampf und letztlich zur Ausrottung des Gegners komme. Entsprechende Stellen finden sich auch in den Psalmen, die doch recht bekannt sind und sich großer Beliebtheit als »Klassiker« erfreuen (wobei man sich fragen muss, ob der bekannte Klassikereffekt auch hier auftritt: dass die Leute Klassiker »lieben«, aber die wenigsten sie lesen). So hält zum Beispiel im Psalm 106 Gott den Israeliten ihre Sünden vor, wobei eine ganz wesentliche Sünde offenbar darin besteht: »Sie rotteten die Völker nicht aus, wie es der Herr ihnen befohlen hat.« Ich habe Ihnen oben die »heiligen Krieger« des biblischen Gottes, seine »hochgemuten, jauchzenden Helden«, die »Kinder vor den Augen ihrer Eltern zerschmettern« als vergleichbares Beispiel vorgeführt. Ähnlich heißt es in einem anderen Psalm: »Wohl dem, der Deine Kinder packt und sie am Felsen zerschmettert.«[8]

Diese Beispiele zeichnen die Vorstellung eines Gottes, der nicht nur der sanfte und liebe, sondern der auch ein sehr düsterer und bedrohlicher Gott ist. Viele Menschen leiden unter ihm. Das kann man immer wieder gerade auch in Therapien erfahren. Es kann z.B. passieren, dass Leute kommen, die nach 30 Jahren meinen, in ihrer Kindheit hätten sie unwürdig gebeichtet, und massiv unter entsprechenden Strafängsten leiden.

Dieses düstere Bild Gottes, das nicht nur bei älteren Menschen sehr verbreitet ist, speist sich noch aus einem weiteren gewalttätigen Zug des biblischen Gottes: seiner exzessiven Strafwut. Dieser biblische Gott ist ein Gott, der geradezu mit Lust straft, »der seine Freude daran haben wird, euch auszutilgen und euch zu vernichten«[9], und der darüber hinaus aber auch in einer extrem sadistischen Weise bestraft. Von den zahllosen fürchterlichen göttlichen Strafen, die in den Texten geschildert werden, erwähne ich nur die eine, dass Eltern das Fleisch ihrer Kinder essen müssen: »Ihr esst das Fleisch Eurer Söhne und Töchter.«[10] Man sollte sich auch dies einmal ganz konkret vorstellen. Damit droht nicht ein böser Tyrann, sondern das ist eine Strafe, die Gott androht als eine von vielen. Nicht minder provokativ im Hinblick auf einen heute zu fordernden ethischen und humanitären Mindeststandard ist aber auch – neben der genannten Strafe selbst –, w a s hier bestraft wird. Besonders exzessiv und grausam wird etwa bestraft, wenn man sich einem anderen Gott, einem anderen Kult zuwendet. Auch hier – da kommt jetzt wieder der Vorgang der Projektion ins Spiel – muss man doch fragen: Ist das nicht doch ein sehr zurückgebliebener Gott? Da befiehlt Gott, Anführer des Volkes, die ebenfalls an fremden Kulturen teilgenommen haben, für ihn, also für Gott, »auf Pfähle im Angesicht der Sonne zu spießen« usw.

Ein anderes furchtbares Beispiel sind die ebenfalls vom biblischen Gott angeforderten Steinigungen von Frauen. Ich führe diese auch deswegen an, weil ich gerade das Buch von Freidoune Sahebjam: *Die gesteinigte Frau*[11], gelesen habe, ein wichtiges Buch, aber auch ein Buch, nach dessen Lektüre man ziemlich erschlagen ist. Es schildert in aller Konkretheit, wie im fundamentalistisch-islamischen Iran eine Frau, deren Mann sie offensichtlich loswerden wollte und sie darum des Ehebruchs verklagte, von den Männern ihres Heimatortes gesteinigt wird. Auch diese Strafe finden Sie in der Bibel. Es muss dort gar kein Ehebruch sein; es genügt schon, wenn ein Mann den Verdacht hat, dass seine Frau nicht jungfräulich in die Ehe gegangen ist, und die Frau diesen Vorwurf – sie hat die Beweispflicht, wohlgemerkt – nicht widerlegen kann; dann soll sie vor dem Haus ihres Vaters von den Männern der Stadt gesteinigt werden. »Du sollst das Böse aus deiner Mitte wegschaffen«, befiehlt dieser Gott immer wieder[12]. Ich meine, auch das muss man sich einmal vorstellen, was eine Steinigung bedeutet. Lesen Sie das Buch! Ich jedenfalls habe mir bei meiner Bibellektüre angewöhnt, meine Fantasie in Gang zu setzen und mir die geschilderten Vorgänge möglichst konkret vorzustellen, und ich möchte Ihnen dies auch nahe legen.

Ich gehe jetzt weiter zum Neuen Testament und möchte zunächst zwei allgemein verbreitete Vorurteile zum neuen Testament ansprechen. Zunächst also ein erster Punkt. Immer noch ist ja die Meinung verbreitet – allerdings inzwischen weniger unter Theologen als unter »Laien« –, die sich in der Formel ausdrückt: »Ja, das Alte Testament, das unvollkommene bis böse Alte Testament, aber das gute Neue …!« Die meisten Theologen lehnen, wie gesagt, eine solche kontrastierende Sichtweise mittlerweile ab. Viele Juden ärgern sich mit Recht darüber, wenn die Christen etwa sagen: »Ihr seid die Unvollkommenen, Ihr habt die unvollkommene Schrift, wir aber haben die vollkommene« – eine Äußerung, die im Übrigen auch insofern unsinnig ist, als ja beide Kirchen das Alte Testament ebenfalls als Wort Gottes ansehen, und es ist eigentlich doch fast schon blasphemisch anzunehmen, Gott hätte erst eine Art Lehrzeit gebraucht, um über diese schrecklichen Inhumanismen des Alten Testaments hinauszukommen und sich allmählich dann im Neuen Testament etwas humaner zu äußern. Ich meine, das ist so absurd, dass man es eigentlich gar nicht diskutieren kann.

Als zweiten Punkt möchte ich ansprechen und dann in Bezug auf zwei Themenbereiche näher ausführen, dass, entgegen den Klischees – und da liegt natürlich ein ganz großes Tabu, das ich anrühre – auch das Neue Testament ja gar nicht so unproblematisch und gewaltfrei ist. Da gibt es sehr schöne Stellen, das sage ich an dieser Stelle auch wieder, wie im Alten Testament auch, aber es gibt auch im Neuen Testament neben solchen schönen Stellen auch eine Fülle von außerordentlich problematischen Stellen. Sie sind so gravierend problematisch, dass ich für mich zur Entscheidung gekommen bin, auch das Neue Testament nicht mehr als Wort Gottes zu akzeptieren.

Im Anschluss an das soeben behandelte Thema der Strafen im Alten Testament exponiert sich im Neuen Testament die Höllenlehre als ein erster Bereich exzessiv-strafender Gewalttätigkeit. An zahlreichen Stellen des Neuen Testaments spricht Jesus – nicht irgendjemand also – von der Hölle und droht mit ihr, dem »ewigen Feuer«. Aber ist nicht eine Strafe, die nie endet, das Unbarmherzigste und das Schlimmste, was man sich überhaupt vorstellen kann? Wie psychologisch verheerend muss das auf Menschen wirken und hat das über zwei Jahrtausende gewirkt? Lesen Sie das Buch von Herbert Vorgrimmler, einem Schüler Karl Rahners, über die Geschichte der Höllenvorstellungen. Ich bin auch hier fair und empfehle das Buch eines kirchlichen »Insiders«. Ich kann das hier nicht ausführen, aber das ist so eine grauenhafte Geschichte, wie da die Menschen, denen fast zweitausend Jahre lang die Höllenstrafe angedroht wurde, eingeschüchtert und verängstigt wurden. Ich hatte erst kürzlich wieder ein Gespräch mit Tilman Moser – wir machten eine Rundfunksendung mit einem Theologen –, der mir aus der Erfahrung mit seinen Patienten bestätigte, dass diese meist schon frühkindlich induzierte Höllenangst bei den heute Erwachsenen noch immer eine Quelle schwer wiegender psychischer Störungen darstelle. Ein bekannter Physiker hat mir von einem renommierten französischen Mediziner erzählt – einem sehr verdienstvollen Mann, mit dem er befreundet ist –, der nun plötzlich im Alter von fürchterlichen Höllenängsten gequält werde.

Auf den in diesem Zusammenhang häufig vorgebrachten Einwand, dass bei wissenschaftlichen Umfragen »nur« noch 25 % angeben, an die Hölle zu glauben – immerhin 25 %, müsste man da sagen – möchte ich zu bedenken geben: Viele der Befragten werden sich vermutlich scheuen zuzugeben, dass sie an die Hölle glauben. In einer wissenschaftlichen Umfrage ist die Antwort: »Ich glaube an die Hölle« wenig reputierlich; das wird also häufig bestritten. Unter meinen Kollegen und Freunden begegne ich immer wieder dem Phänomen, dass diese, obwohl sie nach eigenen Angaben nichts mehr glauben, trotzdem ihre Kinder taufen lassen. Wenn ich dann frage: »Warum tust Du das?«, bekomme ich meist sinngemäß die Antwort, sie hätten doch irgendwie ein ungutes Gefühl, wenn sie ihre Kinder nicht taufen ließen, sie könnten da eben vielleicht doch einmal zu Verantwortung gezogen werden. Da kommen also diese tiefen frühkindlich geprägten Eindrücke doch wieder hoch; und auch wenn dieselben Leute in einer Umfrage den Glauben an die Hölle verneinen, so scheinen die entsprechenden frühkindlichen Indoktrinationen doch noch ihre Wirkung zu haben. Ich weiß, dass diese Höllenlehre vielen modernen Theologen und Seelsorgern unangenehm ist und dass viele Pfarrer, das muss man fairerweise sagen, sie aus ihrer Verkündigung eliminieren.

Auf der anderen Seite kann ich natürlich als Kritiker und vor allem als Psychologe nicht schweigen, solange zum Beispiel im katholischen Weltkatechismus die Höllenlehre vollumfänglich bestätigt wird oder wenn, wie vor kurzem, im Zentralorgan der Jesuiten – keinem Hinterwäldlerblatt – zu lesen ist, dass die Hölle nicht symbolisch zu verstehen sei, sondern real, dass sie auch leiblich vollzogen werde; und dies mit dem Hinweis auf eine Lehrentscheidung im letzten Jahrhundert, nach der es Irrlehre sei, die Hölle nur symbolisch zu betrachten. Gleich lautend heißt es in der ebenfalls keineswegs von einem Hinterwäldler, sondern von Karl Rahner herausgegebenen und »nach dem Stand der neuen theologischen Lehrmeinung« bearbeiteten Sammlung verpflichtender kirchlicher Lehraussagen, dass die Hölle ewig mit Qual und Pein verbunden sei und dass sie auch am Leib vollzogen werde. Solange sich eine Kirche davon nicht klar, deutlich und konsequent distanziert, werde ich sie angehen und herausfordern, solange ich kann, selbst hier auf bayerischem Boden.

Wenn mir dann Theologen sagen: »Ja, das darf man nicht so ernst nehmen, das ist symbolisch aufzufassen«, so mag das gut gemeint sein, ist jedoch aus meiner Sicht immer noch Teil einer nicht ganz redlichen Doppelstrategie. Vor einiger Zeit habe ich den Erzbischof von Freiburg in einem Rundfunkinterview erlebt – der also die höchste katholische Lehrinstanz in meiner Heimatstadt vertritt und als Stellvertreter Karl Lehmanns, dem Vorsitzender der Deutschen Bischofskonferenz, zu den eher liberalen Bischöfen gehört. Als ihn die Journalisten u. a. fragten, ob er an die ewige Höllenstrafe glaube, wurde er etwas unwillig, es war deutlich zu bemerken, dass ihm diese Frage unangenehm war. Er sagte: »Ich muss ja daran glauben, weil es im Evangelium steht.« Da stehen wir eben vor dieser Doppelbödigkeit.

Es gibt viele humane moderne Theologen und Pfarrer, die die Höllenlehre einfach verdrängen oder umdeuten oder die sich zu helfen suchen, indem sie sagen: »Vielleicht gibt es die Hölle, aber es ist vielleicht gar niemand drinnen.« Als Kritiker muss man diese modernen, humanen Theologen auch einmal fragen: Wisst ihr eigentlich, was ihr uns da zumutet? Da wurde über fast zweitausend Jahre den Menschen Angst eingejagt, und jetzt kommt ihr, nach fast zweitausend Jahren, und sagt: April, April, das ist alles gar nicht so gemeint gewesen, das ist alles nur ein großes Missverständnis – obwohl, wie gesagt, das kirchliche Lehramt diese Interpretation immer abgelehnt hat und bis heute ablehnt. Was ist das für ein Wort Gottes, das so formuliert ist, dass es zweitausend Jahre lang mit den verheerendsten Folgen missverstanden worden sein konnte, und zwar eben auch von den kirchlichen Lehrämtern, denen ja der Heilige Geist zugesagt wurde. Ein solcher Sachverhalt ist für mich nach wie vor ein Skandalon, und ich werde dieses Skandalon immer wieder anmahnen, gerade auch als Psychologe.

Bei zahlreichen Diskussionen, die ich, auch im Rahmen kirchlicher Akademien, zu den Thesen meines Buches geführt habe, erlebe ich, dass mich nach der Veranstaltung die Leute ansprechen und sagen: »Eigentlich haben

Sie recht mit Ihren Argumenten, ich sehe das auch so. Aber ich glaube, ich schaffe es nicht; ich habe eine tiefsitzende Angst, wenn ich aus der Kirche austreten will.« Bei der Angst, die hier angesprochen wird, handelt es sich letztlich – wie sich zeigt, wenn man darüber häufig spricht – um eine Höllenangst. Mein Kollege Tilman Moser, wie schon erwähnt, bestätigt mir immer aus seiner Praxis immer wieder diese Erfahrung, dass die Höllenangst etwas ganz Furchtbares ist, das die Menschen unfrei macht. Ich finde es bedrückend, wenn erwachsene Menschen auf Grund solcher tiefsitzender Barrieren nicht im Stande sind, aus einer als richtig angesehen Argumentation die Konsequenzen zu ziehen.

Ich komme nun bei der Betrachtung der Gewalttätigkeit als Bestandteil des Neuen Testaments zu einem weiteren Thema und spreche jetzt vom Kreuzestod Jesu – einem Zentralstück der christlichen Lehre. Sie finden diese Lehre bei Paulus an etwa einem Dutzend Stellen ausgeführt. Diese Bibel-Stellen stehen auch in meinem Buch und gehören zu jenen Stellen, die von der Textkritik noch am ehesten als echt angesehen werden. Dort wird, meiner Ansicht nach in eindeutiger Klarheit – und das entspricht auch wieder den Lehren beider Kirchen –, die Interpretation des Kreuzestodes als Sühneopfer vertreten: Gott verlangt also, dass ein Mensch hingerichtet wird – und zwar auf eine der grausamsten Weisen. Auch da sollte man einmal sein Vorstellungsvermögen in Gang setzen: »nach dem Willen des Vaters«, wie es ebenfalls ganz klar in der Bibel steht. Jesus betet ja noch am Ölberg, er tut einem richtig leid in seiner großen Angst: »Wenn es möglich ist, Vater, lass diesen Kelch an mir vorüber gehen, doch nicht mein, sondern Dein Wille geschehe«, und dieser Wille geschieht dann auch bis zum bitteren Ende.

Ob das wirklich so war, möchte ich hier nicht zur Diskussion stellen. Wirklich ist aber – und darum geht es mir –, dass man Menschen und schon Kindern in Religionsbüchern das Bild eines Gottes vermittelt, der erzürnt, gekränkt ist – und über solche Vorstellungen kommt natürlich jetzt wieder aus dem Alten Testament diese Düsternis und diese Strafbereitschaft Gottes in das Neue Testament herein –, das Bild eines Gottes, der droht, die Menschen ewig zu verdammen, und der nun zur Versöhnung verlangt – er hätte den Menschen ja auch ohne blutiges Sühneopfer verzeihen können –, dass ein Mensch, zu dem er zudem noch in einem Vater-Kind, Vater-Sohn-Verhältnis steht, auf eine der grausamsten Weisen hingerichtet wird. Stellen Sie sich einmal einen irdischen Vater vor, der so was verlangen würde! Auch hier gibt es Versuche moderner Theologen, dieses extreme Skandalon abzumildern oder umzuinterpretieren. Was deren Unhaltbarkeit angeht, so kann ich Sie wieder auf mein Buch verweisen.

Für mich als Psychologe ist wichtig – denn damit habe ich es zu tun, – was die Kirche ihre Gläubigen lehrt. Gehen Sie am Karfreitag in eine Kirche. Was Sie da hören, was gesungen wird, was gebetet wird, das ist genau diese Lehre vom erlösenden Sühneopfer am Kreuz (wie Luther es sagt: »Einer ist für mich gestorben«). Eine Fülle von Gebetstexten und Liedern, aber eben auch die heilige Schrift selbst, die zeigen, dass das d i e zentrale Lehre des Christentums ist. Diese Lehre hat ja auch psychologische Wirkungen. Die Internalisierung eines solchen Gottesbildes kann sich als außerordentlich problematisch erweisen und sie hatte und hat auch heute noch schlimme Auswirkungen. Diese Kreuzestheologie beruft sich ja u. a. auch auf das neutestamentliche Wort des Hebräerbriefs: »Ohne dass Blut vergossen wird, gibt es keine Vergebung«[13]. Was ist das für ein fürchterlicher Satz, mit welch schrecklichem Wirkungspotential! Um nur e i n Beispiel anzuführen: Franco, ein frommer Sohn seiner Kirche, während seiner Regierungszeit vom Papst und spanischen Kirchenfürsten hofiert, hat bekanntlich nach seinem Sieg im Bürgerkrieg ca. dreißigtausend seiner politischen Gegner umbringen lassen, zum großen Teil mit dem Würgeeisen. Als er in einem Interview gefragt wurde, ob ihm da nicht ab und zu doch einmal die Hand beim Unterschreiben und Bestätigen dieser Todesurteile gezittert habe, verneinte er dies ausdrücklich und zitierte genau diese Bibelstelle: »Ohne dass Blut vergossen wird, gibt es keine Vergebung.« Wie können Sätze, die als Rechtfertigung oder als Quelle solcher Verbrechen dienen, als das geoffenbarte Wort Gottes gelten? (Entsprechendes gilt für die Hexen- und Judenverfolgung und andere Verbrechen der Kirchengeschichte).

Selbst die Gestalt des Jesus, die auch sehr positive Züge zeigt – das räume ich von vorn herein ein –, ist, was die Gewaltthematik angeht, nicht so unproblematisch, wie man sie heute, als sei dies selbstverständlich, darstellt.

Ich habe vorher die Hölle genannt: Kann ich einen Menschen noch als höchsten ethischen und religiösen Lehrer akzeptieren, dem es offenbar keinerlei Probleme macht, mit e w i g e n Qualen – das ist wirklich das denkbar Schlimmste – zu drohen? Einen Menschen, der zum Beispiel davon spricht, dass er Menschen abholen lässt, um sie »in den Feuerofen zu werfen«[14]? Es muss einem doch in Deutschland kalt über den Rücken laufen, wenn davon die Rede ist, dass jemand ankündigt, Menschen in den Ofen werfen zu lassen. Ich verstehe nicht – das wird ja von den Kanzeln verlesen –, warum sich da kein Aufschrei erhebt.

Natürlich gab und gibt es immer den Jesus als Projektionsfigur: Es gab den monarchischen Jesus, den Christkönig; dann kamen die Feldprediger in der wilhelminischen Zeit und im Dritten Reich, da war er der große Feldherr, und die Schlachtfelder, besonders gegen den Bolschewismus, wurden zu einem »Golgatha«; und dann kamen die 68er, da sah man in Jesus die Gestalt eines Sozialreformers und Revolutionärs; und heute, etwa bei Franz Alt, ist er der Öko-Softie. In aller Regel wird in solchen Diskussionen früher oder später auf die Bergpredigt als einem Gegenbeispiel zu den angeführten pro-

Franz Buggle

blematischen Aspekten hingewiesen. Diejenigen, die diesen Einwand vorbringen, sollten aber auch realisieren, dass ausgerechnet in der Bergpredigt einige der schlimmsten Höllendrohungen vorzufinden sind. Was ich an der Bibel u.a. kritisiere, betrifft genau dieses Phänomen: diese eigenartige Legierung von positiven und negativen Stellen; von Stellen, die von Liebe und dem Liebesgebot handeln, die unversehens in ihr Gegenteil »umkippen«, die also unmittelbar übergehen in die massivste Gewalt und Strafandrohung, in die massivste Nicht-Liebe. Auf der einen Seite gibt es die Stelle mit dem Die-Wange-Hinhalten – nicht unproblematisch im übrigen; auf der anderen Seite stoßen wir, gerade in der Bergpredigt, auf Äußerungen eines extremen Rigorismus – dass man etwa in die Hölle geworfen wird, weil man eine Frau begehrlich anschaut u.Ä..

Im Johannesevangelium, Kapitel 8 (Vers 44), sagt Jesus zu den Juden: »Euer Vater ist der Teufel«, und das geht dann so weiter. Dieser Satz hat Fürchterliches angerichtet, das können Sie schon bei den alten Kirchenvätern – zum Teil heilig gesprochen – verfolgen. Lesen Sie z.B. einmal, was der Kirchenvater Johannes Chrysostomus über die Juden sagt. Die Juden wurden dann in der mittelalterlichen Theologie immer mit dem Teufel in Verbindung gebracht, später auch bei Luther, wie ja gerade der alte Luther ein ausgesprochener Antisemit war und Vorstellungen entwickelte, die von Hitler in einem wesentlichen Teil aufgegriffen wurden. Julius Streicher fragte seine Leser, warum sie denn nicht auf Jesus hörten, der ja gesagt habe, dass die Juden die Kinder des Teufels seien; und er verwies vor dem Internationalen Nürnberger Gerichtshof auf Luther als einen der Kronzeugen für die Notwendigkeit der »Endlösung« der Judenfrage.

Es gibt weitere schreckliche Stellen zu diesem Thema, etwa: »Da rief das ganze Volk, sein Blut komme über uns und unsere Kinder«[15]. Auch diese Stelle hat Verheerendes angerichtet und vielen Juden das Leben gekostet. Bekanntlich war ja der Karfreitag immer ein Angsttag für die Juden, weil in der Karwoche diese und andere Texte gelesen wurden und die Christen dann nicht selten loszogen, um die »bösen Juden« dafür zu bestrafen, dass sie den Gottessohn – was ja im Übrigen gar nicht stimmt – umgebracht hätten. »Synagoge des Satans« lautet eine Bezeichnung in der *Geheimen Offenbarung*, wobei ich die Kommentare in meiner Einheitsübersetzung der Bibel fast genauso provokant finde wie die kommentierten Stellen selbst. Der Kommentar führt aus: »Die Juden, die Jesus als den Messias ablehnen und die Christen anfeinden, sind nicht mehr Gemeinde Gottes, sondern Synagoge (Gemeinde) des Satans« – und das alles nach dem Holocaust. Ich weiß nicht, warum ein solcher Kommentar in Deutschland unangefochten hingenommen wird, offensichtlich sind wir manchmal noch immer unbegreiflich-unkritische Untertanen!

Da kommen jetzt natürlich die professionellen und unprofessionellen »Weißwäscher« (nach einem Ausdruck von Bert Brecht): Ja ja, erfahre ich dann, das steht schon drin, aber ich, der Kritiker, lese natürlich falsch. Zuerst einmal dürfe man das nicht wörtlich nehmen. Aber ich empfinde es fast schon als zynisch, wenn mir jemand sagt, Aussprüche wie: »Kinder am Felsen zerschmettern« oder dass der Vater der Juden der Teufel sei, solle man nicht »wörtlich« nehmen – wie soll ich sie denn nehmen? Natürlich weiß ich auch, dass die Juden nicht im Vorhof des Pilatus gestanden und das Blut Jesu auf sich und ihre Kinder herabgerufen haben. Es geht nicht um ein Wörtlichnehmen, um historische Faktizität, es geht um den Geist, die Gesinnung, die sich in solchen Stellen äußert. Und der ist, meine ich, verheerend. Es geht auch nicht um historisch-kritische Analyse. Natürlich können wir fragen: »Wie kam diese Stelle – eine Fälschung wohl auch – in das Evangelium?«. So zu fragen und zu forschen ist auch berechtigt; man sollte allerdings dann aber aus solcher kritisch-historischen Analyse auch die Konsequenz ziehen, solche Passagen aus dem Kanon herausnehmen und nicht weiterhin in der Verkündigung zu verwenden. Solange solche Stellen den Gläubigen weiterhin vorgelegt und verkündigt werden, kann auch eine historisch-kritische Analyse nichts an den schlimmen Auswirkungen solcher Textstellen ändern.

Ich kann auch Hitlers *Mein Kampf* historisch-kritisch bearbeiten, dann finde ich etwa heraus, dass Hitler in Wien von bestimmten Leuten und Schriften antisemitisch indoktriert wurde usw. usw. Das ist auch alles verdienstvoll, trotzdem haben die entsprechenden Stellen eine fürchterliche Wirkung gehabt, ihre ethische Qualität wird durch solche Recherchen in keiner Weise verbessert. Die mir immer wieder entgegengehaltenen Verweise auf die historisch-kritische Methode und auf die Notwendigkeit, an die Bibeltexte nicht »naiv«, sondern »hermeneutisch« heranzugehen – so wichtig und richtig diese Methoden sind – bedeuten in diesem Zusammenhang entweder eine bewusste Ablenkung oder ein Missverständnis; sie betreffen nicht die Kernpunkte meiner Kritik.

Zwei Beispiele möchte ich noch anführen. Trotz der zahlreichen Bibelstellen, die ich in meinem Buch herangezogen habe, und vieler anderer Stellen, die noch zitiert werden könnten, verkündet die katholische Kirche noch auf dem Zweiten Vatikanum – und deswegen will ich sie auch provozieren – das Folgende. In der Dogmatisation *Konstitution über die göttliche Offenbarung*, also einem Text, der von einem Konzil verabschiedet und vom Papst bestätigt wurde und somit gewichtigen, bindend-verpflichtenden Charakter hat, heißt es:

»Das von Gott Geoffenbarte, das in der Heiligen Schrift enthalten ist und vorliegt, ist unter dem Anhauch des Heiligen Geistes aufgezeichnet worden, denn auf Grund apostolischen Glaubens gelten unserer heiligen Mutter, der Kirche, die Bü-

Franz Buggle

cher des Alten wie des Neuen Testaments in ihrer Gesamtheit m i t a l l e n i h r e n
T e i l e n als heilig und kanonisch, weil sie, unter der Einwirkung des heiligen Geistes geschrieben ...,«

– das wird mit einer Reihe von Bibelzitaten begründet, die ich hier weglasse –

»Gott zum Urheber haben und als solche der Kirche übergeben sind. Zur Abfassung der heiligen Bücher hat Gott Menschen erwählt, die ihn durch den Gebrauch ihrer eigenen Fähigkeiten und Kräfte dazu dienen sollten, all das und n u r das, was er – in ihnen und durch sie wirksam – geschrieben haben wollte, als echte Verfasser schriftlich zu überliefern. Da also a l l e s [da wird es zum dritten Mal gesagt], was die inspirierten Verfasser oder Hagiografen aussagen, als vom Heiligen Geist ausgesagt zu gelten hat, ist von den Büchern der Schrift zu bekennen, dass sie sicher, getreu und o h n e I r r t u m die Wahrheit lehren, die Gott um unseres Heiles willen in den Heiligen Schriften aufgezeichnet haben wollte.«

Ich kann nicht verstehen, wie die Konzilsväter in Kenntnis der real existierenden Bibel einem solchen Text als verbindliche Glaubensaussage zustimmen konnten – entweder kannten sie die Bibel nicht oder sie waren nicht in der Lage, den fatalen Charakter der Beziehung zwischen dieser Aussage und der tatsächlichen Beschaffenheit der Bibel zu sehen. Dies gilt auch für die evangelische Kirche, die ja kein Lehramt hat, weswegen es schwieriger ist, ihre letztgültige Lehrmeinung zu fassen. Hier sind es die *Bekenntnisschriften*, auf die sich die Pfarrer bei ihrer Ordination verpflichten müssen, die also die verbindliche Lehrmeinung festhalten. Dort heißt es eben auch:

»Allein die Heilige Schrift bleibt als der einzige Richter, als die Regel und Richtschnur, nach welcher als dem einzigen Probierstein sollen und müssen alle Lehren erkannt und beurteilt werden, ob sie gut oder bös, recht oder unrecht seien.«

Für mich auch unverständlich, wie Hans Küng bei fundierter Kenntnis der Bibel – die man bei einem so renommierten Theologen unterstellen darf – sagen kann:

»So erscheint Gott durch a l l e Parabeln hindurch in immer wieder neuen Variationen als der Generöse, immer wieder neu ein Gott grenzenlosen Erbarmens und alles übersteigender Güte.«[16]

Hans Küng sagt dies übrigens nicht nur im Hinblick auf die Bibel, sondern auch im Hinblick auf die Verfasstheit der Welt – eine Aussage, die mir angesichts der Realität schwer nachvollziehbar und schwerlich begründbar erscheint.

Ich komme zum Schluss. Unsere kritische Analyse mündet in zwei Fragen:

1. Ist biblisch-christliche Religiosität eine im Kern gute aber nachträglich pervertierte und deshalb prinzipiell heilbare Geschichte – und wir heilen sie; oder ist sie im Kern und ihrem Wesen nicht (mehr) zu heilen?

Ich persönlich glaube, dass in den nächsten Jahrzehnten eine zweite Frage immer zentraler sein wird, nämlich die Frage:

2. Gibt es und kann es überhaupt noch eine intellektuell und ethisch legitimierbare Religiosität geben ?

Ich habe ja im letzten Kapitel meines Buches vier Kriterien für ein neues religiöses Paradigma, wenn Religion für aufgeklärte, moderne Menschen überhaupt akzeptierbar sein soll, aufgestellt, und da bin ich in sehr interessante Diskussionen geraten, teilweise auch mit Vertretern der »anderen Front«, mit Radikalkritikern der Religion, die hier radikaler denken als ich; und auch mit vielen Naturwissenschaftlern, gerade auch theoretischen Physikern. Ich glaube, wie gesagt, dass diese zweite Frage in den nächsten Jahrzehnten immer virulenter werden wird. Vielleicht kommt es auch so – ich bin kein Prophet, aber diesen Eindruck kann man mitunter aus einem Großteil der Medien gewinnen –, dass unsere Kultur, auch die religiöse und weltanschauliche eher verflacht und traditionelle Religiosität eher »verdunstet«, als dass sie in einer fundierten argumentativen Auseinandersetzung untergeht oder sich unter dem Druck einer solchen Auseinandersetzung modifiziert.

Mit diesen nicht sehr erbaulichen Fragen und mit all den anderen nicht erbaulichen Ergebnissen meiner Darlegungen überlasse ich Sie jetzt ihrem eigenen Nachdenken und ihren eigenen Entscheidungen.

Ich danke Ihnen für Ihre Aufmerksamkeit.

(24. 02. 1996)

[1] F. Buggle: Denn sie wissen nicht, was sie glauben. Oder warum man redlicherweise nicht mehr Christ sein kann. Eine Streitschrift. Reinbek, 2. Auflage 1997

[2] Tübingen 1992

[3] Reinbek, 2. Auflage, 1997

[4] Ex. 22,17

[5] Jes. 13

[6] Dtn 7;22

[7] Dtn. 32;42

[8] Ps 137; 8,9

[9] Dtn. 28; 63

[10] Lev. 26; Dtn. 28

[11] Rowohlt 1992

[12] Dtn. 22.u.a.

[13] Hebr. 9, 22

[14] Mt. 13, 36-42, 47-50

[15] Mt.27, 25

[16] Hans Küng, Christ sein, München, 3. Aufl. 1978, S. 328

Mythos der Nicht-Dualität

Das Modell für die Religion der Zukunft?

Michael von Brück

1. Einleitung

Meine Damen und Herren! »Welt gegen Gott, Gott gegen Welt, Gott gegen Mensch, Mensch gegen Gott, Gott gegen Natur, Natur gegen Gott, Gott gegen Gott, Mensch gegen Mensch, Volk gegen Gott, Gott gegen Volk, Volk gegen Volk – what a funny religion.«

So kommentierte vor einigen Jahrzehnten der japanische Zen-Philosoph Suzuki Daisetsu anlässlich einer Eranos-Tagung in Ascona, einem Philosophen- und Wissenschaftler-Kreis nicht unähnlich dem unseren, der sich mit ähnlichen Themen und Problemen, wie wir sie heute gehört und traktiert haben, befasste. Gibt es aus den genannten Dilemmata einen Ausweg? Die Kirchengeschichte ein Mischmasch aus Irrtum und Gewalt – wir wären ja nicht die ersten, die das feststellen. Wir sind auch nicht die ersten, die suchen, was denn das Ganze sein soll. Das Ganze als Ideal, als noch nicht Erschautes. Und auch Goethe war nicht der erste. Nach ihm und zwischen ihm und uns fragten andere – Dostojewski in der Gestalt des Iwan Karamasow oder Nietzsche, oder lange vor den genannten Größen eine Weltreligion, die sich vom Christentum abgespalten hat sehr früh in der Geschichte, weil sie diese Fragen, die wir heute Morgen hörten, nicht ertragen konnte und das Alte Testament sozusagen aus dem Kanon ausklammerte, der Manichäismus, selbst zur Weltreligion geworden in großen Teilen Asiens, aber untergegangen. Eine Geschichte der Kritik und des Fragens, die in der Tat bis zu den Anfängen und bis zu den Wurzeln zurückreicht.

Warum – so müssen wir fragen – ist es diesen Bewegungen nicht gelungen, eine Umkehr der Verirrungen oder der Intrigen, wenngleich sie vielleicht eine partielle oder vielleicht auch umfassende Einsicht in dieselben hatten, zu vollziehen? Warum ist es bisher nicht möglich gewesen, diesen Kurs der Vieldeutigkeit umzukehren, wegzureißen von Herrschaftsideologie, die sich auf den Mann aus Nazareth beruft, der sicherlich anderes im Sinne hatte? Warum?

Mit dieser Frage nach dem Warum verbindet sich natürlich unsere Hoffnung auf Therapie, und das soll mein Thema sein. Bevor ich dasselbe anspreche, möchte ich jedoch versuchen, einige Schneisen ins Dickicht zu schlagen, Beleuchtungsmöglichkeiten auf die Fragestellungen zu erkunden, die bisher aufgerissen wurden, aus der Sicht religionswissenschaftlicher Forschung und in Verantwortung vor dem historischen Material, mit dem wir es zu tun haben.

Mir scheint – und das ist gleichsam eine Einladung für Sie zum Mitdenken und zum Gespräch heute Abend, aber auch eine Verortung meiner Ausführungen, die ich Ihnen jetzt geben werde – mir scheint, dass wir drei Ebenen unterscheiden müssen, um eine Schneise zu schlagen in die unendlich vielen Fragen und Probleme, um nicht nur gutmeinend in einer gewissen Betroffenheit und von intellektueller Verantwortung gerührt, sondern vielleicht auch mit einer gewissen Selbstdistanzierung zur Sache, die Probleme erkennen zu können.

2. Drei Ebenen der Erscheinung des Transzendenzproblems

1. Zunächst geht es um die Frage nach Religion oder Transzendenz überhaupt. Wir hatten heute Morgen kurz darüber gesprochen, ob Religion überhaupt eine Bedeutung haben könne oder schlechthin eine Illusion des Menschen sei, der sein Dasein nicht ertragen kann. Wenn man dieser Meinung ist, hat sich die weitere Frage nach Religionen, nach der Religionsgeschichte und nach der Beschäftigung mit dem Thema erübrigt, wenngleich der Kritiker, der diese Behauptung aufstellt, natürlich angeben sollte, was genau denn eine Illusion sei und wie der Mensch darauf komme, eine solche zu bilden. Was wäre dann für den Illusionstheoretiker das Menschsein, und welche Art von Transzendenz wird eingeführt, wenn man von der Fähigkeit spricht, das trostlose Dasein durch Illusion erträglich zu machen? Vielleicht keine metaphysische, aber doch eine psychologische oder soziologische Transzendenz wäre dies. Aber auch dann stellte sich sofort die Frage, woher die Bilder und Antriebsmuster kämen, die den Menschen in seiner Fantasie beflügeln, und zwar nicht nur subjektiv, sondern in einem intersubjektiv kommunizierbaren Raum, über die Zeiten hinweg.

2. Die zweite Ebene ist die Frage nach den Gottesbildern oder den mythischen Bildern, selbstverständlich auch nach den Menschenbildern, die in den Religionen, das heißt in den Traditionen der Religionen einschließlich der entsprechenden Schriften – seien sie kanonisiert, also zur Richtschnur einer bestimmten Traditionsweitergabe gemacht oder nicht –, weitergegeben werden. Solche Gottesbilder vermittelt die Bibel in ihrer äußerst vielgestaltigen Form. Solche Gottesbilder vermitteln der Koran, die indische Geisteswelt, die chinesische Tradition und alle anderen Kulturgeschichten der Menschheit in vielfältiger Form. Wir wissen, dass all diese Gottesbilder Projektionen sind, Projektionen von Menschen, die unter ganz bestimmten historischen Bedingungen leben, die eine Geschichte in diesen Bildern darstellen, und zwar sowohl ihre individuelle Geschichte wie auch die Geschichte ihrer kollektiven Erinnerung als Volk, das durch diese Traditionsbildung zusammengehalten wird, eine Geschichte, die deutlich macht, dass diese Bilder historisch und relativ sind, selbstverständlich und selbstredend auch die Bilder für Gott und die Gotteserfahrung in der Geschichte des hebräischen Volkes, wie sie in der Hebräischen Bibel überliefert sind.

Ich möchte nur sagen, dass wir, wenn wir vom Alten Testament reden und vom Neuen, bereits ein Urteil fällen über die Wertigkeit der beiden Religionen: Wir behaupten damit – und die christliche Geschichte hat jahrhundertelang von dieser Proposition gelebt, dass das Alte als vergangen und das Neue aus dem Erbe des Alten entstanden sei, dass das Christentum also das Judentum überbiete und legitimerweise abgelöst habe. Die Folgen kennen wir. Unterschiedliche Gottesbilder finden sich in der hebräischen Bibel, in den Vedas, in den avestischen Schriften, in der Schriften der Babylonier, der Maja oder sonst wo. Sie alle sind nicht vom Himmel gefallen, sondern haben sich auf der Erde entwickelt, sie sind die Projektionen menschlicher Gesellschaften und menschlicher Erfahrung auf Grund einer tiefer liegenden religiösen Erfahrung und Frage nach Sinn, Identität und Geschichte, die sich nun historisch verbindet mit einer je spezifischen Geschichte dieses Individuums und dieses Volkes, je einer besonderen Sprache und einer traditionalen Kultur.

Nun haben wir in der hebräischen Bibel die Widerspiegelung der Geschichte von mehreren Jahrhunderten, ja, Jahrtausenden vor uns, und diese Geschichte ist eine Geschichte des Kampfes zwischen verschiedenen Zivilisationen, zwischen unterschiedlichen Zivilisationstypen, zwischen unterschiedlichen Völkern und demzufolge auch zwischen unterschiedlichen Gottesbildern. Nicht nur dort in der hebräischen Bibel – und dann auch der griechischen – sondern auch in den Vedas, in den avestischen Schriften oder anderen schriftlichen Dokumenten von Religionen, die sich über längere Zeit hin erstrecken, können wir die Evolution der Kulturgeschichte der

Menschheit verfolgen, jedenfalls in diesem relativ kurzen Zeitabschnitt, den uns die dokumentierte Geschichte der Menschheit eröffnet. Wir haben es, meine Damen und Herren, mit nur etwa fünftausend Jahren oder sechstausend Jahren dokumentierter Geschichte zu tun. Das ist angesichts der Menschheitsgeschichte und der vorhistorischen Kultur- und Religionsgeschichte eine winzige Spanne der Entwicklungsgeschichte der Menschheit. Aber aus der so genannten vorgeschichtlichen Zeit wissen wir fast nichts. Und auch aus den letzten fünftausend Jahren wissen wir herzlich wenig, wenngleich die Forschung in den letzten Jahrzehnten und Jahrhunderten einiges zu Tage gefördert hat. So haben wir beispielsweise gelernt, dass das, was im hebräischen Schrifttum (der Bibel) überliefert und dann im Talmud später weiterentwickelt wurde, keineswegs die Widerspiegelung der tatsächliche Religion der Israeliten in jenen Gebieten in jener Zeit, also etwa zwischen 1000 v. Chr. und 300 v. Chr. allein darstellt. Aus archäologischen Zeugnissen wissen wir, dass die Religion des Volkes noch durch ganz andere Vorstellungen, also Prägungen von Gottesbildern, mitbestimmt war. So gab es einen weit verbreiteten und sehr lebendigen fest verankerten Kult der Göttin. Diese kommt aber nicht in den schriftlichen Dokumenten vor. Warum? Weil schriftliche Zeugnisse Dokumente einer bestimmten Klasse oder Kaste von Kulturtragenden sind, die sich in eben diesen Dokumenten verewigt haben, während wir aus der Archäologie, aus den Häusern, von Hausaltären wissen, was das Volk geglaubt und gelebt hat, und das ist signifikant verschieden von dem, was wir in den Schriften finden. Wenn wir aber beides zusammen nehmen, dann sehen wir, dass die Schriften – sei es die Thora, seien es die Propheten, seien es die Psalmen – sich jeweils auf eine Religionsgeschichte beziehen oder einen Ausschnitt einer bestimmten Religionsgeschichte darstellen, der weitaus größer und umfassender ist.

In dieser Geschichte also spiegelt sich eine äußerst widersprüchliche, eine komplexe, vielgestaltige und aus unserer Perspektive deutlich sichtbare Entwicklung der Religion wider. Die Frage ist: Was für eine Entwicklung? Im religionsgeschichtlichen Vergleich, wenn man das, was sich dort findet, über die Zeit hinweg vergleicht mit dem, was man etwa in der Induskultur findet oder in zentralindischen oder auch in chinesischen Kulturen am gelben Fluss oder in Südchina, lässt sich vielleicht – wegen der Kürze der Zeit außerordentlich stark schematisiert – Folgendes sagen:

Alle Religionen, die wir heute als Hochreligionen oder jedenfalls schriftlich festgelegte, in irgendeiner Form identifizierbare Religionen kennen, sind nicht sehr alt. Sie reichen zurück in eine Geschichte von zwei, drei oder maximal viertausend Jahren. Selbstverständlich gab es auch schon zuvor in all den betreffenden Gebieten Religionen, und selbstverständlich wird es – es sei denn, die Geschichte bricht ab – auch nachher Religionen geben, die allerdings vermutlich signifikant anders aussehen werden als die, die wir heute kennen. Warum?

Man kann ohne Mühe zeigen, dass das, was sich beispielsweise in der hebräischen Bibel widerspiegelt – aber auch im Veda, vor allem in der frühvedischen Zeit – Übergänge von Nomadenkulturen zur Sesshaftigkeit markiert. Der Übergang vom Nomadisieren zur Sesshaftigkeit ist ein ökonomischer, soziologischer und kultureller Entwicklungsprozess, ein Evolutionsschritt in der Geschichte der Menschheit. Er ist nicht in allen Regionen der Erde gleichzeitig vollzogen worden, aber dort, wo wir Dokumente haben und wo wir die Dinge vergleichen können, finden sich in der entsprechenden religiösen Begriffs- und Bilderwelt vergleichbare Umbrüche und vergleichbare Neuansätze. Betrachten wir etwa die Sesshaftwerdung, die Landnahme, von der in den Schriften der hebräischen Bibel berichtet wird, so wird sofort erkennbar, dass dieser Prozess selbstredend gewaltsam vonstatten ging, denn die Nomaden betraten natürlich nicht ein Land, in dem nichts war, sondern in dem andere Menschen ansässig waren, die nun vertrieben wurden. Einige dieser Gruppen wurden assimiliert, andere ausgerottet, jedenfalls kam es zu Unterdrückung und Genozid, wie so oft in der Menschheitsgeschichte bei vergleichbaren Verwerfungen und Neuordnungen des Siedlungsraumes. Die Ereignisse finden sich wieder als dokumentierter Kampf nicht nur zwischen diesen einzelnen sozialen Gruppierungen, sondern projiziert als jeweiliges Gottesbild der betreffenden Gruppen, Stämme und Völker. So ringen die Götter miteinander. Diese Götterkämpfe, die Sie zum Teil dann schon in etwas säkularisierter Form in jüngeren Teilen der hebräischen Bibel finden können, die Sie aber auch in mythischer Gestalt im Veda zwischen den Devas und Assuras und in ähnlicher Weise in der chinesischen Religionsgeschichte finden, sind Reflexionen und Widerspiegelung geschichtlicher Prozesse. Mit der Landnahme bei der Sesshaftwerdung endet aber die Geschichte der Dokumente nicht, aus denen die heutigen Religionen auch heute noch schöpfen, sondern es kommt weiter zur Urbanisierung und zur Herausbildung von überregionalen Territorialstaaten. Neue Auseinandersetzungen finden statt, denn neue Herrschaftsstrukturen werden entwickelt, und das, was Sie, Herr Kollege Simons, heute über die Legitimation von Herrschaft sagten, ist in der Tat eines der treibenden Motive der Religionsgeschichte überhaupt, bisher jedenfalls. Und es zeigt sich eben ganz deutlich an den jeweiligen Herrschaftsmustern das entsprechende Religionsmuster, das entsprechende Gottesbild, das wiederum mit dem Menschenbild korrespondiert, und umgekehrt. Es ist ja kein Zufall – um das noch einmal in Klammern hinzuzufügen – dass etwa die Griechen einen Plato hervorgebracht haben, denn sie waren diejenigen, die im Rahmen der Polis mit der Demokratie zumindest experimentiert haben, während die römische Identität auf einem ganz anderen Sockel fußte. Infolgedessen müssen wir fragen angesichts heutiger Gesellschaftsmodelle und globaler ökonomischer Verhältnisse fragen, was denn nicht nur eine traditionelle, sondern eine für die Gegenwart akzeptable, eine neu formulierte und den heutigen Hoffnungen und Ängsten entsprechende Religion sein könnte. Eine interkulturelle, demokratische Religion sozusagen. Ich werde darauf noch ein wenig eingehen.

Zunächst zurück zur hebräischen Bibel. Mit dieser Urbanisierung und der Herausbildung von Territorialstaaten gibt es neue Szenarien von Interessenkonflikten und Kämpfen. Wer soll denn König sein? Der Stammesfürst oder ein oberhalb der Ebene von Stämmen legitimierter zentraler König oder Gott? Die Geschichte von Saul, die Kämpfe um David und Salomo, und was alles da berichtet ist, sind ja keine normativen Beispielerzählungen für die gerechte Politik, also Aussagen darüber, was Gott fordert – dieser Hinweis auf die Normativität ist die Aufgabe der Propheten, die klagen und mahnen, wie sich der König oder das Volk verhalten sollten. Die Geschichtsbücher der hebräischen Bibel sind keine Lehrbücher der Ethik, sondern Widerspiegelung tatsächlicher historischer Auseinandersetzungen um das Königtum, um die Macht, um die kulturelle Macht auch, nicht nur um die politische, um die kulturelle Definitionsmacht. Und dafür haben nun einmal Religionen die entsprechenden Gottesbilder, denn wer die Begriffe hat, wer die Bilder hat und über sie gebietet, hat die Macht. Das galt damals so wie heute, meine Damen und Herren.

Ähnliche Prozesse der Urbanisierung und fast zeitgleich zu den Ereignissen, von denen die hebräische Bibel berichtet, spiegeln sich auch in den jüngeren Teilen des Veda. Vor allem in den großen Epen Mahābhārata und Rāmāyana wird dann das Thema detailliert entfaltet. Und die Geschichte geht weiter: es bilden sich die ersten Imperien. Zunächst sind es Konglomerate von Stadtstaaten, Interessengemeinschaften, die noch lose sind, die sich aber später an den großen Flüssen zusammenfinden und mächtige Imperien werden, am Nil und am Ganges, am Gelben Fluss und an Euphrat und Tigris. Diese Imperien schlucken jetzt gleichsam unterschiedliche kulturelle Deutungsmuster, das heißt, sie schlucken unterschiedliche religiöse Bilder, sie schlucken unterschiedliche Götter, sie schlucken unterschiedliche Sprachen, sie schlucken unterschiedliche Literaturen – vernichten sie entweder, schichten sie aufeinander oder bilden im glücklichen Falle ein Amalgam, kreative Synthesen.

Die gesamte Religionsgeschichte, die wir kennen, meine Damen und Herren, ist nicht die Geschichte der christlichen Religion oder des Islam oder des Hinduismus oder des Buddhismus, sondern ein Amalgam aus höchst unterschiedlichen Bewegungen, die ein religiöses Substrat oder mehrere religiöse Substrate in immer wieder neue Verwicklungen, Intrigen und geschichtliche Synthesen aller Art bringen. Unsere Begriffe »Das Christentum«, »Der Islam«, »Das Judentum«, »Der Buddhismus« sind höchst problematische Abstraktionen, die der Geschichte in keiner Weise gerecht werden.

Die Herausbildung von Imperien kann allerdings sehr unterschiedliche Gestalt annehmen. Es kann durch Auslöschen des anderen geschehen oder durch Integration, es kann durch Überlagerung geschehen, so dass gleichsam unterschiedliche soziale Schichten übereinander liegen – das Resultat par excellence dafür haben Sie im heutigen indischen Kastensystem, wo nicht nur unterschiedliche soziale Identitäten, sondern sprachliche, religiöse, kulturelle Identitäten einander überlagern und nicht miteinander verschmelzen.

All das bringt das hervor, was wir die Religionsgeschichte und/oder die Kulturgeschichte der Menschheit nennen. Und natürlich ist das, was wir Religion nennen, in keiner Weise trennbar von den weiteren politischen, kulturellen, literarischen, künstlerischen und allen anderen kulturellen Hervorbringungen der Menschheit.

Diese zweite Ebene also, auf der ich mich immer noch befinde, die Ebene, wo Gottesbilder konstruiert werden, die mit den Menschenbildern und dann den entsprechenden Weltbilder überhaupt korrespondieren, ist höchst relativ, abhängig von historischen Entwicklungsprozessen, allgemein gesprochen: von der kulturellen Evolution der Menschheit. Daraus folgt, dass alle diese Bilder, alle diese Begriffe relativ sind. Sie sind relativ in ihrer jeweiligen Zeit, sie haben die Tendenz, über längere Zeiträume tradiert zu werden, weil sie, wie wir ja schon sagten, Herrschaftsstrukturen legitimieren, die eine Tendenz zum Konservatismus haben, ja, dass sogar ganze Imperien über längere Zeit, manchmal über Jahrhunderte, vielleicht sogar über Jahrtausende, solche Bilder einfrieren können, um sich ihrer als Herrschaftslegitimation zu bedienen. Alle größeren Traditionen, die wir kennen, haben das Dilemma erkannt, dass diese Gottesbilder zum Konservatismus tendieren, das heißt, dass man an ihnen festzuhalten geneigt ist, denn diese Bilder bilden ja nicht nur irgendeinen Gott im Himmel ab, sondern die Strukturen auf der Erde, wie wir heute und gestern schon sehr deutlich gehört haben. Dass man diese Bilder festhält und zementiert, dass man sie verabsolutiert aus ihren konkreten Relationen und der historischen Relativität überhaupt herauslöst, dass man sie gleichsam an den Himmel klebt und zum Götzen macht, ist das Problem. Die Bibel nennt das die Idolatrie. Eines der Gebote aus der Thora heißt »Du sollst Dir kein Bildnis machen«. Dieses Gebot hat man dann allerdings in der späteren Geschichte, besonders im Christentum, geflissentlich unterschlagen. Es kommt in den zehn Geboten auch nicht mehr vor. Man macht sich aber Bilder in allen Religionen, und diese Konkretisierung ist unvermeidlich, ganz abgesehen davon, dass auch ein abstrahierter Begriff in diesem Sinne ein Bild ist, an dem sich trefflich anhaften lässt. In allen Religionen, die also die Geschichte vom Nomadentum über die Sesshaftwerdung und die Urbanisierung bis zu imperialen Bildungen mitgemacht haben – das heißt also Judentum, Christentum, Islam, Hinduismus und Buddhismus – in all diesen Religionen gibt es aber signifikante und wichtige Gegenbewegungen genau an dieser Stelle, Gegenbewegungen gegen die Absolutsetzung von Bildnissen oder Begriffen, die zum Absolutum erhoben wurden. Es handelt sich um eine innerreligiöse Religionskritik, die nicht irgendwo, sondern genau an diesem Punkt anzusetzen versucht, wo jedes Gottesbild als eine Verfestigung von Strukturen, als eine Verfestigung des geistigen Flusses, der geistigen Evolution des Menschen erscheint. Denn diese Verfestigung bedeutet den kulturellen und geistigen Tod. Nicht selten folgte daraus der physische Tod für die jeweils Anderen. Diese Bewegungen aber, die sich gegen die Verfestigung von Gottesbildern wehren und die Offenheit der Religionsgeschichte anmahnen, die die Offenheit der religiösen Erfahrung gegen die religiöse Institution halten, nennen wir gewöhnlich die Mystik in den Weltreligionen.

Es ist kein Zufall: Die Mystik ist nicht unpolitisch und keine Flucht in den Himmel, sondern sie ist der Protest gegen die Verfestigung, gegen die Ontologisierung von Gottesbildern oder die Absolutsetzung von Wahrheitsansprüchen, die mit solchen Gottesbildern verbunden sind. Dazu später.

Nichtsdestotrotz. Alle historischen Entwicklungen, auch die der Zementierung von Gottesbildern, kommen zu einem Ende, denn die Geschichte steht nicht still. Sie kommen auch heute zu einem Ende, denn die Geschichte steht nicht still, zumal sich die Entwicklungsprozesse – seien sie technologischer, seien sie sprachlicher, kommunikationstechnologischer oder anderer Art – verändern. Die Religionsgeschichte aber wird weitergehen, und es fragt sich allerdings, wie sie weitergeht.

Als erste Ebene hatte ich also die prinzipielle Frage nach Transzendenz bezeichnet, als zweite Ebene aber die Relativität und geschichtlich bedingte Veränderlichkeit der Gottesbilder benannt, und die dritte Ebene schließlich, die ich noch kurz ansprechen will, obwohl sie jetzt nicht mein Thema ist, betrifft die Wirkungsgeschichte von Gottesbildern.

3. Gottesbilder stabilisieren ja nicht nur äußerlich Herrschaft oder bedeuten nicht nur eine Festsetzung von kanonischen Normen, sondern sie wirken vor allem auch nach innen, wie Herr Buggle heute eindrücklich dargestellt hat. In der Tat, Gottesbilder sind natürlich nicht einfach austauschbar und relativ in dem Sinne, dass man sagen könnte: »Es ist völlig egal, was für ein Bild

ich habe«. Denn diese Bilder prägen die Psyche der Menschen und gleichsam archetypisch ganze Kulturen und Zivilisationen. Sie prägen die Erziehungsideale und Erziehungsstandards noch lange bevor überhaupt der Arm eines Herrschers sich erheben muss. Wenn wir die Kirchengeschichte und die mit ihr verknüpfte Geschichte von Repressionen anschauen, ist nicht zu übersehen, dass Unterdrückung schon dadurch entsteht, dass ein Gottesbild überhaupt festgehalten wird, aber sich dann noch mal sozusagen verdoppelt, indem dieses Gottesbild sich selbst als repressives erweist.

Dieser Aspekt der Wirkungsgeschichte ist nun aber keineswegs die ganze Christentumsgeschichte. Von der befreienden Wirkung des unbedingt liebenden Gottes gibt es nicht wenige Zeugnisse. Ich möchte wiederum nur an Dostojewskis Figur des Aljosha erinnern. Außerdem sollten wir zur Kenntnis nehmen, dass die Christentumsgeschichte nicht nur europäische Geschichte ist, sondern sich von Anfang an interkulturell gestaltet hat. In unserer eurozentrischen Wahrnehmung der Welt verdrängen wir diese Tatsache ständig, wider besseres Wissen: Das nestorianische Christentum etwa, das sich über die Seidenstrasse nach Osten ausgebreitet hat bis in die Zentren Chinas, das syrische Christentum aus der syrischen Wüste, das spätestens im dritten oder vierten Jahrhundert nach Südindien gekommen ist, das äthiopische Christentum und dergleichen mehr. Das sind Bewegungen gewesen, die zum Teil gerade wegen der repressiven Strukturen im Byzantinischen Reich, wegen der Staatskirchlichkeit, auswandern mussten bzw. vertrieben wurden, die aber nur bezeichnenderweise gerade in dieser Situation signifikant andere Christologien und andere psycho-soziale Religionsmuster entwickelt haben als das staatskirchliche Christentum, wie es uns in der europäischen Christentumsgeschichte gegenübertritt. Ich muss diese historischen Reflexionen hier abbrechen und komme zu meinem eigentlichen Thema:

Warum, warum ist es nicht gelungen, die besagten Gewaltpotentiale einzudämmen, die Verkehrung der Religion der Liebe in ein System der Unterdrückung aufzuhalten oder umzukehren? Warum ist es auch einem Martin Luther nicht gelungen, seine befreiende Erkenntnis des sola gratia kirchenpolitisch kompromisslos umzusetzen, sodass sich im Grunde genommen die alten Muster der Herrschaft, die alten Muster der Gottesbilder unter Umständen und gelegentlich sogar in noch repressiveren Gewaltsamkeiten ausgewirkt haben? Der Gründe gibt es viele. Mir scheint einer besonders wichtig zu sein: Weil man innerkulturell keine Alternative sah, politisch, pädagogisch, psychologisch, und nicht zuletzt ökonomisch.

Wir aber, meine Damen und Herren, haben interkulturell erstmals eine Alternative, eine Alternative von der Wurzel her, Gottesbilder neu zu entwerfen. Wir müssen uns im Klaren sein: Es sind unsere Konstruktionen, unsere Entwürfe unseres eigenen Menschseins, dem wir damit auf die Spur zu kommen versuchen. Alternativ zu einer bewusst wahrgenommenen und kritisch betrachteten Geschichte, die wir in ihrer ganzen Ambivalenz nicht nur als Unheilsgeschichte, sondern als eine Folge von Schritten in der Evolution des Menschen zu begreifen lernen. Mir scheint nämlich, dass wir die metaphysische Intrige, von der Herr Kollege Simons sprach, in Bezug auf die Christentumsgeschichte unter einer religionsgeschichtlicher Perspektive noch einmal präzisieren können. Ich möchte dies in drei schlaglichtartigen Bemerkungen versuchen, indem ich damit den Standort angebe, von dem her ich dann sieben Thesen entwickeln werde, um dann Erläuterungen zur Mystik und der Konstruktion eines anderen Mythos der Wirklichkeit, nämlich des indischen, vorzulegen. Und ich werde versuchen, das, was es hier zu erkennen gibt, mit einer Analyse des religionsgeschichtlichen Impulses, der die Christentumsgeschichte charakterisiert, zu verbinden.

3. Die metaphysische Intrige der europäischen Geistesgeschichte

Zunächst also die drei Bemerkungen zur Intrige oder zum Grundproblem der europäischen Entwicklung, der europäischen Geistesgeschichte, die sich beileibe nicht nur in der Christentumsgeschichte im engeren Sinne abspielt, sondern einer europäischen Geistesgeschichte, die bis heute in der Kunst, in den Naturwissenschaften, in den religionskritischen Bewegungen, übrigens auch an der Geschichte der Universität ablesbar ist.

1. Mir scheint, dass das Grundproblem darin besteht, dass wir in einem Mythos der Dualität leben, einem metaphysischen Dualismus von Geist und Materie, von Ewigkeit und Zeit, von Gott und Welt, von Gott und Mensch und dergleichen. Das war der Preis, den man zahlen musste, um vom Polytheismus zum Monotheismus überzugehen. Ein Preis, der sich in der persischen wie in der jüdischen Religionsgeschichte zeigt und der in der europäischen Christentumsgeschichte weiter gezahlt wird, insofern diese monotheistisch ist, was keineswegs in jeder Hinsicht zutrifft und für alle Epochen charakteristisch ist – man denke nur an die gotische Marienfrömmigkeit. Es ist ein Preis für den Fortschritt, mit dem man sich die Möglichkeit zu einer einheitlichen Weltdeutung erkauft hat: Diese Einheitlichkeit, gespiegelt im monotheistischen Gottesbild, bewirkt gleichzeitig einen metaphysischen Dualismus, in dem alles das, was metaphysisch, moralisch, ethisch nicht mit diesem Gott verbunden werden kann oder soll, in einer Gegenwelt ansiedelt und auf einen Gegengott oder zumindest eine Gegenmacht

irgendwelcher Art hinausprojiziert. Aus dieser Grundproblematik, aus dieser dualistischen Haltung – wir finden sie bis heute in der Trennung unserer Wissenschaftsdisziplinen von Geisteswissenschaften und Naturwissenschaften wieder – pflanzt sich eine Grundeinstellung fort, die wir für selbstverständlich und unvermeidlich hielten, wüssten wir nichts von anderen Möglichkeiten der Deutung des Lebens, kennten wir nicht Alternativen in anderen Kulturen. Die Alternativen des prinzipiellen Nicht-Dualismus, die in Indien etwa keineswegs im Mythos stehen geblieben sind, sondern sich zur Philosophie entwickelt haben. Noch bevor die Griechen sich anschickten zu philosophieren und diese Philosophie eine Mythenkritik entwickelte, waren die Inder längst mythenkritisch geworden und hatten philosophische Systeme entwickelt und ein logisches Schlussverfahren rational gültig begründet, das sich in einigem von Aristoteles unterscheidet, aber dennoch konsistente logische Muster erlaubte. Und Ähnliches ist in China geschehen, wenn auch nicht in Bezug auf die Entwicklung der Logik, wohl aber hinsichtlich der Mythenkritik und einer philosophischen Begriffsbildung, die im Konfuzianismus zu einer rational begründeten Ethik führte, noch lange bevor das in Griechenland geschah. Diese letzten Sätze waren nur eine Zwischenbemerkung meines interkulturellen Gewissens, mit dem ich jetzt allerdings methodisch zeigen möchte, dass es von dieser Position her Alternativen zum Mythos der Dualität gibt.

Sehr stark vereinfachend – verzeihen Sie diese pädagogische Notwendigkeit – möchte ich die These aufstellen, dass fast alles, was wir westlich der Wüsten des persischen Hochlandes kennen – jedenfalls in den letzten dreitausend Jahren – in der einen oder anderen Weise den Stempel dieses Mythos der Dualität trägt. Hingegen strebt vieles – nicht alles – von dem, was wir östlich des Indus wahrnehmen können, zumindest in der Tendenz die prinzipielle metaphysische und physisch-geistige Nicht-Dualität an. Ich werde später zumindest andeutungsweise zeigen, was das bedeutet.

Das also ist der erste Gesichtspunkt, der zusammengefasst lautet: Es gibt zu dem, was wir als Religionsgeschichte kennen, eine prinzipielle Alternative. Diese Alternative ist der Mythos und später die philosophische Prämisse der Nicht-Dualität.

2. Der zweite Gesichtspunkt besagt, dass diese Alternative kein metaphysisches Spiel beinhaltet, das durch ein beliebig anderes Gottesbild möglich wird, sondern dass es sich um etwas Wesentliches handelt, das mit dem Problem der Absolutsetzung des Konkreten gegeben ist, worüber wir bereits gesprochen hatten. Dieser zweite Gesichtspunkt folgt mithin aus dem ersten.

Der Mythos der Dualität erzeugt die Trennung von Gott und Mensch, von Gott und Welt, von Geist und Natur. Ich erinnere an das Zitat von Suzuki zu Beginn meiner Ausführungen. Die Trennung verlangt nach sekundärer Überwindung, d.h. nun, da die Welt getrennt ist, muss der transzendente Gott wieder in die Immanenz hereingeholt werden, ohne dass dabei die Transzendenz völlig verloren ginge. Das heißt, der Himmelskönig, der universal und unendlich ist, und das bedeutet eo ipso nicht benennbar, von dem man bei Strafe des eigenen Untergangs oder zumindest des Verlustes der Stimme nicht reden darf – so ja viele uralte Mythen und Märchen – der wird hereingeholt in den Bereich menschlicher Verfügung und definiert – natürlich nach dem Interesse der jeweils herrschenden Klasse – er wird damit dogmatisiert und begrifflich abgrenzend darstellbar. Damit wird einem konkreten Begriff des Transzendenten ein absoluter Mantel umgehängt. Mit anderen Worten: ein Absolutheitsanspruch eines im Prinzip relativen Gottesbildes wird konstruiert, und dieser wird dann im Mythos oder im Grundgefüge der Dualität gegen andere entsprechende Absolutheitsansprüche ins Feld geführt. Wenn man aber zwei oder noch mehr Absolutheitsansprüche hat, die gegeneinander im Machtkampf stehen, dann ereignet sich das, was wir in der Religionsgeschichte der letzten zweitausend Jahre so schmerzlich beobachten können. Denn zwei Absolute können nicht miteinander in Dialog treten. Zwei Absolute können auch nicht miteinander einen Diskurs pflegen, zumal zwei Absolute logisch ein hölzernes Eisen sind, geschichtlich aber den vorprogrammierten Auslöschungskampf bedeuten. Genau das ist passiert. Biblisch ausgedrückt ist dies aber die Ursünde wider den Heiligen Geist, die Idolatrie des Konkreten und Statischen gegen die Dynamik des göttlichen Geistes. Gegen diese Idolatrie haben sich Judentum, Christentum und Islam in der Frühzeit ihrer jeweiligen Geschichte und in Einzelgestalten und geistlichen Protestbewegungen auch später noch gewehrt, gegen eine Macht von Orthodoxie, die nun nicht einfach Orthodoxie ist, sondern in Wirklichkeit ein Herrschaftsoligarchismus.

Das ist, zusammengefasst, der zweite Punkt: Die Absolutsetzung des Konkreten, die aus dem Dualismus beider folgt, ist in der Geschichte der abrahamischen Religionen nicht vermieden worden, aber sie ist vermeidbar, wenn sich der relative Mensch mit seinen relativen Gottesbildern seiner Relativität bewusst wird. Genau das ist das Grundthema jeder Mystik. Und da bin ich wieder bei dem, was ich später als Therapie vorschlagen werde.

3. Der dritte Punkt ist die Historisierung des Mythos. Das Problem ergibt sich aus dem, was unter dem zweiten Gesichtspunkt erörtert wurde. Denn wenn wir uns im Mythos der Dualität befinden und das Gute gegen das Böse metaphysisch aufrechnen müssen, den guten Gott gegen den bösen Gott, in der altiranischen Religion Ahura Mazda gegen Ahriman – eine Mythologie die, aus dem Persischen kommend, über Babylon auch das Judentum beein-

flusst hat, was sich u.a. in den Auseinandersetzungen und Götterkämpfen zeigt, von denen auch die hebräische Bibel berichtet, unterschiedliche Gottheiten, die später auch synthetisiert worden sind, die ursprünglich aber einander heftig bekämpft haben, dann ist der ursprünglich Mythos der Dualität historisiert worden, indem diese Kämpfe der Mächte des Guten und des Bösen nun als Spiegelbilder der politischen Auseinandersetzungen auf Erden verstanden wurden. Dies ist das Denkmodell der Apokalyptik. Der Kampf Gottes gegen Satan als letzte Auseinandersetzung gegen die Hure Babylon, wie es in der Johannesapokalypse heißt, hat durchaus historische Konnotationen. Diese Historisierung des Mythos der Dualität in der jüdischen Religion und in der Christentumsgeschichte ist typisch, denn die Apokalypse des Johannes als letztes Buch der griechischen ist kein singuläres Buch. Es gibt viele solche Apokalypsen, z.B. auch Textabschnitte in den synoptischen Evangelien, also bei Markus[1], bei Matthäus[2] und Lukas[3] Diese Passagen haben literarische Vorlagen in der Zeit der Apokalyptik des Judentums, die ca. seit dem 4./3. Jahrhundert v. Chr. großen Einfluss ausübte und bis ins 2. Jahrhundert n. Chr. das Weltbild geprägt hat. Solche Texte repräsentieren ein ganzes Weltbild, das in jener Zeit durchaus plausibel war – tatsächlich eine Zeit des Chaos, des Untergangs, der Untergangsstimmung ganzer Reiche und politisch-religiöser Ordnungen. Unter ähnlichen Bedingungen hat dann die Apokalyptik in der späteren Christentumsgeschichte – bis heute übrigens – die Geister wieder erfasst und ist spürbar überall dort, wo ein bald mehr esoterisch gefasster, bald eher realpolitischer Endkampf der zuvor dualistisch aufgerichteten Mächte des Guten und des Bösen propagiert wird, ein Endkampf, der sich auch findet in den indischen Mythen zwischen den Devas und Asuras, zwischen den Kräften des Guten und des Bösen, historisiert in den epischen Erzählungen z.B. des schon erwähnten Rāmāyana. Auch die tibetische Mythologie des wunderbaren Reiches Shambhala hängt mit dieser apokalyptischen Tradition zusammen, und auch in der chinesischen Literatur gibt es genügend Parallelen. In der Tat, ein Mythos der Situation des Menschlichen, denn wer kennte in sich selbst nicht die Kraft dieser auseinanderstrebenden Mächte?

Das Problem ist nun aber dieses: Wenn der Mythos, in dem sich eine Grundstruktur des Menschlichen erweist, historisiert wird dahingehend, dass es nun heißt, dieser Endkampf werde jetzt in dieser historischen Epoche entschieden mit der Errichtung des berühmten Tausendjährigen Reiches, dann wird wiederum etwas Ungreifbares vergegenständlicht. Das Tausendjährige Reich, meine Damen und Herren, ist ja ein Mythos, der mit dieser Gestalt der Apokalyptik zusammenhängt und keine Erfindung des 20. Jahrhunderts. Der politische Zwang, ein entsprechendes Endreich zu erkämpfen, wo zwischen mythischen Mächten entschieden wird, die historisiert werden, hat folgerichtig die Gewaltgeschichte religiös legitimiert, die wir dann in der tatsächlichen Geschichte erkennen. Diese Durchdringung von Mythos und Historie, wie sie sich in der Christentumsgeschichte vorliegt, ist die einer der wesentlichen Gründe für das Unverständnis in der christlichen Religion gegenüber ihren eigenen Ursprüngen.

Die Christentumsgeschichte beginnt mit Jesus. Wir wissen von Jesus relativ wenig, aber doch so viel, dass er entgegen den religiösen und politischen Autoritäten seiner Zeit die unbedingte Gottesherrschaft anbrechen sah. Jedenfalls beginnt mit der ersten und zweiten Generation von Christen die Erwartung, dass diese Welt, so wie sie jetzt ist, noch in dieser oder der nächsten Generation zum Ende kommt. Wir kennen aus den Briefen des Paulus das Problem, dass der Apostel seine Gemeinden aufklären muss über die Unsicherheit angesichts der Tatsache, dass einige jetzt sterben, bevor das Ende der Welt kommt: Wer wird zuerst auferstehen? Werden die Lebenden zuerst verwandelt werden oder die Toten auferstehen? Was passiert, da doch das Ende der Welt unmittelbar bevorsteht? Diese Erwartung, die unmittelbare Gewissheit, in der Endzeit zu leben, ist direkt verknüpft mit den Ursprüngen der christlichen Religion, auch mit der Botschaft Jesu, auch mit der Verkündigung und den ethischen Vorstellungen, die man aus dieser Haltung heraus entwickelt. Man rechnete mit allem, nur nicht damit, dass eine zweitausendjährige Geschichte des Christentums folgen werde, schon gleich gar nicht damit, dass eine Weltgeschichte beginnen könnte, die weit über den Mittelmeerraum hinausreicht. Jetzt, allenfalls in der nächsten Generation, würde das Eschaton anbrechen. Das bedeutet eine radikal andere Sicht der Welt, des Menschen und der Geschichte, als wenn wir sie haben, die über zweitausend Jahre zurückschauen und vielleicht auch einige Jahrhunderte weiter nach vorn zu schauen wagen. Denn die so genannte Parusie, die Naherwartung Christi, dass die Welt zu ihrer Vollendung gebracht werde, hat sich bekanntlich nicht erfüllt. Und das ist das große Problem.

Denn jetzt richtet sich noch vor der konstantinischen Wende bereits im zweiten Jahrhundert die frühchristliche Bewegung, die aus einem apokalyptischen oder eschatologischen Geist geboren war, auf Dauer ein. Sie entwickelte Strukturen und Hierarchien – Diakone, Presbyter, Episkopoi, also Machtstrukturen, die einer himmlischen Legitimation bedurften. Nun beginnt der Mechanismus zu greifen, den ich unter dem zweiten Gesichtspunkt der Gottesbilder beschrieben hatte. Das ist natürlich nicht das Bewusstsein der ersten Generation gewesen. Aber in den späteren Schriften, auch im Matthäus-Evangelium oder eben in den späteren Paulusbriefen, zeigt sich bereits der Umbruch. Weit entfernt also, eine einheitliche Schrift zu sein, weit entfernt, auch nur ein einheitliches Weltbild zu haben, zeigt die Schriftensammlung der griechischen Bibel bereits eine ungeheure Komplexität an unterschiedlichen Geschichtsbildern, Weltbildern, Gottesbildern, Menschenbildern und dann natürlich auch unterschiedlichen Christologien. Es kann nicht anders sein, weil die Historisierung des Mythos und die Erwartung, dass diese Historie noch in dieser oder der folgenden Generation zum Ende kommen würde, sich nicht erfüllt hat.

Punkt zwei und Punkt drei kombiniert, also die Absolutheit des Konkreten und die Historisierung des Mythos, ergibt dann tatsächlich die ideale Basis für das, was wir so genial dargestellt finden – die kaiserlich proklamierte Einheitsreligion, die auf der Wesensidentität des Göttlichen und seines Stellvertreters beruht. Die angemessene Christologie, das probate Gottesbild wird eine erstrangige Staatsangelegenheit. Das erzeugt dann eine Zwangswesentlichkeit – ich übernehme dankbar Ihren Begriff –, den wir in der Kirchengeschichte als die Häresie kennen. Das Christentum hat die Idee der Häresie erfunden, der sich genau und nicht zufällig an der Schnittstelle dieser Problematik der Absolutierung des Konkreten und der Historisierung des Mythos, also an der Christologie, kristallisiert. Selbstverständlich gibt es Dissidenten auch in anderen Religionen, auch dort enorme Kämpfe zwischen verschiedenen Schulen und Richtungen – im Buddhismus etwa ist es keineswegs so friedlich zugegangen, wie das heute im westlichen Buddhismus gern ohne Kenntnis der Quellen behauptet wird – aber es gibt nicht die Häresie als Staatsverbrechen. Im Buddhismus konnten die unterschiedlichen Meinungen meistens zusammenleben, sogar unter einem Dach, in einem Kloster, wenn man nur die gemeinsamen Spielregeln, das heißt auch eine gemeinsame sittliche monastische Regel akzeptierte. Dissens in der Lehre ist auch in den schärfsten Zeiten der Auseinandersetzungen im Buddhismus kaum ein Grund gewesen, den anderen zu verjagen oder gar in die Hölle zu schicken. Das wiederum hängt mit der geschichtlichen Entwicklung zusammen, es hat nichts zu tun mit Leben und Lehre Jesu auf der einen und Leben und Lehre Gautama Shakyamunis auf der anderen Seite.

Hier müssen wir ansetzen, neu formulieren und neu gestalten, wenn wir der Verantwortung unseres Übergangs in eine neue Epoche der Religionsgeschichte, in einen weiteren Abschnitt der Evolution des Menschen, gerecht werden wollen. Es geht dabei weniger darum, bestimmte Lehren neu zu formulieren, sondern darum, die Gottes- und Menschenbilder neu zu gestalten, denn sie prägen die entsprechenden sozialpsychologischen Wirkungen. Dem sollen meine folgenden Überlegungen dienen. Das Bisherige war Vorrede.

4. Aspekte eines zukünftigen Gottes- und Menschenbildes – sieben Thesen

Ich habe dazu bereits sieben Thesen angekündigt, werde dann eine Zwischenbemerkung zur Mystik machen und fragen, ob die Mystik einen Einstieg in die Therapie, die Selbstbesinnung und die Rückkehr zum Ursprung bieten könne, um schließlich einige Beispiel der nicht-dualen Gestaltung von Wirklichkeit, von Gottes-, Menschen- und Weltbildern aus der indischen Religionswelt zu präsentieren.

Meine Damen und Herren, wir befinden uns heute in einer glücklichen Lage. Sie ist wohl gar nicht unähnlich der Lage der frühen Christen im Hellenismus, etwas glücklicher vielleicht, als die sich Griechisch zu artikulieren hatten – wie übrigens zuvor schon die Juden, die in der Diaspora lebten, Griechisch sprachen und bereits die Septuaginta verinnerlicht hatten und nicht mehr hebräische Bibel lasen. Aus Alexandria und anderen hellenistischen Zentren wissen wir, dass man in einer höchst multikulturellen Situation lebte – das Ägypten der Ptolemäer mit Cleopatra an der Spitze und Isis im Himmel ist ein gutes Beispiel dafür. Wir Heutigen leben in einer ähnlichen, aber noch viel weiter reichenden mythologischen und interkulturellen Situation, indem es uns zum ersten Mal möglich ist, fast alle unterschiedlichen Kulturen der Menschheit, die man bisher nur vom Hörensagen kannte, leibhaftig zu erfahren. Dass dabei sehr viel Oberflächliches und Unsinniges passiert, ist wohl wahr – Mutanten sind in der Evolution immer nützlich, auch wenn sie sich als Fehlentwicklungen und nicht lebensfähig erweisen. Wir haben zum ersten Mal die Möglichkeit, in unterschiedlichen Sprachformen aus unserer eigenen Tradition herauszutreten und, hoffentlich, mit aller gebotenen intellektuellen und spirituellen Redlichkeit in andere Möglichkeiten des Menschseins und der Erfahrung von Gottesbildern, Weltbildern und Mythen einzutreten. So auch in das Weltbild der Nichtdualität. Das ist ein großes Gut, und ich bin der Meinung, dass aus dieser Möglichkeit die Kräfte des Rettenden erwachsen werden, was immer das im Einzelnen heißen mag. Das ist die Folie, auf die ich nun meine sieben Thesen schreiben möchte:

1. Die erste These lautet:

Unterschiedliche Religionen sind nicht verschiedene Antworten auf ein und dieselbe Frage, sondern sie stellen verschiedene Fragen, weil Sprachen und mythische Bilder die Wirklichkeit unterschiedlich konstruieren.

Wenn wir heute in der interkulturellen Synthese versuchen, eine Therapie für die dualistische Intrige unserer Geschichte zu finden, dann nicht einfach dergestalt, dass wir sagen: Es gibt eine Frage des Menschen nach Leben, Tod und Sinn des Ganzen, und das Christentum antwortet mit (a), der Islam mit (b), der Hinduismus mit (c), der Buddhismus mit (d) usw., wobei ich mir dann die plausibelste Antwort heraussuche oder auch Kombinationen von Antworten zusammenstelle. Das ist natürlich in höchstem Grade naiv. Religionen sprechen verschiedene Sprachen, und die Religionen sind verschiedene Sprachen. Wer sich der Mühe unterzieht, eine sehr fremde Sprache zu erlernen – Chinesisch, Japanisch, Sanskrit oder Tibetisch – so erfährt man, dass es dabei nicht primär darum geht, lexikalische Äquivalente für das einzuprägen, was man auf Griechisch oder Hebräisch oder Deutsch gelernt und gedacht hat, sondern darum, in einer anderen Sprache anders zu denken. Die andere Sprache ist ein Gehäuse oder eine Brille, mehr noch, ein ganzer Lebensraum, der die Wirklichkeit einschließlich meiner selbst anders erfahren lässt. So gibt es Sprachen, die uns gewohnte Personalpronomina nicht kennen, die ganz andere Zeitmuster ausdrücken, die gestern und morgen nicht unterscheiden usw. Sprachen, die soziale Beziehungen ganz anders darstellen, die grundsätzlich zwischen einer Frauen- und einer Männersprache unterscheiden usw. Die Folge davon ist, dass soziale Beziehungen, Selbstwahrnehmungen, Identitäten und dergleichen in anderen Sprachen unterschiedlich aufgestellt und konstruiert werden. So verhält es sich auch mit Religionen. Mit anderen Worten: Religionen sind nicht verschiedene Antworten, aus denen man sich etwas Passendes heraussuchen kann, sondern sie sind verschiedene Fragen.

Aber wir sind in der Lage, Sprachen zu lernen. Wir sind auch in der Lage, unterschiedliche Religionen zu lernen, bis zu einem gewissen Grade jedenfalls, denn das Leben und die Kapazität des Menschen sind begrenzt. Eines wird schon bei dem Versuch gewonnen: Wir können durch die hermeneutische Verfremdung der anderen Wirklichkeitswahrnehmung die Relativität unserer eigenen Weltkonstruktion darstellen.

Und, meine Damen und Herren, das betrifft nicht nur unsere Gottesbilder, die wir wertschätzen, über die wir uns ärgern oder vielleicht auch lustig machen, sondern das betrifft auch unser Bild von uns selbst als »animal rationale«, als »homo faber«, als »homo oeconomicus« oder wie auch immer. Auch die moderne Wissenschaft unterliegt einer solchen sprachlich-kulturellen Relativität.

2. Die zweite These lautet:

Die Religionen erzeugen symbolische Konstruktionen von Wirklichkeit. Diese symbolischen Konstruktionen von Wirklichkeit haben erhebliche Fol-

gen für die Wahrnehmung, für das Handeln und alle weiteren kulturge-
schichtlichen Prozesse.

Das ist eine Binsenweisheit, und über die Folgen einer bestimmten Art der
symbolischen Konstruktion von Wirklichkeit haben wir heute gesprochen.
Ich möchte aber hinzufügen: Die Geschichte ist nicht eindeutig, denn die
Christentumsgeschichte, die Geschichte des Mittelalters zumal, hat auch
ganz andere Bewegungen hervorgebracht. Sie, Herr Simons, haben die
Christentumsgeschichte im Wesentlichen unter dem Gesichtspunkt der politischen Wirkung und des Kampfes um Macht dargestellt. Wir könnten die
Geschichte aber auch sozusagen von unten her darstellen, aus der Perspektive der »Underdogs«, und dann zeigen sich ganz andere Muster der Wahrnehmung, des Denkens und der sozialen Wirkungen. Man denke nur an die
Ketzergeschichte. Ketzer sind aber nicht nur jene Bewegungen, die hochoffi-
ziell als Ketzer betrachtet wurden, sondern darunter möchte ich die gesamte
Geistesgeschichte alternativer Konstruktionen von Wirklichkeit verstehen,
zum Beispiel auch die Mystik.
   Die Mystiker waren ja nicht verstreute Einzelne und bloße »Kandidaten
des Jenseits« (Feuerbach), sondern sie haben enorme kulturgeschichtliche
Leistungen vollbracht. Die dominikanischen Mystikerinnen und Mystiker
oder die Franziskaner haben alternative Gottesbilder und Gottesbeziehun-
gen entwickelt, und sie haben natürlich die Bibel anders gelesen als der Kle-
rus der Kirche, wenn sie sie überhaupt gelesen haben (da haben Sie sicherlich
recht, Herr Simons). Wie auch immer, die Konstruktionen von Wirklichkeit
differieren eben auch innerhalb einer Kultur, einer Religion, sie sind zeitlich
und räumlich verschieden, durch soziale Muster und psychologische Muster gleichsam unterschiedlich aufgefächert. Das hatte erhebliche Folgen für
das Handeln und für lokale kulturgeschichtliche Prozesse, aber eben auch
für die Wahrnehmung. Denn wir nehmen Wirklichkeit je anders wahr entsprechend den Projektionsmustern, unter denen uns – unbewusst oder bewusst – die Wirklichkeit erscheint. Mystische Erfahrungen und Deutungen
von Wirklichkeit haben bezeichnenderweise kein anderes Ziel, als diese Pro-
jektionsmuster durchlässig, durchsichtig zu machen und abzubauen.

3. Die dritte These lautet:

Die nicht-dualistische Konstruktion von Wirklichkeit lässt Wirklichkeit an-
ders erfahren als wir es unter einem dualistischen Wirklichkeitsmuster für
selbstverständlich halten.

Darüber hatte ich schon gesprochen und kann mir deshalb weitere Bemerkungen dazu sparen. Die metaphysische Intrige, von der Herr Kollege Simons sprach, stellt sich angesichts der asiatischen Religionswelt ganz anders dar und ist, wie mir scheint, im prinzipiellen Nicht-Dualismus möglicherweise vermeidbar. Was das heißt, müsste freilich erst ausprobiert werden, und ich lade dazu ein.

4. Die vierte These lautet:

Insofern sich das Christentum in seiner Geschichte an aristotelische oder andere dualistische Kategorien gebunden hat, hat es seine revolutionäre religiöse Grundintuition, nämlich die wesentliche Einheit von Gott und Mensch verspielt.

Ich kann das revolutionär Neue nicht einmal mit der Kopula »und« angemessen bezeichnen, sondern muss von Gott-Mensch sprechen, um die Einheit nicht als sekundäre erscheinen zu lassen, die einer zuvor wahrgenommenen Dualität folgt. Das Resultat dieses Verspielens waren die bekannten dualistischen Wirklichkeitskonstruktionen: dualistische Anthropologien, dualistische Kosmologien, dualistische Gesellschaftslehren usw. Und über die Resultate dieser Resultate haben wir gesprochen. Mir scheint: Nicht die konstantinische, sondern bereits diese dualistische Wende ist der eigentliche »Fall« des Christentums. Die konstantinische Wende hat nur politisch nachvollzogen, was geistig schon geschehen war.

Wie komme ich zu der Behauptung, die Grundintuition des Christentums vom Gott-Menschen sei religiös revolutionär? Das im Einzelnen jetzt zu begründen, reicht die Zeit nicht, zumal natürlich auch diese revolutionäre Grundintuition wieder eingebettet und ausgedrückt ist in der jeweiligen Zeit, nämlich in den Mythen, also den Wahrnehmungs- und Verhaltensmustern, die dem Juden Jesus zur Verfügung standen. Man muss ja auch eine Gestalt wie Jesus selbstverständlich im religionsgeschichtlichen Kontext sehen, im Kontext dessen, was vorher war und was nachher kommen sollte.

Ich will nicht behaupten, dass Jesus der einzige Jude gewesen wäre, der in dieser Richtung gedacht und gelebt hätte. Wir wissen ja, dass das berühmte Doppelgebot der Liebe – »Liebe Gott und Deinen Nächsten« – nicht eine Erfindung Jesu oder des frühen Christentums war, sondern alte jüdische Überlieferung ist. Jesus war ein guter Rabbi. Aber Jesus hat in einer radikalen Beziehung der Einheit mit Gott gelebt, und er hat die Folgen daraus prinzipiell jedem Menschen zugesprochen, d.h. er hat die Beschränkung der religiösen Wahrnehmung auf das Judentum aufgebrochen und entgrenzt.

Gewiss zeigt sich, dass dieser Kristallisationspunkt der frühchristlichen Geschichte tatsächlich nicht trennbar ist von der hellenistischen Religionswelt und all dem, was sich in jener Zeit an geistesgeschichtlichen Entwicklungen abgespielt hat, so auch der Impuls, tatsächlich eine Gott-Mensch-Einheit zu denken – Jesus war diesbezüglich in seiner Zeit nicht der einzige. Aber seine Gestalt ist ein klassisches Beispiel für die Historisierung des Mythos, insofern die Einheit von Gott und Mensch in seinem Leben und Geschick als historische Schnittstelle erscheint, nicht absolut und enthoben aller Geschichte, wohl aber historisch einzigartig.

Diese Grundintuition wieder lebendig werden zu lassen, sie in nicht-dualistischer Weise in das heutige Menschen-, Welt- und Gottesbild einzubringen, ist die Aufgabe.

5. Die fünfte These lautet:

Diese Aufgabe kann heute durch die Begegnung mit den religiösen Welten Asiens bewältigt werden.

Denn in diesen religiösen Welten, vor allem in Indien, ist der Nicht-Dualismus ins Prinzipielle erhoben. Auch das, was wir von Plato zu lernen hätten, reicht – wie mir scheint – nicht. (Aber ich kenne Plato vielleicht nicht gut genug, und hier gäbe es allemal sehr interessante Gesprächsmöglichkeiten.) Denn die Einheit in der Weltseele – in diesem selbstkommunikativen und sich selbst erzeugenden Universum – hat immer noch eine Einheit Gottes neben sich stehen, es sind immer noch zwei Weltenbereiche, wenn das bei Plato auch keine große Rolle mehr spielt.

Im indischen Mythos ist das sich selbst erzeugende, sich selbst bewusst werdende, sich selbst gebärende Universum die Gestalt Gottes. Daraus folgt eine fundamentale nicht-dualistische Einheit, ein Kontinuum. Die ganze Wirklichkeit ist nach indischer Auffassung eine sakramentale Einheit. Das g e s a m t e Universum ist Sakrament – und nicht etwa etwas ausgegrenzt Geweihtes, das dann von einer Priester-Religion verwaltet würde. Das zumindest ist die Anschauungsform im tantrischen Weltbild, die dann den gesamten Hinduismus und Buddhismus bis hinein in die ostasiatischen Kulturen geprägt hat.

Mir scheint nun aber, dass das Christentum mit seiner Intuition der Trinität zumindest einen Ansatz in dieselbe Richtung entwickelt hat – der vollkommenen Einheit von Gott, Mensch und Welt. Ich habe versucht, das zu begründen und detailliert auszuführen.[4] Die drei Aspekte, die eins sind, umtanzen einander (perichoresis), d.h. sie sind, was sie sind, in der Bewegung, die sich aus der Einheit der drei Aspekte ergibt. Dies ist eine symbolische Antwort auf die Frage, wie sich denn Gott und Mensch, Gott in der Welt, zueinander verhalten. Sind die Einzelwesen Seelenfunken, und was ist die Bedeutung des Mittlers, der als Urtyp des Menschlichen gedachte Mensch, der Christus? Der Begriff perichoresis taucht bei Johannes Damascenus auf. Das Bild des Tanzes ist aber ein sehr altes christliches, das allerdings nur in der apokryphen Literatur vorkommt: Jesus tanzt mit seinen Jüngern. Mir scheint, dass das Bild des Tanzes bzw. der Trinität eine Möglichkeit ist, innerhalb des Mythos der Dualität Gott und Welt zusammenzudenken. Welche Verwicklungen sich daraus ergeben haben, und welche machtpolitischen Konstellationen das auf der anderen Seite auch wieder hervorgerufen hat – denken Sie nur an den »filioque-Streit«[5], der ja höchst politisch ist –, das will ich jetzt nicht erörtern. Immerhin glaube ich, dass das Christentum Ansatzmöglichkeiten hat, die dualistische Spaltung der Welt zu überwinden. Dies, so meine ich, sollte entwickelt werden, um eine andere, eine nicht-dualistische Mentalität einzuüben, d.h. dieselbe nicht nur zu denken, sondern einzuüben bis hinein in alle Einzelbereiche des Lebens.

6. Die sechste These lautet:

Die Religionen, so wie wir sie heute kennen, sind Beispiele für unterschiedliche Wirklichkeitsbilder, die Projektionen eines Geistes sind, der sich transindividuell und transpersonal selbst strukturiert und damit das schafft, was wir Wirklichkeit nennen.

Was ich damit sagen will, ist dies: Unsere Gottesbilder sind unsere kulturgeschichtlichen Produkte, unser kulturgeschichtliches Haus, in dem wir uns einrichten. Dieses kulturgeschichtliche Produkt ist nicht eine sekundäre Wirklichkeit, die zu einer unmittelbaren Wirklichkeit hinzuträte, sondern sie ist selbst das, was wir als Wirklichkeit erfahren und benennen. Das heißt, unsere Kultur, unser Denken, unsere Begriffe, unsere mentalen Konstruktionen sind selbst die Wirklichkeit, in der wir sind. Was nicht heißt, dass es außen keine Wirklichkeit gäbe, sondern es heißt, dass ich Wirklichkeit nur in meinem Begriff von ihr kenne, und ich habe überhaupt keinen Begriff von dieser Wirklichkeit ohne je meinen Begriff. Mit anderen Worten: Die kulturellen Entwicklungsstufen des Menschen sind selbst Teil der Evolution des einen Geistes, der transindividuell und transpersonal sich selbst strukturiert und das schafft, was wir Wirklichkeit und Universum oder was auch immer nennen. Das ist die Denkform des Nicht-Dualismus.

7. Die siebente These lautet:

Die angezeigte Nicht-Dualität ist die Grundstruktur eines mystischen Bewusstseins.

Damit leite ich über zu dem, was ich zur Mystik sagen will. In meinen Überlegungen spielt das, was wir die mystischen Traditionen nennen, eine entscheidende Rolle. Ich möchte den Begriff vage lassen und darum nicht definieren, weil historisch sehr unterschiedliche Bewegungen zu benennen sind. Die Unbestimmtheit ist weniger ein Problem des Inhalts einzelner mystischer Erfahrungen und mystischer Verbildlichungen und Verbegrifflichungen dieser Erfahrungen, sondern hängt mit der Struktur des mystischen Bewusstseins überhaupt zusammen. Als diese Struktur des mystischen Bewusstseins bezeichne ich die ständige und kontinuierliche Selbsttranszendierung jedes Bildes und jedes Begriffes, der nichtsdestotrotz immer wieder und fortlaufend erzeugt wird, denn ich kann nicht ohne Begriffe und Bilder denken. Ich kann aber alle Bilder und Begriffe transzendieren, d.h. wieder relativieren und zurücknehmen, sobald ich sie gedacht habe. Genau diese Zurücknahme ist die Struktur des mystischen Bewusstseins.

Diese Einsicht scheint mir außerordentlich wichtig zu sein für die interpersonale Strukturierung unserer Diskurse in der Menschheitsgeschichte und aller zukünftigen Evolution der Religionsgeschichte. Lassen Sie mich das konkretisieren. Man könnte einwenden, dass das, was ich hier vortrage, typisch zen-buddhistisch sei und nicht zur Verallgemeinerung tauge. Ich antworte darauf, dass mir in der Tat jede Einsicht in dieses Problem durch Zen deutlich geworden ist. Wenn ich aber in dieser Perspektive die mystischen Traditionen quer durch die Religionen lese, ergeben sich multidimensionale Echos, und zwar signifikante Echos, nicht solche, die nur die ›Obertöne‹ betreffen würden.

Darum erlaube ich mit einige knappe Bemerkungen zur Mystik. Mystik scheint mir tatsächlich eine Struktur zu sein, in der das aufleuchten könnte, was Sie, Herr Simons, wahrscheinlich mit dem Begriff ›Kosmopolitie‹ meinen. Mystik beruht natürlich auf mystischen Erfahrungen[6]. Deren Eigentümlichkeit ist es, dass sie das, was wir das Transzendente oder Übersinnliche oder irgendwie anders nennen, in äußerst sinnlich konkreter Form zur Anschauung bringen. Das Mystische ist zwar das schlechthin Transzendente und der Sprache entzogen, aber gerade deshalb kann es wohl nur in sinnlich konkreter Form erscheinen. Es ist also nicht völlig abgehoben als etwas, das man sich überhaupt nicht vorstellen kann oder nur einer transzendentalen Verdünnung gegen jede Sinnlichkeit erfahren dürfte, sondern das Mystische ist die vollkommene Konzentration und Konjunktion aller mentalen, spirituellen, emotionalen und physischen Dimensionen im Hier und Jetzt dieses Augenblicks. Jedes Bild oder jede konkrete sinnliche Erfahrung, sei es diese oder jene, kann in diesem Augenblick zur Öffnung für das Transzendente werden. Das hängt ab von der Bewusstseinsintensität des Subjekts. Wenn ich daraus aber nun wie-

der ein normatives Bild mache, diese Erfahrung also absolut setze, dann
wird es ein Gottesbild, was statisch ist und aus dieser mystischen Dynamik
herausfällt. Der Mystiker wird also im nächsten Moment nach seiner Erfahrung wieder im Hier und Jetzt sein, aber im nächsten Hier und Jetzt. Das
Ewige Nun ist die absolute Gegenwart, diese ist aber nicht statisch, sondern
wandert in der Zeit. Der Mystiker kann im Wandel, in der Dynamik des Geschehens der Wirklichkeit, der geistigen Evolution – wenn man so will – jeweils mitschwingen und nicht an irgendeiner Stelle einen Klumpen im Strom
des Geistigen – und das Materielle ist nur eine andere Form des geistigen Geschehens – bilden. Das Spezifische der betreffenden Bewusstseinserfahrun-
gen, die wir mystische nennen, besteht im allgemeinsten Sinne darin, dass
die Wirklichkeit in ihrer Unmittelbarkeit – was immer das heißen mag –
plötzlich so aufleuchtet, dass ein andauerndes Gefühl, eine andauernde Gewissheit, eine »certitudo« von unbedingter Freiheit da ist. Eine unbedingte
Freiheit, die durch nichts bedingt ist, heißt: weder bedingt durch innere Projektionen noch durch innere Traditionsbilder, seien sie individualgeschicht-
lich oder kollektivgeschichtlich, religionsgeschichtlich oder sonst wie vermittelt, sondern eine unmittelbare Freiheit der Einheit mit der Dynamik der
universalen Entwicklung.

So etwas ist gefährlich, und deshalb ist das erste, was man über Mystiker
in den Religionen sagen – sei es in der christlichen, sei es in der jüdischen,
sei es in der islamischen oder auch in der indischen –, dass sie subversiv sind.
Die Wahrheit oder das, was wir als Wahrheit, als das Entbergen des Seins
oder – im Sanskrit – als das Ins-Dasein-Springen des Seins, *satya*, nennen
können, ist nicht ein Entbergen von etwas, was verborgen war, sondern es
ist das, was einfach jetzt in diesem Moment wirklich wahrgenommen wird
und also die Wahrheit dieser mystischen Erfahrung zu nennen wäre, der Zusammenfall aller Gegensätze, die »coincidentia oppositorum«, in Raum und
Zeit und der Kategorie kausaler Erscheinungen. Dieser Zusammenfall kann
in einer zweiwertigen Logik nicht widerspruchsfrei gedacht werden, weshalb
mystische Erfahrungen auch nicht in das Korsett der Logik zwingbar sind.
Was das hinsichtlich der Zeitwahrnehmung bedeutet, habe ich andernorts
zu erörtern versucht[7].

Der Erfahrende erlebt – und das wiederum transkulturell ziemlich einheitlich – diese mystische Erfahrung mit einer selbstevidenten Gewissheit. Warum? Weil das Subjekt der Erfahrung zeitewig in einem Ganzen aufgehoben
ist und darin heitere Ruhe findet. Das scheint mir die äußerlich wahrnehm-
bare Qualität der mystischen Erfahrung zu sein. Erfahrung – ich will doch
noch eine Definition dieses Begriffs versuchen – Erfahrung in diesem Sinne
ist die Teilhabe an einem Ereignis, und dieses Ereignis ist im Falle mystischer
Erfahrung die Repräsentation des Ganzen. Jede solcher mystischen Erfah-

rungen ist natürlich höchst subjektiv, aber sie bezieht sich auf eine transsubjektive Wirklichkeit und wird auch in transsubjektiven gemeinschaftlichen Prozessen gemacht und dann auch mitgeteilt.

Wenn ich sage, jede mystische Erfahrung sei subjektiv, folgt daraus selbstredend die prinzipielle Pluriformität mystischer Erfahrungen. Da gibt es also keine Möglichkeit, Absolutheitsansprüche anzumelden. Freilich, um für denjenigen, der eine solche Erfahrung macht, bewusst wahrnehmbar zu werden, muss die Erfahrung bereits in einem Deutungskontext erscheinen, denn ohne einen Deutungskontext ist keine bewusst wahrgenommene Erfahrung möglich. In diesem Sinn ungedeutete Erfahrungen gibt es nicht. Des Weiteren kann ein Mystiker seine Erfahrung nur in einer spezifischen Sprache und in spezifischen Bildern mitteilen, und er wird es zunächst tun in den Bildern der Tradition, die er kennt, in der Sprache, die ihm vertraut ist. Seine Deutung kann sich allerdings gerade negativ auf die eigene religiöse Bilderwelt beziehen, indem er sich von diesem Deutungskontext absetzt. Aber indem er sich absetzt, ist er immer noch abhängig von diesen Bildern. Dennoch ist es nicht erst die Mitteilbarkeit der mystischen Erfahrung, die eine Deutungskontext voraussetzt, sondern überhaupt die Bewusstwerdung im Individuum selbst. Ich drücke es gern so aus: Ein Mystiker weiß, dass er entrückt und nicht verrückt ist, nur durch den Deutungskontext der interpretierenden Gemeinschaft der anderen. Er braucht diesen intersubjektiven Bezug.

Obwohl also mystische Erfahrung etwas höchst subjektiv Intimes ist, bedarf sie der intersubjektiven Einbettung und ist immer schon in eine intersubjektive sprachliche Gemeinschaft eingebettet. Sprachphilosophisch ist das eine Binsenweisheit, aber man muss es immer wieder sagen: Nicht erst die soziale Vermittlung an andere, sondern bereits die Wahrnehmung mystischer Erfahrung stellt dieselbe in einen Kontext von Deutung und Interpretation. Und weil Deutungen intersubjektive Kommunikation voraussetzen, die eine bestimmte Rationalität implizieren, ist jede mystische Erfahrung, sofern sie sich subjektiv und intersubjektiv vermittelt, an die Rationalität, an die Symbolik und die Kommunikationsmuster einer Kultur, einer Tradition, einer Religion gebunden.

Mystische Erfahrung hat also einen merkwürdig janusköpfigen Charakter, dass sie nämlich einerseits jede Tradition und jedes Bild transzendiert, nicht selten auch zerschmettert, und sich dabei ikonoklastisch gebärdet, gleichzeitig aber an der jeweiligen Tradition, an der Sprache, an den Kommunikationsmustern, an der Symbolik spezifischer Kulturen partizipiert, und das deshalb, weil sie eine konkrete Erfahrung ist. An dieser Schnittstelle ist mystische Erfahrung, wie die Religionsgeschichte belegt, subversiv. Weil Mystiker – und das gilt für die hinduistischen Bhakti-Mystiker um Caitanya ebenso wie für diejenigen, die in der Rezeptionsgeschichte der Bagavadghita stehen, für die *śivaitischen* Alvars in Südindien ebenso wie für einen Rumi oder einen Al-Hallaj im Sufismus oder für den Dominikaner Meister Eckhart oder für die Beghinen, von denen Eckhart ja gelernt hat – weil Mystiker die Grenzen der jeweiligen Sprache und Bilder der Religion, damit meine ich vorzüglich die Gottesbilder, die in den Traditionen konstruiert werden, also alles, was ich vorhin unter dem zweiten Gesichtspunkt sagte – weil sie diese angesichts ihrer eigenen Art von Erfahrung kennen, widerstehen sie, meistens jedenfalls, der Versuchung, bestimmte Bilder und Begriffe, ja Bilder und Begriffe überhaupt, für allgemein gültig zu erklären.

Aus diesem Grunde ist mystische Sprache nie deskriptiv gemeint, als wollte man etwas Objektives beschreiben, sondern sie ist evokativ, das heißt mystagogisch. Sie will nicht beschreiben, was ist, weil sich, was ist, ohnehin nicht beschreiben lässt, sondern sie möchte den jeweiligen Hörer oder Leser dazu anregen, sich selbst auf den Weg der Erfahrung zu machen. An der Bewusstheit dieser mystagogischen Intention gegenüber einer deskriptiven kann geradezu die Qualität von mystischer Erfahrung abgelesen werden. Hingegen ist immer da, wo ein bestimmtes Bild oder eine bestimmte Wirklichkeitsaussage oder ein bestimmtes Vorbild für allgemeingültig erklärt wird, größte Vorsicht geboten.

5. Ein nicht-dualistischer Mythos

Ich möchte nun fragen, wie ein nicht-dualistischer Mythos aussehen könnte, der in der Gegenwart plausibel wäre. Wie kann sich eine Religiosität verbildlichen oder darstellen, die nun genau diese Intrige der Dualität, des Auseinanderreißens von Gott und Mensch, von Welt und Gott, von Gott und Natur, Natur und Gott, Natur und Mensch, Volk und Volk, überwunden hat – Sie erinnern sich an die Bemerkung von Suzuki Daisetsu, die ich anfangs zitierte. Es geht um einen Mythos, der das Auseinanderstreben der zusammengehörigen Daseinselemente im kulturellen Bewusstsein vermeidet.

Dafür möchte ich zwei Mythen aus der indischen Religionswelt, beziehungsweise einen Mythos und eine interpretierende Tradition aus Indien anführen, um die Richtung des entsprechenden Gedankens zu illustrieren. Ich meine den Mythos des Gottes Śiva.

Die indische Religionswelt ist weit davon entfernt, einheitlich zu sein. Man muss ernsthaft fragen, ob der Hinduismus überhaupt eine einheitliche Religion in Sinne von Religion sei, wie der Begriff in Europa verstanden wird, d.h. eine gesellschaftliche Institution mit Lehraussagen, sozialen Strukturen, festgelegten Kriterien der Traditionsbildung und so weiter. Vielmehr haben wir in Indien eine schier unerschöpfliche Fülle von mythischen Bildern, Philosophien, Denkentwürfen, Lebensentwürfen usw. Das reicht von atheistischen, die jede Geisteswelt und letztgültige moralische Verantwortlichkeit verleugnen bis hin zu hochmythischen personalistischen Frömmigkeitsformen. Wir haben den Yogi neben dem Bhogi, also den Asketen neben dem Lustmenschen, der im Genuss nicht nur schwelgt, sondern sich geradezu darin verbrennt – all dies zählt zur indischen Religionswelt. Śiva ist in der *śivatischen* Richtung des Hinduismus der oberste Gott, der sich allmählich zum monotheistisch gedeuteten Allmächtigen entwickelt hat, so wie ja in der israelitischen Geschichte Jahwe erst im Laufe der Zeit zu dem einzigen Gott wird. *Śiva* also als *Maheśvara*, als Großer Herr, der im Wechselspiel mit seiner weiblichen Kraft, *śakti*, die Dinge hervorbringt und wieder in sich zurücknimmt. Dies ist ein großer Mythos von der Einheit der Wirklichkeit. Ein anderer kreist um *Viṣṇu*, ein dritter Mythos verherrlicht *Devī*, die große göttliche Mutter.

Śiva ist der große Yogi. Er sitzt auf dem Berg *Kailaśa* im Himalaya, der wie ein gigantischer Phallus aus den tibetischen Hochebenen aufragt. Dort sitzt er im reinen Schnee in ewiger meditativer Versenkung. Gleichzeitig ist dieser große Yogi aber derjenige, der sich im ständigen Liebesspiel mit seiner *Śakti*, d.h. mit seiner weiblichen Ergänzung, mit der Göttin selbst verzehrt. Aus dieser Liebesumarmung, aus dieser Hitze (tapas) – in einem anderen Bild ›durch das Quirlen des Weltenozeans‹ entsteht die Welt. *Śiva* ist also der große Yogi in ewiger Versenkung im kühlen Schnee und er ist gleichzeitig der große heiße Liebhaber und Beweger. Er ist aber auch der große Tänzer Naṭarāja, der den kosmischen Tanz der Schöpfung und Zerstörung des Geschaffenen tanzt, in diesem Tanz ein rhythmisches Muster erzeugt, durch das dem Chaos gewehrt wird – und daraus entsteht der geordnete Kosmos. *Śiva* ist nicht einfach der Schöpfer, der von außen die Welt anstößt, sondern er bewegt den Lauf der Welt, ja, er ist diese Bewegung. Er tanzt die Welt durch seine Selbstbewegung, die dann allerdings in einer Polarität zwischen ihm und seiner *śakti* – dem Weiblichen – geschieht. Das ist nicht Dualität, sondern Polarität, denn eins ist im anderen und auf das andere bezogen. Erst durch diese primäre Relation wird das geschaffen, was die Energie und die Ordnung erzeugt, die dann die Welt hervorbringt. Tanz ist also die kreative Kraft, die Einheit des Rhythmus in der zeitlichen Bewegung, in der die Ordnung, nach der sie abläuft, im Geschehen des Tanzes selbst von Augenblick zu Augenblick neu geschaffen wird.

Die Ordnung des Tanzes oder die Ordnung der Welt, die Gesetze der Ästhetik und die Naturgesetze sind wahrscheinlich nicht überzeitlich existent, als wären die Gesetze eine Idee oder Form, in die sekundär ein Material gepresst würde, sondern die Strukturen, das heißt die Gesetze, der Rhythmus der zeitlichen und räumlichen Strukturierung entstehen selbst im Tanz, in der Evolution des Seins. *Śiva* ist also alles in allem, er ist Materialursache, Wirkursache, Ziel-Ursache der Welt in einem. Das ist es, was das Bild des Tanzes hier mythisch ausgedrückt. *Śiva* ist damit weder an eine vorherige Ordnung gebunden, noch steht er der Welt fern gegenüber, sondern er *ist* seine Bewegung, und in dieser Bewegung ist er alles in allem, das, was wir Welt nennen. Und zwar so, dass – ich deutete es schon an – von vornherein die Polarität in ihm ist, die diese Bewegung überhaupt erst ermöglicht, die Polarität nämlich von *Śiva* und *Śakti*, dem Statischen und dem Dynamischen, dem Männlichen und dem Weiblichen, dem – um es chinesisch zu sagen – Yin und Yang. Er ist die *arché*, das letzte Prinzip der Welt, aber darin nicht ein Wesen hinter den Gegensätzen, sondern er *ist* die Polarität der Gegensätze selbst. Mit anderen Worten: Er ist selbst die Dynamik der coincidentia oppositorum und – ich gebrauche ein weiteres Bild des Nikolaus von Kues – nicht etwa das, was hinter der Mauer der coincidentia als ewiges statisches Sein vorgestellt werden könnte, sondern er ist die Dynamik selbst. Das ist ein nicht unwesentlicher Unterschied zwischen dem *Śiva*-Mythos und der Vorstellung des Nikolaus von Kues.

Nach diesem Modell erscheint die Welt als dynamische Einheit, die sich selbst in ihrer Dynamik beständig hervorbringt und zurücknimmt. Dies ist ein Prozess, an dem alle nur denkbaren kognitiven und ästhetischen Strukturen sich spielerisch ausprobieren und entwickeln. Gott selbst ist diese Welt, ist in dieser Welt und in der Unerschöpflichkeit seiner Potentialität gleichzeitig jenseitig dieser Welt. Die Welt und die Zurücknahme der Welt sind nur das ständige Aus- und Einatmen dieser Bewegung. Schöpfung und Zerstörung sind nur zwei Momente an dem einen dynamischen Geschehen, an dem einen Tanz – in der Tat einem Reigentanz – zwischen *Śiva* und *Śakti*. Und so wird dann auch verständlich, dass die drei Merkmale, die ich zunächst nannte und die überhaupt nicht zusammenzupassen scheinen, nämlich die ekstatische Sexualität, die Meditation und die tanzende Bewegung, ganz und gar vereint sind in diesem Gott. Die Einheit des Dynamischen und des Statischen, eine Einheit, die den Rhythmus des Lebens darstellt.

Die große Entdeckung der indischen Religionen, die auch diesem Mythos *Śivas* zu Grunde liegt und später in der indischen Religionsgeschichte eine philosophische Gestalt annehmen sollte, ist das, was wir heute einen prinzipiellen Holismus nennen würden. Ob man nach außen oder nach innen schaut, das Resultat ist immer das Eine, denn alles ist Selbstbewegung Gottes oder der *Śakti* Gottes. Man hat diese Intuition in unterschiedlichen begrifflichen Systemen ausformuliert. Wir finden dies z.B. auf der Ebene eines mittleren Abstraktionsgrades in den Upaniṣaden, diesen Urgesteinen indischer Philosophie und der daraus entwickelten Philosophie der *vedāntischen* Systeme, etwas also um 800-400 v. Chr., wo die Identität des *brahman* und des *ātman*, des Absoluten und des inneren Selbst, gedacht wird. Dabei ist alle Realität letztlich nichts anderes als Ausformung eines zu Grunde liegenden Selbst, eben des *ātman*, des inneren Lenkers *(antaryāmin)* von allem. Der Begriff *ātman* ist sprachlich tatsächlich verwandt unserem Atem, und seit dem 19. Jh. haben wir uns an die Übersetzung S e l b s t gewöhnt, und bis heute gibt es dazu noch keine akzeptable Alternative. Jedenfalls ist dies der Grund, der Sitz des Lebens oder die Grunddynamik, der Grundvollzug, die Grundbewegung des Lebens vor jeder Dualität und Dynamik. Und dieser *ātman* ist identisch in allen Wesen, und er ist identisch mit dem *brahman*, dem Inbegriff für die transpersonale Wirklichkeit, die wir (und auch zahlreiche indische Schulen der Frömmigkeit und des Denkens) G o t t nennen. Aber damit ist natürlich nicht irgendein unendliches Wesen außerhalb der Endlichkeit oder irgendwo noch innerhalb der Endlichkeit gemeint – das wäre ein unakzeptabler Widerspruch – sondern die Einheit der Realität, wobei das *brahman* diese Einheit gleichzeitig auch immer wieder transzendiert, insofern eine begriffene Einheit nicht mehr die offene Dynamik des unendlichen Einsseins repräsentieren kann.

Das ist nur eine andere Ausdrucksform desselben zu Grunde liegenden Mythos. Ich habe dies, wie gesagt, mit der christlichen Trinitätslehre verglichen. Will man deren Intuition nicht nur an die griechische Sprache und Vorstellungswelt binden – also Katogorien des »homoios« und »homoousios« entfalten –, so kann man in Sanskrit durchaus das als Parallele anführen, was ich soeben im Mythos und in der Begriffsform der brahman-ātman-Mystik vorgestellt habe.

Ich möchte aber noch eine weitere indische Tradition anführen, weil sie tatsächlich in Indien die Religionsgeschichte sehr stark bestimmt hat. Es handelt sich um die Tradition des *Śaktismus*, wo die *Śakti* selbst, die göttliche Urpotenz, weiblich gedacht wird. Sie ist hier nicht nur das Empfangende und vielleicht Passive, sondern die aktive Schöpfermacht selbst. Es ist interessant, dass damit in Indien – zumindest im Mythos – die Geschlechterrollen umgekehrt sind: Das Weibliche ist das Aktive, und das Männliche muss durch das Weibliche in der ewigen Kopulation überhaupt erst zum Leben erweckt werden. Da ist also die *Śakti* das Prinzip, die Kraft, der Anfang. Diese Grundhaltung wird nun in der Verehrung der Göttlichen Mutter prägend für eine große und weit verbreitete Tradition Indiens, sie wird darin bewusst und im Bilde angeschaut. Und auch hier begegnet uns, wenngleich in anderen Bildern angeschaut, das nicht-dualistische Modell der Welt wieder, d.h. die Einheit von Gott-Mensch, die Einheit von Gott, Natur und Mensch und allem, was kreucht und fleucht, und auch nicht kreucht und nicht fleucht. Die göttliche Kraft also, die das Unmanifeste als Universum entfaltet, ist seit alters – und das reicht an religionsgeschichtliche Wurzeln zurück, die vor der patriarchalen Entwicklung liegen – als Große Mutter verehrt worden. Auch hier können wir religionsgeschichtliche Entwicklungen erkennen, die Überschneidungen und Verschmelzungen verschiedener Gottesbilder, die Identifikationen von unterschiedlichen Gruppen, die einstmals getrennt gelebt und damit auch getrennte Gottesbilder hatten, die dann in einem Gott verschmolzen worden sind, was einer der Gründe dafür ist, dass es zu ganz widersprüchlichen Attributen und Gestalten dieser einen Gottheit kommt. Dies alles ist Widerspiegelung der Geschichte entsprechender Gruppen, Stämme und Völker, die sich nun in der geschichtlichen Synthese in dem entsprechenden Gottesbild wiederfinden. Eine äußerst komplexe Geschichte also. Und diese Göttin heißt in Indien *Kālī* oder Durga oder *Parvatī,* und sie erscheint auch unter vielen, lokal begrenzten, Gestalten.

Die *Śakti* ist als Göttin Inbegriff der Schönheit, aber auch Inbegriff des Verschlingenden und Schrecklichen, des Verlockenden und Zerstörenden. Bezogen auf *Śiva* ist sie im *Śivaismus* durch *Śiva* »gezähmt« und wundervoll anzuschauen. In der *viṣnuitischen* Religionen kehrt sie als Gemahlin *Viṣṇus* wieder, als *Lakṣmī* oder *Sarasvatī,* Inbegriff der Fülle und der Wissenschaft und Kunst. Vor allem ist es aber die erotische Bilderwelt der *Kṛṣṇa-Rādhā*-Legenden, die eine unvergleichliche Liebesmystik in Indien hervorgebracht hat. Hier erscheinen das Weibliche und das Männliche wieder in Polarität, das Liebesspiel *Rādhās* und *Kṛṣṇas* freilich setzt sich über alle bürgerlichen Konventionen hinweg, so wie die Liebe der Seele zu Gott unbedingt und alle Schranken sprengend ist. *Kṛṣṇa* verführt *Rādhā* und ihre Freundinnen ständig, und so kommt es zu allen möglichen Verwicklungen und Kämpfen, wie im menschlichen Leben auch. Aber es zeigt sich in dem allen vor allem dies: unsägliche Freude und Lust am Leben. *Kṛṣṇa* und die *Rādhā* sind herrlicher Ausdruck der erotischen Unbefangenheit, aber gleichzeitig natürlich symbolischer Inbegriff der Sehnsucht der Seele nach Gott, die sich der Gefahr aussetzt, in ihrer Ergriffenheit von dem transpersonalen Mysterium des Gottes selbst verbrannt zu werden.

Die Einheit beider Aspekte wird in einer besonders schönen Anschauungsform, im *Ardhanarīśvara,* angeschaut. Wer einmal indische Kunst betrachtet hat, kann diese hinreißend schöne Figur nicht vergessen, die Gestalt des Gottes *Śiva,* halb Mann, halb Frau. Und zwar halb Mann, halb Frau nicht unterteilt nach oberer Hälfte Mann und unterer Hälfte Frau (oder umgekehrt), sondern in der Vertikale geteilt. Die eine Seite der Gestalt ist mit

Beinkleidern angetan, die sich um wundervoll geschwungene üppige Hüften winden, mit einer ausgearbeiteten Brust; die andere Seite ist durch männlich kraftvolle Schultern, entsprechend schmale Hüften und nackte Beine gekennzeichnet. Der Unterschied wird bis ins Gesicht hinein komponiert, bis in die Augenform, und zu einer vollkommen Gestalt gebracht. So sieht die einheitliche wunderbare Urnatur aus, die zwei Hälften, bevor sie sich trennen, um an Platons Symposion zu erinnern. Die Gestalt zeigt im künstlerisch vollendeten Ausdruck, dass das absolute und das unveränderliche Geistprinzip eines energetischen Gegenpols bedarf. Und der ist, wie ich sagte, in den indischen Religionen fast immer weiblich.

Selbst in der Philosophie des Yoga, die in bestimmter Hinsicht eher einer dualistischen Denkstruktur folgt, dann aber doch den Dualismus durch Praxis überwinden will, tritt ein weibliches Prinzip der Evolution auf: die *prakṛti,* die Natur, das Universum, was selbst evolviert, und dem *puruṣa,* den männlichen geistigen Prinzip gegenübergestellt wird, der allem unbewegt zuschaut.

Berühmter noch als diese Tradition und in Nordindien weit verbreitet und gesungen ist das in siebenhundert Strophen eingeteilte bengalische Gedicht *Cāṇḍī* oder der Text *Devi Mahātmyā,* in dem die Herrlichkeit der göttlichen Mutter unter dem Namen *Mahākālī* im ersten Kapitel, *Mahālakṣmī* im zweiten bis vierten Kapitel, und *Mahāsarasvatī* im fünften bis achten Kapitel angerufen wird. Hier kann man besonders deutlich sehen, wie der menschliche Genius in der Religionsgeschichte synthetisch zu wirken und zu leben vermag, wie hier sehr unterschiedliche Gestalten und unterschiedliche Gottesfiguren unter die Erfahrung des einen dynamischen Prinzips der Wirklichkeit gebracht werden, ohne dass ein Aspekt geopfert, ausgeblendet oder verdrängt werden müsste. Vielmehr zeigt sich, wie durch Integration menschliches und vielleicht im weitesten Sinne auch universales Wachstum möglich ist.

Denn *Mahākālī* war einst eine schreckliche Dämonin in den Wäldern Indiens gewesen, die sich an Leichenplätzen nährt von den Leichnamen, die am gruslingen Ort haust und spukt, eine Dämonin, die später zur universalen Göttin der Zerstörung wurde, aber gerade in dieser Zerstörungskraft auch die benevolenten Aspekte der Barmherzigkeit entfalten konnte. Das ist eine lange Religionsgeschichte, die natürlich psychologisch interessant ist. Und dieser Aspekt wird nun synthetisiert und integriert mit *Mahālakṣmī,* der Göttin des Glücks, der Fülle, der Schönheit, die den Lotos zum Attribut hat, die der Welt alle Schönheit spendet, wenngleich diese Schönheit vergänglich ist und gerade darin sich auch die Vergänglichkeit der Schönheit darstellt. Und diese wiederum wird verbunden mit *Mahāsarasvatī.* Sie ist die Göttin, die über den Universitäten wacht, die Göttin der Weisheit und des Lernens, wenngleich sie sich manchmal auch auf Reisen begibt und von den Universitäten Abschied zu nehmen scheint. Nichtsdestotrotz, diese drei Göttinnen werden hier miteinander identifiziert. Damit wird die Einheit von Schönheit, von Weisheit, von Lernen, von tobender Raserei, auch in Form der Gewalt, angeschaut als das eine Spektakel der Welt, als das Spiel (im Sanskrit die *līlā*) – des unendlichen schöpferischen Universums.

Und nun habe ich weiter zu berichten, wie diese Göttin als Schöpferkraft (*māyā*) *Viṣṇus* vorgestellt und gepriesen wird. Daran kann man wieder unschwer erkennen, wie die Dinge nicht-dualistisch vereint werden. In einem wunderbaren Hymnus heißt es:

Verehrung der Göttin, immer wieder Verehrung,
die in allen Wesen als Bewusstsein wohnt.

(Hier steht der Begriff *cetanā*, also der Begriff für alle bewusste Aktivität des Menschen, nicht aber nur in Menschen, sondern natürlich auch in allen anderen Formen des Lebens, in tierischen, dämonischen, angelischen usw.)

»Verehrung der Göttin, die in allen Wesen in der Form intuitiver Einsicht wohnt.«

(Hier steht der Begriff *buddhī*, die höhere intuitive Vernunft.)

»Verehrung der Göttin, die in allen Wesen in Form von Schlaf ist,
der Göttin, die in allen Wesen in Form von Hunger ist,
Verehrung der Göttin, die in allen Wesen in Form von intellektueller Reflexion ist,
Verehrung der Göttin, die in allen Wesen in Form von Kraft ist,
Verehrung der Göttin, die in allen Wesen in Form von Durst ist,
Verehrung der Göttin, die in allen Wesen in Form von Vergebung ist ...«

Friede, Freude, Glück, Barmherzigkeit, Glaube, die individuelle Herkunft des Menschen, die Elemente auch der Irrtum, die Zufriedenheit, all das sind Formen der Präsenz der Göttlichen Mutter. Nicht nur das, was wir als die erfreulichen Eigenschaften auswählen und klassifizieren, sondern auch der Irrtum und die entsprechenden Folgen sind Formen der *Viṣṇumāyā*, dieses Spiels der Kräfte des einen göttlichen Universums mit sich selbst. Es kommt auf die Integration an. Es kommt auch auf die Integration des Irrtums an, auch auf die Integration der Gewalt. Diese Elemente werden nicht abgespalten oder in einen zweiten Gott projiziert, der dann am Firmament den ewigen Kampf gegen das Gute kämpfen würde, sondern das Widrige ist ein Aspekt an der göttlichen Kraft selbst. Die Göttliche Mutter ist hier die Fülle des Universums, die Ganzheit der Natur, die *prakṛti* selbst.

Soviel zu diesem indischen Mythos. Was bedeutet dies für die Frage, wer der Mensch sei, für die Frage, was Personalität oder personale Freiheit des Menschen wäre? Was heißt es, individuell zu sein oder Person zu sein und gleichzeitig am transpersonalen Bewusstsein zu partizipieren?[8] Was heißt es, einerseits gleichsam nichts anderes zu sein als die verlebendigte und aktualisierte Kraft der ewigen Göttin, der *Viṣṇumāyā*, oder der *Śiva-Śakti*-Polarität, und gleichzeitig doch ein individuelles Wesen mit einer eigenen kontingenten, das heißt auch unwiederholbaren und einzigartigen, Geschichte zu sein? Mit anderen Worten: Wie wird Individuation gedacht, oder was ist das Verhältnis von Personalität und Transpersonalität?

6. Endbemerkung und Schlussthesen

Dies sind keineswegs »westliche Fragen«, und man kann besonders an der Geschichte der buddhistischen Philosophie in Indien zeigen, wie dieses zentrale Thema in der Geschichte des Denkens in Indien eine bedeutende Rolle gespielt hat[9]. Ich möchte zum Schluss kommen, und nach einer allgemeinen Bemerkung noch zwei Schlussthesen formulieren.

Die allgemeine Bemerkung: Mit scheint, dass es der homo religiosus in allen Kulturen und zu allen Zeiten, jedenfalls so weit wir die Geschichte kennen, in der Spannung zwischen Zeit und Ewigkeit lebt. Die Art und Weise, wie sich Zeit und Ewigkeit zueinander verhalten, wird in den Religionen verschieden dargestellt, moduliert, geformt. Aber nicht so, dass das Christentum, der Buddhismus, der Hinduismus, das Judentum ein einziges Modell leben und durchspielen würden, sondern die Religionen sind in sich noch einmal unterschiedlich; in verschiedenen Zeitaltern ihrer Geschichte dominieren unterschiedliche Paradigmen des Denkens. Andererseits haben Religionen ein je eigenes Gepräge, und keine Religion kann sich völlig ungeschichtlich begründen, denn alle Religionen sind in einer bestimmten historischen Situation entstanden und tragen gleichsam ihre Entstehungsbedingungen in ihrer Entwicklungsgeschichte noch mit sich. Mit anderen Worten: Der Ursprungsimpuls einer Religion, die entsprechenden Konnotationen ihres Ursprungs sprachlicher und mythischer Art, die Verletzungen, die sie selbst erzeugt hat, indem sie an die Stelle anderer getreten ist und die Verletzungen, die sie weiter erzeugt hat im Laufe ihrer Geschichte, trägt sie mit sich, aber auch die Chancen, die integrativen Möglichkeiten, die überhaupt erst dazu geführt haben, dass diese Religion als historische Erscheinung ins Sein getreten ist. Dennoch, Religion erschöpft sich nie in diesem historischen Moment. Sie kann sich einerseits nicht ungeschichtlich begründen – das tut weder das Christentum noch der Buddhismus oder das Judentum oder der Konfuzianismus – aber auch der Hinduismus nicht, denn obwohl er bis an die Anfänge der mythischen Vorzeit zurückzureichen beansprucht, hat er immer auch Geschichten der historischen Einsetzung eines ursprünglichen Impulses überliefert. Selbst das mythische in illo tempore bzw. das »es-war-einmal« der Märchen, das in den angeblich ahistorischen Glaubensvorstellungen des Hinduismus und anderer vom Mythos her lebender Religionen anzutreffen sei und dann von den historischen Religionen wie Judentum, Christentum und Islam überwunden worden wäre, ist natürlich ganz und gar in der Zeit, in der Geschichte, das heißt in der jeweiligen Gesellschaft und den sozialen, psychosozialen Bedingungen des Ursprungs verhaftet. Aber aus der Spannung von historischer Konkretion und Transzendieren jeder historischen Situation, also der Eröffnung des Raumes der Freiheit, resultiert nun in der Religionsgeschichte eine fruchtbare, oft auch grässlich gewaltsame und jedenfalls höchst ambivalente Auseinandersetzung um und mit und in der Geschichte der Menschwerdung des Menschen. Da stehen wir mittendrin. Wir stehen weder am Anfang noch am Ende der Religionsgeschichte, sondern in einer Phase des Übergangs von partikularen, immer noch stammesmäßig bzw. religions-nationalistisch konstruierten Identitäten zu einer kosmischen Identität und einem kosmischen Bewusstsein. Dieser Übergang zeichnet sich tatsächlich ab in der interkulturellen Entwicklung. Freilich besteht eine große Gefahr. Es ist weniger die Gefahr, dass eine Religion die Welt erobert – das Christentum oder der Islam, sondern die Gefahr, dass die Surrogate, die aus der Entwicklung des Christentums entstanden sind, vor allem die moderne technologische Zivilisation der Gier, wie ein Krake alles verschlingt, was auf dieser Erde noch zu verschlingen ist. Das ist das Problem, dem sich die Religionen durch eine kreative Neuentwicklung zur Ganzheitlichkeit hin zu stellen haben, einer Nicht-Dualität, die das Geistige und das Leibliche, das Transzendente und das Immanente, das Zeitliche und das Nicht-Zeitliche, das Historische und das Transhistorische, das Individuelle wie das Transpersonale zu integrieren vermag.

Meine zwei Schlussthesen lauten:

1. Die im holistischen Denken ermöglichte Wahrnehmung von Wirklichkeit und die Schulung für diese Wahrnehmung, nämlich die Meditationspraxis, ist eine weltweite politische Aufgabe.

Es genügt nicht, wenn wir uns der schönen Anschauung hingeben und bestimmte Gedanken für interessant halten. Vielmehr müssen wir unser Bewusstsein schulen, denn die Schulung des Bewusstseins ermöglicht die hier beschriebenen Wahrnehmungen, diese Wahrnehmungen bewirken sodann ein Welt- und Menschenbild, das Leib und Geist, Welt und Gott, innere Anschauung und kosmotheandrische Seinswirklichkeit (Raimon Panikkar), also den Kosmos, den Theos (Gott) und den Anthropos (Mensch) verbinden kann. Sind diese drei Pole, um die ja auch das Denken der alten Griechen kreist, ursprünglich verbunden, folgt daraus ein Handeln der Ehrfurcht vor dem Leben. Das heißt, dass nun nicht egozentrisch einzelne Elemente und Interessen des Menschlichen vordergründig werden, sondern dass der Gesamtzusammenhang ins Blickfeld rückt. Hierbei ist entscheidend, dass diese Seinswirklichkeit, die aus den drei Koordinaten gebildet wird, nicht aus drei Wirklichkeitsbereichen zusammengesetzt ist, aus ursprünglich völlig Verschiedenen, sondern dass diese drei primär zusammengedacht werden, weil sie primär als Einheit erlebt und erfahren werden, dass sie also nicht sekundär, nachdem sie in einer dualistischen Wirklichkeitserfahrung auseinandergetrieben worden sind, in begrifflichen Synthesen wieder zusammengebracht werden, sondern in ursprünglicher Einheit zwar in der Zeit auseinander zu treten vermögen, im Wesen und in der Tiefenerfahrung aber gerade dabei immer wieder ineinander verschmelzen. Leib und Geist, Welt und Gott, innere Anschauung und kosmotheandrische Seinswirklichkeit sind primär eins, sie treten nur in unseren Begriffen auseinander. Angesichts dieser Einsicht werden alle Religionen der Erneuerung bedürfen. Entsprechende Möglichkeiten zeigen sich in den indischen Tradition, aber auch in den Erfahrungswegen der Mystik in Judentum, Christentum und Islam. Es sind dies Übungswege, die uns die entsprechende Bewusstseins und Leibesschulung und die Schulung eines anderen Umgangs miteinander und mit der Natur lehren.

2. Das zukünftige Christentum muss sich – und ich bin überzeugt: wird sich – dieses Reich des Geistes erschließen.

Mit dieser Formulierung knüpfe ich an eine uralte Sehnsucht an, die in der franziskanischen Bewegung des 12. und 13. Jahrhunderts laut geworden ist, nämlich die sequentielle Vorstellung vom Verlauf der Geschichte anhand der Trinität dargestellt. Joachim von Fiore ist der große, aber keineswegs der einzige Ordensmann, der sagte: Es gab ein Reich des Vaters, das war die Zeit des alten Bundes. Dann gab es ein Reich des Sohnes, das war das Zeitalter der Kirche, der vermittelten Religiosität durch die Sakramente und die hierarchischen Strukturen. Und nun würde, so hofften er und seine Freunde, im Jahre 1260 das Reich des Geistes anbrechen, in dem der Geist Gottes unmittelbar die Menschenherzen ergreifen, durchdringen und umgestalten würde. Was an den Himmel oder auf den Sohn projiziert worden war, sollte nun endlich für jeden Menschen als die Entwicklungsmöglichkeit zur eigenen Freiheit Realität werden können. Mit anderen Worten: Das altkirchliche Wort, dass Gott Mensch wurde, damit der Mensch göttlich würde, müsse nun endlich eingelöst werden, und zwar nicht nur in einer inneren spirituellen Entwicklungsmöglichkeit, sondern auch in den sozialen und auch religionssozialen Bedingungen.

Diese Vision des 13. Jahrhunderts hat sich nicht erfüllt, wie wir alle wissen, und seit jener Zeit gibt es eher eine leidvolle Geschichte der Machtansprüche, Verfolgung Andersdenkender, vor allem auch der Frauen, zu beklagen. Die Einlösung dieser Vision war aus vielen Gründen noch nicht möglich, vielleicht vor allem deshalb, weil erstens im 13. Jh. die sozialen und politischen Bedingungen nicht gegeben waren, und weil zweitens die Alternativen, wirklich aus diesem dualistischen Mythos auszubrechen, nicht gegeben waren, da der Vergleich zu anderen Denkformen weitgehend fehlte.

Die Bedingungen hinsichtlich beider Faktoren haben sich heute dramatisch geändert. Mit scheint, dass sowohl die sozialen und politischen Bedingungen, nämlich die der Demokratie und der interkulturellen Kommunikation, wie eben auch die Vergleichsmöglichkeiten mit nicht-dualistischen Mythen und Lebensformen heute gegeben sind. Das bedeutet nicht, dass die geistigen Umbrüche von allein kommen, aber sie sind doch anders möglich geworden als im 13. Jahrhundert. Wie auch immer, das zukünftige Christentum muss sich dieses Reich des Geistes, die Einheit von Leib und Geist, von Welt und Gott, von Mensch und Gott, von innerer Anschauung und kosmotheandrischer Wirklichkeit erschließen. In dieser Selbsterschließung muss es sich selbst transzendieren. Aber alle Religionen der Zukunft einschließlich des Christentums werden anders aussehen, als sie heute noch erscheinen.

Die Freiheit zu dieser Selbsterschließung lernen wir seit der Aufklärung, ohne deren geistigen Impuls wir das alles weder wagen noch begrifflich erfassen könnten, was wir hier zu denken versucht haben. Es kann also nicht darum gehen, die geistige Haltung der Aufklärung abzutun, sondern sie muss fortgehen, radikalisiert und weitergedacht werden, damit die genannte Neuaneignung von Traditionen in interkultureller Perspektive vollzogen werden kann. Das revolutionäre Erbe Jesu besteht in seiner erlebten und gelebten Einheit von Gott und Mensch, es besteht erst in zweiter Linie darin, dass er dieses und jenes verkündet oder getan hat. Damit ist er ein Prototyp für die Freiheitsgeschichte eines jeden Menschen. Und genau das ist die Realität des Geistes. Darin zeigt sich ein Allgemeines, nämlich ein Evolutionssprung des Bewusstseins, für dessen Realisierung heute vielleicht Chancen bestehen, wie ich schon sagte, gerade angesichts der weltweit vernetzten interreligiösen Kommunikationsstrukturen, aber auch angesichts der Gefahren, denen sich die Menschheit ausgesetzt sieht, übrigens auch der Gefahr des geistigen Provinzialismus. Die Chancen aber bestehen nicht abstrakt, sondern nur insoweit, als sich Menschen beteiligen, endlich aus ihrer selbstverschuldeten Unmündigkeit auszubrechen. Vielen Dank.

(24. 02. 1996)

[1] Kap. 13

[2] Kap. 24

[3] Kap. 21

[4] M. v. Brück, Einheit der Wirklichkeit, München, 2. Auflage, 1987

[5] Es geht um die Frage, ob der Heilige Geist nicht nur vom Vater, sondern auch vom Sohn (filioque) ausgehe. Ist der Geist an den Sohn gebunden, der in der Figur des Papstes seinen Stellvertreter hat und kirchlich durch sakramentale Vermittlung definiert ist, hat die Kirche Macht auch über den Geist, d. h. sie hat die Definitionsgewalt über das kreative Wirken des Geistes, womit diesem die subversive Kreativität genommen wird, und zwar spirituell wie politisch.

[6] Vgl. Zum Folgenden: M. v. Brück, Mystische Erfahrung, religiöse Tradition und die Wahrheitsfrage, in: R. Bernhardt, Hrsg., Horizontüberschreitung. Die Pluralistische Theologie der Religionen, Gütersloh 1991, S. 81-103.

[7] M. v. Brück, Wo endet Zeit? Erfahrungen zeitloser Gleichzeitigkeit in der Mystik der Weltreligionen, in: Kurt Weis, Hrsg., Was ist Zeit?, München, 2. Auflage, 1996, S. 207-263.

[8] Dazu: M. v. Brück und W. Lai, Buddhismus und Christentum. Geschichte, Konfrontation, Dialog, München 1997.

[9] M. v. Brück, Buddhismus. Grundlagen – Geschichte – Praxis, Gütersloh 1998.

Teil 2

Vorträge aus den Jahren 1996 – 2001

Nietzsche – ein sprachloser Denker?

Ein Versuch über Denken und Sprechen

Matthias Gaertner

… ›Mitleiden! Das Mitleiden mit dem höheren Menschen!‹ schrie
er auf, und sein Antlitz verwandelte sich in Erz. ›Wohlan! Das – hatte seine
Zeit!
Mein Leid und mein Mitleiden – was liegt daran! Trachte ich denn nach
Glücke ? Ich trachte nach meinem Werke !
Wohlan! Der Löwe kam, meine Kinder sind nahe, Zarathustra ward reif,
meine Stunde kam: –
Dies ist mein Morgen, – mein Tag hebt an: herauf nun, herauf, du gro-
ßer Mittag!‹ –
Also sprach Zarathustra und verließ seine Höhle, glühend und stark, wie
eine Morgensonne, die aus dunklen Bergen kommt.[1]

Im Folgenden soll etwas zu Nietzsches Sprache gesagt werden; genauer:
dazu, wie der Denker Nietzsche spricht; dies freilich nicht als philolo-
gischer oder sprachwissenschaftlicher Beitrag, sondern als philosophische
Frage nach dem denkerischen Sprechen heute.

Nietzsche ist wohl der erste Denker gewesen, an dem nicht nur Wahrheit
oder Unwahrheit seiner Aussagen, die Angemessenheit des Ausdrucks oder
auch sein Stil beachtet wurde, sondern bei dem die Sprache als Sprache
auffällig ist. Wie die zitierten Schlusssätze des *Zarathustra* belegen, ist
hier – erstmals und einzigartig – unüberseh- und unüberhörbar, dass es
Worte sind, die der Denker wählte, dass denkerisch gesprochen wird, dass
Sätze gesagt und geschrieen werden. Betont sprachlich wird gesprochen
und geschildert; von Tieren und Landschaften ist die Rede; ungewöhnliche
Worte und Wortformen werden gebraucht; grammatische Besonderheiten

und viele Ausrufezeichen bestimmen den Text nicht nur des *Zarathustra*. Ganz ausdrücklich wird hier der für denkerische Texte – Texte, die Denkinhalte vermitteln – gewohnte unauffällige Aussagesatz verlassen.

Dies wird oft als zusätzliche Qualität des Nietzscheschen Denkens verstanden. So ist es eine weit verbreitete Meinung, Nietzsche sei nicht nur ein großer Denker, sondern auch ein großer Dichter gewesen, er hätte nicht nur großartige und neue Gedanken gedacht, sondern er hätte diese Gedanken – nicht wie andere Denker nur trocken und armselig – anschaulich, farbig, bildhaft und stark, mit einem Wort: dichterisch, sagen können.

Diese sozusagen klassizistische Lesart Nietzsches entsteht, wenn Sprechen und Denken als F ä h i g k e i t e n verstanden werden, und dann ist es natürlich eine Auszeichnung, wenn ein Mensch nicht nur e i n e solche Fähigkeit in außerordentlichem Maße vorweisen kann, sondern sogar zwei.

Hier soll dagegen gerade die Sprach-lo s i g k e i t des Denkens bei Nietzsche als Auszeichnung aufgewiesen werden. (Mit diesem vielleicht an Goethe orientierten Bild soll also nicht deswegen gebrochen werden, um Nietzsche eine ungewöhnliche Sprachbegabung abzusprechen o.Ä.)[2]. Es soll dadurch eine denkerische Schwierigkeit deutlich werden, die seit Nietzsche philosophisches Thema ist und vielleicht bis heute in ihrer Tragweite unterschätzt wird.

Dafür wird zum einen der Hinweis darauf nötig sein, dass das d e n k e n d e Sprechen ein besonderes Sprechen ist; zum anderen muss deutlich gemacht werden, wie es dazu kommen konnte, dass das Sprechen beim Denken selbst wichtig werden, wie »die Sprache« Thema des Denkens werden konnte, wie sich also gleichsam die Aufgabe des Denkens verändert haben muss. Wenn Nietzsche hier als der erste und bis heute in gewisser Weise radikalste Denker, nämlich als sprach-lo s e r Denker, bedacht werden soll, so muss dies wenigstens andeutungsweise abgesetzt werden gegen die auf Nietzsche folgenden Versuche (vor allem von Wittgenstein und Heidegger), die die Sprache eigens bedenken, bei denen »die Sprache« ein Gedanke ist. Darüber hinaus muss der Sinn des Ausdrucks »sprach-los« erläutert werden. Denn angesichts der wortreichen Schriften Nietzsches ist die Bezeichnung »sprachlos« paradox: »sprachlos« etwa »vor Entsetzen«, »vor Freude«, »vor Staunen«, versteht man zunächst ja im Sinne von »stumm« – dies aber ist Nietzsche offensichtlich nicht.

Unter Vorbehalt kann man sich dies auch inhaltlich klarmachen. Wenn man dazu Nietzsches denkerische Erfahrung einmal auf den Satz verkürzen darf, dass es »die Wahrheit« nicht gibt, so würde dies heißen, dass es im Sinne der auf Wahrheit zielenden Denktradition n i c h t s zu d e n k e n gibt. Dies hieße aber, dass all unser rastloses – aus Worten gespeistes, in

Worten sich bewegendes und auf Worte, z.B. Begriffe, zielendes – Denken gerade Nietzsches Einsicht verfehlte. Zwar gibt es nicht viele Stellen, an denen sich Nietzsche zu d e r Sprache äußert, aber der Verdacht, dass die Worte, Sätze, d i e Sprache insgesamt und überhaupt durch die platonisch-christliche Suche nach Wahrheit geprägt sei, dass das denkerische Sprechen sich ständig und ohne es zu bemerken darin bewege, lässt sich für Nietzsche wohl reklamieren: »Jedes Wort ist ein Vorurteil«[3]; »Jetzt muss man bei jeder Erkenntnis über steinharte verewigte Worte stolpern, und wird dabei eher ein Bein brechen als ein Wort.«[4]; Nietzsche spricht von einer »Verführung von Seiten der Grammatik her«[5], einer »unbewussten Herrschaft und Führung durch gleiche grammatische Funktionen«, durch die »von vornherein alles für eine gleichartige Entwicklung und Reihenfolge der philosophischen Systeme vorbereitet liegt.«[6], von einer »Verführung der Sprache (und der in ihr versteinerten Grundirrtümer der Vernunft)«[7], und von der »›Vernunft‹ in der Sprache: o was für eine alte, betrügerische Weibsperson!«[8]

Auf einen solchen Verdacht ist jedenfalls mit dem Versuch gezielt, Nietzsches Denken nicht als durch »Dichtung«, sondern als durch »Sprachlosigkeit« charakterisiert auszuweisen. Meine These, die ich hier erläutern möchte, besteht darin, dass Nietzsche sich so radikal wie kaum jemand vor ihm und nach ihm denkerisch von dem selbstverständlichen Vertrauen auf die Worte, den philosophischen Satz, d i e Sprache überhaupt zu lösen versuchte, und dass d a r i n seine überragende denkerische Bedeutung liegt.

Es wird also um das Sprechen d e r D e n k e r und das Sprechen beim D e n k e n gehen.

Begonnen sei dennoch mit der Gegenüberstellung eines denkerischen und eines dichterischen Textes. Um der Deutlichkeit willen seien nicht Texte aus der Zeit Nietzsches, sondern von heute gewählt. Da heute poetische Texte selten und im weitesten Sinne denkerische vergleichsweise massenhaft vorfindlich sind (die meisten literarischen Texte sind wenig poetisch), sei ein Ausschnitt aus einer großen Dichtung – Christoph Meckels *Plunder* – zunächst nicht einem großen Gedanken, sondern einem der unzähligen, für das, was heute Denken heißt, charakteristischen, technischen Texte – einem Teil eines Computerlistings – gegenübergestellt. Damit soll nur eine gewisse Ahnung davon, dass, und ein wenig wie, Dichtung anders spricht als – jede Art von – Denken vermittelt und auf die Unterschiede innerhalb des denkerischen Sprechens vorbereitet werden. Beim Lesen sei dementsprechend nicht so sehr auf die Inhalte geachtet, sondern auf die Weise des Sprechens, die Wahl der Worte, die Art und den Rhythmus der Sätze, auf die Tonart gleichsam.

Zuerst also der Anfang von Christoph Meckels *Plunder*:

»Erzähl mir ein Wort, sagte Caroline. Nimm ein Wort und mach eine Welt daraus. ... Regen, wie viel Regen in einem Wort, und dazu die Regenschirme, die man vergaß, zwölf verlorene Schirme in sieben Jahren, gekauft an hellen Tagen in Rom oder Frankfurt, wenn der Regen als Wolke über Karelien hing, keine Aussicht auf Regenbögen und Süßwassersintflut. Rosige Damenmodelle mit weißen Punkten, die man billig an einer Tankstelle kaufte und in der Bar des SENLIS vergaß. Regen, ich schenk dir den Regen in Arnayon, er zischte im Laub zweihundertjähriger Pappeln, Kratzbürstenäste am Haus des gichtigen Bauern, der Cornillac, Belcombe oder Arnaud hieß und vor fünfzig Jahren Rekrut am Bosporus war. Man floh auf die Galerie des hölzernen Hauses, rannte im stäubenden Regen die Stufen hinauf, beunruhigte einen Kater im Gartenstuhl und vergaß die Zeit am verfinsterten Küchentisch. Regen kam vom Col de la Contamine, waagrechtes Schauern und Spritzen ins heiße Gesicht, schleifte in Böen über den Hang ins Waschhaus und steppte im Wasserbassin voller Seifenschaum ... Regen, ein Wort lang Regen, ein Leben lang Regen. ...«[9]

Daneben und dagegen nun der erste Teil eines Computerlistings, also der für den Fachmann – in Fachsprache und Fach-Zeichen – notierten Lösung eines ebenfalls nur dem Fachmann vertrauten Problems:

»Listing 1: Die von Access erstellten VBA-Prozeduren.

```
Option Compare Database
Option Explicit

'-----------------------------------------------------------------
'makNavigation_Vorheriger
'
'-----------------------------------------------------------------
Function makNavigation_Vorheriger()
Function makNavigation_Vorheriger_Err

'Wechselt zum vorherigen Datensatz
    DoCmd.GoToRecorg , »», acPrevious

makNavigation_Vorheriger_Exit:
    Exit Function

makNavigation_Vorheriger_Err:
    MsBox Error$
Resume makNavigation_Vorheriger_Exit

End Function                              ... usw«[10]
```

Der poetische Text lässt, bei allem künstlerischen Machen, vor allem die Worte – hier das Wort »Regen« – sprechen, was und wie sie von sich her sprechen, während der denkerische Text, das Listing, die Worte (und Zeichen) im Dienste einer technischen Aufgabe und ihrer Lösung gebraucht. Poetische Texte dieser Qualität gibt es ganz wenige, während es derartige technisch-gedankliche Ausführungen, auch in höchster Qualität, massenhaft gibt. Ganz grob könnte man den Unterschied beider so benennen: Poetisches Sprechen und Schreiben sagt etwas, das anspricht, gefällt (oder missfällt), mit dem man – vielleicht – etwas anfangen kann. Gedankliche Äußerungen dagegen werden gelesen und beurteilt daraufhin, ob man sie brauchen kann. Dies gilt offensichtlich für Gedanken der Art, wie sie das Listing exakt und angemessen formuliert, gilt wohl auch für alle anderen problemorientierten Gedanken, gleichgültig, ob es sich dabei um technische, wirtschaftliche, politische oder auch psychologische und existenzielle Probleme handelt. Aber auch die große Philosophie wird häufiger und tiefreichender, als man meinen möchte, in diesem Sinne gelesen und danach beurteilt.

Wenn diese Charakteristik (die man in einem oberflächlichen und in einem tiefen Sinn nehmen kann) auch grob und unzureichend ist, kann sie doch deutlich machen, dass Denken sowohl für den Vorausdenkenden, den Autor, wie für den Nachdenkenden, den Leser, heute zumeist und vielleicht grundsätzlich die Schwierigkeit hat, herauszufinden, ob es überhaupt etwas zu denken gibt und was – wo Probleme liegen und wie diese angemessen darstellbar sind. Dies scheint wichtiger zu sein als die Lösungen selbst.

Für den Techniker ist – in dem sicher banalen Beispiel des Listings – die Aufgabe des Denkens nicht nur, ein relevantes Thema, ein produktives Problem zu suchen, über das nachgedacht werden kann und soll, sondern jedes Ausarbeiten eines solchen Themas und das Finden eines neuen Problems lassen das bisher Gedachte immer überflüssiger und das Denken immer vager erscheinen. Auch für den Leser stellt sich neben der Frage, ob er die hier angebotene Lösung brauchen kann, die, ob er sich auf die damit eröffneten neuen Probleme einlassen will und kann. Gilt dies nicht auch in einem oberflächlichen und in einem tiefen Sinn für die Lektüre philosophischer Texte?

Die oben angegebene Charakteristik poetischen Sprechens könnte freilich entgegen der Absicht gerade als Beleg dafür verstanden werden, dass Nietzsches Sprechen ein poetisches sei. Wenn man aber auf das Ansprechende und Gefallende – das Begeisternde – seiner Texte abhebt, darauf, dass man mit ihnen etwas anfangen kann – kann man dann noch sagen, dass und was Nietzsche gedacht hat? Schließen sich nicht gerade dann der Dichter Nietzsche und der Denker Nietzsche aus?

Das viel einfachere und beschränkte technische Beispiel macht aber deutlich(er), wie Denken heute – über die geschilderten Schwierigkeiten hinaus, dass das, was gedacht werden kann, jeweils erst zu finden ist und dass sich mit jedem Denkschritt immer weitere Problemhorizonte eröffnen – zusätzlich noch vor der Frage steht, ob und wie man diese Gedanken sagen kann. Sind Worte überhaupt geeignet, den Gedanken darzustellen (und nicht eher Zeichen oder ein »learning by doing«?) und wenn ja, welche Sprache, welche Worte, welche Art von Satz? Die für den Gedanken passenden Worte, Fremd-worte, Fremd-sprachen, Zeichen, Kürzel, müssen jeweils erst gesucht, z.T. erfunden werden. Was hierbei »Satz« heißen kann, muss – oft gewalttätig und gegen das gewohnte alltägliche Sprechen – aus dem Problem heraus erst gebildet werden.

Die Forderung, einen solchen Gedanken poetisch zu sagen, die Worte sprechen zu lassen, wie sie von sich her sprechen, etwas zu sagen, das anspricht, gefällt, mit dem man in dem genannten nichttechnischen Sinn etwas anfangen kann, scheint unmöglich und auch unsinnig. Bestenfalls könnte man fordern, den Gedanken verständlicher zu formulieren. Aber man weiß, dass er dadurch nur an Präzision verlöre, als Gedanke schwächer und schließlich unbrauchbar würde. Poetisches Sprechen verliert, will man seinen gedanklichen Gehalt herausstellen – etwa mit der berüchtigten Schulfrage »Was wollte der Dichter uns damit sagen?«, aber auch bei ernst zu nehmenden Interpretationen; es kennt nicht die genannten denkerischen Schwierigkeiten[11]. So sehr das Verfertigen eines dichterischen Textes Handwerk erfordert und harte Arbeit ist – die Schwierigkeit, ob es überhaupt etwas zu sagen gibt oder ob es sprechend gesagt werden kann und soll, stellt sich hierbei wohl nicht. Die poetische Arbeit ist bestimmt von der Frage, wie ein solcher Zauber zu machen ist.

Für das Denken ist eine Hauptschwierigkeit, ins Denken zu kommen – und dabei scheint das Sprechen so nötig wie nie vorher, andererseits aber gefährlich und auch zerstörerisch. Denken steht in der Gefahr, den Gedanken im Sprechen erst gar nicht zu finden, ihn im Sprechen zu zer-reden, im Gebrauch von Worten, Sprachen oder auch Zeichen wieder zu verlieren. Gerade im Sprechen gerät das Denken in Gefahr, willkürlich zu werden, ein Gespinst, ein funktionales »Gestell« und dadurch die ihm eigentümliche Qualität zu verlieren. Jeder kennt dies aus persönlicher Erfahrung, dass denkerische Worte und Sätze trotz genauer Wortwahl und adäquatem Ausdruck leer bleiben, keinen Gedanken sagen; dass der Gedanke trotz Bemühens nicht aus den Worten heraushörbar ist, nicht wie der Funke gleichsam überspringt; und auch, dass Gedanken gedankenlos nachgesagt und zitiert werden können.

Könnte es sein, dass heute Sprechen und Denken sich ausschließen?

Dafür spräche die populäre Trennung von Dichtung und Denken; dass man sich etwa, will man etwas gedacht haben, an Wissenschaftler oder Techniker wendet, weil diese nicht viele und schöne Worte machen, sondern den Gedanken präzise darstellen; und will man etwas gesprochen haben, an Literaten und Dichter, weil diese wiederum eher frei von wissenschaftlich-technischen und also denkerischen Belangen sprechen können.

Tiefer (und zugleich unklarer) als in dieser populären Auffassung stellt sich die mögliche Ausschließlichkeit von Sprechen und Denken – entweder Sprechen oder Denken? – bei den großen Denkern seit Nietzsche selbst dar. Als Beispiel dafür, dass dies bei allen Unterschieden – vor allem dem unvergleichlichen Rang und dem in einem ganz neuen Sinn Denkerischen – auch für die Denker gelten könnte, mögen hier erst Wittgenstein und dann Heidegger dienen. Die denkerische Schwierigkeit, ins Denken erst kommen zu müssen, herausfinden zu müssen, ob überhaupt etwas, was, und wie es zu denken gibt, ist bei beiden doch wohl offensichtlich. Für Wittgenstein sei dafür nur auf die Ausgangslage des *Tractatus*, insbesondere auf das Vorwort verwiesen, bei Heidegger ist der Sachverhalt mehrfach und an zentralen Stellen ausgesprochen[12].

Die geschilderte zusätzliche Schwierigkeit, dass das Denken nach Worten suchen, mit Worten ringen, sich nicht auf das gewohnte Sprechen verlassen kann, ist so gegeben, dass bei beiden »die Sprache« von Anfang an ein bzw. d a s Thema des Denkens ist.

Für Wittgenstein seien einige Sätze aus den *Philosophischen Untersuchungen* zitiert:

»Die Ergebnisse der Philosophie sind die Entdeckung irgend eines schlichten Unsinns und Beulen, die sich der Verstand beim Anrennen an die Grenze der Sprache geholt hat.«

»Die Philosophie ist ein Kampf gegen die Verhexung unseres Verstandes durch die Mittel unserer Sprache.«

»Es ist uns, als sollten wir ein zerstörtes Spinnennetz mit unseren Fingern in Ordnung bringen.«

»Die Philosophie darf den tatsächlichen Gebrauch der Sprache in keiner Weise antasten, sie kann ihn am Ende also nur beschreiben. Denn sie kann ihn auch nicht begründen. Sie lässt alles wie es ist. »Je genauer wir die tatsächliche Sprache betrachten, desto stärker wird der Widerstreit zwischen ihr und unserer Forderung. (Die Kristallreinheit der Logik hatte sich mir ja nicht e r g e b e n; sondern sie war eine Forderung.) Der Widerstreit wird unerträglich; die Forderung droht nun, zu etwas Leerem zu werden. — Wir sind aufs Glatteis geraten, wo die Reibung fehlt, also die Bedingungen in gewissem Sinne ideal sind, aber wir eben deshalb auch nicht gehen können. Wir wollen gehen; dann brauchen wir die Reibung. Zurück auf den rauhen Boden!«

So wie hier Sprache Thema des Denkens ist, gerät das Denken in eine unauflösliche Schwierigkeit mit sich selbst, die es aber als Denken, d.h. ohne Rücksicht auf das Sprechen, nicht auflösen, nicht einmal angemessen explizieren kann: Denken oder Sprechen.

In anderer Weise findet sich eine Art Ausschließlichkeit von Denken und Sprechen auch bei Heidegger. Anders als Wittgenstein sucht Heidegger nicht den Widerstreit, Nähe und Ferne zum »tatsächlichen Gebrauch der Sprache« und verschmäht auch das die Worte aufhebende Zeichen. Statt dessen sucht er zuerst in an Aristoteles geschulten Kunstworten, wie »das In-der-Welt-Sein« o.Ä., später mit Etymologien und anderen gewalttätigen Worterschließungen eine Art Nebeneinander von Denken und Sprechen zu entfalten. »Und unbekannt bleiben sich, solange sie stehn, die nachbarlichen Stämme.«[13] Mit den nachbarlichen (Baum-) Stämmen (des Waldes) ist von Heidegger das Verhältnis von »Singen« und Denken benannt. Das altertümliche »Singen« (für Dichten) deutet darauf, dass damit nicht einfach das gemeint ist, was man als Dichtung kennt, ebenso wenig wie das, was man mit »die Sprache« bezeichnet. Denn anders als Wittgenstein sieht Heidegger all das, was gemeinhin und auch von Wittgenstein als »Sprache« aufgefasst wird – die Worte, die grammatischen Regeln und antigrammatischen Möglichkeiten (der Poesie z.B.), auch die Kraft der Verständigung, der Kommunikation –, insgesamt als technischen »Bestand«, als ein Moment dessen, was er »das Gestell« nennt. Wenn Heidegger selbst »die Sprache« sagt – etwa in dem berühmten Diktum: »die Sprache ist das Haus des Seins«[14] –, so ist »die Sprache« nicht vorhanden, ist wesentlich, ereignishaft, vielleicht zukünftig.

Die Aufgabe des Denkens lautet dann so: »Die Sprache« (den Bestand an Worten etc.) »als die Sprache« (als das, was das Wesen des Menschen ausmacht) »zur Sprache bringen«[15]. Diese wesentliche Sprache wird nicht von den Menschen gesprochen, sondern sie »ist«, wo sie und wenn sie spricht, »Monolog. Dies sagt ein Zwiefaches: Die Sprache allein ist es, die eigentlich spricht. Und sie spricht einsam.«[16]

Auch bei Heidegger steht das Denken in einer unauflöslichen Schwierigkeit mit sich selbst als sprechendem Denken. Auch hier ist in einer wesentlichen Weise beim denkenden Sprechen nichts gesagt. Denkendes Sprechen ist hier aber nicht etwa als mangelhaftes erlitten und hingenommen, sondern muss als armes erst erreicht werden. Anders als Wittgenstein kommt Heidegger zu der Einsicht, dass dies, weil Denken ein sprechendes sein muss, mit einer denkerischen Anstrengung, als Leistung der Menschen, nicht zu erzwingen ist. »Um dem Sprachwesen nachzudenken, ihm das Seine nachzusagen, braucht es einen Wandel der Sprache, den wir weder erzwingen noch erfinden können. ... Vielleicht können wir den Wandel unseres Bezuges zur Sprache um ein Geringes vorbereiten.«[17]

Ohne dies hier weiter ausführen zu können, ohne auf die Vielschichtigkeit dieser Überlegungen beider Denker eingehen und den Weg ihres Denkens nachzeichnen zu können, ist darin doch vielleicht eine Ahnung von Sprachlosigkeit zu bekommen. Beide Denker jedoch, und das unterscheidet sie von Nietzsche, wissen um diese Schwierigkeit »der Sprache«, bei beiden ist »die Sprache« thematisch.

Hier drängt sich die Frage auf, warum zwar »die Sprache« (bei Wittgenstein, Heidegger, Nietzsche u.a.), überall ein Verfall der Sprache, eine Zunahme von Fremdworten und Zeichen, Verständigung und Kommunikation durch Sprache, nicht aber die Ausschließlichkeit von Denken und Sprechen und gar die für Nietzsche behauptete Sprachlosigkeit auffällt. Wie kann man nicht merken, dass beim Denken n i c h t s g e s a g t ist?

Dafür sind vor allem zwei Gründe anzugeben. Zum einen die Meinungen über Denken und Sprechen, zum anderen die weit verbreitete und tief sitzende Auffassung des Denkens als Verstehen.

Die wichtigste Meinung zu Denken und Sprechen ist, dass das Sprechen den Gedanken ausdrücke. In dieser Meinung ist das Denken zeitlich und rangmäßig v o r dem Sprechen angenommen. Damit ist aber generell ein V o r r a n g d e s D e n k e n s u n d e i n e N a c h r a n g i g k e i t d e s S p r e c h e n s angenommen (selbst dann, wenn das Ausdrücken der Gedanken dabei als notwendig gilt, weil es, analog zum Tun oder als Tun, analog zu Theorie und Praxis, den Gedanken erst verwirklichen soll). Die ganze Dimension des Denkens ist dann v o r g e g e b e n , so dass es ohne Denken kein sinnvolles Sprechen geben kann (kaum aber: ohne Sprechen kein Denken): »Denke erst, bevor Du sprichst«.

Auch dem Vorgang des Ausdrückens eines Gedankens selbst liegt etwas Ähnliches zu Grunde. Denn Denken wird dabei als das angenommen, das – z u n ä c h s t o h n e W o r t e u n d S p r e c h e n – nach sprachlichem Ausdruck s u c h t und dann auch die Angemessenheit der gefundenen Worte ü b e r prüft. Das Denken ist es, das den Gedanken, wie er vor dem sprachlichen Ausdruck gegeben ist, mit demselben Gedanken, mehr oder weniger angemessen in Worten ausgedrückt, vergleicht und die Angemessenheit oder Diskrepanz feststellt. So hat es das Denken in dieser Meinung vorrangig mit sich selbst und nur sekundär mit den Worten zu tun. Dass dabei nicht auffallen kann, dass beim denkenden Sprechen vielleicht nichts gesagt ist, ist nicht verwunderlich; richtet sich doch die Konzentration des Denkens auf den Vergleich des Gedankens. Zudem ist hier ja das Denken als vorrangig gleichsam unangreifbar angenommen, vorher da, und dementsprechend auch letztlich gleichgültig gegenüber dem sprachlichen Ausdruck überhaupt.

Der zweite Grund dafür, dass die Sprachlosigkeit nicht leicht auffällt, ist die fast selbstverständliche Auffassung von Denken als Verstehen. Denn wenn man einen Sachverhalt verstehen will, so scheint dies ganz ohne Sprache zu sein oder die Sprache ebenfalls nur Gebrauchsgut. Beim Verstehen scheint etwa das Beobachten, das genaue Hin- und immer wieder Hinsehen, scheinen Intuition, Evidenz, die reine Schau weit wichtiger als die Worte. Das Erfassen erscheint autark gegenüber den Worten und die Worte teils ein Mittel auf dem Weg zum Verstehen, teils der Ort, wo das Verstandene gleichsam abgelegt wird.

Zu beidem kommt die seit Descartes' »cogito ergo sum« zunehmend fragloser werdende Auffassung hinzu, dass »Denken« das ist, was in mir vorgeht (vielleicht ähnlich in den anderen). Ausdrücken und auch Verstehen ist etwas, was nur von mir vollzogen und in mir stattfinden kann (vielleicht ähnlich in den anderen), ist nur dann Denken, wenn ich gedacht habe. Für diesen Egozentrismus des Ausdrückens von Gedanken und den Egoismus des Verstehens gibt es einen einfachen Beleg. Sobald man nämlich einmal von sich absieht und einem anderen beim Ausdrücken seiner Gedanken zuhört oder beim Verstehen zusieht, befällt einen geradezu, wie wenig, wie gar nichts meist gesagt ist. Das kennt jeder und es bleibt dennoch folgenlos, da Denken ja nicht pathologisch, sondern wesentlich am Ich erfahren ist.

Solange man also Sprechen als Ausdruck der Gedanken auffasst und solange es beim Lesen und Nachdenken um Verstehen (und bei beidem um mich) geht, muss (und kann vielleicht) die Ausschließlichkeit von Denken und Sprechen und die Sprachlosigkeit auch bei ausgiebiger Lektüre Nietzsches nicht auffallen.

Um am Ende dieses Vortrages dann das Besondere an Nietzsche deutlich machen zu können, sei noch ein Schritt zurück in die Herkunft dieser Schwierigkeit versucht. Denn die Sprachlosigkeit von Nietzsches Denken war eingangs geschichtlich eingeführt worden; es war von erstmals die Rede – und so stellt sich natürlich die Frage, was vorher gewesen sein soll.

Ein solcher Schritt zurück führt zur Quelle und höchsten Formulierung der Selbstbezüglichkeit des Denkens: zu Kant und Hegel. Obwohl das Denken hier gerade begonnen hatte, nicht mehr in der reinen Gelehrtensprache

Latein, sondern in der jeweiligen Muttersprache sich zu entfalten, findet man weder »die Sprache« als ein oder gar das Thema des Denkens, noch – jedenfalls bei den Denkern – ein besonderes, betontes und ausdrückliches Sprechen.

Auch hier seien wieder je ein Ausschnitt zu lesen gegeben – wieder mit dem Hinweis, mehr auf die Weise des Sprechens als auf den Gedanken zu achten.

>»Die menschliche Vernunft hat das besondere Schicksal in einer Gattung ihrer Erkenntnisse, dass sie durch Fragen belästigt wird, die sie nicht abweisen kann, denn sie sind ihr durch die Natur der Vernunft selbst aufgegeben, die sie aber auch nicht beantworten kann, denn sie übersteigen alles Vermögen der menschlichen Vernunft. In diese Verlegenheit gerät sie ohne ihre Schuld. Sie fängt von Grundsätzen an, deren Gebrauch im Laufe der Erfahrung unvermeidlich und zugleich durch diese hinreichend bewährt ist. Mit diesen steigt sie, wie es auch ihre Natur mit sich bringt, immer höher zu entfernteren Bedingungen. Da sie aber gewahr wird, dass auf diese Art ihr Geschäft jederzeit unvollendet bleiben müsse, weil die Fragen niemals aufhören, so sieht sie sich genötigt, zu Grundsätzen ihre Zuflucht zu nehmen, die allen möglichen Erfahrungsgebrauch überschreiten und gleichwohl so unverdächtig scheinen, dass auch die gemeine Menschenvernunft damit im Einverständnisse steht. ...«[18]

»Das Bedürfnis der Philosophie kann als ihre Voraussetzung ausgedrückt werden, wenn der Philosophie, die mit sich selbst anfängt, eine Art von Vorhof gemacht werden soll, und es ist in unsern Zeiten viel von einer absoluten Voraussetzung gesprochen worden. Das, was man Voraussetzung der Philosophie nennt, ist nichts anders als das ausgesprochene Bedürfnis. Weil das Bedürfnis hierdurch für die Reflexion gesetzt ist, so muss es zwei Voraussetzungen geben. Die eine ist das Absolute selbst; es ist das Ziel, das gesucht wird; es ist schon vorhanden, wie könnte es sonst gesucht werden? – die Vernunft produziert es nur, indem sie das Bewusstsein von den Beschränkungen befreit; dies Aufheben der Beschränkungen ist bedingt durch die vorausgesetzte Unbeschränktheit. Die andere Voraussetzung würde das Herausgetretensein des Bewusstseins aus der Totalität sein, die Entzweiung in Sein und Nicht-Sein, in Begriff und Sein, in Endlichkeit und Unendlichkeit. Für den Standpunkt der Entzweiung ist die absolute Synthese ein Jenseits, das ihren Bestimmtheiten entgegengesetzte Un/bestimmte und Gestaltlose; das Absolute ist die Nacht, und das Licht jünger als sie, und der Unterschied beider, so wie das Heraustreten des Lichts aus der Nacht, eine absolute Differenz. ... Die Aufgabe der Philosophie besteht aber darin, diese Voraussetzungen zu vereinen ...«[19]

In komplizierten Sätzen wird der Gedanke, wenn auch bei Kant und Hegel sehr verschieden, bei beiden jedoch doch ohne Rücksicht auf die dabei verwandte Sprache entwickelt.

Auch wenn in der Selbstbezüglichkeit des Denkens sich ein tiefer Bruch mit dem herkömmlichen *legein ta onta* – »sagen, was ist« – bekundet (was ist, scheint hier das Denken selbst zu sein), versuchen beide, den Gedanken zu sagen, zu Wort und das heißt hier: zu Begriff zu bringen, also den Gedanken in einem Wort gleichsam unterzubringen, ihn fest- und sicherzustellen.

Dieses Auf-den-Begriff-Bringen soll im Folgenden von der Schwindel erregenden Höhe vor allem bei Hegel heruntergeholt und daraufhin dargestellt werden, was davon heute im wissenschaftlich-technischen Geschehen traditionell geworden ist – welche Rolle dabei das Wort spielt, das den entsprechenden Begriff bildet.

Begreifen und Begriff ist keine Naturtatsache, keine biologische Gegebenheit des Menschen, sondern selbst ein voraussetzungsreiches geistiges Geschehen. Begreifen setzt nämlich Unbegreiflichkeit voraus. Ohne dass etwas plötzlich unbegreiflich wird – was entgegen dem Anschein keineswegs einfach gegeben ist, nicht immer schon so war und für jeden so ist –, ist ein Begriff weder möglich noch sinnvoll. Eine Unbegreiflichkeit, gleichgültig wovon, von etwas Einzelnem oder vom Ganzen, scheint schlagartig aufzubrechen und sie scheint nicht machbar, ist also eine außerordentliche, seltene und, so wie sie bei Kant und Hegel vorliegt, auch kostbare Situation.

Wenn etwas unbegreiflich wird, so unterbricht dies jedenfalls das alltägliche Tun, bricht jede Art von Selbstverständlichkeit und Alltäglichkeit, auch die Selbstverständlichkeit alltäglichen Sprechens. Unbegreiflichkeit ist eine bedrängende und intensive Ausnahmesituation, die das Denken gleichsam in Atem hält. Der Gedankengang, den Unbegreiflichkeit hervorruft, ist durch das fehlende Begreifen und also durch das Suchen nach dem Begriff gekennzeichnet. Dieses Fragen und Suchen, das auf den Begriff zielt, setzt Gedankengänge frei, zerreißt, legt bloß, lässt das Unbegriffene als solches begegnen.

Diese Verunsicherung und Verstörung versuchen die daraufhin einsetzenden Gedankengänge – durch das Auf-den-Begriff-Bringen – wieder zu beruhigen, freilich ohne das dabei in der Unbegreiflichkeit aufgeschienene Besondere wieder verlieren zu wollen. Das Denken folgt hierbei einer gleichsam Schritt für Schritt zunehmenden Stimmigkeit, die zum Begriff führt und im Begriff kulminiert. Ist der Begriff gefunden, das Unbegreifliche begriffen, so ist die Verunsicherung zur Ruhe gebracht und das in der Unbegreiflichkeit erstmals oder erstmals so Gesehene »aufgehoben«. Der Begriff stellt nicht die einstige ahnungslose Selbstverständlichkeit wieder her, sondern er führt in eine andere Art von Ruhe, eben die des Begriffenhabens. Das Begriffene bleibt dabei auch in der Einordnung in das Allgemeine als Besonderes erhalten.

Sowohl dem Werk Kants wie dem Hegels liegt eine solche Unbegreiflichkeit des Ganzen voraus – wenn auch eine sehr verschiedene, wie denn auch die Art des Begreifens, der geistige Ort, und Zugriff auf bzw. Zutrauen zu den Worten verschieden ist. Dies kann hier nicht gezeigt werden.

Warum und wie beim Begreifen aber überhaupt Worte ins Spiel kommen, soll wieder an einem ganz einfachen Beispiel, nämlich an einem tropfenden Wasserhahn, verdeutlicht werden.

Offensichtlich ist ein tropfender Wasserhahn nicht einfach unbegreiflich. Vielen Menschen ist er, selbst wenn er stört, weder begreiflich noch unbegreiflich. Dass er u n b e g r e i f l i c h wird, ist jedes Mal ein geistiges Ereignis (man sollte dieses kleine Beispiel nicht lächerlich nehmen). Wenn und nur wenn dies oder überhaupt etwas und auch das Ganze jemand unbegreiflich wird, fällt es als Denkbares auf, und nur dann ist es als Zu-Denkendes gegeben und der Weg des Denkens vorgezeichnet. In diesem eher technischen Beispiel ist das Auf-den-Begriff-Bringen ein Tun, nämlich das Reparieren, und die Einsicht eher nebenbei gegeben. Da dies aber Beispiel für ein geistiges Begreifen sein soll, so sei getan, als würde der Begriff hier das Ziel sein.

Nun scheint es so, dass für das Begreifen die Worte »Wasserhahn«, »Tropfen«, »Leitung«, »Klemmen« o.Ä. nötig sind, genauer: sich denkerisch nahe legen, sich dem Begreifen anbieten – bis hin zum vollständigen Satz: »Der Wasserhahn tropft, weil …«. Vor allem aber bietet sich das Wort »Wasserhahn« als der alles das zusammenfassende Begriff an. In diesen Worten, sekundär auch im Satz, scheint etwas zu liegen, was für das Begreifen einen Anhalt bietet und die Möglichkeit eines geistigen Schrittes und einer schrittweisen Beruhigung der Unbegreiflichkeit nahe legt.

Bei diesem Gebrauch der Worte fürs Begreifen scheint jedoch – zunehmend, je mehr es auf den Begriff zugeht – nicht das Wort als Wort, also wie es alltäglich selbstverständlich gesprochen wird, sondern nur e t w a s a m Wort gebraucht zu werden, und es verschwindet auch zunehmend immer mehr von dem, was das Wort als Wort ausmacht. In der W o r t verbindung »Wasserhahn« ist sprachlich ungebrochen die ganze Fülle dessen, was das Wort »Wasser« sagt (Frische, Kälte, Nässe etc.) ebenso da, wie das, was das Wort »Hahn« sagt (vom stolz gereckten Hals, dem Vergleichspunkt, bis zum Hahnenschrei und den bunten Federn). Im B e g r i f f »Wasserhahn« dagegen ist alles das verschwunden und es bleibt nur und widerspruchsfrei die gebogene Leitung mit diesem oder jenem Durchmesser, den spezifischen Druckverhältnissen, möglicherweise undichten Stellen etc.

Was an diesem Beispiel banal erscheint, bekommt sofort ein großes Gewicht, wenn nicht der Wasserhahn, sondern z.B. »das Ganze« oder »die Wahrheit« jemand unbegreiflich wird. Phänomenal ist es genau dasselbe absolute Ereignis und genauso wenig machbar. Auch dann zerreißt die alltägliche Selbstverständlichkeit, fällt das Unbegreifliche – die Wahrheit oder das Ganze – als Denkbares auf und ist ein Weg des Denkens vorgezeichnet. Und auch dann sind in derselben Weise Worte nötig, verschwindet im Begreifen die sprachliche Nennkraft des Wortes zu Gunsten des Begriffsgehaltes. Nur die Bedeutung und Tragweite ist dann leichter einsehbar.

Aus dieser Skizze ist deutlich, dass das Begreifen die Worte gebraucht, aber nicht – in eine Sprachlosigkeit – verlässt. Zwar wird das gewohnte Sprechen erst einmal durch das Aufbrechen der Unbegreiflichkeit verstört und verschlägt es dem Denkenden vielleicht die Sprache. Aber diese Sprachlosigkeit, wenn man sie so nennen will, bleibt im Bann der Worte, sucht und findet früher oder später in der Begriffsbildung die geeigneten Worte. Die Denkbewegung geschieht gleichsam innerhalb gewohnter oder nahe liegender Worte, hält sich innerhalb eines Wortes immer mehr an den Begriffsgehalt: von »Wasserhahn«, »Wasser« und »Hahn« als Worte zu »Wasserhahn« als Begriff (neben »Zapf-« und »Bierhahn« und anderen begrifflich aufgefassten »Hähnen«), von »ganz« als Wort (das »unverletzt, heil« sagt) zu »das Ganze« als Begriff (vor allem neben »Teil«).

Im Hinblick auf die behauptete Sprachlosigkeit bei Nietzsche kommt man hier zunächst zu einem überraschenden Schluss. Wenn das Denken sich innerhalb der Worte bewegt, sind diese, trotz der Verengung und auch wenn das philosophisch-begriffliche Sprechen nicht alltäglich ist und eigens gelernt werden muss, in ihrer grundsätzlichen Selbstverständlichkeit vielleicht gar nicht angetastet. Das Suchen nach einem Begriff zeigt ein erstaunliches Vertrauen auf das Sprechen, auf die das Wesen des Menschen haltende Macht der Worte und Sätze. (Ein Beleg dafür ist, dass sich in der ganzen Geschichte der Philosophie bis Nietzsche keine über die Fragen der Angemessenheit von Worten hinausgehende Meinung zum denkerischen Sprechen findet. Die Überlegungen der Logik, die vom Wort Logos her dies vermuten lassen könnten, beziehen sich auf Richtigkeit und Falschheit der Gedankenwege, nicht auf die Worte[20].)

Das herkömmliche begrifflich-philosophische Denken lässt trotz Gebrauch die Worte und Sätze doch in Ruhe. Der Gedanke bewegt sich weg vom Wort und lässt dieses also dort ungestört zurück.

Gerade von Nietzsche her kann man aber sehen, dass dies nur teilweise, letztlich vielleicht nur scheinbar zutrifft. Denn in diesem »innerhalb der Worte ... weg vom sprachlichen Sprechen ... hin zum Begriff« geschieht etwas mit den Worten selbst.

Lange kaum bemerkt, da ja lange nur wenige Menschen und erst seit Kant und Hegel immer mehr (heute freilich in einem bis dahin unvorstellbaren Maß) philosophisch oder philosophisch inspiriert dachten, wird immer deutlicher, dass die sprachlich gesprochenen Worte bei ihrem Gebrauch im

Begreifen vielleicht Schaden nehmen; dass – mit einer Formulierung Jacob Grimms, der dies als Erster befürchtete – mit einem »Aufsteigen« (der Worte und Sätze) »zu geistiger Ausbildung« ein »Absteigen von leiblicher Vollkommenheit« einhergeht[21].

Wenn bei dieser Formulierung Gewinn und Verlust ausgewogen erscheinen, so stehen dem aber Stunden gegenüber, in denen Jacob Grimm »für abhanden gekommene Theile des ULFILAS die gesamte Poesie der besten Zeit des Dreizehnten Jahrhunderts mit Freuden ausgeliefert haben würde«[22], wo er den Schaden, den Verlust an Sinnlichkeit, Leiblichkeit, Nennkraft weit höher als den Gewinn, und sogar absolut, einschätzte. So ist es auch ein ausgesprochenes Anliegen der Brüder Grimm, mit ihrem Wörterbuch ein »Heiligtum der Sprache«[23] zu gründen, die Worte eben deswegen zu sammeln, zu schützen und ihre Heiligkeit, wenn möglich, zu bewahren (was ja ohne die Befürchtung einer Bedrohung oder eines Verlustes keinen Sinn hat).

Anzeichen eines solchen Verlustes an Sinnlichkeit und Leiblichkeit, eines Verlustes der »leuchtenden Gesetze«[24] der Worte und ihrer Beschädigung durch das denkende Sprechen, durch den Weg in den Worten bei der Begriffsbildung, sind, vielleicht überraschend, erstmals bei Goethe zu finden. Gedichten, die auf die »Bestimmtheit und Leichtigkeit der Gedanken«[25] verzichten (wie das berühmte »Wanderers Nachtlied«), die die Worte, ohne auf Begriff auch nur zu schielen, sprechen lassen, wie sie von sich her sprechen, steht eine schrecklich gezwungene Denksprache, etwa am Ende von »Wilhelm Meisters Wanderjahre« gegenüber. Damit ist ganz und gar nicht gemeint, dass dies ein schlechtes oder unbedeutendes Buch wäre, aber die maßlose Häufung der Worte »gut« und »schön« etwa, gar die Benennung einer Person als »die Schöne-Gute« entwerten diese Worte als Worte, brechen ihre Nennkraft und ihre eigene Welt zu Gunsten einer gedanklichen, konzeptionellen Aussage.

Wenn sich dies aber auch bei einem Dichter, noch dazu vom Range Goethes, findet, so nährt dies den Verdacht, dass das genannte Vertrauen auf die Worte und Sätze schon bei Kant und Hegel verborgen aber nachhaltig gebrochen war.

Der Vermutung, Nietzsche hätte, dies ahnend, nur die Konsequenz daraus gezogen, soll aber entgegengetreten werden. Es sei daran erinnert, dass dieser von Jacob Grimm befürchtete Verlust und Verfall, die Zerstörung der Sinnlichkeit, der Nennkraft und »Leiblichkeit« der Worte ja begleitet ist von einer Zunahme an »geistiger Ausbildung«, von »Bestimmtheit und Leichtigkeit der Gedanken«, also von allem Wissen, aller Denkfähigkeit und allen Denkmöglichkeiten, die wir heute haben. Weder Nietzsche (noch Heidegger oder Wittgenstein) wenden sich einfach gegen …, versuchen etwa restaurativ ein altertümliches Sprechen wieder zu etablieren (auch wenn es vielleicht auf den ersten Blick so aussehen könnte).

Um nun auf Nietzsche zu kommen, sei wieder aus dem *Zarathustra* zitiert, und wieder sei die Aufmerksamkeit auf die Weise des denkerischen Sprechens gelenkt:

> »Als Zarathustra diese Worte gesprochen hatte, sah er wieder das Volk an und schwieg. ›Da stehen sie‹, sprach er zu seinem Herzen, ›da lachen sie: sie verstehen mich nicht, ich bin nicht der Mund für diese Ohren.
> Muss man ihnen erst die Ohren zerschlagen, dass sie lernen, mit den Augen hören? Muss man rasseln gleich Pauken und Bußpredigern? Oder glauben sie nur dem Stammelnden?
> ...
> So will ich ihnen vom Verächtlichsten sprechen: das aber ist d e r l e t z t e M e n s c h.‹
> Und also sprach Zarathustra zum Volke:
> Es ist an der Zeit, dass der Mensch sich sein Ziel stecke. Es ist an der Zeit, dass der Mensch den Keim seiner höchsten Hoffnung pflanze.
> Noch ist sein Boden dazu reich genug. Aber dieser Boden wird einst arm und zahm sein, und kein hoher Baum wird mehr aus ihm wachsen können.
> Wehe! Es kommt die Zeit, wo der Mensch nicht mehr den Pfeil seiner Sehnsucht über den Menschen hinaus wirft, und die Sehne seines Bogens verlernt hat, zu schwirren!
> Ich sage euch: man muss noch Chaos in sich haben, um einen tanzenden Stern gebären zu können. Ich sage euch: ihr habt noch Chaos in euch.
> Wehe! Es kommt die Zeit, wo der Mensch keinen Stern mehr gebären wird. Wehe! Es kommt die Zeit des verächtlichsten Menschen, der sich selber nicht mehr verachten kann.
> Seht! Ich zeige euch den l e t z t e n M e n s c h e n.
> ›Was ist Liebe? Was ist Schöpfung? Was ist Sehnsucht? Was ist Stern?‹ — so fragt der letzte Mensch und blinzelt. ...«[26]

Dieses ohne Zweifel denkerische Sprechen hat nichts von der Denkbewegung der Begriffsbildung, die auf Worte und Sätze vertraut (erst recht nichts von alltäglich-selbstverständlichem Sprechen). Aber es lässt die Worte und Sätze auch nicht – poetisch – einfach so sprechen, wie sie von sich her sprechen würden.

Dieses Sprechen ist gekennzeichnet durch Selbstverständlichkeit brechendes Pathos, durch Adjektive ins Absolute und damit Sinnlose übersteigernde Superlative, durch Gewöhnlichkeit vertreibende Manier, aber auch durch Begriffe unterlaufenden Gebrauch von logischen Denkformen – des Gegensatzes etwa (z.B. von gut und böse: j e n s e i t s von Gut u n d Böse; weder lässt er die Worte »gut« und »böse« jedes für sich sagen, was sie von sich her sagen würden, noch verwendet er sie in einer stimmigen Begriffsbildung). Es ist gekennzeichnet durch Zerbrechen des gewohnten (deutschen) sprachlichen Gefüges und des gewohnten sprachlichen Rhythmus, weist aber daneben formelhafte Ballungen und Aufladungen auf (Formeln sprengen das Sprechen vielleicht überhaupt); meist ist es laut.

Vor allem aber ist es – viele tausend Seiten lang – offensichtlich Wiederholung. Dies alleine – in seinem Monologischen, in seinem ausdrücklich und betont Monologischen (da kein einziger Anderer da ist, der so sprechen oder auch nur hören könnte) genügte – sprachliches Sprechen zu sprengen (und lässt es nicht als Dichtung auffassen).

Wenn man sich fragt, was in diesem Monolog gesagt ist, so findet man außer banalen und auch anderswo an minderer Stelle vertretenen Thesen, eigentlich nichts. Man findet keine Gedanken im gewohnten inhaltlichen Sinn, keine Thesen, auf die sich ernsthaft etwas aufbauen ließe, nichts Wahres – von Wahrheit her oder auf Wahrheit hin Gedachtes: Nihilismus. Wenn man sich an die wenigen – oben zitierten – Sätze Nietzsches zur Sprache erinnert, wird man leichter den Bruch mit dem Glauben an die Grammatik (in dem Gott endlich verloren gehen kann?), das Brechen der Worte, das Sich-der-Verführung-durch-die-Grammatik-Entziehen nicht mehr nur begrifflich, als eine These oder eine Methode, auffassen.

Mit Sprachlosigkeit des Denkens ist also nicht Stummheit gemeint, sondern dass Nietzsche mit großer Anstrengung versucht, seinen Gedanken, sein Denken nichtssagend zu entfalten, ohne im eigentlichen Sinn zu sprechen, ohne die Sprache (ohne die Grammatik, die Worte).

Sprachlos – aus Sprachlosigkeit und in ihr – sprechen heißt nicht, dass hier gedankenlos geredet würde, sondern, dass der Gedanke, das Denken nicht gesagt ist (wenn man so will: nichts sagt, keine Wahrheit zeigt).

Das Anliegen wäre dann gar nicht, zu begreifen, den Einbruch einer Unbegreiflichkeit in den Begriff zu beruhigen, zu »versöhnen«, überhaupt Thesen und Sätze über über irgendetwas aufzustellen, Wahres zu behaupten oder zu suchen. Es gehörte dann wesentlich zum Denken, das Begreifen, das Klären und Erklären, den philosophischen Satz preiszugeben (wenn nötig auch zu zerstören). Die Wahrheit ist, dass es keine Wahrheit gibt – dies ist keine Wahrheit, erklärt nichts, begreift nichts, ist kein philosophischer Satz über irgendetwas, über Seiendes, das Seiende im Ganzen, das Sein.

Wenn dieses Denken aber gerade nicht hat, was das begriffliche Denken, dem es um die Wahrheit geht, auszeichnet: ein Ziel, worauf hin oder von woher der Gedankengang sich bewegen und ankommen kann, dann gibt es auch die Möglichkeit nicht, sich innerhalb der Worte zu bewegen, gibt es

keine Nähe und Bindungskraft der Worte, die die Begriffsbildung, das Ankommen an einem gedanklichen Ziel und Ende, die »Versöhnung« braucht.
Dann gibt es nicht das Stiftende, Beruhigende, Versöhnliche des alltäglich-selbstverständlichen Sprechens, nicht Nähe der Worte voraussetzend – Stille, Schweigen, Ruhe, kein Sich-Verlassen auf die Worte.

Nietzsche benutzt nicht nur alle bekannten Sprachlosigkeiten, führt in sie, fordert sie – die Sprachlosigkeit vor Entzücken, vor Entsetzen, die der Philosophie, d.h. vor Staunen, die im Schlaf, im Tod, im Alltäglichen –, sondern er führt vor allem in die im Thematischwerden »der Sprache« und damit im denkerischen Sprechen selbst liegende hinein.

Sprachlosigkeit hieße also: Denken hat bei Nietzsche sein Eigenes nicht in der Sprache. Sprachlosigkeit wäre also kein Mangel, sondern, wie eingangs behauptet, eine Auszeichnung.

Um dies ein wenig deutlich zu machen, sei noch einmal ein älterer Text herangezogen, wieder von einem denkenden Dichter, nämlich Heinrich von Kleists Aufsatz *Über die allmähliche Verfertigung der Gedanken beim Sprechen*. Kleist schildert hier Situationen – und macht sie stark! –, in denen ein Mensch nicht in das gewohnte begriffliche Denken hineinkommt, wo er stockt, wo ihm nichts zu sagen einfällt; schildert, wie er zu sprechen, zu denken ansetzt, abbricht, neu ansetzt und statt gewohnter Worte, statt Ansätzen zur Begriffsbildung nur Wortfetzen, unzusammenhängende Worte, einzelne Laute – Ahs und Ohs – hervorbringt. »Ich mische« – auf der Suche nach dem Gedanken – »unartikulierte Töne ein, ziehe die Verbindungswörter in die Länge, gebrauche auch wohl eine Apposition, wo sie nicht nötig wäre, und bediene mich anderer, die Rede ausdehnender Kunstgriffe, zur Fabrikation meiner Idee auf der Werkstätte der Vernunft, die gehörige Zeit zu gewinnen.«[27] Die Betonung eben dieser Momente, ihre eindrucksvolle Schilderung, lässt (gegen Kleists eigene technische Interpretation) vermuten, dass vielleicht in diesem »allmählichen Verfertigen der Gedanken, in den Löchern, Pausen, Ausdehnungen, dem Stammeln – in der Sprachlosigkeit – mehr Gedanke lebendig und die Dimension des Denkens gegenwärtiger ist, als in der dann erst einsetzenden Gedankenbildung, als im Begreifen und seinem Ergebnis, dem Begriff.

»Wie die wahre Welt endlich zur Fabel wurde« ...
»Die wahre Welt haben wir abgeschafft: Welche Welt blieb übrig? die scheinbare vielleicht? ... Aber nein! mit der wahren Welt haben wir auch die scheinbare abgeschafft!
(Mittag; Augenblick des kürzesten Schattens; Ende des längsten Irrtums; Höhepunkt der Menschheit; INCIPIT ZARATHUSTRA.)«[28]

Kleists Beobachtung eines für das Denken fruchtbaren vorübergehenden Aussetzens der Sprache (das nicht stumm ist), ist der Bericht eines Dichters über das Denken. Könnte nicht Nietzsche, ohne Rücksicht auf den Schluss – ohne Rücksicht auf die Bajonette[29] – und ohne dichterisches Vertrauen auf die Worte diesen »in der Not hingesetzten Anfang«[30] denkerisch erfahren und ausgetragen haben?

Was aber hieße dann Denken?

(25. 03. 1996)

[1] Also sprach Zarathustra, Vierter und Letzter Teil, KGA, Bd. VI, 1, S. 404.
[2] Es geht dabei nur um den Denker Nietzsche (seine Gedichte bleiben ganz außer Betracht).
[3] Menschliches, Allzumenschliches; Zweiter Band. Schlechta, Bd.1, S. 903.
[4] Morgenröte, KGA Bd. V,1 S.49.
[5] Jenseits von Gut und Böse, KGA Bd. VI,2 S.3f.
[6] a.a.O., S. 28.
[7] Zur Genealogie der Moral, KGA Bd. VI,2 S.293.
[8] Götzendämmerung, KGA Bd.VI, 3 S. 72. – Hier steht auch das berühmte Wort: »Ich fürchte, wir werden Gott nicht los, weil wir noch an die Grammatik glauben ...«.
[9] Christoph Meckel, Plunder, München 1986 – mit »großer Dichtung« ist das ganze in viele kleine Bändchen verstreute Werk Meckels gemeint.
[10] Dieser – beliebige – Ausschnitt aus M. Hoffmann, Makros in VBA-Code Konvertieren, ist enthalten in: redmond´s inside Access, Jg. 7, Nr. 9.
[11] Was sollte einer »sagen wollen«, der von Regen und nur von Regen spricht? – Will er sagen, dass es zu wenig oder zu viel regnet, will er ausdrücken, dass es noch mehr oder nur noch regnen soll; oder will er unsere Sensibilität für den Regen schärfen? Wohl kaum.
[12] Für Heidegger siehe besonders: Unterwegs zur Sprache; dazu unten S. 6f.
[13] Hölderlin, zitiert von Heidegger in: Aus der Erfahrung des Denkens, Pfullingen 1954, S. 25.
[14] M. Heidegger, Brief über den Humanismus; in: Wegmarken, Frankfurt a. Main, 2. Auflage, 1978, S. 357.
[15] M. Heidegger, Unterwegs zur Sprache, Pfullingen 1959, S. 261.
[16] M. Heidegger, a.a.O., S. 265.
[17] M. Heidegger, a.a.O., S. 267.
[18] Kant, Kritik der reinen Vernunft, Vorrede zur ersten Auflage.
[19] Hegel, Differenz des Fichteschen und Schellingschen Systems der Philosophie (»Bedürfnis der Philosophie«).
[20] Dies muss hier als Behauptung stehen bleiben, da eine Erläuterung weit ausgreifen und viele verschiedene Autoren berücksichtigen müsste.

[21] Jacob Grimm, Geschichte der deutschen Sprache, Leipzig 4. Auflage 1880, S.4 (Zeitalter und Sprachen).

[22] Jacob und Wilhelm Grimm, Deutsches Wörterbuch, München 1984, Sp. IV (Vorwort). Unter dem Namen ULFILAS oder Wulfila, gest. 383 in Konstantinopel, sind Fragmente einer gotischen Bibelübersetzung überliefert.

[23] ebenda, Sp. XII

[24] ebenda, Sp. IV

[25] ebenda

[26] Also sprach Zarathustra, Vorrede, KGA VI, 1, S. 12 f.

[27] Heinrich von Kleist, Über die allmähliche Verfertigung der Gedanken beim Sprechen (vermutlich 1800 entstanden).

[28] Götzendämmerung, KGA Bd. VI, 3 S. 74f.

[29] Wie Kleist Mirabeaus Stocken beschreibt. Ebenda.

[30] ebenda.

»Zarathustra - a god that can dance«

Was ein indischer Weiser heute über Nietzsche sagt: Bhagwan Shree Rajneesh über Nietzsches Zarathustra[1]

Max Werner Vogel †

Heute trete ich hinter die Aussagen eines Mannes zurück, der sich selbst als Erleuchteten bezeichnet und es auf sich genommen hat, die »Umwertung aller Werte« fortzusetzen, indem er sich in seiner militanten Art unbeliebt machte, wo er konnte. Sollte er kein wahrer Meister gewesen sein, so hat er doch das Schicksal der größten unter den Weisen geteilt: er wurde wie Zoroaster, Sokrates oder Jesus zuerst gelobt und sodann verraten und verurteilt, was am Ende seinen Tod bedeutete. Jaspers hat gefordert, immer vorerst zu hören, was einer zu sagen hat. Das wollen wir heute tun.

Rajneesh, von seinen Jüngern Bhagwan oder etwa Erhabener genannt, hat unter anderem umfangreiche Kommentare zu Nietzsches Zarathustra hinterlassen. Davon kann heute nur eine Kostprobe gegeben werden, die uns zugleich etwas über Nietzsche sagt.

Weder vom historischen Zoroaster noch von der unergründbaren Subjektivität Nietzsches ist die Rede. Rajneesh hält sich – und das ist für alles Folgende wichtig – an den Zarathustra Nietzsches. Er interpretiert Nietzsches Text als Mystiker, und also gibt er seine mystische Interpretation. Mystik heißt, um es kurz zu sagen, das absolut Unbekannte je für sich in Erscheinung treten und zur Wirkung kommen zu lassen. Die erste von einigen Voraussetzungen dazu ist, den unterscheidenden Verstand zum Schweigen zu bringen, der zwar in der Welt nützlich ist, aber mit seiner zweiwertigen Logik zugleich in ihr gefangen hält und alles darüber Hinausgehende verhindert, indem er, der für die Welt geschaffen ist, alles Überweltliche als unwahr ablehnt, obwohl er doch bis dato mit der Definition des Wahren nicht zurechtgekommen ist und also nicht weiß, was Wahrheit sei – wir kennen da nur Hilfskonstruktionen, ich erinnere an Poppers Lebenswerk. Der Verstand nun seinerseits wird von Werten geleitet. Daher sind die Werte, die den Verstand anleiten, dem Mystiker, der gerade über den Verstand hinauswill, umzuwertende. Tatsächlich findet die Umwertung aller Werte ständig, aber unendlich langsam statt. Was in der Gesellschaft, also in den vielen einzelnen Psychen und deren Zusammenwirken, langzeitig beobachtbar ist, zumal für einen Menschen, der schon länger lebt, ist ein Wandel im Konsens über Werte, der indes nicht von selbst geschieht – es gibt so etwas wie stagnierende Gesellschaften –, sondern offenbar angestoßen wird: wie in der Individual-, so in der Gesellschaftsneurose, etwa bei Revolution oder Krieg, die fast immer ihr Ziel verfehlen und oft gerade damit neue Werte setzen. Sobald ein Selbstverständnis, also ein Ich oder ein Wir, sich in Frage gestellt sieht, besteht die Chance, es höher zu entwickeln. Allerdings geht die riesige Entwicklung der Gesellschaften oder nur die private kleine, wenn überhaupt, so langsam voran, dass in manchem Menschen der Wunsch entsteht, sie zu beschleunigen. Wenn dann einer das doppelte Glück hat, eine Entwicklung überhaupt für möglich zu halten und gar noch eine Anlaufstelle zu finden, wendet sich der dann eventuell mystischen Praktiken zu, um für sich einen obersten Wert zu verfolgen, der, wie wir aus unseren heiligen Schriften wissen, den Weltwerten fürs erste diametral gegenübersteht. Da bedarf es dann am Ende eines Sprunges, der das enge, weil immer nur Welt, aber nichts darüber hinaus eröffnende diakritische Denken, ich meine den Verstand, der alles zerredet, hinter sich lässt und zu einer geistigen Freiheit vordringt, die nicht von weltlichen Begriffen beschränkt ist. Etwa das sagt die Philosophie auch, wo immer sie an den Punkt des Scheiterns gerät und sich das Scheitern eingesteht. Soviel zur Vorerläuterung des Folgenden, in dem dann Nietzsche und Rajneesh zu Worte kommen werden.

Um Ihnen aber noch einen Blick auf den Mann Rajneesh zu vermitteln, habe ich die Einführung zu seinem Werk über Nietzsches Zarathustra weitgehend und recht wörtlich übersetzt.

Friedrich Nietzsche kann wohl, sagt da Rajneesh, als der größte Philosoph gelten, den die Welt gesehen hat. Zudem sei er groß in einer anderen Dimension gewesen, die vielen Philosophen verborgen bleibt: er sei der geborene Mystiker gewesen. Da er im Westen zur Welt kam, hatte er keine Chance, eine Schule der Mystik zu betreten. Trotz seiner tiefen Kontemplation war ihm die Meditation absolut fremd. Zwar reichen seine Gedanken vielfach in die Tiefe der Meditation und bis zum Höhenflug eines Gautamo Buddha, aber all dies widerfuhr ihm, geschah spontan.

Er wusste nichts vom Weg zur Erleuchtung, nichts über den Pfad, der zum eigenen Sein führt. Dies erzeugte in ihm erschütternde Stürme. Seine Träume reichen bis zu den Sternen, aber sein Leben blieb dabei im Gewohnten – es hat nicht die Aura, welche von der Meditation erzeugt wird. Seine Gedanken sind nicht sein Blut, seine Knochen, sein Mark. Sie sind schön, außerordentlich schön sogar, aber etwas fehlt ihnen; und was ihnen fehlt, ist das Leben selber. Sie sind tote Worte, sie atmen nicht, sie haben keinen Herzschlag.

Aus besonderen Grund will Rajneesh über Nietzsche sprechen: Er ist der einzige Philosoph, vom Osten bis zum Westen, der über die Höhen des menschlichen Bewusstseins zumindest nachgedacht hat. Vielleicht hat er sie nicht erfahren; nein, gewiss hat er sie nicht erfahren. Überdies gedachte er, wieder Mensch zu sein. Diese Idee, nämlich von den erklommenen Höhen wieder zum Marktplatz herabzusteigen, von den Sternen zur Erde zurück, hat sich nie bei jemand anderem gezeigt.

Hierzu eine persönliche Anmerkung: Rajneesh spricht im Folgenden auch Jesus Christus mehrmals an. Gerade von ihm ist nun berichtet, er habe sich unters Volk begeben. Aber ich meine, Rajneesh hat recht, denn die Tradition von beinahe 2000 Jahren hat Jesus vom Volk mehr und mehr entfernt. Ich erinnere an Dostojewskijs kurzen Part *Der Grossinquisitior*, der, wenn ich recht erinnere, mitten in den *Gebrüdern Karamasow* steht; der Grossinquisitor als Vertreter der Kirche sagt dort zu Jesus, er könne ihn nicht brauchen, denn er störe die geistliche Verwaltung der Herde. Ähnliches sagt ein Indianer[2].

Und wenn Yeshwa ben Yusef zurückkäme? Wäre er in Europa irgendwann zwischen 300 und vielleicht 1800 n. Chr. zurückgekommen, hätten sie ihn höchstwahrscheinlich auf dem Scheiterhaufen verbrannt. Vielleicht kam er, und es geschah so … Wie oft wurde Jesus Christus getötet? Jedes Mal, wenn sie einen Ketzer oder Heiden töteten …

Sie werden Gelegenheit haben, sich an diese Äußerungen zu erinnern, wenn von Jesus die Rede ist, aber seine Gläubigen gemeint sind. Also zurück zu Rajneesh: Nietzsche hat etwas von Gautamo Buddha – vielleicht war es unbewusst aus vergangenen Leben mitgebracht –, und er hat etwas von Alexis Sorbas, einem Mann, der aus der Gegenwart lebt. Beide sind unvollendet. Nietzsche ist indes der einzige Beweis, dass Buddha und Sorbas übereinkommen können, dass jemand, der die höchsten Höhen erreicht hat, dort nicht bleiben muss.

Und wirklich sollten sie dort nicht bleiben. Sie sind Schuldner der Menschheit, Schuldner der Erde. Sie sind unter Menschen geboren, sie haben mit ihnen in derselben Dunkelheit und im gleichen Elend gelebt. Und jetzt, da sie das Licht gesehen haben, ist es ihre Pflicht, zurückzukehren, um jene zu wecken, die fest schlafen, um ihnen die gute Botschaft zu bringen – dass

Dunkelheit nicht alles ist und dass unsere Unbewusstheit von uns gewählt ist.

Wählten wir die Bewusstheit, könnten alle Unbewusstheit und alle Finsternis verschwinden. Es geschieht nach unserem Willen, dass wir in den düsteren Tälern leben. Entschieden wir uns, auf den sonnenbeschienenen Höhen zu leben, könnte niemand uns daran hindern, denn gerade dies gehört auch zu unserem Potential.

Aber jene, die die sonnenbeschienenen Höhen erreicht haben, vergessen die Welt, aus der sie kamen. Gautamo Buddha stieg nie herab. Mahavira stieg nie herab. Selbst wenn sie sich die Menschen zu erwecken mühten, haben sie nur von ihren sonnenbeschienen Gipfeln herabgeschrien.

Der Mensch aber ist so taub, so blind, dass es ihm schier unmöglich ist, Leute zu verstehen, die von einer höheren Stufe des Bewusstseins her zu ihm sprechen. Er hört die Laute, aber sie bringen keinerlei Sinn und Bedeutung zu ihm herüber.

Nietzsche ist in dieser Beziehung einmalig. Er könnte ein außergewöhnlicher, sehr übermenschlicher Philosoph geblieben sein, aber nicht für einen einzigen Moment vergisst er die normalen Menschenwesen. Das ist seine Größe. Obwohl er die höchsten Höhen nicht erreichte und die größten Mysterien nicht kannte, so hat er doch, was immer er wusste, mit seinen Mitmenschen teilen wollen.

Ich möchte, sagt Rajneesh, über einiges sprechen, das meinen Hörern hilfreich sein kann, um spirituell voranzukommen. Unter Tausenden von großen Mystikern, Philosophen, erleuchteten Menschen hat Nietzsche einen Mann zu seinem Sprecher erwählt, den die Welt beinahe vergessen hatte – Zarathustra.

Die Nachfolger Zarathustras begrenzen sich auf ein winziges Gebiet: Bombay. Sie kamen dorthin vom Iran, als Mohammedaner die Perser zwangen, entweder zum Islam überzutreten oder getötet zu werden. Tausende wurden getötet; Millionen bekannten sich aus Angst zum Islam. Aber einige mutige Seelen flohen aus dem Iran und fassten in Indien wieder Fuß.

Es sind die Parsen Bombays – vielleicht die kleinste Religionsgruppe der Welt. Erstaunlich ist Nietzsches Interesse an Zarathustra, das ihn sein bekanntes Buch schreiben ließ.

Wie seinerseits Rajneesh diesen Nietzsche-Text, so habe Nietzsche den Zarathustra zu seinem Sprecher gewählt, weil er als Einziger unter den Religionsgründern nicht lebensfeindlich ist. Vielmehr feiert seine Religion dankbar das Dasein und fördert die Lebensfreude, denn, ausgenommen dieses Leben und diese Welt, ist alles andere hypothetische Ideologie. Begriffe wie »Gott«, »Himmel« oder »Hölle« sind sämtlich Projektionen des Menschengeistes, nicht authentische Erfahrungen, sie haben keine Realität.

Hier muss ich einwerfen, dass dies scheinbar im Widerspruch zur Überlieferung des historischen Zoroastrismus steht, die vom Dualismus zwischen dem höchsten Guten, dem Ahura Mazda, und seinem Widersacher Ahriman spricht. Diese beiden Prinzipien können nun, wie ich glaube, einem Erleuchteten durchaus zur Realität werden, die auch in das Leben des Unerleuchteten hineinwirkt, der unmittelbar nichts davon spürt; wenn ihm die Wirkungen der Prinzipien bewusst werden, kann er sich von Fall zu Fall entscheiden, für welches Prinzip er eintreten möchte. Zurück zu Rajneesh:

Zarathustra wurde vor 2500 Jahren geboren, als überall in der Welt eine große Renaissance stattfand: in Indien erreichten Gautamo Buddha, Mahavira, Goshalak, Sanjay Bilethiputta, Ajit Keshkambal und andere denselben Gipfel der Erwachtheit; in China waren es Konfuzius, Menzius, Lao Tse, Chuang Tzu, Lieh Tzu und viele andere; in Griechenland Heraklit, Pythagoras, Sokrates und, als ein Später der Schule, Plotin; in Iran gab es Zarathustra.

Es ist eine bemerkenswerte Gleichzeitigkeit, dass in der ganzen Welt plötzlich eine Flut der Bewusstheit auftritt und viele Menschen erleuchtet werden. Vielleicht ist die Erleuchtung auch eine Kettenreaktion – gibt es erst einmal Erleuchtete, dann stiften sie dieselbe Umkehrung in anderen.

Jeder hat das Potential dafür. Es bedarf nur einer Herausforderung, um wirksam zu werden. Wenn man so viele Menschen solche wunderbaren Höhen der Befreiung erreichen sieht, kann man selbst nicht bleiben, wo man gerade ist. Plötzlich entsteht in einem ein großes Verlangen: Etwas muss geschehen. Hier verplempere ich mein Leben, während andere ihre Bestimmung erreicht haben, während sie wissen, was zu wissen wert ist, und zu den höchsten ekstatischen Wonnen aufgestiegen sind. Was aber treibe ich? Ich sammle Muscheln am Strand.

Zarathustra ist, wie gesagt, in seiner Lebensbejahung einmalig, und da fühlt Rajneesh eine tiefe Affinität. Aber damit lassen sich, sagt er, nicht viele Nachfolger gewinnen. Alles, was leicht erreichbar ist, ist dem Menschen nichts wert. Nein, er hegt eine Vorliebe für die Schwierigkeiten der Lebensverneinung und ihre unausbleiblichen Ängste. Dahinter steckt die Psychologie des Ich. Das Ich wünscht sich immer etwas Unerreichbares, denn nur davon lebt es. Das Ich treibt uns zu immer mehr und mehr: mehr Besitz, mehr Macht, mehr Geld, mehr Ernst und platte Nüchternheit, mehr Spiritualität sogar, mehr Disziplin. »Mehr« ist die Sprache des Ich, das niemals zufrieden ist. Der Mensch hofft an allerlei Unmöglichem, Schwierigem sein Ich zur Größe zu bringen, das ihm dann doch umgekehrt auf dem Wege zur wahren Höhe des Menschseins das wesentliche Hindernis ist.

Dagegen folgt Zarathustra derselben Leitlinie wie Chuang Tzu: Leicht ist richtig. Richtig ist leicht. Und wenn man so sehr leicht und entspannt ist, so ganz bei sich, so losgelassen, dass man sogar vergessen hat, dass man ent-spannt ist, dass man vergessen hat, dass es mit einem stimmt – dann ist man so unschuldig wie ein Kind geworden und ist angekommen. Aber daran ist das Ich nicht interessiert. Denn solche Losgelassenheit ist wie ein Selbstmord für das Ich. Also haben Religionen, die dem Ego der Leute eine schwere Auf-gabe auflasteten, die steile Pfade zu erklimmen verlangten, die unnatürliche Ideale und unmögliche Ziele vorgaben, Millionen von Menschen in ihren Bann geschlagen.

Beinahe niemand hat wegen Zarathustra einen Finger geschnappt, bis nach beinahe 24 Jahrhunderten Nietzsche ihn wiederfand. Nietzsche hatte etwas gegen Jesus Christus, sagt Rajneesh, und gegen Gautamo Buddha, aber er war für Zarathustra. Weil Nietzsche dieselbe Lebenshaltung hatte. Er hatte sich mit all jenen großen Religionen bekannt gemacht, die der Menschheit mehr und mehr Schuldgefühle aufbürdeten, mehr Elend, mehr Krieg, die die Menschen lebendig verbrannten, die jede Art Unsinn verbrei-teten, für den kein Beweis und keinerlei Augenschein existiert, die das Ganze der Menschheit in Dunkelheit, in Blindheit hielten, weil ihre Lehren auf Glauben beruhen – und Glauben heißt Blindheit.

Ein Mensch mit Augen glaubt nicht ans Licht, er sieht es. Nur der Blinde glaubt ans Licht, weil er es nicht sieht. Glaube lebt von Unwissenheit, und alle Religionen – mit wenigen Ausnahmen wie die des Zarathustra und des Chuang Tzu, die kaum Nachfolger fanden – reden für den Glauben. Mit an-deren Worten, sie reden für die Blindheit.

Nietzsche war gegen sie. Als Stellvertreter für alle wählte er für den Os-ten Gautamo Buddha, für den Westen Jesus Christus. Er trat gegen sie auf aus dem einfachen Grunde, weil sie gegen das Leben waren. Die Menschen sollten sich doch an den einfachen Dingen erfreuen, sollten spielerisch leben und lachen, mit Sinn für Humor, nicht todernst; mit Gesang und Lautenspiel sollten sie Menschen sein, die tanzen und lieben.

Im Nietzscheschen Text, sagt Rajneesh, wird man außerordentlich bedeut-same Äußerungen finden, die eine lebensbejahende Religion zu begründen vermöchten.

Zur Methode sagt Rajneesh: Die klassischen Schriften Indiens bedürfen wegen ihrer lapidaren Kürze der Auslegung. Und so verfährt er mit Nietz-sches Text, der quasi aus Aphorismen bestehe und dem man daher sorgsam lauschen müsse. Weil er so kondensiert und kristallisiert sei, hätten die Menschen ihn nicht sofort verstanden. Und was sie zu verstehen meinten, missverstanden sie. Sodann fanden sie ihn unlesbar; sie wollten alles über-setzt haben. Nietzsche schrieb indes für reife Menschen, die so selten sind, nicht für Kinder. Das geistige Alter des Durchschnitts steht bei 14 Jahren – Ähnliches sagt die Intelligenzpsychologie –, und damit läuft man an Nietzsche bestimmt vorbei. Seine Gegner raten daneben, seine Jünger raten daneben.

Um den Text Nietzsches von jenem Rajneeshs zu trennen, wollen wir im Folgenden die Stimmen verteilen; Herr N.N. übernimmt den Part Nietzsche/Zarathustras[3]; ich selbst werde sprechen, was ich aus den entsprechenden Interpretationen Rajneeshs ausgezogen habe, mit wenigen eigenen Ergänzungen.

Als Zarathustra dreißig Jahre alt war, verließ er seine Heimat und den See seiner Heimat und ging in das Gebirge.

Im dreißigsten Lebensjahr haben sie alle – Gautamo Buddha, Zarathustra, Lao Tse, Chuang Tsu, Jesus – in der Einsamkeit ein höheres Dasein erreicht. Dieses Alter ist für die seelische Reifung ähnlich bedeutsam wie für die sexuelle Reife das fünfzehnte Lebensjahr. In der Zeit von fünfzehn bis dreißig Jahren kann der Mensch die wichtige Erfahrung des sexuellen Orgasmus machen, der das Ich, das Denken und die Zeit wenigstens für Sekunden verschwinden lässt und den Ichlosen in das Sein, in die Stille, die Ewigkeit zurückbettet. Um Zeit zu erleben, bedarf es der wechselnden Inhalte des Denkens, denn anders lässt sich der Fortgang der Zeit nicht erfahren. Daher der zur Meditation hinführende Gedanke: Wenn das Denken zum Stillstand kommt, tritt ein Orgasmus o h n e Sexualität ein, zeitlose Ewigkeit – eine spirituelle Erfahrung, nicht für Sekunden, sondern von Dauer, weg vom Orgasmus, hin zur Erleuchtung. – Rajneesh geht übrigens nicht auf den Metapherngegensatz von S e e und G e b i r g e ein (vgl. S. 9, Z. 24f.). Nach meiner Meinung hat er für das Individuum dieselbe Bedeutung wie die kosmischen Metaphern Wasser und Feuer oder Mond und Sonne, nämlich, wenn ich es recht verstanden habe, das Unten und das Oben im Menschen bezeichnend, das unbewusst Lebendige und den – ebenso unbewussten – Geist, womit nicht der Verstand gemeint ist. Würde der Text also sagen: Zarathustra überbrückte die Spanne zwischen beiden. Die mystischen Texte sprechen da von der *coniunctio*, dem Ziel mystischen Bemühens; die zweiwertige Logik der Gegensätze verschwindet.

Hier genoss er seines Geistes und seiner Einsamkeit und wurde dessen zehn Jahre nicht müde.

Um ein alles überschreitendes Alleinsein – ich erinnere an das direkte Ergebnis der Zweifelsbewegung der Cartesischen Meditationen – zu gewinnen, muss man die Menge bzw. das Weltgetöse verlassen, bis die gesammelte Aufmerksamkeit sich ins Innere richtet – dort gibt es eine Explosion von Licht.

Auf einmal erkennt man Schönheit, Freiheit und Weisheit des Alleinseins, in dem sich das innere Licht weiter vertieft. Die Abkehr vom Alltagstrott erreicht das wahre Leben. Zumeist missverstehen die Religionsgemeinschaften dieses Alleinsein: In die Wüste zu gehen sei Abkehr vom Leben, wo es nur Abkehr vom Weltlärm ist.

Endlich aber verwandelte sich sein Herz ...

Zarathustra hat sein Licht über alle Massen vergrößert. Nun muss er es unter die Menschen bringen. Nicht alle Erleuchteten werden Lichtbringer. Ihr Herabsteigen wird oft gerade von jenen verdammt, denen es dienen soll. Den Hinaufsteigenden sehen die Leute als wahren Heiligen, den Zurückkommenden oft genug als Gefallenen.

... und eines Morgens stand er mit der Morgenröte auf, trat vor die Sonne und sprach zu ihr also: Du großes Gestirn! Was wäre dein Glück, wenn du nicht die hättest, welchen du leuchtest. – Zehn Jahre kamst du hier herauf zu meiner Höhle: du würdest deines Lichtes und dieses Weges satt geworden sein, ohne mich, meinen Adler und meine Schlange.

Die Schlange verkörpert die Weisheit: sie schlüpft aus der Haut ihrer Vergangenheit, ohne zurückzublicken, zum Neuen hin; Weisheit ist das Gegenteil von Wissen, das stets Vergangenes ansammelt und an ein zweifelndes Ich gebunden ist (vgl. Karl Popper zum Gang der Wissenschaft: zweifeln – raten – finden – verwerfen – raten usw.). Weisheit ist Verschwinden des Ich, ist die geläuterte Erfahrung des immerfort sich erneuernden Lebens. – Der Adler steht für die Freiheit: den Mut, furchtlos ins Unbekannte hinauszufliegen, aus dem beengenden Verstandesdenken abzuspringen in die Freiheit des Seelischen. Die utopischen politischen, sozialen, wirtschaftlichen Weltfreiheiten sind nicht gemeint. Adler und Schlange sind erforderlich, um ins Unbekannte und endlich ins Unerkennbare, d.h. auf die göttliche Seite des Seins, vorzustoßen, nämlich mutige Entschlossenheit und bewusste Weisheit.

Aber wir warteten deiner an jedem Morgen, nahmen dir deinen Überfluss ab und segneten dich dafür. Siehe! Ich bin meiner Weisheit überdrüssig wie die Biene, die des Honigs zu viel gesammelt hat, ich bedarf der Hände, die sich ausstrecken. – Ich möchte verschenken und austeilen, bis die Weisen unter den Menschen wieder einmal ihrer Torheit und die Armen wieder einmal ihres Reichtums froh geworden sind.

Der Energieüberfluss der Sonne ging auf Zarathustra über. Im Indischen wäre hier von Prana, ätherisch-geistiger Kraft, die Rede. Wir erinnern uns auch an Echnatons Sonnengebet. Zarathustra will vom überfließenden Licht der Weisheit und ihrer Kraft abgeben.

Dazu muss ich in die Tiefe steigen: wie du des Abends tust, wenn du hinter das Meer gehst und noch der Umwelt Licht bringst, du überreiches Gestirn! – Ich muss, gleich dir, untergehen, wie die Menschen es nennen, zu denen ich hinab will. – So segne mich denn, du ruhiges Auge, das ohne Neid auch ein allzu großes Glück sehen kann! – Segne den Becher, welcher überfließen will, dass das Wasser golden aus ihm fließe und überallhin den Abglanz deiner Wonne trage! – Siehe! Dieser Becher will wieder leer werden, und Zarathustra will wieder Mensch werden.

Tausende, von unten kommend, wollten übermenschlich sein wie Buddha oder Christus. Zarathustra aber, von oben kommend, wollte wieder Mensch sein. Auch in den Klosterregeln, im Zen wie bei uns, ist dieses Auf und Ab im kleineren Maßstab institutionalisiert: Ora et labora.

Also begann Zarathustras Untergang.

Das Schicksal der Menschen kann nicht zum Besseren gelenkt werden, solange nicht jeder Weise denselben Mut aufbringt und die Kluft zwischen sich und den anderen Menschen überbrückt. Leider haben die großen Avatare und mehr noch ihre Nachfolger die Distanz zu ihren Gläubigen entmutigend vergrößert. Wer von uns wurde von der Jungfrau geboren, die wir der Lehre nach aus der Sünde entstehen? Sind die Frauen diskriminiert, weil Gott zwar einen Sohn, aber weder Frau noch Tochter hat? Totenerweckung und Auferstehung: beim Wort genommen, entmutigen sie. Wir sind Menschen – der Avatar ist Gott. Mohammed reitet unversehens zum Himmel hinauf, und auch sein Pferd ist unsterblich. Mahavira spaziert im Hochsommer durch Bihar und schwitzt nicht, und wie ihn eine Schlange beisst, tritt Milch aus der Wunde. Buddha fiel aus seiner stehenden Mutter heraus, marschierte sieben Schritte weit, sah zum Himmel auf und erklärte, er sei in Vergangenheit, jetzt und in der Zukunft der größte Erleuchtete. Ähnliches könnten wir, hätte Buddha es uns nicht schon weggenommen, allenfalls im nächsten Leben erreichen, sofern wir uns richtig vorbereiteten. Um Zarathustra dagegen können entrückende Mythen nicht entstehen. Er bestärkt das Leben, er verneint nichts, und er stürzt niemanden in Schuldgefühle. Er kehrt zurück, um den Menschen zu sagen, wie unnötig sie leiden und dass sie, um sich unabhängig zu machen, erst recht alle Arten ihrer Knechtschaft blind selbst erzeugen. Er weiß überdies, dass, je mehr er an die Menschen zurückgibt, desto mehr lebendiges Sein ihm selber zufließt.

Nun zu Nietzsches zweitem Abschnitt:

> Zarathustra ging allein das Gebirge abwärts und niemand begegnete ihm. Als er aber in die Wälder kam, stand auf einmal ein Greis vor ihm, der seine heilige Hütte verlassen hatte, um Wurzeln im Walde zu suchen. Und also sprach der Greis zu Zarathustra: Nicht fremd ist mir dieser Wanderer: vor manchem Jahre ging er hier vorbei. Zarathustra hieß er; aber er hat sich verwandelt.

Der alte Weise im Walde sieht einen Menschen mit verwandelter Kraft zurückkehren. Sterblich und schlafend war Zarathustra hinaufgegangen – erweckt und unsterblich kommt er zurück.

> Damals trugst du deine Asche zu Berge ... Du warst nicht mehr als ein Toter ...: willst du heute dein Feuer in die Täler tragen? – Fürchtest du nicht des Brandstifters Strafen?

Jeden Sehenden, der zu den Blinden geht, begleitet Gefahr, denn sein Licht demütigt sie. Nie wurde einer, der nichts war als elend, gekreuzigt. Aber der Selige unter den Elenden ist gefährdet, denn er hat sich aus der Menge entfernt und geheimnisvoll über sie erhoben.

> Ja, ich erkenne Zarathustra. Rein ist sein Auge, und an seinem Munde birgt sich kein Ekel. Geht er nicht daher wie ein Tänzer?

Die Augen als Teil des Leibes sind zugleich Spiegel der Seele. Wenn die Seele still und friedlich wird, gewinnen die Augen Tiefe, Klarheit, Reinheit und den Ausdruck von Unschuld. Sie werden so transparent, dass man durch sie die Seele schaut. Genau besehen scheinen die Menschen lebensüberdrüssig, was sich in den Mundfalten zeigt. Kein Wunder, denn ihr Leben ist selten mehr als eine anhaltende Tragödie – die Krankheit zum Tode. Sie atmen, leben und hoffen weiter, doch ihre Träume erfüllen sich nicht. Mit dem Alter sterben ihre Hoffnungen. Natürlich sind sie verdrossen; sie haben nicht gewünscht, geboren zu werden mit einem fühlenden Herzen. Jeder kommt mit Enthusiasmus zur Welt, und jeder geht enttäuscht hinüber. Aber Zarathustra kommt daher wie ein Tänzer. Da ist ein Mensch, der aus den göttlichen Quellen getrunken hat.

> Verwandelt ist Zarathustra, zum Kind ward Zarathustra, ein Erwachter ist Zarathustra: was willst du nun bei den Schlafenden?

Alle Erwachten dieser Welt sind wieder Kinder geworden, die den Zurück-
gebliebenen fremd sind wie Kinder. Der alte Weise signalisiert dem Gefahr,
der den Schlaf zu stören kommt:

> Wie im Meere lebtest du in der Einsamkeit, und das Meer trug dich. Wehe, du
> willst ans Land steigen? Wehe, du willst deinen Leib wieder selber schleppen? –
> Zarathustra antwortete: Ich liebe die Menschen.

Diese vier Worte enthalten Zarathustras gesamte Philosophie. Da er erfüllt
ist und aus dem Mutterozean des Seins kommt, der ihn trägt, will er wieder
mühselig werden und zu den Mühseligen zurückkehren. Er ist kein lebens-
verneinender Eskapist.

> Warum, sagte der Heilige, ging i c h doch in den Wald und in die Einöde? War
> es nicht, weil ich die Menschen a l l z u sehr liebte?

Der Unterschied des alten Weisen zu Zarathustra liegt im »allzu sehr Lieben« eines noch Unwissenden, während Zarathustra liebt, da er weiß. Die
Liebe des Unerwachten ist nicht mehr als ein nimmersattes Verlangen. Nur
der Erwachte kennt Schönheit, Geistigkeit, Göttlichkeit der Liebe – ohne
alle Verpflichtung, in Freiheit und aus dem Überfluss.

> Jetzt liebe ich Gott: die Menschen liebe ich nicht. Der Mensch ist mir eine zu
> unvollkommene Sache. Liebe zum Menschen würde mich umbringen.

Diese Worte des Alten künden vom Geist jener religiösen Zweiteilung, wonach einer, der die Menschenwelt liebt, Gott nicht mehr lieben könne und
umgekehrt. Das Alte Testament bezeugt das Monopol: Ich bin ein eifersüch-
tiger Gott. Liebt man diese Welt, so schiebt man die andere ins Unendliche
von sich – und liebt man Gott, so beginnt oft der Hass auf die Menschen als
eine zu unvollkommene Sache, ein Hass auf alles, was Vergnügen bereitet.
Wahre Liebe sieht nicht danach, ob der Empfänger vollkommen ist. Tatsächlich brauchen die Unwürdigen davon mehr. Nur der Gott der Religionen,
heißt es, ist vollkommen. Aber der bedarf der Liebe nicht – und nicht einmal
als jene Hypothese, die in unseren Köpfen geistert. Wer übrigens auf Unvollkommenheiten besteht, wird in seinem Denken auch Unvollkommenheiten
an Gott finden. Stünde er plötzlich vor uns, wären wir nicht so oder so enttäuscht? Gott ist unser B i l d von Gott, und daher unvollständig. Es gibt so
viele hypothetische Gottesbegriffe. Manche glauben, er habe vier Hände,
andere, er habe deren tausend oder gar drei Gesichter. Der Gott in unseren
Köpfen lässt sich mühelos lieben – es gibt ihn nur dort, also wo ist das Pro-

blem? Wer einen Menschen liebt, der hat Probleme. Wer in den Wald gelaufen ist und seine Hypothese liebt, lebt sorgenlos, und mangels jeglicher Herausforderung wächst seine Liebe nicht. Er glaubt sich schon vollkommen. Die Liebe zu den unvollkommenen Menschen würde ihn kaputtmachen. Kurz: Der alte Weise ist ein Egoist.

> Zarathustra antwortete: Was sprach ich von Liebe? Ich bringe den Menschen ein Geschenk! – Gib ihnen nichts, sagte der Heilige. Nimm ihnen lieber etwas ab und trage es mit ihnen – das wird ihnen am wohlsten tun: wenn es dir nur wohltut! – Und willst du ihnen geben, so gib nicht mehr als ein Almosen, und lass sie noch darum betteln!

Liebe ist stets ein Geschenk, andernfalls wäre sie abstrakte Poesie. Der alte Weise sagt: Wer gibt, dem wird nicht verziehen. Sokrates beispielsweise gab den Menschen den Sokratischen Dialog, eine überaus wertvolle Methode, um Irrtümer auszuräumen. Er wurde dafür vergiftet. Nein, wir wollen selber die großzügig Gebenden sein, nicht die Bettler mit einem verletzten Ich – so argumentiert unsere Psychologie. Aber manches hat man nicht und muss es empfangen. Was könnten wir dem Buddha, Christus oder Zarathustra geben? Der alte Weise rät, den Menschen nur so viel zu geben, dass sie mehr begehren, dann sind sie immer hinter einem her. Wenn sie selber betteln, hat man sie nicht zu Bettlern gemacht. Doch so kann Zarathustra nicht handeln:

> Nein, antwortete Zarathustra, ich gebe kein Almosen. Dazu bin ich nicht arm genug.

Was er zu geben hat, kann nicht in Stücken gegeben werden: seine Wahrheit ist unteilbar. Wenn überhaupt, kann sie nur im Ganzen gegeben werden. Es ist nicht wichtig, ob jemand irritiert ist und ihn kreuzigt. Ich setze hinzu: »im Ganzen« ist eine typische Forderung: Das Gewohnte, Alltägliche muss – meditierend – total aufgegeben werden, damit das total andere, das Göttliche, eintrete. Der Gott ist eifersüchtig! Aber das ist nun ein anderer Gott: das große unbekannte Göttliche. Ist er aber erst einmal eingetreten, dann ist die gewohnte Welt total verändert.

> Der Heilige lachte über Zarathustra und sprach also: So sieh zu, dass sie deine Schätze annehmen! Sie sind misstrauisch gegen die Einsiedler und glauben nicht, dass wir kommen, um zu schenken.

Sie haben die Sucher stets verscheucht, obwohl sie ihre Schätze immer haben wollten. In der Ablehnung liegt eine Lust – sie sagt: Ich bin so viel reicher als du, dass ich das Deine nicht brauche. Der alte Weise kennt sich aus. Ich würde sagen: Wessen Narzissmus unbeschadet ist oder die Kränkung überlebt, der macht so weiter wie bisher. Aber ihm geht die göttliche Erleuchtung verloren.

Unsere Schritte klingen ihnen zu einsam durch die Gassen. Und wie wenn sie nachts in ihren Betten einen Mann gehen hören, lange bevor die Sonne aufsteht, so fragen sie sich wohl: wohin will der Dieb? – Gehe nicht zu den Menschen, und bleibe im Walde! Gehe lieber noch zu den Tieren! Warum willst du nicht sein wie ich – ein Bär unter Bären, ein Vogel unter Vögeln?

Rajneesh liebt diesen Rat. Die unschuldigen Tiere stoßen den Erwachten nicht zurück, kreuzigen ihn nicht. Und er würde anfügen: Gehe zu den Tieren und Bäumen, denn sie fühlen mehr. Liebe, Freude und Tanz mussten am Ende institutionalisiert werden, denn der Mensch hat sie hinter Geld, Macht und Prestige zurückgestellt.

Und was macht der Heilige im Walde? fragte Zarathustra. – Der Heilige antwortete: Ich mache Lieder und singe sie, und wenn ich Lieder mache, lache, weine und brumme ich sie: also lobe ich Gott. – Mit Singen, Weinen, Lachen und Brummen lobe ich den Gott, der mein Gott ist. Doch was bringst du uns zum Geschenk? – Als Zarathustra diese Worte gehört hatte, grüßte er den Heiligen und sprach: Was hätte ich euch zu geben! Aber lasst mich schnell davon, dass ich euch nichts nehme! – Und so trennten sie sich voneinander, der Greis und der Mann, lachend, gleichwie zwei Knaben lachen.

Der alte Heilige betet s e i n Gottesbild an, er dreht sich im Kreis. Nichts kann ihm hinzugefügt, nichts soll ihm genommen werden.

Als Zarathustra aber allein war, sprach er also zu seinem Herzen: Sollte es denn möglich sein! Dieser alte Heilige hat in seinem Walde noch nichts davon gehört, dass G o t t t o t ist!

Dieses Wort muss von jedem Sucher irgendwann verstanden werden: dass sein Gottesbild eine Hypothese ist, die nie gelebt hat und mit jedem neuen Gedanken daran ein ums andre Mal stirbt – weil der Gedanke weltlichteilend ist und einen allumfassenden Gott nicht fassen kann. Wie kommt es, dass ein Mensch wie jener alte Weise das nicht verstanden hat?

Zum Leben sind Wachheit, Intelligenz, Geduld und Toleranz nötig, schließt Rajneesh das zweite Kapitel. Wer diese Eigenschaften nicht aufbringt, glaubt früher oder später, man müsse sich vom vollen Leben distanzieren. Da man aber nichts zurückweisen will, ohne dafür etwas Größeres zu erhalten, entsteht die mächtigste aller Projektionen der Begierde: Gott, der um die Welt zu haben ist. Das sind Erfindungen der Eskapisten, die die Kunst des Lebens und des Liebens nicht zu erlernen vermochten. Wer nicht zu tanzen weiß, wird den Tanz verdammen, und so mit dem Singen. Hinter solchen Abwehrhaltungen verstecken sich Unwissenheit und Fehlentwicklung.

Gott ist eine Schöpfung der Unweisen, nicht der Weisen, der Unfreien, nicht der Freien. Nietzsches Zarathustra ist der einzige lebensbejahende Mystiker: das Leben ein Geschenk des Seins. Lernen wir, uns daran zu erfreuen: Liebe ohne Eifersucht, Leben ohne Wetteiferung, jeden ohne Wertung akzeptierend. Dann bedarf es keines Gottes, keines Paradieses. Hören wir auf zu beten, wo keiner zuhört, allenfalls Statuen, die keinen Ärger machen. Wir können statt dessen diese Erde zu einem göttlichen Dasein verwandeln. Unser Leben selbst kann Ausdruck göttlicher Gegenwart werden. Göttlichkeit kann erlernt werden. Die Liebe braucht den andern, um lebendig zu sein – aber dazu muss man zu lieben lernen. Die Universitäten der Welt lehren alles, was kleiner ist als Liebe, Leben, Meditation und Lachen. Erlernen wir diese Fächer einer obersten Fakultät. Ohne menschliches Leben ist kein Gott und ohne Liebe kein Gebet.

Nun zu Nietzsches drittem Kapitel:

Rajneesh stellt Nietzsches Zarathustra dem Gautamo Buddha, Jesus und Mahavira als den einzigen Propheten entgegen, der eine offene Zukunft kündet. Was wir Menschen aufzeichnen, behandelt das Vergangene, das sich nicht mehr ändert und tot ist und Totes, bereits Entschiedenes für die Zukunft vorhersagt; die Zukunft selbst aber ist offen.

Als Zarathustra in die nächste Stadt kam, die an den Wäldern liegt, fand er daselbst viel Volk versammelt auf dem Markte: denn es war verheißen worden, dass man einen Seiltänzer sehen solle.

Der Mensch will seine Leiden vergessen, und so sucht er erwartungsvoll jede noch so lächerliche Ablenkung. – Zarathustra eröffnet eine andere Erwartung:

Ich lehre euch den Übermenschen.

Niemand hat so deutlich gesagt, dass der Mensch sich selbst hinter sich lassen muss, indem er das weltbezogene Verstandesdenken, alle Ideologien, Instinkte, sogar die Intelligenz von sich abfallen lässt, denn sie gehören zum Begriff des alten Menschen. Nietzsches Zarathustra sagt auch, warum:

Alle Wesen bisher schufen etwas über sich hinaus ...

Die Evolution geschah nicht irgendwie! Die Affen schufen den Menschen (man glaubt es nicht, aber so ist es). Der Abstand des Überschritts ist so groß, dass man ihn nicht wahrhaben wollte. Der Mensch aber schafft nur immer wieder den Menschen:

... und ihr wollt die Ebbe dieser großen Flut sein und lieber noch zum Tiere zurückgehn, als den Menschen überwinden? – Was ist der Affe für den Menschen? Ein Gelächter oder eine schmerzliche Scham. Und ebendas soll der Mensch für den Übermenschen sein: ein Gelächter oder eine schmerzliche Scham. – Ihr habt den Weg vom Wurme zum Menschen gemacht, und vieles ist in euch noch Wurm.

Selbst wenn Darwin für die biologische Seite nicht recht behalten hätte – für die psychische Seite des Menschen gilt, was Nietzsches Zarathustra sagt. Unser Menschsein ist eine nur dünne Haut: Ein winziger Kratzer, und der Gorilla springt heraus. Eine kleine Demütigung, und Tötungsgelüste fechten uns an.

Einst wart ihr Affen, und auch jetzt noch ist der Mensch mehr Affe, als irgendein Affe.

Der Mensch ist ein potenterer Affe. Der Affe hat keine Weltkriege geführt, keine Atombomben gelagert. Die Gewaltfähigkeit des Menschen ist grenzenlos.

Wer aber der Weiseste von euch ist, der ist auch nur ein Zwiespalt und Zwitter von Pflanze und von Gespenst. Aber heiße ich euch zu Gespenstern oder Pflanzen werden?

Rajneesh interpretiert diese Passage sehr allgemein: In uns tönt ein Orchester unharmonischer Stimmen durcheinander. Nietzsche sagt indes deutlich, jener Weiseste setze sich zwiespältig aus Pflanze und Gespenst zusammen, und das heißt doch: aus dem Vegetativen und dem Geistigen, die miteinander im Zwiespalt liegen wie Wasser und Feuer, und offenbar harmonisiert werden müssen. (Kosmisch: Mond und Sonne – individuell: See und Gebirge.)

Seht, ich lehre euch den Übermenschen! – Der Übermensch ist der Sinn der
Erde. Euer Wille sage: der Übermensch s e i der Sinn der Erde!

Das Wort »Übermensch« unterliegt vielem Missverständnis. Zunächst ist es
für manche beleidigend, denn der Übermensch macht den Menschen, der
sein Affe ist, zum Gelächter. Also kreuzigt die Menge den Übermenschen Jesus und vergiftet den Übermenschen Sokrates, weil deren blanke Anwesen-
heit sie demütigt. Und darum haben die Menschen solchen Übermenschen
nie wirklich zugehört.
Sodann gab es das historische Missverständnis, das zwischen Faschismus
und Antifaschismus noch anhält: Hitlers Übermensch, der nordische Über-
krieger, ein Mann aus Stahl, dem die Weltherrschaft gegeben werden sollte.
Schließlich verwendete Sri Aurobindo dasselbe Wort ganz anders. Dass
wir spirituell unsterblich seien, wurde uns oft gesagt. Aber Aurobindos
Übermensch wird biologisch unsterblich: »Ich arbeite daran«, sagt er, »die
richtige Übung zu finden, die rechte Methode, um euch zur physischen Unsterblichkeit zu transformieren.« Wir können diese Debatte mit Aurobindo
nicht fortsetzen, weil er biologisch nicht überlebt hat. Ich möchte hier eher
glauben, dass es auf das materielle Überleben nicht so sehr ankommt, weil
wir erst in zweiter Linie materielle Wesen sind. Wir haben viel über Materie
nachgedacht und denken heute, dass sie im Innersten eine geistige Existenz
hat und in dem, was wir von ihr wahrnehmen, deren Projektion ist.
Was also ist der Übermensch? Der Übermensch schüttelt alle Definitionen
ab, die man ihm aus Vergangenem aufgezwungen hat, er lässt alles erborgte
Wissen hinter sich und sucht frei seine eigene Wahrheit, sein eigenes Sein, kurz:
Er wertet alle Werte um, weil sie im unteilbaren Sein nicht gelten. Seine Religion ist individuell, nichts mehr von Organisationen, keine Masse mehr, kein
Kollektiv. Sie ist auch nicht gleichbedeutend mit sozialer Moralität. Sie kann
auf ein einziges Wort reduziert werden: Meditation – ein Zustand der Abwesenheit von zweiteilendem, diakritischem Verstand, in dem der Meditierende
seinen Wesenskern erfahren kann, der unsterblich und ewig ist. Dieser Übermensch wird nicht höher oder heiliger, er wird anders sein: wach und lebendig
statt schlafend und tot, eins mit allem statt uneins und abständiges Teil.

Ich beschwöre, meine Brüder, bleibt d e r E r d e t r e u und glaubt denen nicht,
welche euch von überirdischen Hoffnungen reden!

Die Religionen lehren das Gegenteil: Wer die sündige Erde verlässt, erreicht
die Freuden des Himmels. Mitunter sogar dieselben wie hier: Ströme von
Wein, die allerschönsten Huris, während noch die irdischen Frauen die
Quelle des Bösen sein sollen.

Giftmischer sind sie, ob sie es wissen oder nicht. – Einst war der Frevel an Gott der größte Frevel, aber Gott starb, und damit starben auch diese Frevelhaften. An der Erde zu freveln ist jetzt das furchtbarste und die Eingeweide des Unerforschlichen höher zu achten als den Sinn der Erde!

Nach Zarathustra gibt es nur eine Blasphemie: jene gegen die Erde – und gegen ihre Freuden. Über alle ökologischen Erwägungen hinaus sagt Rajneesh, dass jemand, der sich dieses irdischen Augenblicks nicht erfreuen kann, sich an nichts, sei es hier oder im Jenseits, erfreuen können wird, weil der nächste Augenblick aus dem gegenwärtigen entsteht. Die andere Welt, wenn es denn eine gibt, wird eine Erweiterung dieser Welt sein. Wenn hier etwas gut ist, wird es dort gut sein; wenn hier böse, so dort. So geht man das Leben einfach, logisch und rational an.

Vergifter gibt es überall: in Politik, Religion, Gesellschaft, Erziehung. Blinde führen die Blinden. Mit ihnen ist die Erde an den Rand der Existenz geraten.

So weit der Einblick in Shree Rajneeshs Interpretationen. Ich denke, wir wissen jetzt, wie er die Rede vom Übermenschen und von der Umwertung aller Werte versteht. Wie also, nach Nietzsche, der Mensch ein Seil zwischen Tier und Übermensch über dem Abgrunde ist:

Was groß ist am Menschen, das ist, dass er eine Brücke und kein Zweck ist: was geliebt werden kann am Menschen, das ist, dass er ein Übergang und ein Untergang ist.

Rajneesh sieht in diesem Zarathustra einen großen Erleuchteten. Er sagt eingangs aber auch, es sei Nietzsches Zarathustra, den er interpretiere.

Wie kommt ein Mensch zu einem solchen Text, wie es der *Zarathustra* ist? Nur einer, der mit der Erleuchtung Erfahrungen gemacht hat, kann so schreiben. Und nun wissen wir, welche Bewandtnis es mit Nietzsche hatte: Er wusste nicht, was mit ihm los war. Er hatte keine mystische Schule, keinen Guru gesehen – er war allein über das Denken hinaus vorgedrungen und hing über seiner Umwelt sozusagen in der Luft. Darum verstehen ihn auch die Philosophen nicht, weil sie das Denken nicht sein lassen können. Denn Philosophie geht nur mit dem Denken, die mystische Erfahrenserweiterung nur ohne es.

(23. 06. 1997)

[1] Dieser erstmalig am 28. September 1992 gehaltene Vortrag von Max Werner Vogel (gest. 1995) wurde im Rahmen des Schwerpunktthemas »Indien« in der Seidlvilla am 23. Juni 1997 wiederholt. Im vom Autor verfassten Einladungstext zu diesem Vortrag heißt es: »In seiner Nietzsche-Interpretation, die schon seit 1961 in englischer Sprache vorliegt (deutsch bei: The Rebel Publishing House GmbH, Köln, o. J.) folgt der Autor Shree Rajneesh, den seine Jünger Bhagwan nannten, einer alten indischen Übung im Umgang mit heiligen Texten. Wenige Zeilen enthalten je, wenn man den Kommentaren folgt, eine Welt von Sinn, die ein Berufener seinen Schülern eröffnet. – Der Vortrag von Max Werner Vogel vermittelt einen Eindruck davon, was ein indischer Mystiker aus Nietzsche herausliest, und geht schließlich der Frage nach, ob der Autor uns zu Nietzsche etwas Neues sagt.«

[2] Jack D. Forbes, Columbus und andere Kannibalen, Wuppertal 1992

[3] Hier werden diese Stellen aus »Zarathustras Vorrede« 1-4 als Zitate abgesetzt. (Anm. der Herausgeberin)

Wohin ist Gott?

Überlegungen zur Möglichkeit des Christseins unter Bedingungen der Moderne[1]

Jörg Salaquarda †

Unter dem Titel: »Wohin ist Gott?« Überlegungen zur »Möglichkeit des Christseins unter Bedingungen der Moderne« anzustellen, ist aus zweierlei Gründen ein ziemlich tollkühnes Unternehmen: Zum einen mache ich hier den Versuch, zwei Kritiker des Christentums – Nietzsche vor allem, aber auch Heidegger – für einen Dialog mit dem Christentum in Anspruch zu nehmen, aus dem neue Möglichkeiten oder die Wiederbelebung alter Möglichkeiten ins Licht treten könnten; zum Zweiten ist es deshalb waghalsig, weil es zu beiden Themen – »Nietzsche und das Christentum« wie auch »Heidegger und das Christentum« – eine Fülle von Literatur gibt. Ich kann hier in einem kurzen Versuch aus dieser Fülle nur das eine oder andere erwähnen, im Großen und Ganzen aber werde ich versuchen, die Fragestellung thetisch zu entwickeln.

Mein Vortrag besteht aus 4 Abschnitten. Zunächst formuliere ich die zentrale These, die ich hier vertreten möchte (1). Im Abschnitt 2 folgen Erläuterungen zu den Rahmenbedingungen dieser These, die ich im Untertitel kurz benannt habe (2). Daran schließen sich zwei etwas breiter dargestellte Teile (3) und (4) an. Der eine von ihnen (3) versucht das Gespräch mit Nietzsche und der andere (4) dasjenige mit Heidegger zu führen, wobei der Teil, in dem ich das Gespräch mit Nietzsche in Gang zu setzen oder weiterzuführen suche, etwas ausführlicher gehalten ist.[2]

Jörg Salaquarda

1. Die These

Ich beginne mit der These, die ich in diesem Vortrag darlegen und erläutern werde. Sie lässt sich kurz wie folgt zusammenfassen: Im Unterschied zu vielen anderen Gestalten der neueren Religionskritik sind in Nietzsches und Heideggers Einwänden gegen Religion und Christentum Ansätze enthalten, die für das Christentum nicht nur akzeptabel sind, sondern, recht verstanden, Möglichkeiten für ein Christsein auch unter Bedingungen der Moderne *eröffnen*. Ich werde diese These in den Abschnitten 3 und 4 genauer entfalten. Vorweg will ich sie lediglich an zwei für meine Argumentation wichtigen Zitaten verdeutlichen.

Der weit über die Nietzsche-Forschung hinaus bekannte Aphorismus 125 der *Fröhlichen Wissenschaft*, dem ich den Titel dieses Vortrages entnommen habe, beginnt mit folgenden Sätzen:

> Habt ihr nicht von jenem tollen Menschen gehört, der am hellen Vormittage eine Laterne anzündete, auf den Markt lief und unaufhörlich schrie: »Ich suche Gott! Ich suche Gott!« – Da dort gerade Viele von Denen zusammen standen, welche nicht an Gott glaubten, so erregte er ein grosses Gelächter. Ist er denn verloren gegangen? sagte der Eine. Hat er sich verlaufen wie ein Kind? sagte der Andere. Oder hält er sich versteckt? Fürchtet er sich vor uns? Ist er zu Schiff gegangen? ausgewandert? – so schrien und lachten sie durcheinander. Der tolle Mensch sprang mitten unter sie und durchbohrte sie mit seinen Blicken. »Wohin ist Gott?« rief er, »ich will es euch sagen! Wir haben ihn getödtet, – ihr und ich! Wir Alle sind seine Mörder! [...]« (KSA 3, S. 480f.).

Eugen Biser hat diesem Text viel Aufmerksamkeit gewidmet. Er hat die Hintergründe der von Nietzsche gerade in diesem Aphorismus verwendeten Motive gründlich untersucht, den suggestiven Erzählstil erläutert und die allmähliche Entwicklung des Textes aus seinen Vorstufen rekonstruiert. Das alles ist für ein sachgemäßes Verständnis des Textes und für einen sachgemäßen Umgang mit ihm wichtig. Ich werde hier lediglich auf die in Nietzsches Parabel zum Ausdruck kommende Krise der Gotteserfahrung in der Moderne näher eingehen. Nietzsche betonte die Erfahrung der Abwesenheit Gottes, problematisierte die gleichgültige Selbstverständlichkeit, mit der wir sie hinnehmen, und gab zu verstehen, dass wir Menschen an der Vertreibung Gottes aus unserer Welt aktiv Anteil hatten und haben. Unterschwellig sind in der Parabel vom »tollen Menschen« auch Hinweise auf eine positive Möglichkeit des Christseins unter Bedingungen der Moderne enthalten. Ich werde ein Stück weit auf Nietzsches Position innerhalb der Geschichte der Religionskritik und auf seine Deutung der Welt als Spiel von Machtquanten eingehen müssen, um die – wie mir scheint – in dieser Analyse eines Verlusts mitschwingenden positiven Ansätze deutlich machen zu können.

Auch in den folgenden vier Zeilen aus Hölderlins Hymne *Dichterberuf* kommt die Erfahrung von der Abwesenheit Gottes zur Sprache:

> Furchtlos bleibt aber, so er muss, der Mann
> Einsam vor Gott, es schützet die Einfalt ihn,
> Und keiner Waffen braucht's und keiner
> Listen, so lange, bis Gottes Fehl hilft.

Heidegger hat dieser und anderen Äußerungen Hölderlins über das Schicksal Gottes bzw. der Götter in der Moderne großes Gewicht beigelegt. Sein Versuch, die Welt als das »Spiegelspiel« von Himmel und Erde, von Göttlichen und Sterblichen zu denken, ist ohne die Anregung durch Hölderlin genauso wenig zu verstehen, wie seine These von der Abwesenheit Gottes in unserer modernen Weltgestalt. Wie Nietzsches Botschaft vom Tode Gottes, vielleicht noch deutlicher als diese, enthält dieser Versuch des späteren Heidegger Hinweise auf eine Möglichkeit des Christseins unter Bedingungen der Moderne. Diesen Hinweisen werde ich im vierten Abschnitt meiner Darlegungen nachgehen.

Um Missverständnissen vorzubeugen, versichere ich gleich zu Beginn, dass ich weder Nietzsche noch dem späteren Heidegger unterstelle, insgeheim Christen und auf eine Erneuerung des Christentums aus gewesen zu sein. Zwar ist das Christentum beider »Herkunft« (um ein Wort Heideggers aufzunehmen) gewesen (s. zum Folgenden die einschlägigen Biografien, besonders die von Curt Paul Janz[3] und Rüdiger Safranski[4]): Nietzsche entstammte einer ostdeutschen protestantischen Pfarrerdynastie und Heidegger dem kleinbürgerlich-katholischen Milieu Südwestdeutschlands. Als Halbwüchsige wollten beide, dem Wunsch ihrer Familien folgend und auch aus eigenem Antrieb, die geistliche Laufbahn einschlagen. Doch beide nahmen bald von ihren Jugendplänen Abschied und wurden zu entschiedenen Kritikern des Christentums. Bei Nietzsche ist dies offenkundig (vgl. dazu die einschlägige Literatur, etwa meinen zusammenfassenden Artikel »Nietzsche and the Judaeo-Christian Tradition«[5]).

Bei Heidegger verhält es sich etwas subtiler. Heideggers Werk enthält kaum Angriffe auf das Christentum, jedenfalls keine, die sich nur annähernd mit denen in Nietzsches *Antichrist* etwa vergleichen ließen. Spätestens nach seiner Habilitation jedoch distanzierte sich Heidegger von der Theologie. In seinen Veröffentlichungen der zweiten Hälfte der zwanziger Jahre – von *Sein und Zeit*, bis hin zum *Wesen des Grundes*, *Was ist Metaphysik* und insbesondere in *Phänomenologie und Theologie* – trat er entschieden für die Unabhängigkeit der Philosophie von der Theologie ein. Seine spätere Rede von Gott im Rahmen der sog. »Geviert«-Problematik, auf die ich zurückkommen werde, ist offensichtlich nicht christlich, sondern viel eher heidnisch-griechisch motiviert (wie verschiedentlich in der Forschung herausgearbeitet worden ist, beispielsweise von meinem Wiener Kollegen Helmuth Vetter). Das nachchristliche Heidentum seiner Spätphilosophie ist von einem genuinen Christentum nicht weniger weit entfernt als Nietzsches nachchristlicher Atheismus.

Meine These sollte daher nicht in dem Sinne missverstanden werden, dass Nietzsche und Heidegger selbst darauf abzielten, das Christentum zu erneuern oder ihm wenigstens bei dem Versuch, sich zu erneuern, auf die Sprünge zu helfen. Ich behaupte aber, dass beide Denker die Abwesenheit Gottes in der Moderne in einer Weise aufgefasst haben, die Raum für eine genuin christliche Interpretation dieses Phänomens lässt und die damit, recht verstanden, Möglichkeiten für ein Christsein unter Bedingungen der Moderne aufleuchten lässt.

2.

Ich komme zum zweiten Abschnitt, in dem ich die Rahmenbedingungen etwas erläutern möchte. Der Untertitel meines Vortrags lautet: »Überlegungen zur Möglichkeit des Christseins unter Bedingungen der Moderne« – Überlegungen wohlgemerkt, noch keine Bereitstellungen von verwendbaren Thesen. Dazu ein paar skizzenhafte Erläuterungen.

Was unter »Christsein« zu verstehen ist, möchte ich schon deswegen nicht vorweg näher präzisieren, weil das Gespräch mit Nietzsche und Heidegger dafür einige nicht unwichtige Gesichtspunkte erbringen wird. Das Christentum – ich fasse Bekanntes zusammen – ist jedenfalls keine eindeutige Größe, sondern ein sich geschichtlich entfaltendes Phänomen. Es hat im Verlauf seiner fast zweitausendjährigen Geschichte verschiedene Ausprägungen erfahren, die sich untereinander zum Teil erheblich unterscheiden. Epochale, geografische, kulturelle, mentalitätsmäßige, typologische und andere Einflüsse trugen und tragen zu diesem Differenzierungsprozess bei und tun dies weiterhin. Um nicht mit verdeckten Karten zu spielen, merke ich noch an, dass ich aus protestantisch-lutherischer Tradition stamme, mich dieser aber weder dogmatisch noch vom Frömmigkeitstypus her ausschließlich verpflichtet weiß. Ich habe in meiner Jugend Theologie studiert und mit einer Arbeit über Karl Barth promoviert. Mein Arbeitsfeld ist aber seit ca. drei Jahrzehnten die Philosophie. Ich frage mich als philosophierender, der christlichen Tradition verbundener Zeitgenosse, ob und gegebenenfalls wie es möglich ist, unter Bedingungen der Moderne ein Christ oder eine Christin zu sein. Das schließt die Frage ein, wie ein Christentum beschaffen sein kann oder sein muss, damit es auch in unserer Zeit als Möglichkeit gelebt werden kann.

Für das Gespräch mit den Ansätzen von Nietzsche und Heidegger, das ich im Folgenden umreißen werde, orientiere ich mich, wiederum nur stichwortartig, an vier Voraussetzungen:

Erster Punkt: Das, was ich »Christsein« nenne, lautet in Heideggers Formulierung »die Christlichkeit« – so in seinem Vortrag *Phänomenologie und Philosophie* aus den Zwanzigerjahren – oder, in Nietzsches Diktion, »der christliche Glaube« bzw. »christlicher Glaube«. Dieses Christsein ist an das in der Geschichte erfolgte Auftreten Jesu Christi gebunden, wie es von den neutestamentlichen Texten auf dem Hintergrund der jüdischen Tradition bezeugt und überliefert wird.

Zweiter Punkt dazu: Christsein ist ermöglicht durch das Heilshandeln Gottes in Christus. Die protestantische Tradition hat dies zentral als die »Rechtfertigung des Gottlosen« ausgelegt. Daran bleibe ich orientiert, wenn auch die Rechtfertigungslehre, wie Sie wahrscheinlich wissen, längst ihren Charakter als eine deutlich unterscheidende Lehre zwischen den großen Konfessionen verloren hat.

Ein dritter Punkt: Dieses Rechtfertigungsgeschehen, so wie ich es verstehe, setzt voraus, dass wir Menschen zunächst und zumeist »gottlos« sind oder, um es noch dramatischer auszudrücken: dass wir Feinde Gottes und von uns aus nicht geneigt sind, uns rechtfertigen zu lassen.

Ein vierter und letzter Punkt dazu: Konsequenz und Verheißung des von den christlichen Texten bezeugten Rechtfertigungsgeschehens ist nicht, dass wir bessere, ganzheitlichere, Gott nun im vollen Umfang erkennende Wesen werden, sondern es ist die Zusage, dass wir als gottferne, als fragmentierte, als todesverfallene Menschen und Wesen von Gott akzeptiert sind.

Wenn ich in diesem Zusammenhang des Weiteren von »Möglichkeit« spreche, meine ich das Problem, ob und wie das Christentum eine lebendige Option, im Sinne der Modallehre Ernst Blochs (*Zur Ontologie des Noch-nicht-Seins*) eine »reale Möglichkeit« darstellt. Mit anderen Worten: Lässt sich der christliche Glaube an Gott so fassen, dass er einerseits nicht bis zur Unkenntlichkeit verändert wird, was viele Kritiker gerade der liberalen Theologie vorwerfen (in unserem Zusammenhang könnten wir Hans Albert nennen, Walter Kaufmann in seinen religionsphilosophischen Schriften und, diesem Münchener Kreis hier sehr verbunden, Franz Buggle, der das immer wieder sehr deutlich vorträgt), und andererseits auch unter den Bedingungen der Moderne expliziert werden kann? »Möglich« in diesem Sinne ist nur, was die »Bedingungen der Moderne« – in welcher Interpretation auch immer – nicht prinzipiell verwerfen muss; oder, mit einem Grundmotiv von Nietzsches Aufklärungsphilosophie ausgedrückt, ohne den Anspruch auf »intellektuelle Redlichkeit« preiszugeben. Dass es faktisch unmöglich geworden sei, ein Christ oder eine Christin zu sein, haben auch die entschiedensten Religionskritiker nie ernsthaft behauptet. Wenn die christlichen Kirchen in Europa auch viele Mitglieder eingebüßt haben, und wenn von den Mitgliedern sich nur ein kleiner Prozentsatz als praktizierende Christinnen und Christen versteht, so handelt es sich dabei faktisch nach wie vor um viele Menschen. Es ist nicht zu erwarten, dass sich das in absehbarer Zeit ändern wird. Was wirklich ist, muss nach einer alten Regel, zumindest in einem formalen Sinne, auch möglich sein. Nietzsche hat das faktische Weiterleben des Christentums nicht nur anerkannt, sondern in einem bestimmten Sinne auch für die Zukunft erhofft (s. Nachgelassene Fragmente Herbst 1887, 10 [117], KSA 12, S. 523): »Die Fortdauer des christlichen Ideals gehört zu den wünschenswerthesten Dingen, die es giebt«). Er war allerdings davon durchdrungen, dass Christsein unter Bedingungen der Moderne nur für solche Menschen eine lebendige Option darstelle, die noch nicht zu »intellektueller Redlichkeit« vorgedrungen sind, oder diese um eines Bedürfnisses oder Vorteils willen wieder verraten hätten:

[...] Was ehemals bloss krank war, heute ward es unanständig, – es ist unanständig, heute Christ zu sein [...] Selbst bei dem bescheidensten Anspruch auf Rechtschaffenheit muss man heute wissen, dass ein Theologe, ein Priester, ein Papst mit jedem Satz, den er spricht, nicht nur irrt, sondern lügt, – dass es ihm nicht mehr freisteht, aus ›Unschuld‹, aus ›Unwissenheit‹ zu lügen. Auch der Priester weiß, so gut es Jedermann weiss, daß es keinen ›Gott‹ mehr giebt, keinen ›Sünder‹, keinen ›Erlöser‹, – dass ›freier Wille‹, ›sittliche Weltordnung‹ Lügen sind: – der Ernst, die tiefe Selbstüberwindung des Geistes erlaubt Niemandem mehr, hierüber nicht zu wissen[...]«[6].

Die christliche Auseinandersetzung mit Nietzsche betrifft daher wesentlich die Frage, ob Christsein unter Bedingungen der Moderne und intellektuelle Redlichkeit miteinander kompatibel sind oder nicht.

Mit Nietzsche könnten wir fragen: Lassen sich genuin christlicher Glaube und intellektuelle Redlichkeit miteinander verbinden? Das ist offensichtlich nicht selbstverständlich, sondern höchst umstritten. Denn in den zentralen

Bereichen unserer modernen Welt kommt die »Hypothese Gott« kaum mehr vor, jedenfalls kommt ihr keine nennenswerte Bedeutung zu. In Wissenschaft, Politik, Ökonomie usw. ist vielmehr seit langem und zunehmend ihre Abwesenheit zu konstatieren. Wo öffentlich oder noch öffentlich von Gott geredet wird, z. B. in Parteiprogrammen, da lässt sich unschwer erkennen, dass es sich in der Regel um einen ideologisch-rhetorischen Aufputz handelt. Im Binnenbereich der verschiedenen religiösen Gruppen – der Religionskulturen, wie Falk Wagner es ausdrückt – ist, je nach Bildungsstand und Problembewusstsein, mit mehr oder minder gutem Gewissen durchaus weiterhin von Gott die Rede. Doch es ist den Theoretikern dieser Binnenkulturen, somit den Theologinnen und Theologen, bisher nicht in überzeugender Weise gelungen, dafür unter Bedingungen der Moderne eine Relevanz plausibel zu machen, die über das subjektive Meinen der einzelnen Traditionen, Gruppen oder Individuen hinausreicht.

Die wissenschaftliche Diskussion dieses Problems wird, wenn ich es mit der einschlägigen Terminologie ausdrücke, von »funktional-destruktiven« Theorien über die Religion beherrscht. In einer etwas verständlicheren Sprache besagt das: von reduktionistischen Theorien, die durch ihre Erklärung die Eigenart des religiösen Bewusstseins als eines r e l i g i ö s e n aufheben[7], die es vielmehr als ein krankhaftes Bewusstsein oder als ein Bewusstsein des Wunschdenkens und dergleichen auslegen.

Sollte damit das letzte Wort in dieser Sache gesprochen sein, wäre der Theologie als Wissenschaft die Grundlage entzogen, und christliche Religion müsste als etwas prinzipiell Überholtes aufgefasst werden.

Ich möchte noch ein paar Sätze zum Begriff oder dem Namen der »Moderne«, der eigentlich eine Epochenbezeichnung darstellt, hinzufügen. Ich verwende »Moderne« im Sinne von Habermas, der in seinem Buch *Der philosophische Diskurs der Moderne*[8] diesen Ausdruck zur Bezeichnung des Teils der Neuzeit heranzieht, der etwa um die Mitte des 18. Jahrhunderts begonnen hat und bis in unsere Gegenwart reicht. Ob inzwischen eine erneute Epochenschwelle eingetreten und die Moderne durch eine »Postmoderne« abgelöst worden ist, ist in der Forschung umstritten. Ich neige mit A. Wellmer – und verweise auf sein Buch: *Zur Dialektik von Moderne und Postmoderne*[9] – dazu, die so genannte »Postmoderne« eher als eine Spielart der Moderne anzusehen, kann dieses Problem hier aber offen lassen. In der Moderne – also in den etwa 250 Jahren, die wir damit umfassen können – haben sich soziale und geistige Umwälzungen ereignet, die in Ausmaß und Tempo kaum dramatisch genug geschildert werden können. Sie gehen jedenfalls weit über das hinaus, was sich sonst in geschichtlich überschaubarer Zeit an Veränderungen vollzogen hat. Die sozialen und geistigen Veränderungen lassen sich nicht voneinander trennen. Da es mir aber nur um kurze, stichwortartige Hinweise und Erinnerungen zu tun ist, mag es erlaubt sein, sie je für sich in den Blick zu nehmen.

In sozialgeschichtlicher Hinsicht gehören zu den Kennzeichen der Moderne politische Revolutionen und rasante Umbrüche in den Produktionsverhältnissen, die wir unter dem Stichwort »industrielle Revolution« oder auch bereits »industrielle Revolutionen« zusammenzufassen pflegen. Beide haben die Lebensbedingungen von uns Menschen zutiefst verändert und verändern sie weiterhin mit zunehmender Geschwindigkeit. »Bedingungen der Moderne«, als vorläufige Ergebnisse dieser Prozesse, sind die Verselbstständigung und zunehmende Ausdifferenzierung der verschiedenen gesellschaftlichen Bereiche (ein Zusammenhang, den vor allem Niklas Luhmann in verschiedenen Veröffentlichungen ausführlich dargestellt hat[10]; was die Religion betrifft, hat Thomas Luckmann schon 1963 unter dem Titel *Das Problem der Religion in der modernen Gesellschaft*[11] entsprechende Präzisierungen vorgenommen). Die – christliche – Religion, die vormodern die Spitze der gesellschaftlichen Pyramide ausmachte, ist in der Moderne zu einem gesellschaftlichen Bereich neben anderen degradiert worden. Ihr faktischer Einfluss auf die öffentliche Welt ist sogar weit geringer als der anderer Bereiche (Ökonomie, Technik, Politik etc. – Falk Wagner hat das in seinem Buch *Geld oder Gott?*[12] ausgeführt). Sie ist weitgehend privatisiert und unterliegt als privatisierte den Gesetzen des Marktes.

In geistesgeschichtlicher Hinsicht fallen in die Moderne die großen Wellen der ersten und zweiten Aufklärung. Ich beschränke mich auf Bemerkungen zum Schicksal der Gottesvorstellung. Vormodern, bis in die frühe Aufklärung hinein, wurde Gott als ein wichtiges Moment für die Erklärung der Welt insgesamt und wesentlicher Bereiche in der Welt, also der Natur und Kultur im besonderen, in Anspruch genommen. Einige der so genannten Gottesbeweise stellen Abbreviaturen solcher Erklärungszusammenhänge dar und dienten der Orientierung. Am ältesten ist das »kosmologische Argument«, das logische oder innerweltlich beobachtbare Zusammenhänge bzw. Vorgänge auf ein erstes, alle weiteren Glieder in der Reihe ursprünglich verursachendes Moment zurückführt. »Und das nennen alle Gott«, heißt es etwa in den Ausführungen Thomas von Aquins, wenn er einen solchen Beweisgang abschließt. Das erst in der Aufklärung wichtig gewordene »physikotheologische Argument« (das Momente des älteren »teleologischen Arguments« in sich integrierte), führt die in der Natur beobachtbaren Passungen, nach Analogie menschlicher Herstellungsprozesse, auf eine ursprünglich schaffende erste Intelligenz zurück. Schließlich möchte ich noch ein drittes Argument nennen. Angesichts der verbreiteten menschlichen Neigung, moralische Gebote und staatliche Gesetze nur zu befolgen, wenn es eine Instanz gibt, die Übertretungen ahndet, galt vormodern der alles sehende und beurteilende Gott als unerlässliche Voraussetzung, um Recht, Ordnung und Moral unter uns Menschen aufrecht zu erhalten. Atheismus lief im Verständnis der meisten Menschen darauf hinaus, auch die durch Rückgriff auf die erste »göttliche« Ursache erklärten Zusammenhänge zu leugnen und die durch Gottes Gebot angeordneten und durch seine Macht garantierten Verhaltensweisen nicht einzuhalten. Atheismus galt daher zumindest als geistige Verwirrung, wenn nicht als sozialschädliche Einstellung, die unter Strafe gestellt war. Auch dies hat sich unter Bedingungen der Moderne vollständig geändert.

Ob es bereits im Altertum und Mittelalter Menschen gab, die Gott oder die Götter schlechthin leugneten, ist schwer zu sagen. Wenn es sie gab, taten sie gut daran, ihre Überzeugung unter diesen Voraussetzungen für sich zu behalten. Aus der Geschichte des griechischen Denkens, näherhin der Sophistik, hören wir von zwei Personen, dass sie den Beinamen »*ho atheos*« trugen (Diagoras von Melos und Theodoros von Kyrene). Da uns von beiden nichts weiter bekannt ist, wissen wir nicht, worin genau ihr Atheismus bestanden haben soll (vgl. den Asebie-Vorwurf gegen Sokrates, Epikurs seltsame Auffassung der Götter, die von seinen Gegnern als Tarnung seines Atheismus aufgefasst wurde, und den Atheismus-Vorwurf gegen die ersten Christinnen und Christen).

Als eine offene, gesellschaftlich akzeptierte Möglichkeit lässt sich Atheismus erst sehr viel später, nämlich zu Beginn der Moderne nachweisen. Im 17. Jahrhundert tastete man sich gleichsam an ihn heran. P. Bayle äußerte z. B. die später auch von Kant noch verschärfte These, dass nicht der Glaube an Gott, sondern die Vernunft die notwendige Bedingung für das durch Gesetze geregelte Zusammenleben im Staat ausmache. Die Hypothese lautete damals zunächst, auch Atheisten, ja selbst Teufel könnten in einem Staatsverband zusammenleben, sofern sie Vernunft hätten und die Übertretung von Gesetzen streng ahndeten.

Seit ca. 1750 bekannten sich einzelne Philosophen, zuerst in Frankreich, ausdrücklich zum Atheismus. Es ist lehrreich zu sehen, unter welchen Voraussetzungen Denker wie de la Mettrie, Diderot, Holbach u.a. dies taten: Im mechanischen Materialismus hatten sie ein Erklärungsmodell zur Hand, das die »Hypothese Gott« entbehrlich machte. Hinsichtlich der Erklärung der kosmologischen Vorgänge funktionierte das ganz gut und wurde rasch zum Allgemeingut – bis hin zu dem, was dann »methodischer Materialismus« der Kosmologie und der Naturwissenschaften genannt wurde. Hinsichtlich der gesellschaftlichen, vor allem der moralischen Phänomene wurde die Leistungsfähigkeit des Atheismus von vielen noch bezweifelt, etwa von Voltaire, der deswegen zumindest an einem deistischen Modell der Gottesvorstellung festhielt. Die einzelnen weiteren Stationen – etwa die Vorsicht von David

Hume oder das selbstbewusste Laplacesche Diktum bei der Präsentation seiner kosmologischen These vor Napoleon, Schopenhauers »eingeständlicher Atheismus«, wie Nietzsche es formulierte – brauchen hier nicht im Einzelnen dargestellt werden.

Großen Einfluss auf die gesellschaftliche Anerkennung des Atheismus in der zweiten Hälfte des vorigen Jahrhunderts übte Darwins Deszendenztheorie aus. Gegen Ende des 19. Jahrhunderts fasste Haeckel den Prozess und sein Ergebnis in einer bekannten Formulierung zusammen, die die vollzogene Entwicklung sehr präzise ausdrückt: Die neuere Kosmologie habe Gott im All wohnungslos, und die Deszendenztheorie habe ihn schließlich noch arbeitslos gemacht. Die »Hypothese Gott« war damit endgültig entbehrlich geworden.

So viel zum 2. Teil. Ich gehe nun zum 3. Teil über, in dem ich das Gespräch mit Nietzsche aufnehme.

3.

Nietzsches Denken ist der so genannten »zweiten Aufklärung« zuzurechnen. Er knüpfte an die ältere Aufklärung an, unterzog aber auch deren selbstverständliche Voraussetzungen – Vernunft, Moral, Bewusstsein etc. – einer eingehenden Kritik (dies ist von einer Reihe von Denkern, die der Kritischen Theorie angehören oder nahe stehen, untersucht worden[13]). Dieser Zusammenhang nun kommt auch in der eingangs zitierten Parabel vom »tollen Menschen« sehr deutlich zum Ausdruck. Dieser Zarathustra-Vorläufer meldet sich auf dem Marktplatz zu Wort, dort also, wo von alters her die öffentlichen Angelegenheiten verhandelt worden sind (Christoph Türcke hat das in einer Studie sehr schön herausgearbeitet[14]). Heutzutage, also zu Nietzsches wie zu unseren Zeiten, an diesem Ort nach dem Verbleib Gottes zu fragen, ist ziemlich töricht. So kann nur ein Mensch fragen, der die Entwicklung der letzten 150 Jahre verschlafen hat. Einer, der noch nicht begriffen hat, dass Gott nur eine Hypothese war, die durch die Entwicklung der Natur- und Sozialwissenschaften längst überflüssig geworden ist. Kein Wunder, dass die auf dem Marktplatz mit wirtschaftlichem Aufschwung, wissenschaftlichem Fortschritt, Beherrschung der Technikfolgen und politischen Verhandlungen, also mit den in der Moderne wichtigen Dingen des Lebens beschäftigten Menschen ihn nicht ernst nehmen. Sie halten es für sinnlos, mit einem solchen fundamentalistischen Bußprediger zu argumentieren. In übermütigem Spott vergröbern sie die ihm unterstellte vormoderne

Auffassung von Gott, um sie ad absurdum zu führen: »Ist er denn verloren gegangen? ... Hat er sich verlaufen wie ein Kind? ... Oder hält er sich versteckt? Fürchtet er sich vor uns? Ist er zu Schiff gegangen? ausgewandert?« – purer Spott.

Die Modernen machen sich über den ihrer Meinung nach in der Vormoderne stecken gebliebenen Hinterwäldler lustig (in der Vorrede zu *Zarathustra* gibt Nietzsche zu verstehen, dass das Amüsement schnell in Verärgerung umschlagen kann, der Spott in Verfolgung). Sie irren sich jedoch. Tatsächlich ist der »tolle Mensch« einen Schritt weiter in der Einsicht in die Bedingungen der Moderne. Er entlarvt die Spötter – mit Zarathustra zu sprechen – als »Hinterweltler«. Sie haben sich zwar aktiv an der Beseitigung der »Hypothese Gott« beteiligt und waren erfolgreich. Aber sie haben an deren Stelle in gleicher Funktion andere Hypothesen gesetzt – etwa die »Hypothese Vernunft« und die »Hypothese Moral«. Für die »zweite Aufklärung« stellen sich diese Hypothesen als Platzhalter des »toten Gottes« dar. »Gott ist todt:«, schreibt Nietzsche in diesem Sinne im Aphorismus 108 der *Fröhlichen Wissenschaft*, »aber so wie die Art der Menschen ist, wird es vielleicht noch Jahrtausende lang Höhlen geben, in denen man seinen Schatten zeigt. - Und wir - wir müssen auch noch seinen Schatten besiegen!«[15]

Der »tolle Mensch« behauptet nicht, dass es keinen Gott gäbe, stimmt also nicht einfach in den Chor der aufklärerischen Religions- und Christentumskritik mit ein. Er sagt vielmehr, dass dieser Gott t o t ist. Doch auch er folgert daraus, dass die für die Tradition bestimmende Gottesvorstellung heute keine l e b e n d i g e Option mehr darstellt. Er behauptet ferner, dass wir Menschen Gott getötet haben, indem wir durch unser Denken und Handeln die Voraussetzungen untergraben und schließlich beseitigt haben, unter denen diese Gottesvorstellung eine lebendige Option darstellen konnte. Der aufgeklärte, starke, mitten im Leben stehende moderne Mensch ließ sich durch die religionskritischen Theorien, die sich entwickelten, bestätigen, dass e r jedenfalls Religion nicht nötig habe.

Er konstatiert, dass die heutigen Menschen Gott nicht mehr nötig haben. Sie haben ihn »getötet«, indem sie Schritt für Schritt nachwiesen, dass wir die »Hypothese Gott« weder zur theoretischen Erklärung der Welt noch zum praktischen Funktionieren der Gesellschaft benötigen. Ihre Religions- und Christentumskritik war nicht Ursache, sondern Folge dieser Entwicklung. Die aufgeklärten heutigen Menschen beschäftigte die Frage, wieso an den Rändern der Gesellschaft immer noch von Gott die Rede war und ist. Sie meinten zu entdecken, dass Gott eine Ausgeburt von Wünschen und Sehnsüchten sei; dass die Annahme seiner Existenz die Ungleichheit der Menschen festschreibe und somit der Unterdrückung diene; sie gefielen sich darin, die Autonomiefeindlichkeit und versteckte Unmoral der göttlichen

Gebote zu entlarven; sie folgerten, der Glaube speise sich hauptsächlich aus der Furcht vor Marginalisierung durch den wissenschaftlichen, technischen und generell gesellschaftlichen Fortschritt. Religion sei daher etwas für die Alten, Kranken, Schwachen und Unterdrückten. Der aufgeklärte, starke, »mitten im Leben stehende« moderne Mensch habe sie nicht nötig. Er lasse sie allenfalls in Geschichte und Kunst gelten, die in ihm mitunter sentimentale Erinnerungen wecken. Aus der Realität des öffentlichen Lebens schloss er sie aus.

Als Erbe der (ersten) Aufklärung und Kritiker ihrer Halbherzigkeit im Sinne der zweiten Aufklärung, stand Nietzsche dieser Auffassung ambivalent gegenüber. Einerseits war er selbst ein radikaler Religionskritiker. Mit Hilfe seiner genealogischen Methode suchte er besonders die Entstehung des religiösen bzw. – mit Schopenhauer gesprochen – »metaphysischen« Bedürfnisses aus dem Ressentiment der Schwachen und Unterdrückten nachzuweisen. Andererseits verachtete er die Kultur-, Stil- und Konsequenzlosigkeit des faktischen Atheismus seiner Zeitgenossen. Die polemische Abrechnung mit David Friedrich Strauss' Alterswerk *Der alte und der neue Glaube* in seiner ersten *Unzeitgemässen Betrachtung* ist ein deutliches Beispiel dafür. Auch seine Auseinandersetzung mit Richard Wagner ist auf diesem Hintergrund zu verstehen – *Parzival* als Rückfall in das Christentum. Wenn Nietzsche die »Modernen« kritisierte, wollte er zweifellos weder offen noch insgeheim auf eine Erneuerung des Christentums hinaus. Die Unhaltbarkeit solcher Versuche haben in der neueren Literatur etwa Peter Köster, *Das Fest des Denkens,* [16] und, sehr ausführlich, Ulrich Willers, *Nietzsches antichristliche Christologie,* [17] überzeugend nachgewiesen. Nietzsches Interesse an einzelnen Gestalten der christlichen Tradition, vor allem an Jesus selbst – in *Antichrist*, Abschnitte 28 ff. dargelegt – ändert an diesem grundsätzlichen Urteil nichts. Er hielt das Christentum für abgetan.

Nietzsches Bedeutung für einen Versuch, die Möglichkeit des Christseins unter Bedingungen der Moderne auszuloten, beruht auf einem anderen, tiefer liegenden Fundament, nämlich auf seiner Wissenschafts- und Erkenntnistheorie.

Die Interpretation eines Ereignisses ist nach Nietzsches philosophischem Grundansatz eine perspektivische Deutung, mit der ein jeweiliger Wille zur Macht es sich im Einklang mit seiner vorherrschenden Tendenz und nach dem Grad seiner Stärke auslegt. Während die positivistische Religionskritik von der selbstverständlichen Überzeugung ausgeht, dass eine Auffassung der Welt, die ohne die »Hypothese Gott« auskommt, der Wirklichkeit besser entspricht als eine, die an ihr festhält, ist Nietzsche ganz und gar nicht dieser Meinung. Die Annahme einer »wahren Welt« (»mundus veritatis«) im Sinne der maßgeblichen abendländischen Tradition fasste er als ein Deutungsmuster der Schwäche auf. Nicht nur die Hypothese »Gott« unserer Tradition, sondern auch »die Vernunft«, »die Moral« und »die Wahrheit«, auf die sich die erste Aufklärung stützte, kritisierte und verwarf er deswegen und erachtete sie ebenso als Deutungsmuster der Schwäche. Wenn Nietzsche nicht in die von ihm zu Gunsten seiner Machtwillens-Lehre verworfene Position zurückfallen wollte, konnte er daher andere Ausdeutungen des Ereignisses nicht prinzipiell ausschließen. Dies hat er nicht immer im Auge behalten oder aus taktischen Gründen auch manchmal bewusst vergessen. Seine zentralen Äußerungen zu diesem Thema sind jedoch unmissverständlich. Der wichtigste und häufig in der Nietzsche-Forschung zitierte Text dazu ist *Jenseits von Gut und Böse*, Aphorismus 22, wo er zunächst die von der klassischen Mechanik behauptete Gesetzmäßigkeit der physikalischen Prozesse bestreitet und deren notwendigen Verlauf seinerseits als »tyrannisch-rücksichtslose und unerbittliche Durchsetzung von Machtansprüchen« deutet. Abschließend fügt er in diesem Aphorismus hinzu: »Gesetzt, dass auch dies nur Interpretation ist – und ihr werdet eifrig genug sein, dies einzuwenden? – nun, umso besser –« (KSA 5, S. 37). Wolfgang Müller-Lauter hat sich ausführlich um die Interpretation dieser Zusammenhänge bemüht.[18]

Der Einwand kommt Nietzsche gelegen, weil er bestätigt, worum es ihm zu tun ist: Die Welt als das Spiel bzw. der Kampf von interpretierenden Machtwillen ist ein Geschehen, »hinter« dem es keine an-sich-seiende Wirklichkeit, keine Hinter-Welt gibt. Auch die Religionen, auch das Christentum sind seinem Ansatz nach als interpretierende Machtwillen zu verstehen. Johann Figl hat 1984 in seiner ausführlichen Untersuchung *Dialektik der Gewalt*[19] Nietzsches Auffassung daher zu Recht als eine »hermeneutische Religionsphilosophie« dargestellt. Figl hat aus seiner umfassenden Analyse, die ich hier nicht im Einzelnen nachzeichnen kann, drei meines Erachtens wichtige Thesen abgeleitet, auf die ich kurz eingehen will, um diesen Teil damit abzuschließen.

Die erste These von Figl lautet, die hermeneutische Form und Argumentation der Philosophie Nietzsches insgesamt und seiner Religionsphilosophie im Besonderen sei als ein Interpretationsmuster herauszuarbeiten. Ich stimme dem zu. Allerdings ist die These von Figl meines Erachtens auf Grund der seither stürmisch verlaufenden Entwicklung der Forschung – es gibt bereits eine Fülle von weiteren Werken zu dieser Problematik – zu modifizieren und zu erweitern. In einer diese Entwicklung zusammenfassenden und selbst noch einmal weiterführenden Untersuchung hat Johann Nepomuk Hofmann 1994 in seinem Buch *Wahrheit, Perspektive, Interpretation. Nietzsche und die philosophische Hermeneutik*[20] gezeigt, dass Nietzsches hermeneutische Theorie auch konstruktivistische und dekonstruktivistische Momente in sich enthält, und sie zu einer umfassenden Theorie integriert. In der Orientierung am Leitbegriff der Gerechtigkeit zielte Nietzsche auf die Praxis eines hermeneutischen Vollzugs, und dieser Praxis liegt – wie Hofmann überzeugend ausführt – die tragische Einsicht zu Grunde, dass menschliches Verstehen grundsätzlich perspektivisch ist und auf Voraussetzungen beruht, die es nicht vollständig einholen kann. Figl vertrat die Meinung, die Theologie müsse im Gegenzug zu Nietzsche erstens eine eigenständige Hermeneutik der christlichen Glaubensgehalte ausbilden und sich dabei, zweitens, auf eine andere, nicht-perspektivische Ontologie stützen.

Für den erstgenannten Anspruch, das Christentum müsse eine eigenständige Hermeneutik ausbilden, hat Figl Ansätze von Eugen Biser weiterentwickelt. Biser hat seit langem eine eigene Hermeneutik dieser Zusammenhänge und auch eine eigene Hermeneutik für die Nietzsche-Auslegung gefordert. Dieser Forderung stimme ich zu und halte ihre Erfüllung für sehr wichtig.

Im letztgenannten Punkt jedoch, die Nietzsche-Ontologie der Machtwillen solle und müsse durch eine andere, nicht-perspektivische Ontologie ersetzt werden, bin ich mit Werner Stegmaier anderer Meinung. Gerade Nietzsches umfassende Deutung der Welt als das Spiel von Machtwillen eröffnet meiner Meinung nach auch dem Denken des Glaubens neue Möglichkeiten, die dieses nutzen kann.

In seiner zweiten These weist Figl darauf hin, dass Nietzsche in seiner Religions- und Christentumskritik, besonders in den Spätschriften, seine eigene hermeneutische Vorsicht in Auseinandersetzung mit dem Christentum häufig verletzt. Ich habe das bereits angemerkt. Nietzsche beruft sich gegen christliche Deutungen in einer Weise auf die historisch-kritischen Argumente, als ob er diesen in seiner Auslegungstheorie nicht Grenzen gesetzt hätte. Zwar ist die historisch-kritische Methode ein wichtiges Werkzeug der Exegese, das von der heutigen Theologie anerkannt und gebraucht wird, doch diese Methode kann und darf auch im Sinne Nietzsches nicht letzter Maßstab dafür sein, was als wirklich zugelassen wird. Ich stimme mit Figl darin überein, dass die offenen oder unterschwelligen Versuche Nietzsches, die Philologie nicht nur zum Kriterium korrekter Textinterpretation, sondern zum Kriterium des Wirklichkeitsverständnisses zu machen, in immanenter Kritik zurückgewiesen werden müssen. Figl hat meines Erachtens richtig gesehen, dass wir hier Nietzsche mit Nietzsche kritisieren können.

Diesen Abschnitt abschließend gehe ich noch kurz auf Figls dritte These ein. Wie der Titel des Figlschen Buches (*Dialektik der Gewalt*) hervorhebt, hat Nietzsche genealogisch die den Religionen und auch dem Christentum zu Grunde liegende Gewalt betont. Figl weist dies zurück und stellt in seiner Auslegung des Christentums gerade die die Dialektik der Gewalt überwindenden Momente der christlichen Botschaft heraus. Ich teile wiederum diese Tendenz mit ihm, gebe aber zu bedenken, dass auch Nietzsche sie bis zu einem gewissen Grad geteilt hat. Nietzsches Analysen sind meines Erachtens missverstanden, wenn sie als ein Plädoyer für Gewalt aufgefasst werden. Nietzsche wollte zeigen und hat meines Erachtens erfolgreich gezeigt, dass jede Interpretation, wo immer sie ansetzt, eine Art Ausübung von Macht darstellt. So stellen Weltdeutungen wie die christliche, die buddhistische, aber auch die der modernen Wissenschaften oder die hermeneutische Theorie umfassende Machtdemonstrationen dar. Gewalt, physische und psychische Gewalt, ist gewiss eine Erscheinungsform des Willens zur Macht. Wenn wir Nietzsches Texte jedoch genauer ansehen, ist sie seiner Meinung und Einschätzung nach eine niedrige Stufe dieses Willens zur Macht. Sie zu überwinden, kann daher nicht heißen, keine Macht auszuüben, sondern muss vielmehr heißen, zu höheren, subtileren, lebensermöglichenderen, kulturschaffenden Stufen von Macht überzugehen. Der gekreuzigte Christus ist, auch nach Nietzsches Auffassung, ein erhabenes und mächtiges Symbol – ein Symbol dafür, dass der Starke und Vollkommene auf seine Privilegien verzichten, sich unter menschliche Bedingungen begeben und sich bis hin zu Verspottung, Schmerz und Tod klein machen kann. Kierkegaard hat in seinen Tagebüchern die größte Macht, Gottes Allmacht, als die Fähigkeit beschrieben, alles kontrollieren zu können, aber um der Autonomie der anderen willen auf diese Ausübung zu verzichten. Darüber müsste mit Nietzsche, seinem Ansatz entsprechend, das Gespräch möglich sein.

4.

Ich komme zum vierten und letzten Abschnitt und werde diesen, wie angekündigt, etwas kürzer halten als den dritten. Ich setze mit einem kurzen Hinweis auf das erstmals 1917 erschienene Buch von Rudolf Otto, *Das Heilige*[21] ein. Der erste Teil des Buchs bietet eine Phänomenologie des religiösen Bewusstseins, genauer eine Phänomenologie des Numinosen, wie es vom religiösen Bewusstsein erfahren wird. Das Numinose ist nach Ottos Definition das eigentlich religiöse Moment innerhalb des Heiligen, das religiöse, von dem ethischen abgezogene Moment. Diese These im ersten Teil von Ottos Buch musste die von Husserl initiierte phänomenologische Bewegung besonders interessieren. Husserl, der Otto aus Göttingen persönlich kannte und von seinen Schülern Ochsner, einem Theologen, und Heidegger, einem ehemaligen Theologen, auf das Buch hingewiesen wurde, hat in einem Brief an

Otto von Anfang 1919 seine Meinung dazu mitgeteilt. Er äußerte sich darin sehr positiv über den ersten Teil als einen Schritt in die richtige Richtung, während er die an Fries orientierte transzendentalphilosophische Konstruktion eines religiösen Apriori im zweiten Teil von Ottos Buch kritisierte. Dass auch Heidegger zu Ottos Buch Stellung bezogen hat, wissen wir, seit im Jahre 1995 als Band 60 der Gesamtausgabe von Heideggers Werken die *Phänomenologie des religiösen Lebens* erschienen ist. Wir finden darin Texte, die ausdrücklich auf Otto eingehen. Heidegger plante sogar eine Rezension des Ottoschen Buches, die aber nicht abgeschlossen und veröffentlicht worden ist.

Heidegger ging in seiner Kritik noch weiter als Husserl, indem er auch den 1. Teil kritisierte. Er merkte an, Otto habe das religiöse Gefühl – mit dessen Hilfe, so Otto, das Numinose als ein »mysterium tremendum et fascinans« erfasst wird – ontologisch unbestimmt gelassen. Wir können das in Parallele setzen zu Heideggers Kritik an Scheler. Scheler hatte etwas Ähnliches mit der Ethik versucht, indem er die Ethik in seinem Entwurf einer so genannten »materialen Wertethik« auf das W e r t f ü h l e n zurückführte. Er fasste sie als eine besondere Zugangsweise auf, die ethische Noemata erkennt und dann das Gelten dieser Werte konstatiert.

Heidegger hielt das von Scheler behauptete »Gelten« von »Werten« für eine zum Scheitern verurteile Ausflucht, wie in *Sein und Zeit* nachzulesen ist. Seine nur als Skizze überlieferte Kritik an Otto weist in die gleiche Richtung. Ottos Phänomenologie des Heiligen bleibe ohne gesichertes Fundament, wenn ihr nicht eine Explikation des »historischen Bewusstseins« vorausgehe – ich klammere das hier aus. Doch, wichtiger noch, müsse auch eine Besinnung auf die Originarität und die Eigenkonstitution des Irrationalen vorausgehen. Als grundsätzliche Anfrage formulierte Heidegger zusammenfassend – ich zitiere aus dem genannten Band 60 der Gesamtausgabe, S. 333 –:

> Das Heilige darf nicht als theoretisches Noema – auch nicht als irrational theoretisches – zum Problem gemacht werden, sondern als Korrelat des Aktcharakters ›Glauben‹, welcher selbst nur aus dem grundwesentlichen Erlebniszusammenhang des historischen Bewusstseins heraus zu deuten ist.

Zu Ottos Berufung auf den sensus numinis als das, wodurch wir das Heilige und seine phänomenalen Merkmale erkennen, hat Heidegger sich nicht geäußert, es ist jedoch anzunehmen, dass er diese Merkmale in bestimmten Grenzen anerkennen konnte. Denn auch seine Kritik an Scheler fordert nicht die Preisgabe des Ansatzes beim »Gefühl« schlechthin zu Gunsten der rationalen Erkenntniskräfte allein, sondern er fordert eine Neubestimmung dessen, was »Gefühl« im Ganzen des Menschseins bedeutet und welche Funktionen es hat. Heideggers Überlegungen zur Phänomenologie des religiösen Bewusstseins stammen bereits aus der Zeit von 1918-1921. Seine Kritik zeigte sich demnach schon verhältnismäßig früh, auch wenn die Ausarbeitung einige Zeit in Anspruch nahm. Ihm war deutlich, dass eine Berufung auf Irrationales nicht weiterhilft, wenn dieses doch erst in Abhebung vom Rationalen bestimmt wird.

Als Ansatz für den ihm selber nun vorschwebenden positiven Gegenentwurf wies Heidegger zu dieser Zeit auf die »faktische Lebenserfahrung« hin. Worauf dies hindeutet, wissen wir wiederum spätestens seit *Sein und Zeit* oder einigen vorangegangenen Vorlesungen, es mündete in Heideggers Weltanalyse ein. »Welterkennen«, die bewusste, methodische und rationale Thematisierung der Gegenstände des theoretischen Erkennens, so in *Sein und Zeit*, »ist ein Seinsmodus des Daseins als In-der-Welt-sein, es hat seine ontische Fundierung in dieser Seinsverfassung«[22]. Zur Seinsverfassung des Daseins gehört das »In-Sein«, d.h. die »Erschlossenheit« seiner selbst. Dasein ist demnach sich selbst immer schon erschlossen. Diese Erschlossenheit des Daseins – so führt Heidegger nun aus und hat dann daran festgehalten – wird in gleichem Maße und in eins durch »Verstehen« und durch »Befindlichkeit« konstituiert.

»Befindlichkeit« ist dabei als die ontologische Basis dessen zu verstehen, was wir traditionellerweise ontisch als »Gefühle«, »Empfindungen« und dergleichen bezeichnen. Heideggers These lautet, dass Dasein prinzipiell (»immer schon«) g e s t i m m t ist. Die Welt als solche, alles Innerweltliche und nicht zuletzt Dasein in ihm selbst als das welthaft Seiende sind immer aus Stimmungen heraus zugänglich – nicht »bevor« es so oder so verstanden ist, aber auch nicht »danach«, sondern als so oder so Ausgelegtes immer »in eins mit«. Befindliches Verstehen lässt sich nur in der Analyse voneinander unterscheiden, nicht aber im Vollzug trennen. Wenn das Welterkennen in der so konstituierten Erschlossenheit des Daseins sein Fundament hat, ist es unmöglich, die »Gefühle« vom Welterkennen auszuschließen. Hier widerspricht Heidegger der Wissenschaftsauffassung, wie sie dann etwa vor allem im Wiener Kreis ausgebildet worden ist und den älteren Positivismus fortsetzt, auf das Entschiedendste. Er hat diese Konsequenz seiner Analysen schon in *Sein und Zeit* in einem prägnanten und oft zitierten Satz zusammengefasst: »Der Irrationalismus – als das Gegenspiel des Rationalismus – redet nur schielend von dem, wogegen dieser blind ist«[23]. »Blindheit« auf der einen Seite, das wäre das Sich-Beschränken auf das rein Rationale, und »schielend reden« wäre der Ansatz beim Irrationalismus. Heidegger versucht hier, beides in einer ausweisbaren Theorie zusammenzubinden. Das ist, was er als Explikation der Seinsverfassung des Daseins in *Sein und Zeit* versucht hat.

Heidegger kam, wie erwähnt, von der katholischen Theologie her. Der in *Sein und Zeit* noch erkennbare, aber nicht mehr dominierende transzendentalphilosophische Entwurf – Max Müller hat schon in den Fünfzigerjahren auf diesen Zusammenhang hingewiesen – sollte im Aufweis eines Gottes sein Ziel erreichen. Heidegger hat sich aber im Verlauf der Zwanzigerjahre vom Katholizismus gelöst und eine philosophische Gotteserkenntnis für unmöglich erklärt – allerdings, wie nicht vergessen werden soll, ebenso eine philosophische Gottesleugnung. Philosophie, als »phänomenologische Ontologie« begriffen, bleibe, auf dieses Thema angesprochen, stumm. Wenn wir uns ein Wortspiel erlauben wollen, könnten wir es als Heideggers Fassung des Wittgensteinschen Schweigegebotes bezeichnen.

Aus dieser Haltung heraus hielt Heidegger 1927/1928 den Vortrag *Phänomenologie und Theologie*[24], in dem er die Philosophie als d i e Wissenschaft vom Sein von der Theologie als e i n e r Wissenschaft vom Seienden absetzt. Er trifft hier eine strenge Unterscheidung. Das Seiende jedoch, das die Theologie untersucht, bestimmte er nun in einer eigentümlichen Weise. Das Seiende ist demnach nicht Gott, auch nicht einfach der Glaube, sondern es ist »die Christlichkeit«. Das, was im christlichen Verstehen von Welt mitgesetzt ist, könne wissenschaftlich untersucht und dargestellt werden. Dies sei die Aufgabe der Theologie.

Ich mache einen Sprung. In seinem berühmten *Spiegel*-Interview, das erst nach Heideggers Tod veröffentlicht wurde, formulierte er einen Satz, der von den Herausgebern zum Titel erhoben wurde: »Nur ein Gott kann uns noch retten.« Hintergrund ist zunächst die Einsicht, die Heidegger mit der ganzen neueren Entwicklung teilt, dass die gegenwärtige Epoche durch die Abwesenheit oder den »Fehl Gottes« gekennzeichnet ist. Vorschnelle Versuche, dies nicht zur Kenntnis zu nehmen, führen zu nichts, treiben den Prozess vielmehr nur voran.

Was können wir also tun? Heideggers Antwort ist zunächst ganz formal: Wir können diesen Fehl Gottes als Fehl bedenken. Heidegger hat dies auf folgende Weise versucht – ich fasse möglichst knapp zusammen. Auf die Frage, warum Gott in unserer Epoche nicht anwest, lautet seine Antwort: Weil die traditionellen Wege der Vergewisserung sich gegenüber den Einwänden des modernen wissenschaftlichen Bewusstseins nicht (mehr) rechtfertigen lassen. Dies aber gründe im befindlichen Verstehen des Daseins. Im Bedenken dieser Voraussetzung und ihrer Implikationen hat Heidegger nach *Sein und Zeit* andere Wege eingeschlagen, vor allem nach der Hölderlin-Lektüre, auf die ich eingangs hingewiesen habe. Für unser Thema ist wichtig, dass er den Ansatz beim einzelnen Dasein in seiner »Jemeinigkeit« überschritten hat, überschritten hin zu einem Versuch, bei den epochal-verbindlichen G r u n d s t i m m u n g e n einzusetzen. Diese epochal-verbindlichen

Grundstimmungen bilden den Auslegungshorizont für das Sein des Seienden. Sie präformieren damit, wie wir Seiendes auffassen können, wie auch das Seiende von den sich um das Seiende bemühenden Wissenschaften erfasst werden kann. Zwar hat jede Wissenschaft ihren besonderen Bereich und untersucht das Seiende nach den strengen methodischen Kriterien, aber vor dem allen hat Wissenschaft immer schon das Sein des Seienden in einer bestimmten epochal-verbindlichen, vorgegebenen Weise erfahren, ohne das zu bedenken. Die Wissenschaft kehrt sich nicht daran – vgl. die berühmte Formulierung in *Was ist Metaphysik*: »Die Wissenschaft interessiert das Seiende und sonst nichts. Wie steht es mit diesem Nichts?« –, das ist eine der Möglichkeiten, wie Heidegger diesen Weg verfolgt hat.

Die Grundstimmung der Neuzeit war nach Heidegger die Stimmung des Verlangens nach Gewissheit. Hier ist vor allem seine Descartes-Auslegung maßgeblich. Die Welt erschließt sich auf diesem Hintergrund des Verlangens nach Gewissheit als das Gesamt von Gegenständen. Als Gegenstand wird nur anerkannt, was den Kriterien wissenschaftlichen Erkennens genügt. Ein solcher Gegenstand ist Gott möglicherweise nur in eingeschränkter Weise oder gar nicht. Wenn wir auf den Beginn der Neuzeit sehen, war für Gott in dieser Neuzeit anfänglich durchaus Platz, und zwar dort, wo die »Hypothese Gott« noch zur Erklärung der Welt insgesamt oder einzelner Erscheinungen in der Welt herangezogen wurde. Etwa als der Welturheber oder als der Garant der Sittlichkeit. Doch dieser Gott wurde in der so ausgelegten epochalen Weltgestalt in einem über drei Jahrhunderte währenden Prozess – noch einmal mit dem prägnanten Ausdruck Haeckels formuliert – allmählich wohnungs- und arbeitslos. Es gab schließlich keinen Bereich und keine Funktion mehr, in denen er hätte anwesen können und in denen er gebraucht wurde.

Im Rahmen dieser Weltgestalt, so Heidegger, ist dies ein irreversibler Prozess. Nach Heideggers späteren Texten – ich denke etwa an *Die Technik und die Kehre* oder *Das Ding* – ist die durch das Verlangen nach Gewissheit geprägte Moderne nicht die letzte, somit auch nicht mehr die heute relevante Weltgestalt. Wir könnten sagen: Nun kommt eine neue Weltgestalt, die für die Moderne – wie ich diesen Ausdruck gebraucht habe – maßgebend ist. An die Stelle der Welt der Gegenstände ist die Welt des »Gestells« getreten, deren prägende Grundstimmung das Streben nach Verfügbarkeit oder – in Heideggers Adaptation einer Nietzscheschen Formel – der »Wille zur Macht« ist. Zwar meint Heidegger hier mit »Wille zur Macht« etwas anderes als Nietzsche, aber er hat es in diesem Zusammenhang eingesetzt. Die von dieser Grundstimmung her erschlossene Welt, das Sein, wie wir es hier erfassen, ist das Sein als Be-stand, ein Bestand, der der Verfügung anheim gegeben ist. Für einen Gott ist in dieser Welt natürlich noch weniger Platz als in der Welt der Gegenstände, es sei denn für einen Gott, der als Hilfsmittel im Streben nach Herrschaft und Verfügung nützlich sein könnte. Nebenbei bemerkt, lohnte es, die bunte Szenerie der Religionsgeschichte seit dem Zweiten Weltkrieg einmal unter dieser Perspektive auszuloten. Müßig zu sagen, dass ein derartiger Gott uns nicht retten kann.

Jede Weltgestalt ist nun, nach Heideggers diesbezüglichen Analysen, durch das »Spiegel-Spiel« von vier Dimensionen bestimmt, die wechselseitig aufeinander bezogen sind und wechselseitig einander spiegeln. Himmel und Erde, Göttliche und Sterbliche – das berühmte »Geviert«. Der rettende Gott, so Heidegger, kann erst aus einer gewandelten Weltgestalt zur Erfahrung kommen, somit auch erst aus einer gewandelten Grundstimmung heraus, die wiederum »Heiliges«, »Göttliches« zulässt. Dabei hat er wohl kaum – wenn wir Heideggers Texten nachgehen – den Gott der jüdisch-christlichen Tradition im Blick. Heideggers vereinzelte Äußerungen deuten eher auf einen Gott nach dem Vorbild des von Hölderlin gedeuteten griechischen Gottesbewusstseins hin. Auch hier ist in der neueren Literatur einiges dazu ausgeführt worden.

Ich komme zum Schluss. Ein Denken des christlichen Glaubens kann das Gespräch mit Heidegger über den »Fehl Gottes« aufnehmen. Wie weit es sich dabei auf Heideggers These von der Abfolge der Epochen der abendländischen Metaphysik einlassen soll oder muss, lasse ich offen. In der Literatur wird diese Frage höchst kontrovers behandelt, auch eine Reihe von Theologen hat sich mit verschiedenen Epochen von Heideggers eigener Entwicklung befasst und sich daran orientiert. Wenn wir allerdings Heideggers Vorschlag in dem Vortrag Phänomenologie und Theologie aufgreifen, dann könnte der christliche Glaube in seiner Auseinandersetzung mit ihm seinerseits darauf insistieren, dass der von ihm, vom christlichen Bewusstsein erfahrene und bezeugte Gott prinzipiell in keine Weltgestalt eingeht, sondern immer der jenseitig Verborgene ist. Wenn das christliche Bewusstsein dabei von einer eopchal-gesellschaftlich anerkannten Gottesvorstellung für die Explizierung einer solchen Einsicht ausgehen kann, so hat das Vor- und Nachteile.

Der Vorteil liegt darin, dass in einer Gesellschaft und in einer Epoche, in der die Rede von Gott prinzipiell als sinnvolle Rede akzeptiert ist – wenn auch in einer anderen Gottesvorstellung –, sich leichter anknüpfen und von dort aus explizieren lässt, was gemeint ist. Die Gefahr besteht darin, dass durch diese Anknüpfung so stark präfiguriert wird, was der christliche Glaube damit ausdrücken will, dass die Besonderheit nicht mehr zur Geltung kommen könnte. Daher sind Anknüpfung und Widerspruch auf jeden Fall erwünscht. Wie ich im vorigen Abschnitt zu zeigen versucht habe, ist dies auch möglich, wenn die Erfahrung des Gottestodes am Anfang steht.

Der christlich erfahrene Gott kann nicht bewiesen, nicht theoretisch gewusst und nicht durch praktische Riten herbeizitiert oder herbeigezwungen werden. Er bringt sich uns zur Erfahrung – so bezeugen es die Texte –, wo und wann er will.

Das gilt vermutlich von jeder genuin religiösen Gotteserfahrung, im Unterschied zur weltanschaulich-philosophischen. Doch hier und heute beschränke ich mich auf das Gespräch des christlichen Glaubens mit Nietzsche und Heidegger.

Ich schließe mit einer Vermutung. Der neue Gott, zu dem hin Heidegger andenkt, kann und soll uns Menschen retten. Das ist die Aufgabe, die Heidegger ihm in dem erwähnten Interview zugesprochen hat: n u r ein solcher Gott kann uns retten. In gewissem Sinne scheint das durchaus möglich und plausibel zu sein. Er könnte uns aus der Verwüstung der »Gestell-Welt« befreien. Er könnte uns aus der Orientierung am Bestand-Denken herausholen, durch das wir alles Seiende, unsere Mitmenschen und uns selbst mit eingeschlossen, als das Verwert- und Vernutzbare erfahren. Das wäre wünschenswert und könnte eine positive Wende herbeiführen. Doch auch der Mensch dieser neuen Weltgestalt bliebe fragmentiert, bliebe dem Tod ausgeliefert, bliebe, christlich gesprochen, ein Feind Gottes. Davon kann und wird uns kein Gott befreien können, so wie uns noch keiner je davon befreit hat. Der christliche Glaube lebt aus der Verheißung, dass der Mensch mit seinen Defiziten von Gott gesucht, geliebt und angenommen ist.

(16. 02. 1998)

---

[1] Der Wortlaut des nachfolgenden Beitrages ist die vollständige Transskription der Tonbandaufnahme des Vortrages, den der Autor am 16. 02. 1998 im Rahmen einer Veranstaltung des Nietzsche-Kreises München in der Seidlvilla gehalten hat. Die Erlaubnis der Publikation derselben hat er der Herausgeberin persönlich gegeben. Nachdem Herr Salaquarda am 8. Juni 1999 verstarb, verbindet sich mit der Wiedergabe des Vortrages, so wie er gesprochen wurde, ein besonderer Erinnerungswert. (Anm. der Herausgeberin)

[2] Den Vorgaben von Anm. 1 entsprechend wird die gekürzt vorgetragene Fassung des Heidegger-Teils übernommen.

[3] C.P. Janz, Friedrich Nietzsche. Biografie. 3 Bde., München und Wien, 1978 f.

[4] R. Safranski, Nietzsche. Biografie seines Denkens, München und Wien, 2000.

[5] J. Salaquarda, Nietzsche and the Judaeo-Christian tradition, in: B.Magnus, K.M.Higgins (Hgg.), The Cambridge companion to Nietzsche, Cambridge 1996, 90-118.

[6] F. Nietzsche, Der Antichrist 38, KSA 6, S. 210.

[7] Vgl. J. Salaquarda, Das Grundproblem der Religionsphilosophie, in: A. Schramm (Hg.), Philosophie in Österreich 1996. Vorträge des IV. Kongresses der Österreichischen Gesellschaft für Philosophie Graz, 28. Februar - 2. März 1996, Wien 1996, 456-460.

[8] J. Habermas, Der philosophische Diskurs der Moderne. Zwölf Vorlesungen, Frankfurt a. Main 1985, 5. Auflage 1996.

[9] A. Wellmer, Zur Dialektik von Moderne und Postmoderne. Vernunftkritik nach Adorno, Frankfurt a. Main 1985, 5. Auflage 1993.

[10] Z.B. N. Luhmann, Funktion der Religion, Frankfurt a. Main 1977, 5. Auflage 1999.

[11] Th. Luckmann, Das Problem der Religion in der modernen Gesellschaft. Institution, Person und Weltanschauung, Freiburg i. Br. 1963.

[12] F. Wagner, Geld oder Gott. Zur Geldbestimmtheit der kulturellen und religiösen Lebenswelt, Stuttgart 1985.

[13] Vgl. etwa H. Röttges, Nietzsche und die Dialektik der Aufklärung, Berlin 1972.

[14] C. Türcke, Der tolle Mensch. Nietzsche und der Wahnsinn der Vernunft, Frankfurt a. M. 1989, 16ff.

[15] KSA 3, S. 467.

[16] P. Köster, Das Fest des Denkens. Ein polemisches Motto Heideggers und seine ursprüngliche Bedeutung in Nietzsches Philosophie, in: Nietzsche-Studien (4 1975), Berlin und New York 1975, S. 227 - 262.

[17] U. Willers, Friedrich Nietzsches antichristliche Christologie. Eine theologische Rekonstruktion, Innsbruck und Wien 1988.

[18] Vgl. etwa: W. Müller-Lauter, Nietzsche-Interpretationen. Bd. 1: Über Werden und Wille zur Macht, Berlin und New York 1999; hierin besonders 25-95, der grundlegende Aufsatz Nietzsches Lehre vom Willen zur Macht von 1973/74.

[19] J. Figl, Dialektik der Gewalt. Nietzsches hermeneutische Religionsphilosophie, Düsseldorf 1984.

[20] J. N. Hofmann, Wahrheit, Perspektive, Interpretation. Nietzsche und die philosophische Hermeneutik, Berlin und New York 1994.

[21] R. Otto, Das Heilige. Über das Irrationale in der Idee des Göttlichen und sein Verhältnis zum Rationalen, 1917; Neuausgabe z.B. München 1979.

[22] M. Heidegger, Sein und Zeit, § 13, S. 61.

[23] Ders., Sein und Zeit, § 29, S. 136.

[24] in: Wegmarken. GA 9, 45-78

Nietzsche und Fichte über »Selbstbewusstsein« und »Gott«

Versuch einer Grenzbestimmung und vergleichenden Bewertung

Manfred Gawlina

Zu den anspruchsvollsten Themen der Philosophie gehören die Begriffe »Gott« und »Selbstbewusstsein«. Friedrich Nietzsche und vorher Johann Gottlieb Fichte – beide äußerlich verbunden durch eine Erziehung im Thüringischen Schulpforta – haben ihnen gegenüber radikal verschieden Position bezogen. Das lädt dazu ein, die konzeptionelle Lagerung jener Kluft zu bestimmen und zu bewerten.

Um überhaupt beide Gestalten in eine inhaltlich erhärtbare Vergleichsoptik führen zu können, was weder auf neutralem noch auf parteiischem Boden gelingen kann, setzen wir mit der Frage an, inwiefern Nietzsche in einem positiven Verhältnis zum transzendentalen Ansatz in der Philosophie steht. (Dieser erste Reflexionspunkt findet erst im fünften und sechsten Schritt seine ganze Beantwortung.) Im zweiten Schritt widmen wir uns Fichtes transzendentaler Theologie in ihrer besonderen Stellung der Begründung und limitativen Verortung im System der gesamten Wissenschaftslehre. Es soll sich zeigen, dass im Rahmen einer solchen »Theologie« auch dem Selbstbewusstseinstheorem volles Genüge geleistet wird. Der dritte Schritt bietet Nietzsches korrespondierende Stellungnahme dazu. Wir versuchen dabei, sie auf das von Fichte Erbrachte hin zu akzentuieren. Dies ermöglicht uns in Etappe vier eine Würdigung von Nietzsches Aussagen. Dass dies nicht ganz ohne Kritik an ihm durchgeführt werden kann, steht zu erwarten. Doch es soll auch in die Gegenrichtung Vorsicht walten. Deshalb kommen wir als fünftes auf eine Hauptgefahr des »Fichteanismus« zu sprechen. Dies leitet zur Idee einer propädeutischen Indienstnahme Nietzschischer Verfahren über. Im sechsten Schritt soll ein Ausblick über jene noch immer technische Seite hinaus gewagt werden, nicht um Nietzsche mit Fichte eilfertig zu versöhnen, sondern um dort weiter für das Anliegen einer hermeneutischen Umwertung unzulänglicher Denkversuche – gleich welcher Gestalt – zu werben.

1. Dachte Nietzsche transzendental?

Für den Zweck ihrer Betrachtung stellt die Transzendentalphilosophie die Wirklichkeit auf den Kopf, allerdings nicht, um reale Aussagen über sie zu gewinnen – so entstünde nur im schlechten Sinn »Metaphysik« –; es geht vielmehr um die Darlegung der Gültigkeit von Erkenntnis rein aus den inneren Bedingungen des Wissens heraus. Nicht etwa sollen die einen Sachverhalte auf gleicher Ebene mit anderen Sachverhalten oder die einen Handlungen mit anderen erklärt werden; »transzendental« ist die Begründung, die die Dinge und Vorgänge »übersteigt«, »transzendiert«, und zwar »zurück« zu den ursprünglichen, logisch unhintergehbaren, Bedingungen ihrer Möglichkeit. Vereinfacht, und dabei schon verkürzt, heißt das: Man wendet den Blick von den Gegenständen weg und um zum Subjekt – oder zu den Konstituentien (Bestimmungsgliedern) der Subjektivität –, die man dabei gerade für die objektive Gültigkeit (oder notwendige Allgemeingültigkeit) des Erkannten verantwortlich zu halten Grund findet.[1] Retten kann man den Hilfssatz, wenn man dabei unterstreicht, dass mit »Subjekt« etwas radikal anderes gemeint ist als in irgendeiner Weise ein Ding.

Damit unterscheidet sich nun eine transzendentale Begründung signifikant von der spezifisch gegenständlichen Erfahrungswirklichkeit des Alltags und noch der Fantasie. Sie widerspricht geradezu dem »common sense« oder dem »gesunden Menschenverstand«, der nicht nur von der Mehrheit der Mitbürger, sondern – soziopsychologisch sehr verständlich – zugleich von der Mehrheit der akademischen Fachleute geteilt wird. So ist der Fußsteig der transzendental Arbeitenden ein schmaler, und er ist meist hart und steinig. Wer auf ihm geht, ist einsam.

Darf man sagen, dass nun Nietzsche gerade diesen Pfad gekannt hat? Die Textzeugnisse dafür scheinen zahlreich und suggestiv: Hat sich Nietzsche nicht immer wieder als »Wanderer in Eis und Hochgebirge« verstanden? Kündigte er sich nicht als »Unzeitgemäßer« an? Begriff er sich nicht, wenn er von »Tanz« sprach, als absoluten Tänzer, jenseits aller etablierten Konvention? Erstrebte er nicht, die Begriffe finden sich so auch bei Kant und Fichte, »Kritik«, »Dekonstruktion« und »Rechtfertigung«?

Ich sehe hier Spuren eines Bewusstseins für den genuinen Sinn von Transzendentalphilosophie, weiß aber zugleich, dass Nietzsche diese Fährte – es wäre der Weg einer Begegnung mit Fichte auf derselben Basis – nicht konsequent weiterverfolgt hat. Die Chance scheint mir vor allem aus zwei Gründen vertan worden zu sein: Zum einen blieb Nietzsches Haltung hauptsächlich zu Kant, Fichtes großem transzendentalen Vorgänger, zeitlebens von dem unzutreffenden Bild geprägt, das Schopenhauer von diesem vermittelt hatte.[2] Wie nicht wenige Kant-Anhänger verwehrte er sich gerade dem spezifisch epistemologischen Eingangsschritt dieses Autors und verkehrte so dessen philosophisches Grundanliegen. Der zweite Grund, warum Nietzsche, schon an der Schwelle zum Transzendentalen angelangt, wieder weiterirrte, liegt darin, dass er die Idee von Kritik überdehnte. Er erstrebte, woran etwa schon ein Herder gescheitert war, eine Meta-Kritik, eine Kritik der Kritik. Damit verkannte er aber den wesentlichen Punkt, dass ein echter Selbst-Aufschluss des Wissens d a r i n zugleich um die G r e n z e n seiner Erkenntnis weiß.

Doch kommen wir direkt auf Nietzsches Aussagen zurück: Da alle die, die Nietzsche realistisch interpretieren wollen, gerade ihm, der einfach-reale Ausdrücke meist als Metapher im Gegensinn und als Sinn-Streuung gebrauchte, in jedem Fall Unrecht tun, halten wir es für legitim, eine Reihe von Sätzen so zu deuten, dass sie eben jenen Weg der Wissensrechtfertigung charakterisieren. In dieser Weise genommen, treffen sie überdies alle den Punkt. Transzendentales Denken bekommt so auch seine Pädagogik: In dem Aphorismus »Vorbereitende Menschen« der *Fröhlichen Wissenschaft* fordert Nietzsche ein »Zeitalter, das den Heroismus in die Erkenntnis trägt«. Dazu bedarf es »tapferer Menschen«, »welche es verstehen, schweigend, einsam, entschlossen, in unsichtbarer Thätigkeit zufrieden und beständig zu sein: Menschen, die mit innerlichem Hange an allen Dingen nach dem suchen, was an ihnen z u ü b e r - w i n d e n ist: Menschen, deren Heiterkeit, Geduld, Schlichtheit und Verachtung der großen Eitelkeiten ebenso zu eigen ist, als Grossmuth im Siege und Nachsicht gegen die kleinen Eitelkeiten aller Besiegten: Menschen mit einem scharfen und freien Urtheile [...]«. Die epistemologische Kurzformel dafür – und wie wurde sie nicht pseudorealistisch missbraucht – lautet bei Nietzsche schlicht: »g e f ä h r l i c h l e b e n!« Und er fügt hinzu: »Schickt eure Schiffe in unerforschte Meere!« Und: »Baut eure Städte an den Vesuv!«[3]

2. Fichtes transzendentale Theologie

An einführender Stelle heißt es beim späten Fichte: »Gott selbst ist nicht d u r c h das Denken, sondern an ihm vernichtet sich das Denken.«[4] Das

Thema »Gott« wird damit aber für das Denken nicht einfach hinfällig. Überhaupt erscheinen hier zwei Haltungen möglich: Entweder man lässt vom Standpunkt der rationalen Philosophie (oder natürlichen Erkenntnis) »Gott« nur mehr als G r e n z b e g r i f f zu, wie man dies bei Kant oder wenigstens bei Kant vor dem O p u s p o s t u m u m festgestellt hat, – oder aber man leitet gerade aus diesem Grenzverhältnis des endlichen Denkens zum Absoluten d e n i n n e r s t e n A n s a t z z u m S y s t e m d e r Philosophie sachlich ab. Zweifellos ist jener zweite Weg der Fichtes.[5]

Seine Konzeption entwarf Fichte nicht aus dem Stand. Er brauchte dazu eine bestimmte Höhe der Entfaltung seines wichtigsten – weil aus sich selbst einsehbaren – Theorems, des allgemeinen und dabei einigen (singulären) »Selbstbewusstseins« (oder des ICH). Der Aufschluss des Selbstbewusstseins verleiht der Frage nach Gott ein formales denkerisches Niveau und eine exakte Stellung im Systemganzen. Anders gesagt: Das Selbstbewusstseinstheorem fungiert als Basis (als Grundmaß) für die Diskutierbarkeit der Gottesfrage. Damit wäre zugleich die innere Verklammerung jener beiden Themenpunkte »Selbstbewusstsein« und »Gott« gesichert.

Wenn wir zunächst die Basis, also »Selbstbewusstsein«, betrachten, können wir überdies einen entscheidenden Unterschied in der Erklärungsabsicht zwischen Fichte und Nietzsche erkennen. Daraus erhellt der bei beiden jeweils geltende Philosophiebegriff, bzw. die Vorstellung für das eigene Tun.

Fichte beginnt die philosophische Thematisierung des ICH aus der Besinnung auf das vorphilosophische, sozusagen alltägliche Erlebnis von Selbstbewusstsein. Man kann schlechterdings d i e E r f a h r u n g m a c h e n , dass man sich seiner als eines Ich bewusst wird. Dieses faktische Selbstverhältnis erweist sich darin als unhintergehbar. Das Phänomen lässt sich nicht leugnen und führt zugleich auf seine besondere Komplexität, denn mit dem faktischen Selbstbewusstsein wird bewusst, dass man zu diesem in einem Selbstverhältnis steht. Alle diese Erscheinungen gehören noch zur empirischen Psychologie. Dass wir es hier mit Erfahrungsevidenz zu tun haben, verleiht dem daran sich anschließenden philosophischen Schritt einen besonderen Status: Indem er sich an etwas sich Zeigendes hält, bleibt er vor leeren Konstruktionen und Begriffsgebilden bewahrt.[6] Die Philosophie hat allein mehr die Aufgabe, das in seinem Einheitsgrund zu erklären, was sich jedermann (unter gewöhnlichen Bedingungen) darbietet. Ihr Vorgehen und ihre Theoreme, d. h. ihre speziellen Begriffe, sind damit r e - k o n s t r u k t i v .[7] Auch Fichtes Theorie von Selbstbewusstsein ist demgemäss als Rekonstruktion sinnlich erweislicher und zugleich faktisch unabweisbarer Phänomene zu verstehen.

Durch ihre Erklärungsabsicht bleiben Fichtes Theoreme stets noch an die Erscheinung gebunden. Damit vollzieht die gesamte Wissenschaftslehre eine konsequente Bejahung der Erscheinung als das, was sie als solche ist. Welt- und daseinszugewandter kann eine Philosophie wohl kaum sein, zumal sie als solche je genau wissen will, in welchem Bewandtniszusammenhang eine Erscheinung sich hält, etwa, ob konkret nur Natur-Phänomenalität herrscht oder diese sich etwa mit interpersonaler Gesellschaftlichkeit rechtlich oder sittlich mischt. Der späte Fichte zieht in diesem Zusammenhang eine Ge- dankenlinie zu Ende und fasst die sich-erscheinende Welt insgesamt als »Bild Gottes«. Entsprechend kann Fichte die gesamte Wissenschaftslehre, die in seinen Komponenten jenes Bild rekonstruiert, auch »die Gotteslehre« genannt werden.[8]

Daran ist zu sehen, dass das Thema »Gott« bei Fichte eine zweifach- zweckmäßig gefügte Stellung besitzt: Einmal gehört es in die von der allge- meinen Wissenschaftslehre grundgelegte Einzeldisziplin der Religionslehre und steht hier neben Naturlehre, Rechtslehre, Sittenlehre und Interperso- nallehre. Zum anderen erweist sich die Zusammenschau der Einzeldiszipli- nen in ihrer reflexiven Zusammengehörigkeit, also Wissenschaftslehre ins- gesamt, als nichts weniger denn Gotteslehre.

Durch jene zweifache Bestimmung in der Systematik wird die Rede von Gott präzise umgrenzt. Zugleich wird dadurch seiner äußersten Linie nach der Gesamtcharakter der menschlichen Erkenntnis bestimmt. Wir erfassen nicht Gott in seinem innersten Wesen, sondern »nur« Sein Bild, nur das Schema des Absoluten, niemals es selbst. Gerade dadurch aber, dass sich die menschliche Erkenntnis nicht in Gott verliert und auf keinen göttlichen Impuls angewiesen ist, kann es ihr gelingen, sich selbst als ein Ganzes von Prinzipien zu konstituieren, als ein Schema, das sich von Anfang bis Ende durchzeichnet.[9]

Das wesentliche Merkmal dieses Bildes vom Wissen heißt also: Wissen setzt sich als solches selbst; weder ist es ursprünglich von sinnlichen noch in- telligiblen Dingen abhängig. Das Wissen insgesamt darf so als Selbstbestim- mung, als das Ganze einer Freiheitshandlung qualifiziert werden. Es steht bei sich und ist in sich gegründet. Fichtes Rede vom »Schema« will genau das ausdrücken. Insofern ist es nur ein anderes Wort für »Spontaneität«.

Anhand jener Gesamtsystematik lässt sich vollständig ausweisen, was auf keine Weise von Gott und den uneigentlich so genannten »letzten Dingen« und dem allgemein darlegbaren Verhältnis von endlichen Personen zu je- nem, aussagbar ist, bzw., was der Reinheit etwa der Ethik oder auch der Re- ligion selbst widerspricht. Fichtes transzendental-philosophische Theologie enthält so in ihrem Vollzugsganzen auch alle Punkte einer rational geforder- ten abschlägigen Religionskritik.[10] – Was nun die faktische Aufnahme dieser Theorie durch Fachwelt und allgemeine Öffentlichkeit anbelangt, so hat seit ihrem Bekanntwerden der Dogmatismus nicht aufgehört, je nach Art seiner Blindheit Fichte des Atheismus und der Unvereinbarkeit seiner Lehre mit dem Christentum entweder zu schelten oder zu venerieren.

Doch kommen wird zur reinen Theorie zurück: Positiv lässt sich durch den spontanen Charakter des Wissens im Grenzgang erkennen, in welchem Verhältnis zu unserem Wissen wir uns Gott zu denken haben: Wir müssen jeglicher dinglich bestimmten Gottesvorstellung den Abschied geben; der Erkenntnisgrund zur Annahme eines personalen Gottes entstammt nicht mehr der theoretischen Vernunft, nicht mehr einer Bestimmung dessen, was ist; er entspringt vielmehr der praktischen Vernunft oder dem ursprünglichen Handeln auf sich und damit der Autonomie.[11] Fichtes Gott begegnet uns nicht mehr auf dem Weg des Seins, sondern »sponte sua«, auf dem der Freiheit!

Gerade Fichtes späte *Staatslehre* von 1813 redet hier klare Worte:

> »Gott kann nicht das Gute, das wir gern möchten, uns geben, ausser durch unsere Freiheit; und Gott ist überhaupt nicht eine Naturgewalt, [...] sondern er ist ein Gott der Freiheit. Die Natur ist bloss der Wiederschein des Standpunktes der allgemeinen Freiheit: in der Freiheit aber hat er uns schon gegeben sich selbst, und sein Reich, und die ganze Fülle seiner Seligkeit, und es kommt nur auf uns an, dass wir dies alles in uns entwickeln. Ohne Freiheit bleiben wir ohne Gott, und in dem Nichts. Wir sind wirklich gar nicht da, sondern nur Embryone, aus denen etwa ein Mensch werden könnte.«[12]

Das Zitat lässt sich durch eine Aussage von 1796 ergänzen: »Gut handeln ist das einzige wahre Glaubensbekenntniss.«[13]

Das vorhin umschriebene und mit Fichtes Worten nochmals erläuterte Ergebnis wird nicht etwa schon dadurch zirkulär vorausgesetzt, dass wir das Selbstbewusstsein als primären Erkenntnisweg eingeschlagen haben; es weist sich erst im Zuge des Freiheitshandelns dem Bewusstsein darin aus, dass unser Gott der Gott der Freiheit ist oder, wie es das *Neue Testament* sagt, »Deus gloriae« (Acta 7,2).

Zu beachten ist dabei, dass das Selbstbewusstsein in seiner Selbstbestimmung »Gott« nicht so sehr über die die bloße Handlung seines Vollzugs erreicht, also nicht einfachhin praktisch, ebenso wenig wie über die spekulative Ausgestaltung der Rekonstruktion von Teilbedingungen des Selbstbewusstseins. Entscheidend ist der Schritt der Gewinnung der Idee Gottes aus dem nach vorne weisenden Bewusstsein des schlechthin Richtigen. Nur so bekommt die Gottesidee für uns, wenn wir nicht irren wollen, unabweisbare Relevanz, ohne dabei jedoch dominant zu werden und uns passiv zu machen. Es gilt vielmehr genau das Umgekehrte: Aus unserem Selbstverstehen heraus ermächtigt sie uns zum vollrationalen Handeln.[14]

Wie ist das näherhin zu begreifen? Das Selbstbewusstsein fordert sich teils bedingt, teils unbedingt. Sprachlich etwas unbeholfen nennen wir jene schlechthinnige Forderung des ICH, die im bejahenden Ganzen seiner selbst liegt, »Sittlichkeit«. Diese setzt einen höchsten Urteilsakt an, der über das Vermögen verfügt, das sittliche Handeln jedes grundsätzlich dazu Befähigten zu beurteilen und dementsprechend die weiteren Bedingungen des Handelns umzugestalten. Vom Standpunkt des Selbstbewusstseins aus betrachtet, kann jene Handlung der Gerechtigkeit strukturell nicht niedriger beschaffen sein als das sich sittlich in Anspruch nehmende Selbstbewusstsein. Konkret gesagt muss es z. B. den Standard des Personalen erfüllen. Durch diese epistemologische Bedingung wird »Gott« aus der Zeitlichkeit der Erscheinungen herausgehalten und damit auch vor allen dogmatischen Anthropomorphismen und aller endlichen Dramatik bewahrt.[15]

3. Nietzsches Hinterfragung von Subjekt und personalem Gott

Fichte will nicht die Erscheinung übersteigen, sondern sie als das, was sie strukturell in sich ist, verstehen. Dies entspricht der Haltung der Kritik. Deshalb entwickelt er seine philosophische Position, die Wissenschaftslehre, als Rekonstruktion der Möglichkeit jenes Erscheinungsganzen. Im Zuge jener Rekonstruktion kommt zu Tage, dass »Selbstbewusstsein« und »Gott« das wissbare Ganze vom Prinzipiellen her vollkommen durchdringen. Das logisch noch Auseinanderstrebende der beiden Begriffe verschwindet, wenn Fichte ab ca. 1801 dazu übergeht, weniger vom »Ich« zu handeln als vom »Sich«, von »Reflexibilität«, von im Erkennen absolutem Wissen und sich bildendem Bilden.[16] Einen abstrakten Idealismus hat Fichte damit nicht entworfen.[17] Alle diese Theoreme und Terminologien dienen weiterhin nur der philosophischen Nachzeichnung der inneren Komplexität von Erscheinung, oder anders gefasst: der im Dasein durch Urteilen und Handeln sich eröffnenden Fülle. Fichtes Rede vom »Bewusstsein« gewinnt dabei (retrospektiv) die Bedeutung einer Platzhaltung: Sie bezeichnet die in der jeweiligen Urteilssituation möglichen Urteile, die dabei nie vollständig artikuliert werden können. Das Wort »Bewusstsein« weist auf dieses prinzipielle, und nicht etwa bloß psychologische, Potential.

Nietzsche dagegen versucht, die Phänomene metakritisch zu durchschauen und erklärt sie so zuletzt weg (dies wenigstens durch iterierte formale Reduktion). Dabei zielt er stets noch auf ein An-sich, dessen Relevanz Fichte für ausweisbares Wissen als nichtig dargelegt hatte. Meine Feststellung bestimmt die erkennbare Struktur seiner Argumentation; tatsächlich benennt er es vielfältig. Er versteht darunter vor allem den zur eigenen Bejahung gewendeten »Willen« Schopenhauers und – damit durchaus vereinbar – auf Metaebene wiederum andere Phänomene. Beides, der An-sich-Standpunkt wie der Phänomenalismus des Verdachts ist in folgendem Zitat verschmolzen enthalten; es führt den Gedanken erläuternd weiter:

> »[...] – diese Kunst der Transfiguration i s t eben Philosophie. [...] – wir müssen beständig unsre Gedanken aus unsrem Schmerz gebären [...]. [...] Erst der grosse Schmerz ist [...] der Lehrmeister des g r o s s e n V e r d a c h t e s, der aus jedem U ein X macht, ein ächtes, rechtes X, das heisst den vorletzten Buchstaben vor dem letzten... [Er] zwingt uns [...], in unsre letzte Tiefe zu steigen und alles Vertrauen, alles Gutmüthige, Verschleiernde, Milde, Mittlere, wohinein wir vielleicht vordem unsre Menschlichkeit gesetzt haben, von uns zu thun.«[18]

Zu Beginn habe ich die Hilfsvorstellung evoziert, dass die Idee einer systematischen Selbstversicherung des Wissens hinsichtlich seiner Gültigkeit gewöhnlich als die Wendung von den Objekten zum Subjekt (und Inter-Subjekt) beschrieben wird. Ich habe betont, dass jene Erklärung nur dann akzeptiert werden kann, wenn man den Ausdruck »Subjekt« radikal objektverschieden, d. h. auf keine Weise mehr dinglich verstehen gelernt hat. Darin liegt der innere pädagogische Schritt der Transzendentalphilosophie. Wird jener Lernschritt nicht vollzogen, müssen die Ausführungen von Autoren wie Descartes, Kant und hier insbesondere Fichte verkehrt gefasst werden.

Dabei sind vor allem z w e i s y s t e m a t i s c h e F e h l s c h l ü s s e zu vermeiden. (i) Den ersten kann man so umschreiben: Das »Subjekt« steht zum einen nicht für irgendwie den Dingen zu Grunde liegende weitere Entitäten; anders, als die metaphysische Tradition behauptet, ist es kein »Substratum«. Es darf also das »Subjekt« nicht wiederum mit denselben Vorstellungen bestimmt werden, die für die Gegenständliches gelten. Dazu zählt auch das eigene individuelle Ich (anders gesagt: die individuelle Differenz zum ICH, die sich als konkretes faktisches Selbstbewusstsein zeigt). Dies darf am allerwenigsten mit dem »Subjekt« im transzendentalen Sinn verwechselt werden.

(ii) Der zweite Fehlschluss baut darauf auf: Der Begriff »Gott« wird als dinglich missverstandenes Subjekt aller Subjekte zur höchsten Substanz, zum Substratum schlechthin. Er enthält darin als analytische Komponenten alle die Spielarten an Deismus und mehr als nur symbolisch zu verstehendem Anthropomorphismus, die Kant in den *Prolegomena* – sich dabei auf einer Grundlinie mit Descartes und Fichte bewegend – gegen die Hauptströmungen der überkommenen Philosophie als ungültig zurückgewiesen hat.[19]

Nietzsche erweckt den Eindruck, diese beiden Fehlschlüsse in ihrer Struktur und Bedeutung erfasst zu haben, wendet er sich doch wiederholt und ausdrücklich (i) gegen die Annahme eines T ä t e r s   h i n t e r   allem Tun und jedwedem Vorgang und formuliert er, (ii) wir würden Gott nicht los, weil wir an die G r a m m a t i k   g l a u b t e n.²⁰

Danach suggerieren uns bloß s p r a c h i m m a n e n t e Gründe, dass es hinter jedem Propositional- oder Verbalvollzug auch noch etwas anderes real »gibt«, dass also »dort« ursprünglich etwas existiert (als ein S e i e n d e s ausgemacht werden kann), nämlich ein nicht-sinnliches, zuletzt oberstes, Subjekt. Die der Sprache als Zeichensystem innewohnende Zufälligkeit erzeugt den Schein, dass wir so etwas wie Fundamentalontologie treiben könnten und uns im selben Zug als Moralwesen verstehen müssten, die einer vorgefertigten ethischen Doktrin unterlägen.

Durch unsere Angewiesenheit auf Sprache und ihre Funktionalstruktur erscheinen jene beiden simpel klingen Sätze argumentativ weit stärker als Nietzsches aufgeblähte Parabel vom »Tod Gottes«.²¹ Das eigentliche Problem, von Nietzsche aus betrachtet, ist nicht, dass d i e   v o n   d e n   L e u t e n f a k t i s c h   g e t e i l t e   r e l i g i ö s e   H a l t u n g erkaltet und vielleicht zu »neuen« Werten übergeht, die nicht einfach der Befriedigung der niederen Bedürfnisse gewidmet sind, sich also etwa nicht im Ökonomischen und in »kleiner Politik« erschöpfen; die eigentliche Pointe liegt vielmehr darin, dass wir selbst auf dem Weg zu den von Nietzsche gepriesenen Werten nicht die vorläufige Leitung durch die Sprache abstellen können. Wir können so nicht jenseits von Theismus oder Atheismus kommen. Mag der im Europäischen endemisch gewordene Platonismus durch eine geschickte Gegenoperation überwindbar sein, die Sprache bleibt so, wie sie funktioniert. Das Unternehmen einer »Umwertung aller Werte« stößt hier auf Schranken. Das gibt allerdings Anlass, über eine Revision jenes Konzepts nachzudenken, zumal sich nicht zuletzt am Umgang mit der Sprache Nietzsches historisierende »Genealogie« und Fichtes »genetische« Methode der Prinzipienbegründung differenzieren lassen.

Deshalb wollen wir nicht die überstrapazierten Abschnitte der *Fröhlichen Wissenschaft* mit ihren Entsprechungen etwa im *Zarathustra*²² in den Vordergrund rücken.²³ Wir wenden uns dem eher kritischen Moment bei Nietzsche zu, das wir mit den beiden genannten Kernthesen identifiziert zu haben annehmen. Zur Veranschaulichung verdient ein Ausschnitt aus der *Götzen-Dämmerung* besondere Aufmerksamkeit:²⁴

»Die »innere Welt« ist voller Trugbilder und Irrlichter: der Wille ist eins von ihnen. Der Wille bewegt nichts mehr, erklärt folglich auch nichts mehr – er begleitet bloss Vorgänge, er kann auch fehlen. Das sogenannte »Motiv«: ein andrer Irrthum. Bloss ein Oberflächenphänomen des Bewusstseins, ein Nebenher der That, das eher noch die antecedentia einer That verdeckt, als dass es sie darstellt. Und gar das Ich! Das ist zur Fabel geworden, zur Fiktion, zum Wortspiel: das hat ganz und gar aufgehört, zu denken, zu fühlen und zu wollen!... Was folgt daraus? Es giebt gar keine geistigen Ursachen! Die ganze angebliche Empirie dafür gieng zum Teufel! D a s folgt daraus! – Und wir hatten einen artigen Missbrauch mit jener »Empirie« getrieben, wir hatten die Welt daraufhin g e s c h a f f e n als eine Ursachen-Welt, als eine Willens-Welt, als eine Geister-Welt. Die älteste und längste Psychologie war hier [genealogisch gedacht; M.G.] am Werk, sie hat gar nichts Anderes gethan: alles Geschehen war ihr ein Thun, alles Thun Folge eines Willens, die Welt wurde ihr eine Vielheit von Thätern, ein Thäter (ein »Subjekt«) schob sich allem Geschehen unter. Der Mensch hat seine drei »inneren Thatsachen« [scil. des Bewusstseins; M.G.], Das, woran er am festesten glaubte, den Willen, den Geist, das Ich, aus sich herausprojizirt, – er nahm erst den Begriff Sein aus dem Begriff Ich heraus, er hat die »Dinge« als seiend gesetzt nach seinem Bilde [nach des Menschen Bilde als Mensch; M.G.], nach seinem Begriff des Ichs als Ursache. Was Wunder, dass er später in den Dingen immer nur wiederfand, w a s e r i n s i e g e s t e c k t h a t t e ? – Das Ding selbst, nochmals gesagt, der Begriff Ding, ein Reflex bloss vom Glauben an's Ich als Ursache... [...] Der Irrthum vom Geist als Ursache mit der Realität verwechselt! Und zum Maass der Realität gemacht! Und G o t t genannt! –«[25]

Es ist eindrucksvoll zu sehen, dass hier durchaus die für eine echte transzendentale Bestimmung maßgeblichen Faktoren im Spiel sind, Erfahrung und Selbstbeobachtung der Erfahrung, Sprache, Handlung als Urteilsvollzug mit seiner Systematik, Seinsebene, bloß formallogische Schritte; auf der anderen Seite liegt nun gerade der Zusammenhang jener Elemente – doch auf ihn käme es argumentativ entscheidend an – verquer, dies zum einen Teil als gewollte Stilisierung, zum anderen aber als offenbare Konfusion, die etwa durch eine fatale Verwechslung von »Willen« mit »Willensbestimmung« und »Ursache« mit »Grund«, »Erkenntnisgrund«, erklärbar ist. Soviel dabei hin und her gehend zu erörtern wäre, dürfte dabei doch das im Folgenden skizzierte Resultat kaum abweisbar sein.

4. Umriss einer Bewertung von Nietzsches Einrede

Wolfgang Janke hat vor einiger Zeit die These vertreten, Nietzsche habe durchaus zutreffend Aspekte der vergegenständlichenden Fehlhaltungen insbesondere zum Thema Selbstbewusstsein erkannt und als philosophisch unhaltbar demaskiert. Janke stellte dabei jedoch zugleich heraus, dass Nietzsches Einwände nicht mehr originell gewesen seien. Der große Unzeitgemäße sei vielmehr im Höchsten seiner Einsicht – ich zitiere Wolfgang Janke – »zu spät« gekommen.[26]

Diese Bewertung, so richtig sie für sich ist, beschönigt jedoch noch die Sachlage. Betrachtet man Nietzsches Subjekt-Kritik näher, stellt sich durchaus heraus, dass er in seinen hinterfragenden wie projizierenden Ausführungen hierzu unversehens in Stellungen kippt, die in ihrer Direktheit keine dogmatische Ontologie jemals vertreten hätte.[27] Er fällt in genau die Fehler – und dies bereits in der Entwicklung seiner Einwände – zurück, die er bei den Vertretern der beiden genannten Fehlschlüsse (relativ zurecht) brandmarkt.

Dass Nietzsche vitiös im Zirkel befangen bleiben wird, lässt sich zum voraus aus seinem Bild von der Sprache abnehmen. Sie erscheint bei ihm selbst noch als ein Ding, als ein Modell, dessen spezifische Informationen zuletzt nur auf jenes Funktionieren verweisen können – und eben jenen mechanischen Selbstbezug verwechseln wir nach Nietzsche dann mit der angeblichen Evidenz vom Sein. Da ihm und der gesamten dogmatischen Tradition (des übermütigen Behauptens wie skeptischen Absprechens) das Verhältnis von Sprechen und Urteilen dunkel bleibt, kann die ursprüngliche Handlungsstruktur von Ichheit (d. h.: kann das ICH) nicht einmal im Vorhof angemessen gewürdigt werden. Damit ist auch der Weg zum einzig-möglichen rationalen, d. h. allgemein antragbaren, Gottesbegriff verbaut. Es ist danach nur konsequent, wenn Nietzsche die Idee letztgültiger Gerechtigkeit und Wahrheit als haltlos ablehnt.[28]

Dennoch darf ihm bei allem Versagen formal zugutegehalten werden, dass er eine innere Verbindung zwischen den beiden Themen »Gott« und »Ich« – freilich in negativer Absicht – gesehen hat.

Doch verfolgen wir nun weiter inhaltlich unsere Leitfrage: (i) Vom Ich verlangt Nietzsche etwa nachdrücklich eine weitere Bildung in seinem Bewusstsein. Gemeinhin gelte, so Nietzsche, bei den Fachleuten das Ich als »der Kern des Menschen; sein Bleibendes [...]. Man hält die Bewusstheit für eine feste gegebene Größe! Leugnet ihr Wachstum, ihre Intermittenzen!« »Weil die Menschen die Bewusstheit schon zu haben glaubten, haben sie sich wenig Mühe darum gegeben, sie zu erwerben – und auch jetzt steht es noch nicht anders!«[29]

Das Wort vom »Wachstum« verrät an dieser noch relativ starken Stelle, dass sich Nietzsche die Vertiefung des Bewusstseins nur auf derselben Gegenständlichkeitsebene vorstellen kann, auf der sich auch die bewegen, die es in sozialer Dressur arretieren. Dies kann nicht verwundern, da er nicht in die Struktur des Willens als Selbstgesetzgebungskompetenz nach der Vollständigkeit der frei entfalteten Prinzipien eingedrungen ist.[30] Er versucht vielmehr eine Reduktion des »Willens« und unterscheidet sich vom Naturalismus allein mehr durch das Motiv des Interpretierens: Von hier aus hätte sich ein akzeptabler Weg zur Transzendentalphilosophie abzweigen lassen, nämlich wenn man sich auf Prinzipien besonnen hätte, nach denen Data gedeutet, bzw. überhaupt deutbar würden. Nietzsche weist jene Möglichkeit aber explizit ab; ihm gilt Interpretieren als ein grenzenloser unendlicher Vorgang.[31] Darauf, dass bereits die Gesetzmäßigkeit der Sprache dem widerspricht, verfällt er nicht;[32] ja er sieht das Verhältnis eigentlich umgekehrt: »Woher ist die Logik im menschlichen Kopfe entstanden? Gewiss aus der Unlogik, deren Reich ursprünglich ungeheuer gewesen sein muss.«[33]

Ungeachtet jener Wachstumseuphorie erklärt Nietzsche das wie immer gesteigerte Ich an anderer Stelle schlichtweg zu einer Illusion. Doch von welcher Perspektive aus soll die Täuschung sich einstellen, bzw. vermag sie umgeschafft zu werden? Die Lösung, die er uns anbietet, lautet, es erfülle dies »der Leib«.[34] Dabei ist doch jedem einsichtig, dass alles Fühlen und Empfinden in seinem qualitativen Ganzen Bewusstheit ist. Die Transzendentalphilosophie präzisiert es und sagt: Bereits das Empfinden setzt einen Urteilsakt (und damit die Inanspruchnahme eines Prinzips) voraus. Deshalb vollbringt die Transzendentalphilosophie ungeachtet mancher Vorurteile auch die Apotheose (Verherrlichung) des durch das ICH, bzw. interpersonal, sich artikulierenden Leibes. Nietzsches »große Vernunft des Leibes« kommt, wo sie nicht bloß auf einem logischen Missgriff beruht, wieder viel zu spät.

Wie weit Nietzsche noch im Besten seiner Bemerkungen durch Fichte immer schon korrigierend überboten war, belegt etwa ein Ausschnitt aus einer Vorlesungsnachschrift der *Wissenschaftslehre nova methodo* (aus der zweiten Hälfte der Jenaer Phase):

»Das Ich ist nicht Seele, die Substanz ist; jeder denkt sich bei dem Ich noch etwas im Hinterhalte. Man denkt[:] ehe ich so <und> so es machen kann, muss ich sein. Diese Vorstellung muss gehoben werden. Wer diess behauptet, behauptet dass das Ich unabhängig von seinen Handlungen sei; oder man sagt ferner: ehe ich handeln konnte[,] musste doch ein Object sein, auf das ich handelte. Aber was will denn dieser Einwurf sagen? wer machte denn diesen Einwurf[?/] Ich selbst; ich sezte mich also vorher selbst, und der ganze Einwurf liesse sich auch so ausdrücken: ich kann das Setzen des Ich nicht vornehmen, ohne ein Gesetztsein des Ich durch sich selbst anzunehmen.

Der Begriff des Ich entsteht dadurch dass ich mich selbst setze, dass ich auf mich zurückgehend handle.«[35]

»Der Begriff oder das Denken des Ich in dem auf sich handeln des Ich selbst, und ein Handeln im Handeln auf sich selbst, giebt ein Denken des ich, und nichts anderes; beide erschöpfen sich gegenseitig; das Ich ist, was es sich selbst setzt, und weiter nichts, und das was sich selbst setzt, und in sich selbst zurückgeht[,] wird ein Ich, und nichts anderes.

In sich zurückgehende Thätigkeit und Ich sind eins, beide erschöpfen einander gegenseitig[.]«[36]

In dem in diesem Zeugnis umrissenen Theorem vom ursprünglichen Handeln-auf-Sich liegt die gesamten Sphäre des Wirklichen, Notwendigen und Möglichen ineins begründet, das Erkenntnisurteil über Natur und Leib und menschliche Gemeinschaft ebenso wie das über das Religiöse. An ihm hängt ferner das Hilfssystem von (formaler und natürlicher) Sprache. Es stiftet also das Urteilen (als Handlungsakt schlechthin) das Sprechen (und die Sprache als Informationssystem), allerdings so, dass es sich im Satz niederlegt, ohne freilich dabei mit ihm identisch zu werden. Jede sprachliche Äußerung kann daher analysiert (und in eine andere Sprache übersetzt werden). In seiner Struktur und Gesetzmäßigkeit bleibt damit jedes sprachliche System das, was es jeweils grammatisch ist. Nicht die Grammatik muss im Interesse von höherer Erkenntnis aufgehoben oder revolutioniert werden, zur Überwindung des im Sprechen ausgedrückten jeweils endlichen Gehalts ist allein die prinzipielle Gesamtstruktur des Urteils geeignet. Wer Schranken und Tabus brechen und historische Sackgassenverläufe verlassen will, muss ein Interesse daran nehmen, an jener transzendentalen Arbeit des vollumfänglichen Urteilsaufschlusses mitzuwirken.

(ii) Nietzsche verkennt, dass Selbstbewusstsein nicht nur kein Substrat und Seiendes ist; wie sich darüber hinaus aus dem obigen Zitat abnehmen lässt, übersieht er, dass Selbstbewusstsein originär praktisch ist, d. h., sich handelnd selbst setzt. Es stammt damit nicht aus der Vergangenheit eines Willensphänomens. Das Denken macht auch nicht »das Ich« als sein Produkt. Endliches Selbstbewusstsein lebt aus der Vollziehung eines Zweckentwurfs erst ursprünglich auf, und aus einem solchen Futur heraus bestimmt sich die Art seiner internen Beziehung zu Gott und Gottes zu ihm.

Das hat zunächst umstürzende Auswirkungen auf das traditionelle Moralverständnis. Höhere Sittlichkeit wird – vom ursprünglichen Handeln-auf-Sich aus gedacht – zum interpersonalen Akt von Zumutung schlechthin.[37] Deshalb kann sie sich nur mehr im Grenzfall in der einfachen Anwendung einer bewährten Regel erschöpfen; sie verlangt das Kreieren der einen besonderen Fall abdeckenden Regel.[38] Darin qualifiziert sich nunmehr die Moral als Kunst der Überwindung von Willkür und der Integration (nicht Annihilation!) von Partikularität.

Gott selbst bleibt dabei außerhalb des Vollzugsgeschehens.[39] Die Subjekte finden sich in der Welt ausschließlich auf ihr selbstständiges freies Handeln wechselweise bezogen, mit allen Konsequenzen, die zunächst eben faktisch gezeitigt werden, d. h. vorläufig erscheinen.[40] Spätestens an dieser Stelle unserer Überlegungen dürfte klar geworden sein, dass die Struktur des

Selbstbewusstseins als eines singulären Allgemeinen (deshalb die Schreibweise »ICH«) Bedingung dafür ist, dass sich – über konkretes Urteilen und konkret-antwortende Beurteilung von Urteilen – eine jenem rationalen Standard genügende Ich-Du-Relationalität faktisch entwickeln lässt. Fichtes ICH-Theorem enthält so den Keim für Theorie und Praxis von irreduzibler Interpersonalität. Über jenes Modell von Interpersonalbeziehung lassen sich die Partikularitäten von je individuellem Ich-Bewusstsein ohne Verletzung zusammenführen. In jener Integration vollendet sich dann die Erscheinung von Wirklichkeit.

Dagegen verdrängt Nietzsche, dass das Leiden nicht etwa durch das Dasein als solches oder die Natur »geschickt« wird, sondern allein der Unverantwortlichkeit des Handelns – des eigenen wie des der Mitmenschen – schuldhaft entspringt. Das Böse ist somit für sich kein positives Prinzip, sondern der Missbrauch der ethisch-rechtlichen Urteilskompetenz.[41] Das Dasein kann sich allenfalls darin verdunkeln – oder umgekehrt erhellen –, dass man mit der eigenen Freiheit auch die der anderen auf sich nehmen muss.[42] Das sittliche Urteil verlangt so aber durch seine eigene Struktur nach der Ansetzung eines allumfassenden Gerichts der Gerechtigkeit, das im Bewusstsein das Empfinden der Gesinnung proportioniert. »Gott« entspringt damit nicht der Minimalstruktur von Grammatik: Es ist die im Urteil steckende Systemik, die alle, die »ich« sagen können, vor jene Grenzinstanz führt. In diesem Sinne kann man mit dem Fichte der Erlanger Zeit sagen: »Das Wissen ist an sich die absolute/ oder was [für uns] das gleiche bedeutet [...] des Absoluten Existenz.«.[43]

Da Nietzsche auf dem dogmatisch-ontologischen Standpunkt beharrt, setzt er dem direkt entgegen:

> »Man ist notwendig, man ist ein Stück Verhängniss, man gehört zum Ganzen, man ist im Ganzen, – es giebt Nichts, was unser Sein richten, messen, vergleichen, verurtheilen könnte, denn das hiesse das Ganze richten, messen, vergleichen, verurteilen... Aber es giebt Nichts ausser dem Ganzen! – Dass Niemand mehr verantwortlich gemacht wird, dass die Art des Seins nicht auf eine causa prima zurückgeführt werden darf, [...] dies erst ist die grosse Befreiung, – damit erst ist die Unschuld des Werdens wieder hergestellt ... Der Begriff »Gott« war bisher der grösste Einwand gegen das Dasein... Wir leugnen Gott, wir leugnen die Verantwortlichkeit in Gott: damit erst erlösen wir die Welt.-«[44]

Nach Fichte ist dagegen Gott weder außerhalb dessen, was man von unserem Standpunkt aus als »Ganzes« betrachten kann, noch gehört er dem zu; ja niemand gehört einfachhin ins Ganze hinein; jenes Ganze ergibt sich nämlich begrifflich erst aus der integrierten Gesamtheit der Handlungen, die je einzeln für sich entschieden worden sind. Im Gegensatz zu einem prozessualen Vorgang ist ein echtes Werden – mit der Möglichkeit von Neuem – nur durch jene ursprünglich frei-prinzipiierende Kompetenz der ICH-Interpersonalität möglich. In diesem Sinn meint Fichtes emphatischer Begriff von »Erscheinung« nichts anderes als die vollumfängliche Aktuierung der Urteilskompetenz:[45]

> »Erkenntniss ist Bild des S e y n s – Gottes: nur nicht die Erkenntniss, welche wieder ein Seyn aus sich setzt, sondern welche ein W e r d e n: das Bild der ewig schaffenden Freiheit. Der schöpferische Wille [...] mit seinem ewig fort in reinen Begriffen sich aussprechenden Gesetze, – dies ist die Welt; und mit einer tieferen sich abfindenlassen wollen, ist zu bemitleidender Blödsinn. – Jene wahre Welt aber liegt durchaus nur im V o r b i l d e [d. h.: Schema], nie s e y e n d, sondern w e r d e n sollend. Dies bestätiget recht die Ansicht der Philosophie, [...] dass nur Erkenntniss sey, und Nichts ausserdem. – B i l d einer Welt, keineswegs etwa eine Welt selbst ist die Erscheinung des absoluten Seyns«[46].

5. Der Schatten eines positiven »Fichteanismus« und ein eventuelles Gegenmittel

Nicht selten wird heute unterstellt, Fichte habe einen F u n d a m e n t a l i s m u s oder A b s o l u t i s m u s vertreten. Diese Ansicht ist auf krasse Weise falsch. Fichte hat auch keinen M e n t a l i s m u s vertreten, denn er war kein Psychologist, und auch keinen H o l i s m u s, denn er hat die radikale Unableitbarkeit von Ereignis und Geschichte verfochten. Fichtes Theorie kann schon deswegen solche Ismen nicht enthalten, weil sie der epistemologischen Suche nach Gründen (rationes) bis zur äußerst-einsehbaren Grenze von Begründungsanstrengung strukturell entgegengesetzt sind, sind doch auch das Psychische und darin das empirische Selbstbewusstsein im weiteren Sinn des Wortes D i n g e (d. h. »Phänomen« im engeren Sinn). Auf der anderen Seite müsste überhaupt erst der Status von »Fundament« oder »Ganzheit« einsichtig ausgewiesen werden, wobei zu vermuten ist, dass allein mit solchen noch stets f o r m a l e n Strukturen wenig zu gewinnen ist.

Will man solche Einwände nicht allein auf Ignoranz zurückführen, so mag hier mitbedacht werden, dass die historische Rezeption der Wissenschaftslehre – vor allem die des 19. Jahrhunderts – jenes verkehrte Bild mitverschuldet haben dürfte. Dabei ist durchaus v. a. die z u s t i m m e n d e Aufnahme gemeint. Manche Fichte-Anhänger haben ihr Vorbild nicht mehr dem Epistemologischen angemessen begriffen, sondern es in seinen Kernaussagen real umgepolt. Herauskam eine vor allem dem Sinnlichen entgegengesetzte und bereits deswegen unsittliche Theorie, die nicht zuletzt auch das Politische unzureichend bewerten musste. Die übereifrigen Schüler verfälschten Fichte damit in der Tat zu der Figur, als die ihn Heinrich Heine karikierte, zum »Herzog von Braunschweig des Spiritualismus«[47].

Die wissens- und damit selbstvergessenen, transzendental undurchdrungenen, Aussagen dürfen insgesamt als »dogmatisch« bezeichnet werden. Damit sind nicht etwa bloße Aussagen ohne Beweisversuch gemeint. Eigentlich heißt »dogmatisch« sogar nichts anderes als eben »bewiesen«. Mit »dogmatisch« als Gegensatz zu »transzendental« ist jedoch im Besonderen gemeint, dass die Beweise in ihrer Gültigkeit erschlichen sind, dass es sich also – ungeachtet ihrer formalen Korrektheit – um Pseudobeweise handelt. Das Beweiserschleichen zerfällt dabei in zwei Spielarten: Man kann den Schein eines Beweises oder Arguments überhaupt für oder gegen eine Aussage versuchen. Die einen sind die positiven Dogmatiker, hier wohl am geschicktesten Leibniz, die anderen die negativen oder skeptischen, etwa Hume.

Als skeptischer Metakritiker kann Nietzsche jedoch dem transzendentalen Denken einen gewissen Dienst dadurch leisten, dass er positiv-dogmatische Behauptungen zersetzt und so schon vor der Hand in ihrer Irrelevanz bloßlegt. Dabei verdienen wohl an erster Stelle solche Autoren die schärfere Analyse, die den von ihnen nach außen beanspruchten transzendentalen Ansatz nicht deutlich durchhalten können.

6. Begegnung im Gleichnis der Kunst

Ebenso wie ein sich ideologisierender »Fichteanismus« dem ursprünglich-transzendentalen Anliegen Fichtes, das er gerade wieder in der späten Phase von 1810 bis 1814 verstärkt betont hatte, zuwiderläuft und seine rekonstruierende Philosophie entstellt, ist die bloße Abschlagung selbst von optimistischen Dogmatismen durch Nietzsches gerechten Spott nicht geeignet, beide Denker in ein näheres Verhältnis zu bringen. Ziehen diese damit zuletzt aneinander grußlos vorbei?

Dass Nietzsche, wie ich feststellte, das für Fichte verbindliche transzendentale Grundmaß nicht nachhaltig teilt, scheint bereits von Hause aus eine Alternative zu einem »dialogue des sourds« zu verschließen. Bleibt also keinerlei Hoffnung zu einem wirklichen Gespräch, nicht die geringste hermeneutische Chance?

Es tut sich vielleicht eine Möglichkeit auf, wo beide Denker mit ihren Modellen im Grenzfall, also marginal, miteinander übereinkommen können: Der Musiker Nietzsche und der Systematiker Fichte entwerfen beide ihr »Werk« niemals bloß als technische Zusammenstellung. Es geht nicht um äußere Zuordnung; intendiert werden vielmehr die Ausgewogenheit und dabei auch die Gegenstrebigkeit der Teile zu einem so umso kunstvolleren Ganzen. Für beide ist die Stimmigkeit Leitstern, das »goldne Gleichgewicht aller Dinge«, die Große Proportion.[48] Es ist jene Verhältnismäßigkeit, die ich als Indifferenz- und Verständigungslinie zwischen Nietzsche und Fichte hier ausblicksweise vorstellen möchte. Im Spiel ist dabei nicht allein die Proportion als ruhendes Ergebnis, sondern mehr noch das aktive Handeln, das Auswägen in allen Gestaltungen.

Von dort her lässt sich bei Nietzsche, vor allem beim späten, näher verstehen, ja neu sichten, was er unter »Kunst« begreift. Sie ist mehr als nur ein besonderer Bezirk des Handelns; sie ist das innere Messen in allem Tun, das poietische Machen im hohen Sinn.[49] Jener Entpartikularisierung der Kunst bei Nietzsche entspricht die Allgemeinwerdung von »Kunst« im System Fichtes.[50] Es ist signifikant, dass sie dort keinen besonderen Bereich einnimmt, weder an der Basis noch an der Spitze: Sie durchdringt alles, dabei aber nicht als ein Drittes neben dem Absoluten und der Reflexibilität, sondern eben darin, in jenem vollständigen Erfassen, das in der Verfugung gemäß der Ausrichtung der Prinzipien Gott darstellt.[51]

(28.09.1998)

[1] Dazu: Immanuel Kant: *Prolegomena zu einer jeden künftigen Metaphysik, die als Wissenschaft wird auftreten können.* Zitiert gemäss: Kants Werke. Akademie-Textausgabe. Unveränderter fotomechanischer Abdruck des Textes der von der Preussischen Akademie der Wissenschaften 1902 begonnenen Ausgabe von Kants gesammelten Schriften, 9 und 2 Bände, Berlin 1968 [=AK]; Bd. IV, S. 298 (Anfang § 19): Nomenklatorisch wird an dieser Stelle besonders deutlich, dass der Ausdruck »objektiv« nichts mit Objekten als »Dingen« (Naturgegenständen im engeren Sinn) zu tun hat. Er bedeutet eben »notwendige Allgemeingültigkeit« oder, wie Kant an der genannten Stelle hinzufügt: notwendige Gültigkeit »für jedermann«, d. h. für ein Jedwedes, welches sich urteilend als Urteilssubjekt, als Person, zu qualifizieren vermag. In der »objektiven Gültigkeit« liegt damit eine Theorie von umfassender (d. h. etwa auch ethischer) Interpersonalität eingeschlossen.

[2] Dazu nur: Friedrich Nietzsche: Sämtliche Werke. Kritische Studienausgabe in 15 Einzelbänden. Hrsg. von Giorgio Colli und Mazzino Montinari. 2., durchgese-

hene Auflage, München, Berlin und New York 1988 [=KSA], Bd. 1, S. 59, erster Absatz.

[3] KSA Bd. 3, S. 526.

[4] Die Thatsachen des Bewusstseins (1813), in: Fichtes Werke. Hrsg. von Immanuel Hermann Fichte. [Fotomechanischer Nachdruck der Ausgaben von 1845/46 und 1834/35.] 11 Bände. Berlin: W. de Gruyter 1971 [=FW], Bd. IX, S. 563; dazu ferner ebd., S. 565. Zur Stellung jener »Thatsachen« im philosophischen Gesamtsystems s. ebd., S. 573. Zum Themenpunkt s. darüber hinaus: J.G. Fichte-Gesamtausgabe der Bayerischen Akademie der Wissenschaften. Hrsg. von Reinhard Lauth u. a., Stuttgart-Bad Cannstatt 1962 ff. [=GA], Bd. I, 9, S. 111.

[5] Zum Unterschied Fichtes zu Kant hierzu s. etwa: J. G. Fichte: Wissenschaftslehre nova methodo. Kollegnachschrift K. Chr. Fr. Krause 1798/99. Hrsg. von Erich Fuchs. 2., verbesserte Aufl.: Hamburg 1994. = Philosophische Bibliothek, Bd. 336. (1. Aufl. 1982). [=WLnm]; § 8, S. 106-107. Man vergleiche dazu: Immanuel Kant: Kritik der Urteilskraft, AK Bd. V, S. 352-353.

[6] Ganz anders Nietzsche: KSA Bd. 3, S. 594, Z. 26-27: »... es sei zum Beispiel methodisch geboten, von der »inneren Welt«, von den »Thatsachen des Bewusstseins« auszugehen, weil sie die uns bekanntere Welt sei! Irrthum der Irrthümer! Das Bekannte ist das Gewohnte; und das Gewohnte ist am schwersten zu »erkennen«, das heisst als Problem zu sehen, das heisst als fremd, als fern, als »ausser uns« zu sehn...«. Nochmals: KSA Bd. 6, S. 91; ähnlich: KSA Bd. 12, S. 249 oben. – Dazu passt das KSA Bd. 12, S. 207, Z. 12 hingeworfene Wort »Der dogmatische Geist bei Kant«. – Ein konkretes Beispiel von Fichtes Verfahren bietet WLnm S. 29.

[7] Zum Beleg dazu hier nur GA Bd. II,11, S. 46/47; FW Bd. IX, S. 569/570, S. 574.

[8] Dazu: GA Bd. I,9, S. 110 (vierte Ansicht der Welt) und S. 111 in Verbindung mit S. 112 (fünfte Ansicht der Welt; synthetisch).

[9] Demgemäß betont Reinhard Lauth, »dass der höchste Einheitspunkt der Wissenschaftslehre nicht das Selbstbewusstsein in seiner Immanenz, sondern als Erscheinung des Absoluten ist« (in: Ders.: Zur Idee der Transzendentalphilosophie, München und Salzburg 1965, S. 99). Zu beachten ist dabei, dass jenes Erscheinen des Absoluten die Gestalt der Sich-Erscheinung hat, also die Form des ICH. Lauth bezieht sich mit seiner Aussage auf den Standard an Einsicht, den Fichte im zweiten Vortrag seiner Wissenschaftslehre 1804 gewonnen hat (im Besonderen sind hier relevant: GA Bd. II,8, S. 53 und – betreffend die insgesamt abgeleiteten vier obersten Materialprinzipien – ebd. S. 417 und S. 419). – Von Reinhard Lauth erschien vor kurzem das Buch: Descartes' Konzeption des Systems der Philosophie, Stuttgart-Bad Cannstatt 1998; = Quaestiones, Bd. 12.

[10] Vor jener Religionskritik können Schelling, Schleiermacher und Hegel genauso wenig bestehen wie etwa Marx, Freud und Kierkegaard. An Textstellen bei Fichte sei hier nur verwiesen auf: FW Bd. IV, S. 416-417 (insbesondere gegen ein populäres, aber wesentlich falsches Gottesbild in seinen daraus erwachsenden Spielarten; dies wird sachlich auch gegen Hegel gesagt), S. 584; FW Bd. XI, S. 117.

[11] FW Bd. IV, S. 381-382 (v. a. S. 382 oben).

[12] FW Bd. IV, S. 417. Zur Frage des Todes (und im Zusammenhang damit der Zeugung) angesichts der absoluten Realität der Sittlichkeit s. ebd., S. 475-476.

[13] GA Bd. IV,1, S. 429, Z. 9. – Auf Basis des Selbstbewusstseins verherrlicht Religion Gott durch umfassende Integration aller sittlich qualifizierter Einzelpersonen in

ein interpersonal Ganzes. Dazu: GA Bd. I,8, S. 375, Z. 21-24, S. 381-382 (die wahre Religion im Verhältnis zur bloßen Natur), S. 386 unten – S. 387 (Fichtes umfassender Religionsbegriff im Zusammenhang Leben, Religion, Denken), S. 392, S. 394 (Zusammenhang Religion, Leben, ganze Menschheit); GA Bd. I,9, S. 103, S. 106, S. 113.

[14] Von hier aus ließe sich die Differenz unserer Deutung des Zusammenhanges von »Selbstbewusstsein« und »Gott« zu der von Dieter Henrich darlegen, wie er sie v. a. in Fichtes ursprüngliche Einsicht, Frankfurt 1967, gegeben hat. Wir sehen die Gottesidee mehr praktisch und projektiv, er hingegen mehr rückgewandt als Theorem zur Erklärung des unausdenkbaren Grundes von Selbstbewusstsein. Entsprechend heißt es auf S. 80 der kurzen Vorfassung seines o. g. Textes, »Fichtes ›Ich‹« (in: ders.: Selbstverhältnisse. Gedanken und Auslegungen zu den Grundlagen der klassischen deutschen Philosophie, Stuttgart 1982, Universal-Bibliothek, Nr. 7852, S. 57-82): »Unsere eigentliche ›Substanz‹, unser unmittelbares Wissen von uns selbst, das gleichermassen einfach und geheimnisvoll ist, lässt uns am Ende verstehen, daß wir von einer Realität abhängig sind, die nichtsdestoweniger wir selbst sind, indem sie das Wissen von uns ins Dasein bringt, welches unser Wesen ausmacht.«

[15] Wichtig dazu: FW Bd. IV, S. 468 (Nr. 3).

[16] FW Bd. IX, S. 573.

[17] Dazu: KSA Bd. 3, S. 163 und S. 16.

[18] KSA Bd. 3, S. 349-350. Dazu ferner ebd., S. 16, S. 347-349, S. 416-417, S. 578, Z. 14-15, S. 504/Nr. 193 (»Kant‘s Witz«), S. 562 (» – Und nun rede mir nicht vom kategorischen Imperativ, mein Freund!«. Bei den beiden zuletzt genannten Stellen findet Nietzsche zwar sehr treffsicher zentrale Punkte der Kantischen Transzendentalphilosophie, interpretiert sie aber gänzlich unzureichend. Darf man dieses Verhältnis von Schärfe und Blindheit des Blicks tragisch nennen? Dazu u. a. auch: KSA Bd. 12, S. 185-186.

[19] Vgl. Kant: Prolegomena zu einer jeden künftigen Metaphysik, die als Wissenschaft wird auftreten können; AK Bd. IV, S. 350-357 (§ 57, vor allem gegen Schluss).

[20] Zu beiden Sätzen KSA Bd. 3, S. 107-109, Nr. 115 (»Das sogenannte ›Ich‹«) und Nr. 116; KSA Bd. 6, S. 91. Der Satz (ii) lautet bei Nietzsche durch die Einfügung des Wörtchens »noch« eigentlich schwächer (KSA Bd. 6, S. 78): »Ich fürchte, wir werden Gott nicht los, weil wir noch an die Grammatik glauben…« Sein Argument wird stärker, wenn wir annehmen, man könne allenfalls partiell jenen Glauben überwinden. Dazu wichtig: KSA Bd. 5, S. 73 (Jenseits von Gut und Böse, Nr. 54); Bd. 12, S. 182 und S. 237/238. (Die Problematik der kaum möglichen Überwindbarkeit der Grammatik, bzw. der Systemik natürlicher wie formaler Sprachen, scheint mir Nietzsche in jenem oben zitierten Satz wohl gesehen zu haben. Das »Schlusszeichen« des Satzes, die drei Punkte, deutet sehr darauf hin.)

[21] Zur reichhaltigen Rezeption jenes Topos siehe etwa nur Jean-Paul Sartre: Le Diable et le Bon Dieu. Paris: Gallimard 1951. Collection du Théâtre National Populaire; S. 175-178 (Ende des 10. Bildes). Eine Variante stellt auch die Säkularisierung theologischer Begriffe dar, die Ernst Bloch vorgenommen hatte. Siehe dazu: Attualità e prospettive del »Principio Speranza«. L'opera fondamentale e il pensiero di Ernst Bloch. Hrsg. von Gerardo Cunico. Neapel 1998; insbesondere S. 32 ff. – Dagegen hebt sich eine Aussage Goethes aus seinen »Materialien zur Geschichte der Farben-

lehre« ab: »Man hat oft gesagt und mit Recht, der Unglaube sei ein umgekehrter Aberglaube, und an dem letzten möchte gerade unsere Zeit vorzüglich leiden. [...] [D]er Unglaube [ist] das Eigentum schwacher, kleingesinnter, zurückschreitender, auf sich selbst beschränkter Menschen. [...] Eine ohnmächtige Generation [...] wird durchs Erhabene zerstört, und da man niemanden zumuten kann, sich willig zerstören zu lassen; so haben sie völlig das Recht, das Grosse und Übergrosse, wenn es neben ihnen wirkt, so lange zu leugnen, bis es historisch wird, da es denn aus gehöriger Entfernung in gedämpftem Glanze leidlicher anzuschauen sein mag.« Der Text findet sich in der jetzt sehr bequem in Taschenbuchausgabe bei dtv, München 1998, zugänglichen Edition: Johann Wolfgang von Goethe: Werke. Hamburger Ausgabe in 14 Bänden. Bd. 14: Naturwissenschaftliche Schriften II; S. 65. – Auf welcher der beiden hier angedeuteten Linien bewegt sich wohl folgendes Bekenntnis-Buch? Gianni Vattimo: Credere di credere. E' possibile essere cristiani nonostante la Chiesa? Milano: Garzanti 1998 (Reihe »Gli elefanti«); 1. Aufl. 1996.

[22] Dazu signifikant: KSA Bd. 6, S. 205, Z. 26-30 und ff. Ferner ebd. S. 210, Z. 13-20, S. 214, S. 214-215.

[23] KSA Bd. 3, Abschnitte Nr. 125 und 343 und Bd. 4, S. 321-326 (»Ausser Dienst«; aus dem »Zarathustra« neben anderem). Bezeichnenderweise kapriziert sich Heinrich Fries in seinem Band Abschied von Gott? Eine Herausforderung – Ein Theologe antwortet; Reihe Herderbücherei, Bd. 413. 7. Aufl. Freiburg 1981, v. a. auf jene hier bezeichneten Abschnitte (s. ebd., u.a. S. 29-39 und S. 77-83). Auf S. 38 zitiert er – man vgl. dazu die oben angemerkte Goethe-Passage – Nietzsches Worte: »Dein feiger Teufel in dir, der gerne Hände falten und die Hände in den Schoss legen möchte, dieser feige Teufel redet dir zu: es gibt einen Gott.« Müssten sie nach Jesus Christus und den Märtyrern, etwa dem Russen Awwakum im 17. Jhd., noch eigens widerlegt werden, so würde das nicht zuletzt Fichtes Rechts- und insbesondere Sittenlehre leisten. (Vgl. dazu KSA Bd. 3, S. 583, Z. 6-11, und zwar dies im Verhältnis zu ebd., Z. 11-15.) Übereilt schöpft der Theologe Fries Hoffnung, wenn er – wie auf S. 80 zu lesen – auf Nietzsches Worte stößt: »Ihr nennt es Selbstzersetzung Gottes; es ist aber nur seine Häutung; ihr sollt ihn bald wiedersehen, jenseits von Gut und Böse.« Nietzsches Position besser gerecht wird: Alexander Lohner: Der Tod im Existentialismus. Eine Analyse der fundamentaltheologischen, philosophischen und ethischen Implikationen. Paderborn u. a. 1997; insbesondere S. 23-43.

[24] KSA Bd. 6, S. 91 (Nr. 3). Dazu mitherangezogen werden zunächst vor allem: KSA Bd. 5, S. 73; dort heißt es u. a.: »Ehemals nämlich glaubte man an ›die Seele‹, wie man an die Grammatik und das grammatische Subjekt glaubte: man sagte, ›Ich‹ ist Bedingung, ›denke‹ ist Prädikat und bedingt – Denken ist eine Thätigkeit, zu der ein Subjekt als Ursache gedacht werden muss. Nun versuchte man, mit einer [...] List, ob man nicht aus diesem Netze heraus könne, – ob nicht vielleicht das Umgekehrte wahr sei: ›denke‹ Bedingung, ›Ich‹ bedingt; ›Ich‹ also erst eine Synthese, welche durch das Denken selbst gemacht wird.« Nietzsche hält hier (S. 73) den vorkritischen Seelenbegriff für die Grundvoraussetzung der rationalen Überzeugungsfähigkeit des Christentums – zu Unrecht. Fichte wird mittelbar als der Autor vorgestellt, der die größte List und »Zähigkeit« »bewunderungswürdig[..]« aufgebracht habe, dem Christentum, wenngleich nicht aller Religion, den Überzeugungsboden zu entziehen! Den Zusammenhang von Sprache und Denken beleuchtet im Sinne Nietzsches: KSA Bd. 12, S. 237, Fragment 6 [13].

[25] F. Nietzsche, KSA 6, S. 91

[26] Wolfgang Janke: »Besonnenheit. Der philosophiegeschichtliche Ort von Fichtes Spätphilosophie.« Bislang noch unveröffentlichtes Manuskript zu einem Abendvortrag der Fichte-Tagung 1997 in Schulpforte (wird voraussichtlich in den Fichte-Studien erscheinen), S. 16. Sachlich betrifft die Verspätung nach Janke vor allem drei Punkte, die er S. 16-17 so umreißt (Hervorhebung von mir, M. G.): »Nietzsche will berichtigen« – nämlich die Ansicht »Das Subjekt im Sinne des cogito oder Ich sei gar nichts Gegebenes« sondern etwas Hinzuerdichtetes und Dahintergestecktes«, das »unserer grammatischen Gewöhnung folge«, »Nietzsche will entlarven« – es geht um »Enthüllung des Ich-Subjekts als lebensdienliche Fiktion, die dem Lebewesen Mensch hilft, ein endloses, zweck-, ziel- und sinnloses Werden zu bestehen«; »Nietzsche will umwerten« – und darlegen, das »sich wissende und wollende Ich sei nicht autonomer Freiheitsgrund,, sondern Ausdruck des Lebens«. Auf Jankes im o. g. Text zwar evozierte, aber von ihm selbst dort (nicht zu Unrecht) kaum mehr bewirtschaftete Thesen vom »Deutschen Idealismus« als dreifacher systematischer Vollendungsform der »Platonischen Metaphysik« kann hier nicht eingegangen werden (ebd., S. 1 und S. 2/3).
Ein verwandtes Thema wäre Nietzsches Verspätung gegenüber Dostojewski (+ 1881). Dazu wäre etwa zu lesen: KSA Bd. 3, S. 582 (Nr. 347). Reinhard Lauth weist in seinem Aufsatz »Zur Interpretation der russischen Geschichte«, Philosophisches Jahrbuch 62 (1953) 115-143, u. a. auf Dostojewskis Analyse (und Prophetie), wonach pseudo-religiöse und schein-christliche Momente ein totalitäres Gesellschaftssystem nachhaltig befördern (ebd., S. 110). Das ganze Ausmaß der Niederlage des Christentums im zaristischen Russland (seit Iwan dem Schrecklichen) hat noch ein Dostojewski unterschätzt. Die faktische Entwicklung der drei großen monotheistischen Religionen beleuchtet R. Lauth in seinem Aufsatz »La posizione dell'Islam nel mondo d'oggi«, Humanitas 53 (1997) 544-556.

[27] Die loci hierzu sind Legion; vgl. hier nur KSA Bd. 3, S. 216 (Nr. 281), S. 217 (Nr. 285). Wichtig auch: KSA Bd. 5, S. 247-248.

[28] Dafür jedoch, dass manche Theologen in merkwürdiger Kontinuität ausgerechnet aus Nietzsches Antichrist ihre Fiktionen schöpfen, die die alten Fehler nur variieren, kann Nietzsche freilich nichts. Hierzu beachte man u. a. auch: Friedrich Nietzsche: Sämtliche Briefe. Kritische Studienausgabe in 8 Bänden. Hrsg. von Giorgio Colli und Mazzino Montinari. München, Berlin und New York 1986 [=KSB], Bd. 8, S. 9 (Nr. 790); S. 500-501 (Nr. 1170); S. 482/483 (Nr. 1151); Bd. 7, S. 24 (Nr. 583). KSA Bd. 3, S. 488 (Nr. 138); ganz falsch auch ebd. S. 83 (Nr. 89).
Was Nietzsches Kritik am Christentum anbetrifft, so ist hier mitzubedenken, dass es Fichte noch gar nicht für näherhin verwirklicht ansah, GA Bd. I, 8, S. 342/343 (vgl. dazu S. 346 oben) und GA Bd. II, 8, S. 379-381. Auch Fichte steht einer Hervorhebung von radikaler »Sünde« und »Gnade« als angeblichen Kernpunkten des Christentums distanziert gegenüber. (Eine derartige Betonung widerspräche übrigens auch der durch und durch tätigen Daseinshaltung von Paulus; es gilt also wohl erst, hier den rechten Sinn zu fassen. Luther hat es nicht getan.)

[29] KSA Bd. 3, S. 382.

[30] Da jenes Versagen (als deren Verkehrung) mit zur Freiheit gehört, muss Fichte eine tatsächlich atheistische Haltung von Leuten, u. a. innerhalb der Gelehrtenrepublik, akzeptieren (GA Bd. IV, 1, S. 122, Z. 34). Gegen die Freiheit hat sich Nietzsche – natürlich ohne alle Begründung – u. a. ausgesprochen in: KSA Bd. 3, S. 579,

Z. 13 (»den Aberglauben des freien Willlens«) im Zusammenhang mit ebd., S. 583, Z. 14-15 (»eine Freiheit des Willens denkbar«); ferner: KSA, Bd. 5, S. 72/73 (Nr. 53); KSA Bd. 6, S. 95-96 (Nr.7) und S. 181.

[31] KSA Bd. 3, S. 483 unten (Nr. 127); beides in Verbindung mit ebd., S. 627 (Nr. 374). Dagegen allerdings ebd., S. 580.

[32] Die Sprache verlangt etwa nach einem Punkt (nach einem Satzende). Der »Punkt« ist kein bloßes (mnemo-) technisches Pausenzeichen, sondern Signum der Behauptung. Ein Ich affirmiert sich in dieser (für sich äusserlichen) Funktion als Ich, indem es eine Aussage behauptet. Auch der Abklang (die Schlusswendung des Satzbogens) hat einen – interpersonalen – Sinn (vor dem Forum von Wahrheit und Gerechtigkeit): Er eröffnet dem Du (dem Gesprächspartner) die Möglichkeit der Antwort. Dabei muss das ursprüngliche Urteil überhaupt so gedacht werden, dass es als Ichvollzug zugleich die Antwortinstanz des möglichen Anderen (Du) mitgesetzt hat.

[33] KSA Bd. 3, S. 471.

[34] KSA Bd. 12, S. 106, ab Mitte. Im Nachwort zu den »nachgelassenen Fragmenten« der Bände KSA 12 und 13 betonen die Herausgeber, in der Phase Herbst/ Winter 1887/88 werde »die Kritik am Subjekt-Begriff [...] zu ihren radikalsten Konsequenzenzen geführt« (KSA Bd. 13, S. 658). Bei ihrer Schilderung begehen sie (bzw. begeht Giorgio Colli, der den Text geschrieben hat) sachlich dieselben Fehler wie schon Nietzsche, wie ebd. folgendes Zitat mit meinen Hervorhebungen belegt: »Es existieren [!] weder ein Subjekt des Erkennens noch ein Subjekt des Wollens, weder ein Ich noch eine Seele [!] oder ganz allgemein in irgendeinem Individuum eine bleibende Mitte. Der Bereich des Subjekts [- »existiert« es nun also doch?-] verändert sich ständig. Das Subjekt als Realität [!] oder einfach als fester Bezugspunkt ist also [!] eine Fiktion. Von dieser Fiktion allerdings leiten sich die metaphysischen [!] Begriffe des ›Seins‹ und der ›Substanz‹ ab. Dagegen existiert [!] nicht einmal das ›Denken‹.« Die Ich-Thematik wird mit den Kategorien des Gegenständlichen (des Objekts) gedacht und auf dieselbe Weise kritisiert. Nochmals sei betont, dass Fichte seine »Ich«-Theorematik als Alternative zu den traditionellen metaphysischen Lehren von Sein und Substanz verstanden hatte.

[35] WLnm S. 29/30. Etwa auch in GA Bd. I, 9, S. 90 unten, wendet sich Fichte entschieden gegen den ontologischen Substantialismus: »Es ist durchaus nichts, im Daseyn, ausser dem unmittelbaren und lebendigen Denken. – Denken sage ich, keinesweges aber etwa Denkendes, als ein todter Stoff, welchem das Denken inhärire;«. Exakt den Grundfehler, vor dem Fichte warnt, begeht Nietzsche durchgängig. Von den vielen Stellen sei hier die wohl kürzeste zitiert (KSA Bd. 12, S. 13): »»Seele‹ zuletzt als ›Subjektsbegriff‹«. (In diesem Wort scheint mir auch das Grammatikargument noch mitzuspielen. Es erweckt zugleich gerechten Verdacht gegen die Fruchtbarkeit der »Genealogie«-Methode, sofern man gutwilligerweise überhaupt von »Methode« sprechen darf.)

[36] WLnm S. 29. Man lese dazu auch – auch den Gedanken der Identität von Vernunft und ICH enthaltenden – Anfang von Fichtes Grundlage des Naturrechts (GA Bd. I, 3, S. 313). Über diese Identität fundiert die Vernunft die Möglichkeit von Einzel-Ichbewusstsein und Interpersonalität.

[37] Dazu bereits I. Kant: Die Religion innerhalb der Grenzen der blossen Vernunft, AK Bd. VI, S. 183, Z. 34-35.

[38] Auch in der späten Fassung von Fichtes Rechts- und Sittenlehre wird hier jeweils kein Vorschriftenkatalog vorgelegt. Dies sei vorgebracht gegen Nietzsches Sicht

der Dinge, z.B. gemäß seinen Aussagen in KSA Bd. 3, S. 474 (Nr. 115) und S. 563 (»Gütertafeln«).

[39] Dazu nur aus Fichtes Staatslehre 1813: FW Bd. IV, S. 431.

[40] Vgl. im obigen Kontext Nietzsches Urteil über Fichte in Nr. 353 der Morgenröthe, KSA Bd. 3, S. 240.

[41] Nietzsche verharmlost das Böse und trägt zu seiner Steigerung durch Popularisierung der Verharmlosungsthese bei (z. B. KSA Bd. 6, S. 96-97), und zwar noch bei seiner restmoralischen Entrüstung (KSA Bd. 3, S. 580). An der zuletzt genannten Stelle heißt es: »[...] wir wissen es, die Welt, in der wir leben, ist ungöttlich, unmoralisch, »unmenschlich«, [...]« und man könnte hinzufügen: unchristlich. Doch welchen Schluss zieht daraus Nietzsche (zur Lebensbewältigung): Werten wir jene Ideale so um, dass es jene böse Entzweiung nicht mehr gibt!

[42] Bedenkenswert dabei: KSA Bd. 12, S. 197-198: »Die Antinomie meiner Existenz [...]«.

[43] GA Bd. II,9, S. 185. Das von uns hinzugefügte »für uns« steckt im Begriff der Existenz (gemäß ebd., S. 187, Z. 20-25 und überhaupt S. 187/188).

[44] KSA Bd. 6, S. 96-97 (Nr. 8); man lese dies bezüglich des Erlösungsmotivs im Vergleich mit Fichtes zweitem und später letztem Brief an Jacobi!

[45] Vgl. dazu bereits die komplex-dialogische Handlungsstruktur von Genesis 1,26-27 und 3,5 in Verbindung mit 3,7!

[46] FW Bd. IV, S. 387. Dazu auch FW Bd. XI, S. 153 (zu Fichtes expliziter These von der Einheit von sinnlicher und übersinnlicher »Welt« durch das Urteilen). Über den praktischen Charakter und im hohen Sinn »sittlichen« (d. h. dem Gesetz der Spontaneität folgenden) Ursprung der Wissenschaft und überhaupt des Urteilens siehe FW Bd. IV, S. 394-395 und Bd. XI, S. 149. Dies aus dem Gottesgedanken erläutert findet sich FW Bd. IV, S. 381/382.

[47] H. Heine: Die Romantische Schule. In: H. Heine: Sämtliche Schriften. Hrsg. von Klaus Briegleb. Bd. 3, hrsg. von Karl Pörnbacher, München: dtv 1997; S. 432. (Heine verwechselt Fichte dabei offenbar mit Schelling.) Vgl. auch ebd., S. 438-439.

[48] KSB Bd. 8, S. 574 (Nr. 1245). Dazu ebd. S. 52 (Nr. 834); KSA Bd. 3, S. 637-638 und S. 519 (Nr. 269). Vgl. dazu ebd., S. 483-484 (Nr. 128). Fichtes WLnm enthält den Satz (den Kant freilich so wohl nicht unterschrieben hätte): »[...] Wahrheit ist Übereinstimmung mit uns selbst, Harmonie« (WLnm, a.a.O., S. 105). Nochmals Nietzsche: KSA Bd. 5, S. 196, und Bd. 3, S. 635, Z. 25-28.

[49] KSA Bd. 3, S. 351-352, S. 563.

[50] Siehe dazu: Luigi Pareyson: L'estetica di Fichte. A cura die Carla Amadio. Milano 1997. = Fichtiana, 8.

[51] KSA Bd. 3, S. 583, Z. 13-16. Zu Nietzsche hier im besonderen: KSA Bd. 3, S. 633, S. 635 sowie S. 583, Z. 17-18. Bei Fichte kulminiert jene sich vollziehende Systematik »künstlerisch« in der Kanonizität des Sittlichen; das Prinzip einer freien, d. h. sich entwerfenden Ethik. Man vgl. dazu aus der ägyptischen Religion das Symbol der Feder. Im Totengericht wird das Herz des Verstorbenen (der sittliche Stand seiner Person) auf die Waage gelegt (beurteilt); es darf dabei nicht schwerer (schuldbelasteter) sein, als dies die Feder, die auf die andere Waagschale als proportionierendes Richtmaß gelegt wird, erträgt. (Die Feder aber ist ins Unendliche leicht.)

Das Dionysische und das Apollinische

Nietzsches Polarität als Zugang zur Erfahrungsreligion nach 2000 Jahren Christentum

Reinhard Falter

Die Polarität von Dionysos und Apoll als Benennung für eine gegenstrebige Fügung von Weltkräften ist durch Nietzsche populär geworden.

Seine Arbeit hat bei der damaligen wie späteren Fachwissenschaft nicht gerade Begeisterung hervorgerufen. Aber Nietzsche ging es auch nicht primär um einen Beitrag zur historischen Erforschung der griechischen Religionsgeschichte, es ging um die Gewinnung eines fruchtbaren Ansatzpunktes für das Denken nach dem absehbaren Ende der Kultur bildenden Kraft des Christentums. Nach dem Zusammenbruch des Idealismus schien ihm damals die Kunst und als deren Spitze das Gesamtkunstwerk Wagners als Ansatzpunkt kultureller Erneuerung Europas. Heute können wir uns gar nicht mehr vorstellen, wie man der Kunst, und gar dem Theater, einmal eine solche Bedeutung zuschreiben konnte.

In meinem Beitrag geht es um Anknüpfungsmöglichkeiten heute. Es geht mir um ein Neubegreifen dessen, was die Antike Götter nannte und als die Grundcharaktere oder Urphänomene des Seins ansah, eine Freilegung gegenüber der christlichen Übermalung, die uns schon das Wort »Theos« nicht mehr recht verstehen lässt[1]. Hinführung zu den Göttern kann heute nicht mehr einfach Erzählen von Mythen sein, da wir nicht mehr wissen, was ein Gott ist, jeder Mythos aber dieses Wissen voraussetzt. Mythologie gerät deshalb heute leicht zur Farbenlehre für Blinde.

Was sind Götter?

Die Götter der Erfahrungsreligion sind keine Sache des Glaubens. Die Frage »Glaubst du an Flussgötter?« hätte ein antiker Mensch gar nicht verstanden. Er hätte vielleicht gefragt: »Bist du bereit, das, was du am Fluss siehst, als Ausdruck eines Göttlichen anzuerkennen?« Statt: »Hast du schon einmal einen Flussgott gesehen?« muss es heißen: »Hast du ein Erlebnis gehabt, das dich vom Sinn solcher Anerkennung überzeugt hat?« und statt: »Gibt es Flussgötter wirklich?« muss es heißen: »Gibt es Erlebnisse, die sich als Epiphanie eines Flussgotts sinnvoll begreifen lassen?«

Das Wesen wird vom erfahrungsreligiösen Menschen nicht hinter, sondern in den Erscheinungen gesucht. Goethe, der in vielen Äußerungen seine große Nähe zu erfahrungsreligösem Empfinden zeigt, bemerkt einmal: »Denn eigentlich unternehmen wir umsonst, das Wesen eines Dinges auszudrücken. Wirkungen werden wir gewahr und die Geschichte der Wirkungen umfasste wohl allenfalls das Wesen jenes Dinges. Vergebens bemühen wir uns, den Charakter eines Menschen zu schildern, man stelle dagegen seine Handlungen, seine Taten zusammen und ein Bild des Charakters wird uns entgegentreten.« Mythische Rede heißt nichts anders als Rede in Handlungen. Der Charakter eines Gottes lässt sich eben treffender als in Adjektiven in Handlungen (eben Mythen) wiedergeben.

Alle Numina treten unmittelbar als selbstständige auf. Deshalb erscheinen sie mit der Selbstständigkeit von Personen begabt. Die Weise ihres Zusammenhangs ist nicht die eines Systems, sondern die punktueller Berührungen, Überschneidungen, Verdrängungen. Mythische Erzählung ist Vorbereitung auf die Epiphanie, auf das Verständlichwerden eines Göttlichen, das heißt sein Erscheinen in menschlich verständlicher (nicht immer menschlicher) Gestalt. Die Vorbereitung dient dazu, damit, wenn er erscheint, der Gott an seinen Handlungen erkannt werde.

Der Gott ist das, was in einer Erscheinung begegnet. Wollen wir ein Wort der Begriffssprache benutzen, das dem Gemeinten nahe kommt, so wäre es das Wort »Atmosphäre«[2]. Der Flussgott ist die Gestalt gewordene Atmosphäre des Flusses, so wie Zeus die Atmosphäre des Herrschaftlichen, wie sie im hohen Himmel zum Ausdruck kommt aber auch in einem die Landschaft beherrschenden Berg, Artemis die Atmosphäre des fremden und lockenden Draußen, Pallas Athene die Atmosphäre der klaren Besinnung ist. Der Mensch ist von ihnen betroffen und reagiert mit dem, was wir Kultus nennen. Kultus ist kultivierte Betroffenheit von göttlichen Atmosphären. Wichtig ist zu verstehen, dass diese Atmosphären nicht innerseelische Phänomene sind, dass sie der Stoff sind, aus dem die Erscheinungswelt ebenso gewebt ist wie unsere »Psyche«. Landschaft und Seelenlandschaft sind Bühnen, auf denen die Götter spielen.

Die Götter sind auch heute noch erfahrbar. Genauer müssten wir freilich sagen, die Götter sind eine mögliche Konzeptualisierung von Erfahrungen, und zwar eine sehr ursprungsnahe. Das Pantheon ist eine Sprache. Worum es heute geht, ist, die Grundbegriffe dieser Sprache und ihre wichtigsten grammatischen Regeln wieder zu lernen, so dass wir Eindrücke wiedergeben können, die jenseits der Spaltung von Subjekt und Objekt sind, ohne sie durch die Begriffssprache zu verbiegen. Die Gestalten des Mythos sind ebenso viele Möglichkeiten, Erfahrungen zu ordnen und zu benennen. Doch müssen wir den Unterschied von einem Gott und einem Begriff verstehen.

Ludwig Klages hat in Weiterführung der Nietzscheschen Kritik an der Ding-Ontologie und in Abhebung von Schopenhauer den fundamentalen Unterschied deutlich gemacht: Schopenhauer hatte geschrieben und gemeint, damit das Wesen einer Naturerscheinung zu fassen: »Dem Bach, der über Steine abwärts rollt, sind die Strudel, Wellen, Schaumgebilde, die er sehen lässt, gleichgültig und unwesentlich; dass er der Schwere folgt, sich als unelastische, gänzlich verschiebbare, formlose, durchsichtige Flüssigkeit verhält, dies ist sein Wesen, dies ist, wenn anschaulich erkannt, die Idee«. Klages bemerkt dazu: Der Idealist »befindet sich im schwersten Irrtum, wenn er gleichwohl meint, derlei Naturgesetze würden angeschaut«, die platonische Ideensuche gehe vielmehr am Wesen ganz vorbei, »sie unternimmt es, an die Stelle wirklicher Urbilder verdinglichte Begriffe und verabsolutierte Naturgesetze zu rücken. (…) Die mit dem Namen Ideen aufgeputzten Naturgesetze müssen herhalten zur Entrechtung des Augenblicks.« Demgegenüber gebiert sich ein Urbild »erst aus polarer Berührung einer empfangenden Seele und eines wirkenden Dämon und von solcher Herkunft das Zeichen und Siegel ist der leuchtende Schauer, der es im Werdemoment umwirkt.«[3]

Die Sprache der Götter redet über das, worüber die Sprache der Ideen nicht sprechen kann, über das Werdende. Das bedeutet, dass die Götter nicht primär Verbildlichung von Gestaltqualitäten sind (das wäre bereits eine in Nietzsches Sinn apollinische Festlegung und Erstarrung), sondern Prozessarten[4]. Was Nietzsche mit der Polarität von Principium individuationis und Löseprinzip fasst, ist eine Polarität, die allen Wesen und auch jedem Gott zu Grunde liegt. Auch Apoll hat eine Art der Lösung, sie ist das Opfer, während die des Dionysos zerreißen oder verfließen ist, und auch Dionysos hat Gestalthaftigkeit, wie sie etwa im Wuchs des Efeus zum Ausdruck kommt, der auch in der Wirkung berauschende Tendenz hat und als Narkotikum wohl älter als der Wein ist.[5]

Jeder der olympischen Grundcharaktere verkörpert eine Perspektive auf die gesamte Wirklichkeit, die den Menschen vollständig einnehmen kann, so Aphrodite den Glanz aller Dinge in den Augen des Verliebten und die belebende Kräfte steigernde Macht des Verliebtseins, Zeus alles Mächtige und Souveräne, Hestia alles Heimat-Gebende.

Jeder Gott hat seine Art der Wahrheit, nämlich einer Sicht, die dem Zusammenhang gerecht wird, den er verkörpert. Apollinisch wahr ist eine Sicht der Welt, die den Menschen sich einfügen lässt in einen Zusammenhang, den er nicht ändern kann; dionysisch wahr ist die rauschhafte Identifikation mit der Welt, die die Grenzen des Menschenmöglichen sprengt.

Menschen unter Göttern

Aber jedes solches In-der-Welt-stehen und Weltbilden ist subjektiv perspektiviert und in der Gefahr, andere wichtige Aspekte zu verleugnen, das schildert eindrücklich die Geschichte vom Parisurteil. Nicht darum geht es bei diesem Mythos , dass Paris Athene (und mit ihr das Streben nach Besonnenheit) oder Hera (und mit ihr das Streben nach Macht) hätte wählen sollen statt sein Leben ganz der Liebe (Aphrodite) zu weihen. Das wäre dualistisch gedacht, wie es die späte, gar nicht mehr erfahrungsreligiöse Allegorie von Herakles am Scheideweg ist.[6] Dem mythischen Denken geht es im Parisurteil nicht um moralisches Urteil: Wie er auch wählt, immer bringt er zwei Göttinnen gegen sich auf. Das entspricht dem tragischen Bild vom Menschen. Der Mensch ist als Sterblicher viel zu beschränkt, um allen Qualitäten der Wirklichkeit gerecht zu werden. Er hat aber auch nicht die Möglichkeit der grandiosen Einseitigkeit wie ein Gott oder auch wie ein Tier. Der Wolf darf ganz seinen marsischen Charakter leben, der Mensch geht unter, wenn er sich nur einem Gott verschreibt.

Der Mensch ist weniger als das Tier inkarnierter Universalcharakter, er ist vor die Notwendigkeit gestellt, insofern Mikrokosmos zu bilden, als er die Kräfte im Gleichgewicht hält. Das steht hinter der Vorstellung, dass es dem Menschen nicht ansteht, nur einem Gott zu dienen.[7] Dies steht nur göttlichen Wesen (z.B. Nymphen, Sirenen etc.) zu oder Tieren.[8] Andererseits ist es auch wiederum dem Menschen nicht angemessen, sein alleiniges Augenmerk darauf zu lenken, die verschiedenen Numina im Gleichgewicht zu halten. Ein Mensch, der nicht einen notwendig einseitigen Impuls auch in die Welt einbringt, bräuchte gar nicht zu leben.[9] Der Genius freilich bringt eine Unausgeglichenheit in das Mikrokosmos-Sein. Der Mensch ist aber als Mikrokosmos einseitig bestimmt. Er ist eben zugleich auch Agens. Der Mensch hat also noch eine andere Mitte zu halten als diejenige zwischen den Universalcharakteren, nämlich die zwischen dem Bemühen, diese in Balance zu halten und der Formung und Formulierung eines Impulses für die Welt.[10]

Der Impuls ist niemals etwas, das der Mensch hat, sondern etwas, das ihn hat. Alles andere ist Persona. Persönlichkeit ist Maske eines Impulses unter der Notwendigkeit, ein gewisses Gleichgewicht aufrechtzuerhalten.

Die Lehre des Olymp

Man hat aus jüdisch-christlicher Sicht der olympischen Religion gern den Religionscharakter abgesprochen. Denn selbst der Mysterienglaube der Griechen ist, so ähnlich er scheint, dem Auferstehungsglauben des Christentums gerade entgegengesetzt. Geht es bei letzterem um die Hoffnung auf persönliche Unsterblichkeit, so besteht für die Erfahrungsreligion die einzig mögliche Erlösung gerade in der Verabschiedung solcher Selbstüberschätzung im Einverstandenwerden mit der Auflösung des Einzellebens ins Alllleben.[11] Diese Grundlehre des Olymp ist es, die unserer Zivilisation völlig fremd geworden ist.

Nirgendwo kommt sie so deutlich zum Ausdruck wie im Grundakt eines erfahrungsreligiösen Kultus, dem blutigen Opfer, dessen Sinn heute selten verstanden wird. Dieser Sinn ist die Rückerstattung des Einzellebens an das Allleben: »Was die äußere Gewalttätigkeit der Opferhandlung aufdeckte, war die innere Gewaltsamkeit des Seins, gesehen im Licht des ausströmenden Blutes und der hervorquellenden Organe. Dieses Blut, diese Organe voller Leben, waren nicht das, was die Anatomie in ihnen sieht. Nur eine innere Erfahrung, nicht die Wissenschaft, könnte uns das Gefühl der Alten vermitteln. Wir können annehmen, dass sich damals die Plethora der blutgeschwellten Organe, die unpersönliche Blutfülle des Lebens enthüllte. Auf das individuelle, diskontinuierliche Sein des Tieres war mit dem Tod des Tieres die organische Kontinuität des Lebens gefolgt, die mit dem heiligen Opfermahl in das Gemeindeleben der Teilnehmer überging (...). Es ist überhaupt das Wesen des Opfers, Leben und Tod in Übereinstimmung zu bringen: Dem Tod verleiht es den Aspekt aufquellenden Lebens, dem Leben die Schwere, den Taumel und das Offenwerden gegenüber dem Tod.« Opfer ist freiwillige Selbstdarbietung des Vergänglichen an seinen Urgrund zum Zweck der Wandlung und Erneuerung. Dionysos ist der Gott, der sich selbst opfert, Apoll derjenige, der sich durch Opfer bewahrt.

Die Erfahrung des so genannten Toten als des Leben Gebenden und von daher die Auflösung des Gegensatzes von Alllleben und Einzelleben ist der religiöse Kern aller Erfahrungsreligionen.

Jeder Gott hat seinen Weg, auf dem er an den Kern der Erfahrungsreligion, das Einverstandensein mit dem Gang der Natur und auch mit ihrem Mittel, viel Leben zu haben, hinführt. Die Grundpolarität der Wege ist die von Verlichtung und Vernachtung, Orakel und Mysterium.[12] Die uranischen Götter Apollon, Athena usw. offenbaren, die chtonischen, Demeter, Aphrodite, Dionysos machen erfahrbar. Alle Mysterien vollziehen das Wiedereingehen des Einzellebens in das Allleben. Das hat immer einen ekstatischen Zug, den Charakter eines aus sich Herausgehens.

Am zugänglichsten ist uns vielleicht heute der aphrodisische Weg. Aus der Vereinzelung und Verhärtung kehrt in der Liebe der Mensch in den Strom des Alllebens zurück. Die Rede vom »Miteinander-Schlafen« ist keineswegs Prüderie, sondern spiegelt das miteinander in das Reich der Nacht gehen, ein sowohl ineinander Hineinschlafen als auch gemeinsam den Weg in das Erlöschen des Ich gehen. Verliebtsein dagegen reicht nur bis in die Sphäre des Traums. Die gaukelnden Illusionen, die dabei entstehen, machen uns freilich die Hingebung leichter, gegen die unser Wachbewusstsein, unser rechnender Verstand sich sträubt. Der Verliebte sieht allerdings nicht tiefer, sondern weniger tief als der Rationalist, wohl aber der Liebende, und dazu bildet das Verliebtsein die Brücke. Der Verliebte projiziert auf den geliebten Menschen die Erfüllung seiner Wünsche, die nur vom Allleben kommen kann. Es ist kennzeichnend für heutige Verhältnisse, dass die Enttäuschung des Verliebtseins als Indiz für die Unwahrheit der Liebe genommen wird. Nur wenn wir wirklich in das Nachtreich eintauchen, erweist sich die Wahrheit der Aphrodite. Aphrodites Mysterienweg ist ein dreistufiger. Solange wir im Dualismus Materie – Geist, Funktion (Sex) – Ideal (Verliebtsein) stehen bleiben, werden wir zwischen ihnen hin und hergeworfen. Erst wenn wir aufhören, Natur mit Funktion zu identifizieren, wenn wir in unseren eigenen Seinsgrund eintauchen, was notwendig bedeutet, das Gegenstandsbewusstsein zurückzulassen, erfahren wir das, von dem Materie und Geist Spaltprodukte sind. Verliebtsein ist noch etwas subjektives, subjektzentriertes, perspektivisches. Das Urphänomen der Liebe dagegen ist, wenn es von einem Subjekt her zu erfassen versucht wird, immer schon negiert. Gegenseitigkeit denken heißt, der Logik der Liebe und nicht der Logik der Macht folgen. Es hat enorme Konsequenzen, ob ich Liebe als ein Gefühl (subjektiv und monozentrisch) oder als eine Wirklichkeit (bizentrisch) beschreibe. Im letzteren Fall ist Liebe eine Realität, die Liebenden und Geliebten wechselseitig bestimmt. Das ist Aphrodites Weg.[13] Der dionysische Weg ist diesem recht verwandt, der apollinische dagegen sehr andersartig.

Apoll und das Naturrecht

Gerade der lichthafteste der Olympier, Apoll, der oft als Gott des Logos missverstanden wird,[14] verkündet am deutlichsten, dass die Götter nicht zur Nachahmung da sind, dass der Abstand zwischen Menschen und Göttern unüberbrückbar ist. Nur im Verhältnis zu seiner Sterblichkeit und also zu den Unterirdischen ist das möglich, was Apoll vor allem zugeschrieben wird, Selbsterkenntnis. Das »Erkenne dich selbst« ist nicht Aufforderung zur grüblerischen Innenschau, sondern zur Betrachtung der Stellung des Menschen in der Welt, der Stellung des Sterblichen im Unterschied zu den Unsterblichen (also nicht in Abgrenzung vom Tier, sondern vom Gott).

Das Los des Sterblichen hat an der Grenze von Mythos und Philosophie der Satz des Anaximander formuliert: »Denn alle Wesen vergehen dahinein, woraus sie entstehen und zahlen einander Buße für das Unrecht.« Dieses Unrecht ist schlicht das Einzelleben. Die Buße ist keine in unserem Sinn moralische. Dennoch fasst dieser Satz das Naturrecht oder die Ethik der Magna Mater zusammen.

Apoll ist nun der Gott, der darauf von der Gesetzes- und Gestaltseite hinweist. Der klassische Apoll ist integriert in die olympische Ordnung, ja er ist ihr Schirmer und Verkünder. Er ist der Gott, durch den das Göttliche überhaupt (wofür meist Zeus steht) sichtbar wird. Der Mensch erträgt es nicht in seiner wahren Gestalt.

Apoll ist ein Vermittler. Erika Simon hat geradezu von einem priesterlichen Verhältnis zum Vater gesprochen.[15] Bogen und Leier sind seine polaren Attribute, – als »gegenstrebige Fügung« bezeichnet sie Heraklit. »Ich will haben eine vertraute Kithara und einen gekrümmten Bogen und will künden im Orakel den Menschen des
Zeus untrüglichen Ratschluss« lässt ihn der homerische Hymnus sprechen.[16]

So häufig wie kein anderer Gott wird er selbst opfernd mit Patera dargestellt. Die Darstellung griechischer Götter als opfernde hat unterschiedliche Wurzeln.[17] Es handelt sich primär um ein Opfer an die Unterirdischen, auf deren Unterwerfung der Olymp beruht, die aber doch weiter tragende Bedeutung behalten, so schwören die Götter sogar beim Unterweltsfluss Styx. Zugleich aber kommt im Bild des opfernden Gottes sein Segen spendender Charakter zum Ausdruck. Indem der Gott sein Wesen über die Erde ausgießt, bringt er Heil. Nochmals sei hier darauf hingewiesen, dass dem Gott immer das geopfert wird, was seine Gabe ist. In der Gabe, im irdischen Ding hat sich der Gott manifestiert. Diese Manifestierung wird gelöst. Gerade dadurch wird die Selbstzweckhaftigkeit des Seins als Schönem – und dies ist in besonderer Weise Manifestation Apolls – gewahrt, dass der Gott Geber und Empfänger zugleich ist. Das Selbstsein der Dinge muss darin gewahrt werden, dass es nicht nur dem Menschen dient. Auch die menschliche Äußerung, die dem gerecht werden will, das Lied, darf nicht nur Mittel zum Zweck der Anbetung, es muss auch und gerade in gewisser Weise Selbstzweck sein.

Und noch etwas ist in dieser Hinsicht bedeutsam. Apoll ist nicht nur der Gott der Sühne und Strafe, der z.B. den Orest entsühnt und von den Erinnyen befreit, nachdem er seinen Auftrag, die Schwester (doppeldeutig: einerseits das Götterbild der Artemis als Schwester des Apoll andererseits seine Schwester Iphigenie) aus Tauris zu holen erfüllt hat. Apoll ist selbst ein sühnender Gott und auch insofern als Präfiguration des Christus gedeutet worden. Apoll ist wie Orest ein Muttermörder, er hat sich an den unterirdischen Göttern versündigt, indem er die Drachin Python, eine Stellvertreterin der Erdmutter, getötet und ihr Heiligtum in Besitz genommen hat. Von Zeus ist ihm aufgegeben, sich selbst für den Mord zu entsühnen, und mit seinem Sühnegang an den Peneios im Tempetal, der mit dem Styx in Verbindung gedacht wird,[18] wird er zum Patron aller Sühne Suchenden. Eben weil er sich selbst reinigen muss, wird er auch für die Menschen zum Führer der Reinigung, zum Löser von Schuld. Er ist es, der die Schwere des Irdischen aufhellt und das chthonische Gesetz der Rache löst (Orestie). Von Zeus hat er auch das Amt des Heilers übernommen, das er an seinen Sohn Asklepios weitergeben wird. Doch ist seine Heilkunst nie Bestreitung des Rechtes der Unterirdischen. Apoll erklärt sich einverstanden damit, dass der Kampf gegen die unterirdischen Götter Schuld ist und ist bereit, dafür Sühne zu suchen. So wie die Sonne in den Ozean hinabtauchen muss, um sich zu erneuern, so muss Apoll sich entsühnen.

Was Naturrecht eigentlich meint, wird heute auch von ehrlich darum bemühten Denkern kaum noch verstanden, weil sie von vorneherein von der Vorstellung ausgehen, Recht könne es nur als Korrespondenz von Willensfreiheit geben, also Recht in neuzeitlicher Tradition der Macht entgegensetzt. Der ursprungsnahe Mensch aber fühlt sich frei, nicht weil er sich der Welt bemächtigt hätte, sondern weil er gelernt hat, einverstanden zu sein mit ihrem Grundgesetz, dass die Wesen darin, da sie sterblich sind, einander Buße zahlen, wie Anaximander sagt. Er ist frei gerade darum, weil er weiß, dass er Schuld nicht vermeiden kann, dass er, indem er lebt, den Tod anderer lebt. Naturrecht ist jenes, was wir mit den anderen Lebewesen gemeinsam haben, nur dass die Tiere es in Form eines Instinkts haben. In Brutfürsorge und geschlechtlichem Rausch kann man so Vorformen der Hingabe und Selbsttranszendierung sehen. Es ist Grundprinzip mythischen Schuld-Denkens, dass nicht auf die Motive, sondern nur auf die Wirkungen geschaut wird.

Natur ist dennoch nicht einfach mit Macht gleichzusetzen. Sonst wäre die Rede von Recht ja nur beschönigend. Natur ist keineswegs nur etwas faktisch Vorliegendes, sondern in ihren unzerreißbaren und alternativlosen Zusammenhängen auch normativ.

Keine Zeit hat so umfassend wie die heutige erfahren müssen, dass man sich tatsächlich auch an den Naturgrundlagen, den Bedingungen allen Handelns versündigen kann. Natur wäre dann also gleichzusetzen mit den Bedingungen eines Handelns, das Handlungsspielraum offen lässt, was man modern als Nachhaltigkeit bezeichnet. Hier kommt nun die logische Antizipation (und damit das, was wir heute von Apoll am leichtesten verstehen) zu ihrem Recht. Es geht nicht um ein Wissen, das versucht, die Welt zu ändern, sondern Änderbares und Unausweichliches zu unterscheiden und das Unausweichliche zu bejahen. So haben eben alle Orakel nicht den Sinn, Handlungsanweisungen zu sein, sondern den Menschen darauf vorzubereiten und es ihm leichter zu machen, sich in das Unausweichliche zu fügen. Darin liegt das spezifisch Menschliche: es nicht immer darauf ankommen zu lassen, bis die Gewalt des Todes korrigierend eingreift, sondern den Effekt solchen Eingriffs vorwegzunehmen. Der Kern apollinischer Weisheit ist, mit Würde anzuerkennen, was sich sonst nur als Gewalt Geltung verschaffen kann (das meint die Rede von »Zeus‹ untrüglichem Ratschluss«). In der Anerkennung wandelt die verschlingende Macht ihren Charakter zur gütigen Mutter.

Es ist bezeichnend, dass wir der Natur heute gern Grausamkeit und »Unmenschlichkeit« unterstellen. Es ist dies der beste Beleg dafür, dass wir »unnatürlich« geworden sind, dass unsere Maßstäbe lebensfremde, ja lebensfeindliche sind. Dies trifft auch die scheinbar lebensverbundene, in Wirklichkeit aber eben doch nur dem Einzelleben verbundene und damit extrem alllebensfeindliche Mitleidsethik, wie sie etwa Albert Schweitzer vertritt. Schweitzer ersetzt die Hingabe an den Weltzusammenhang, der ihm undurchschaubar – und in der Deutung des Todes als Mittel der Natur, viel Leben zu haben, sogar unmoralisch – scheint, durch die Hingabe an das Einzelleben. Dadurch entsteht Sentimentalität, denn das Einzelleben ist nicht etwas, was wirklich größer ist als wir. Schweitzer ist so tief im christlichen Dualismus verhaftet, dass er eher die Welt, weil zu ihr Leid und Tod gehört, als ganze als böse ansieht, als seine Sentimentalität zu hinterfragen.[19]

Apoll ist kein Vergöttlicher der Individualität, sondern Mahner, dass jede sterbliche Gestalt eine übergängliche ist. Das zeigt sich auch positiv in seiner Rolle als Reiniger und Heiler. Seine Heilung ist, anders als die seines vereinseitigten Sohnes Asklepios, eng mit der Krankheit selbst verbunden. Was krank macht, ist auch heilsam.[20]

Apoll ist nicht nur der Gott der Heilung, sondern auch der Kränkung, seine Pfeile sind Krankheiten, die in eine Krise führen, in der sich entscheidet, ob dieses Einzelleben noch einmal verjüngbar ist. So hat auch jede Hochwasserwelle in ihrer Reinigungskraft eine lebensvernichtende Seite, sie hinterlässt die Kiesflächen entblößt vom inzwischen aufgewachsenen Gestrüpp.

Jede Reinigung reibt aber auch etwas ab. Reinigung kann bis zur Zerstörung gehen. Wir errichten mit unseren Gedankenkonstruktionen hier einen absoluten Gegensatz. Durchbrochen wird diese Gegensatzkonstruktion z.B. von dem Münchner Arzt Franz Kleinschrod, der ausspricht, dass auch der Tod eine Heilung ist.[21] Es fällt leichter, dies zu akzeptieren, wenn man Reinkarnation annimmt, doch auch bei der erfahrungsreligiösen Konzeption des Zugrundegehens kann man sagen, dass das, was als Einzelleben nicht mehr entwicklungsfähig ist, eben wieder eingeht in den allgemeinen Grund.

Das Naturphänomen, in dem dies am deutlichsten zum Ausdruck kommt, ist der Fluss mit seiner Ambivalenz von reinigender und zerstörender Kraft. Man muss lange am Fluss meditiert haben, um zu verstehen, wie gerade Apoll, der uns in der Interpretation Nietzsches allzu einseitig als Gott der Gestalthaftigkeit erscheint, der Reiniger sein kann.[22] Dieses Reinigen, scheint ja von dem Lösen, das gewöhnlich Dionysos zugeordnet wird, gar nicht mehr so weit entfernt.

Dionysos

Dionysos ist der Gott des Springens und Sprudelns, des Hervorbrechens, also ein ekstatischer Ausdruck dessen, was das Wort Natur (physis) meint: »Wachsen, Gestalt gewinnen, Selbstwerden«. Der Ausdruck »Bakchos« bedeutet Spross, er ist der Name für hervorbrechende Zweige und Reben. So ist das Sprudeln, Springen und Schwärmen – sei es in der Quelle, im knospenden Wachstum, im Tanz oder im Bienenschwarm,[23] bei dem noch der Honigcharakter der Süße hinzukommt – die Urgeste des Dionysischen. Das Urphänomen, das den Namen Dionysos trägt, ist »punctum saliens«, in dem Leben und Tod verbunden sind.

In seiner Geburtsgeschichte kommt schon die Grundgeste zum Ausdruck, er entspringt aus Zeus` Schenkel wie die Quelle am Fuß des Berges. Der Schenkelgeburt geht aber bereits eine andere Geburt und ein erster Tod des Dionysosknaben voraus. Es gibt davon zwei Mythenversionen. In der einen ist Dionysos der Sohn der Demeter oder Persephone, der von Titanen oder anderen Söhnen der Erde zerrissen wird. Athena rettet sein Herz und Zeus trägt es in seinem Schenkel aus. In der zweiten Version ist seine Mutter eine Sterbliche mit Namen Semele[24]. Von der eifersüchtigen Hera verblendet, fordert sie von Zeus, ihr einen Wunsch freizugeben und begehrt dann, dass er ihr in seiner wirklichen Gestalt erscheine. Vom Donner gerührt und vom Blitz versengt stirbt sie, Zeus aber rettet die Leibesfrucht der Schwangeren.

Dass im Herzen das Dionysos-Prinzip so vollständig enthalten ist, dass der Mensch aus diesem Herzen neu geboren werden kann, hat tiefen Sinn. Denn das Herz ist das Organ, das die dionysische Geste des Schlagens und Springens vollzieht. Das Herz hat eine gegenüber dem Gesamtorganismus eigenständige Vitalität, deshalb ist es sprechendes Organ und kann ihm gegenübertreten. Dies geht bis zu der ägyptischen Vorstellung, das Herz könne im Totengericht gegen seinen Träger zeugen. Auch im Diesseits verrät sich durch Herzrasen und Erröten das Gefühl. Mit dem Springen, das wir im Deutschen »schlagen« nennen, ist auch beim Herzen das Sprudeln verknüpft. Der Lebenssaft, der im Griechischen den Namen »dynamis« trägt, ist nicht nur das Blut. Man glaubte, dass das Herz auch im Embryo das ist, was sich zuerst bildet, oder, anders gesagt, dass der Same zu pulsieren anfängt und den Leib bildet.

Der Wein, der mit Dionysos so eng verknüpft ist, ist weniger als Blut der Erde zu bezeichnen (das ist das Wasser), sondern als ihr Same. Das Sperma springt nach Aristoteles aus dem Phallos (Phallus) ebenso heraus wie eine Art Tier.[25] Die Urgeste des Lebenssaftes ist das Schwellen. »Embryo« ist die Bezeichnung des eigenlebendig im Mutterorganismus Schwellenden. Es ist wohl zunächst die Weinzubereitung, in der das Dionysische erfahrbar ist:

Der geheimnisvolle Prozess der Gärung und Reifung des Weines vermag selbst heute noch bei Weinbauern und Kennern Vorstellungen hervorzurufen, die von Ferne an Mythisches erinnern. Sie sehen ihn wie ein lebendiges Wesen an, das sich aus dem chaotischen Brausen des Jugendalters stufenweise zur Klarheit und Kraft durchbildet. Dabei kommt es vor, dass, wenn die Reifung beendet und der höchste Grad an Klarheit und Güte erreicht scheint, die chaotische Bewegung von neuem einsetzt, wie bei einem Menschen, der in die Pubertät zurückfiele, um den Weg der Entwicklung noch einmal zu durchlaufen und nun zu noch edlerer Klärung emporzusteigen. Man glaubt sogar an eine geheimnisvolle Sympathie zwischen den der Reife entgegengehenden Weinen und hält es für unvorsichtig, sie wahllos miteinander in Berührung zu bringen, weil die individuelle Entwicklung durch die Nachbarschaft befördert oder gestört werden könne. Durch seine Wandlung scheint der Wein die draußen empfangene Sonnenglut wieder hervorzubringen, und ein alter Volksglaube meint, dass er mit dem Leben der Natur in Zusammenhang bleibe. Daher soll die erneute Bewegung des reifenden Weines im Frühjahr, wenn die Reben blühen, zu erklären sein.«[26]

Das Arbeiten des Weines im Dunklen der Keller geschieht im Winter und ist anschaubare Parallele zum nur scheinbaren Tod der Natur. Auch die zweite Pflanze des Dionysos, Efeu, blüht im Herbst und trägt im Frühjahr Früchte.

Der dionysische Weg wurde in der Neuzeit allzu leicht mit zügellosem Sichgehenlassen verwechselt.[27] Dionysisch ist aber nicht Selbstverfallenheit, sondern gerade rauschhafte Transzendierung bis zur Selbstzersprengung. Auch Dionysos ist ein Daimon der Befreiung von den Schranken der Verpersönlichung.[28] Dies mit der Vorstellung persönlicher Unsterblichkeit zu verbinden, ist eine Frucht falscher Metaphysik und konnte sich erst mit dem Verfall des apollinischen Gegengewichts durchsetzen.

Befreit wird im Rausch die Seele nämlich nicht vom Leib sondern vom Geist.[29] Das Hauptmittel dionysischer Ekstase, der Tanz, führt gerade zur völligen Verleiblichung, nicht zu so genannter Leibfreiheit, als Grundlage der Ekstase.

Dionysos – der Gekreuzigte, Apoll der Richter?

Das Opfer ist immer Darstellung der Zerreißung des Einzellebens in seiner Leiblichkeit. Im Trankopfer ist es der Becher, der den Form gebenden Leib vertritt, er ist der Seele des Weins sehr äußerlich. Brot und Wein gehören zusammen. Zum Teil, gerade in den Mysterien, gilt Dionysos auch als Sohn der Demeter.[30]

Dionysos ist – wie Christus – das Samenkorn, das in die Erde fällt. Plausibel ist, dass im Heidenchristentum der ersten zwei Jahrhunderte mehr dionysischer als judaistischer Geist lebte,[31] dass man Erlösung als Eingehen in das Allleben verstand. Dass im Trinken des Weines als Trinken des Gottes selbst ein Eingehen in den Urstrom vorweggenommen wurde.[32] Der Wein bringt Vergessen all der Leiden, die die Sonderexistenz als sterbliches Einzelwesen mit sich bringt.

Eine bedeutsame Parallele stellt auch die dreifache Geburt des Dionysos dar. Da ist zunächst der Dionysos Zagreus, der von den Titanen zerrissen wird, dann der Dionysos Bakchos, der aus dem von Athene geretteten Herzen in Semele entsteht. Und schließlich der Dionysos Jakchos, der aus dem Schenkel geboren wird. In manchen Mythosversionen gilt dieser Jakchos, der der Dionysos der Mysterien ist – das göttliche Kind –, auch als Sohn des Dionysos etwa mit der Nymphe Aura.[33] Dem entspricht in der christlichen

Mystik die Rede von drei Geburten Christi, die Geburt der zweiten Person im Vater, die Geburt aus Maria und die Geburt aus dem Geist.[34] Auch die Festzeiten stehen in Parallele: Die Hauptfeste des Dionysos sind im Mitwinter (Lenaien) und im März (Anthesterien). Besonders deutlich ist die Analogie im Geburtsfest. An Stelle der Krippe steht die Getreideschwinge.[35]

Der Dionysosmythos ist einer der wenigen in der griechischen Mythologie, der beansprucht, Weltgeschichte und Menschheitsentwicklung zu deuten. Kein anderer griechischer Mythos – außer vielleicht der des Prometheus – reflektiert in dieser Weise das Geschehen, das dem Sieg des Christentums zu Grunde lag. Die eigentliche Evidenzkraft des Christentums sah schon der Psychotherapeut und Nietzscheaner Hans Prinzhorn darin begründet, »dass noch im theologischen Gewande der kirchlichen Lehre etwas vom biologisch richtigen Ansatz durchschimmert: der Logos – wie immer sein Wesen umschrieben werden mag, hat die Erde verwandelt durch seinen einzigen Träger unter den zahlreichen Lebewesen, den Menschen. Diesen Sachverhalt hat die christliche Lehre deutlicher gesehen als irgendeine andere. Ein gutes Stück ihrer Überzeugungskraft beruht darauf, dass sie in diesem Punkt ein Urphänomen erkannt und ihrer dogmatischen Deutung zugrundegelegt hat. Dadurch hat sie einen Vorsprung an Wirklichkeitsgehalt vor sämtlichen monistischen Erklärungsversuchen aus neuerer Zeit.«[36] Prinzhorn sieht also im Einbruch des Logos eine (mythische) Realität. Freilich teilt er nicht die christliche Wertung als heilsam: Hier treten sich biozentrische und logozentrische Interpretation diametral gegenüber. Die Leugnung der Auraveränderung ist ebenso falsch wie ihre Missdeutung als Fortschritt.

Dionysisch zu nennen wäre heute eine Weltanschauung, die das Urphänomen, auf dem das Christentum beruht, als Verhängnis begreift, es mythisch auslegt als Einbruch eines sengenden Wüsten- und Lichtgottes, dem im Namen von Fluss, Baum und Fels und nur im Rückhalt an ihnen die Stirn geboten werden muss. Der Dionysosmythos hat dazu Ansätze. Zum einen die Zerstückelung, die der Logos bedeutet, wohl gegenüber der Kreuzigung, die geprägt ist vom realhistorischen Aspekt, das treffendere Bild. Das, was dem Christentum zum Durchbruch verhilft, ist der Appell an dieselben Tiefen, doch dort setzt sich die Uminterpretation in einen Erlösungsglauben durch.

Der zweite große Unterschied ist darüber hinaus, dass in Dionysos nie die Sphären des Historischen und Mythischen gemischt werden. Seine großen Epiphanien fallen noch in eine Zeit, die das Mythische vom Historischen rein zu halten weiß, weil sie den Fetisch der Tatsächlichkeit nicht braucht.[37] Der dritte Unterschied ist das Fehlen jeder Endzeitvorstellung. Das Gewicht liegt ja gerade auf der ewigen Erneuerung.

Es scheint mir sinnvoll, den Archetypus des entgrenzenden Retters mit dem Namen des Dionysos zu benennen. Dionysos entspricht am ehesten der Forderung nach einer von allem Historischen gereinigten Christusgestalt.[38]

Christus freilich ist ein Sonnengott und das ist Dionysos eben nicht. Es mag zwar sein, dass im Urchristentum noch verstanden wurde, dass nicht die dualistisch wertende Abhebung des Tages von der Nachtseite des Lebens Erlösung bringt, sondern gerade die Nachtmeerfahrt des Sonnenwesens, dass die Sonne wie das heraklitische Feuer wesenseins ist mit der tagwachen Intellektualität, dass diese aber sich nähren muss aus den Tiefen der Inspiration und dass, wie der Schlaf für den Menschen eine doppelte Rolle spielt, nämlich die von Lösung und Reinigung, wofür Dionysos und Apoll stehen, auch das Eintauchen für das Sonnenwesen dasselbe bedeutet.[39] In der Waage von Apoll und Dionysos ist garantiert, dass es weder zur Formvernichtung noch zur Formerstarrung beim Eintauchen kommt. Man könnte nun sagen, die wahre himmlische Dreifaltigkeit ist Apoll, Dionysos und Athene (als Sonnenwesen), die nächtliche Apoll, Dionysos und Persephone. Die Polarität Apoll und Dionysos ist die irdische, die von Athena und Persephone die vertikale.

Apoll und Dionysos

Dionysos und Apoll sind Grundgestalten des Lebens, die das Christentum entsprechend seiner monotheistischen Tendenz zusammenzuschmelzen versuchte.[40] In den beiden Naturgestalten, in denen der Mensch am leichtesten auch heute noch Bilder seines Lebens erkennt, im Baum und Fluss erscheinen sie. Im Baum, dem Naturbild der Individualität überwiegt das Apollinisch-Gestalthafte, doch seine Gestalt ist das Produkt eines ständigen Fließens der Säfte und einer Wachstumsbewegung, die für menschliches Wahrnehmungsmaß nur zu langsam ist. Im Fluss, dem Naturbild des Lebenslaufes, überwiegt das ständige Fließen, doch auch er bildet Gestalt aus im Flussbett im Mäandrieren und im umgekehrten Baum des Adersystems der Landschaft. Die Mündung ist das Bild des Aufgehens im Größeren:die Verzweigung, die es auch im Mittellauf von Flüssen gibt, ist das Bild von Individualisierung, ohne abgeschnitten oder wirklich frei zu werden von der Gesamtrichtung des Stromes.

Apoll und Dionysos sind keine Gegner. Apoll ist kein Nüchternheitsapostel und Dionysos kein Genießer des profanierten Rausches. Das wesentliche an der Polarität von Apoll und Dionysos ist nicht Aktivität und Passivität, sondern Distanz und Nähe. Ist Apoll der Vertreter des Abstands zwischen

Göttern und Menschen, so Dionysos der Vertreter der augenblickshaften rauschhaften Vereinigung – und sei es um den Preis des Verlöschens.[41]
In der olympischen Religion gibt es keine Feindschaft beider, das apollinische Zurück vor der Hybris ist nicht Gegensatz zum dionysischen Streben nach rauschhafter Vereinigung mit dem Göttlichen, sondern dessen Ergänzung. In Delphi ist seine Herrschaftszeit der Winter, wenn Apoll bei den Hyperboreern weilt.[42]
Wo die Nähe allein dominiert, schlägt das Dionysische in die Hybris der wahnhaften Vereinigung mit dem Göttlichen um. Wo das Apollinische übermächtig wird, gebiert es aus sich die Hybris der Bemächtigung. Man kann diese Vereinseitigung mit den mythischen Namen Lucifer und Ahriman belegen.[43] Das Geheimnis der Klassik ist der Ausgleich, der im wechselweisen Besitz des Heiligtums von Delphi seinen Ausdruck findet. Der Ausgleich ist nicht nur eine wechselseitige Begrenzung, sondern auch Steigerung. Apoll dämpft die Hybris der Vereinigung. Dionysos ermöglicht den Ausbruch aus der Kälte. Wird dieses Gleichgewicht zerschlagen, so folgt auf den luziferischen Ausschlag der ahrimanische Gegenschlag.
Das Christentum und die neuzeitlichen Ideologien als seine Säkularisierungsprodukte, haben die Struktur, dass sie gerade das zerstören, was sie auf ihre Fahnen schreiben: Religiosität, Hoffnung, Gewissheit, Sich-eins-Wissen, Überwindung der Angst. Der Grund muss darin liegen, dass es etwas nicht Anstrebbares – religiös gesprochen: eine Begnadung – in ein Anstrebbares verbiegt. Beim Sozialismus ist es Gemeinschaftlichkeit, die in Bürokratie erstickt, beim Liberalismus Freiheit, die im Selbstverkaufszwang endet, beim Faschismus die Mittebildung zwischen beiden, die in der Verabsolutierung des Behauptungswillens erstickt.
Ebenso wird die Religion der Liebe eine Bewegung mörderischen Hasses. Das Urphänomen der Liebe ist eben, wenn kausal zu erfassen versucht, immer schon negiert. Gegenseitigkeit denken, heißt der Logik der Liebe und nicht der Logik der Macht folgen. Es hat enorme Konsequenzen, ob ich Liebe als ein Gefühl (subjektiv und monozentrisch) oder als eine Wirklichkeit (bizentrisch) beschreibe. Im einen Fall ist ihre Gegenseitigkeit bestenfalls noch als wechselseitiger Egoismus »rekonstruierbar«, im anderen Fall ist die Realität als Polarität ihren Trägern vorgängig.[44]
Aus demselben Grund schlägt die Betonung der Hoffnung der Frohbotschaft in eine Kultur der Höllenangst um. Das Sich-Eins-Wissen mit dem Vater verkehrt sich zur Egomanie des europäischen Pseudoindividualismus. Die Negierung des Todes führt zu einer in Martyriumsbildern schwelgenden Idolatrie und Entwertung der schöpferischen Nacht, und der einseitige Kult von Erleuchtung und Aufklärung führt zu einem Überhandnehmen der verdrängten Kräfte in hinterhältiger Grausamkeit und kollektiver Verblendung. Dies setzt

sich in den modernen Säkularisaten des Christentums fort, sei es im Projekt des Sozialismus oder der technischen Weltbeherrschung, sei es in der Individualisierung oder der Aufklärung als einseitiger Schätzung des Bewusstseins- und Tag-Pols gegenüber dem der Nacht und der Ahnung. Der Sozialismus zerstört die Sozialität der Menschen. Der Faschismus wandte sich im Namen Alteuropas gegen Amerikanismus und Bolschewismus als zwei Ausprägungen. Im Namen der Menschenrechte, insbesondere des Menschenrechts auf Wirtschaftsfreiheit, werden Kulturen zerstört, im Namen der Individualisierung wird die Identität zersetzt, bis der postmoderne Funktionär seiner eigenen Rollen übrig bleibt, den heute die Ideologen der Postmoderne preisen.

Seelenlandschaften

Die antithetische Gegenübersetzung von Apollinischem und Dionysischem lässt die wirklichen Antinomien des Menschseins in einer eigenartigen Verzerrung erscheinen. Ausgeblendet wird dabei die Möglichkeit einer anderen Techne (Hermes),
    aber auch die Möglichkeit einer nichttechnischen Distinktion (Apoll).[45]
Das Dionysische steht polar zum Apollinischen und Artemisischen, aber auch zu Athene. Eigentlich bilden alle Urqualitäten miteinander Pole, zwischen denen sich jeweils ein Bereich entfaltet. Zwischen Dionysos und Artemis entfaltet sich das Sein des Tieres, zwischen Dionysos und Apoll das Werden der Kultur, zwischen Dionysos und Athene das Erkennen mit seinen Polen, zwischen Dionysos und Hermes die Individualität, zwischen Dionysos und Aphrodite das Einswerden mit dem Anderen unserer Selbst.

Aufschlussreich ist zu sehen, dass die Polarität von Apoll und Dionysos eine horizontale ist. Wie der Schlaf für den Menschen eine doppelte Rolle spielt, nämlich die der Lösung und der Reinigung, so gehören Dionysos und Apoll, beide aus heutiger Sicht, die einseitig das Tagbewusstsein betont, zur nächtlichen Seite, zur Lebenserneuerung. Das Dionysische ist das Medium des Wiedereintauchens (abendlich), Apoll das Medium des Neugeborenwerdens (morgendlich). Wollten wir die vertikale Polarität von Mittag und Mitternacht mit griechischen Götternamen benennen, so wäre es Athene und Persephone. Die völlige Blindheit für diese Polarität spiegelt Nietzsches – wenn auch geniale – Weltverzerrung wieder.

Die vertikale Polarität ist nicht zufällig eine weibliche; in der christlichen Zerstörung des Kosmos wurde sie nicht nur dualistisch gewertet, sondern ihr positiver Pol vermännlicht. Damit ist sie schier unerkennbar geworden.

Nicht Dionysos und Apoll muss eine Kultur primär zum Ausgleich bringen, sondern das Substanz schaffende Nacht- und das Erkenntnis schaffende Tagleben.

Pallas

Helios   Selene

Zeus

Apoll   Dionysios

Hera

Okeanos   Tellus

Persephone

Man kann Apoll und Dionysos auch als Pole oder Komplexe der Seelenlandschaft verstehen.

Jennifer und Roger Woolgar haben die weiblichen Hauptfiguren des Pantheon als Grundtypen weiblicher Lebensausrichtung beschrieben.

Man kann dies in Zusammenhang bringen mit der weißen, roten und schwarzen Phase der Großen Göttin, die schon in vorgeschichtlichen Kulten belegt ist: Die weiße ist die jungfräuliche Phase der Herrin der Wildnis, die rote die erotische und mütterliche der Großen Leben schenkenden Göttin und die schwarze die wieder zurücknehmende Phase der Göttin der Unterwelt und Herrin der Seelen.[46]

Athena   Aphrodite   Hera

Artemis   Demeter   Persephone

Die obere Reihe sind die mannbezogenen Göttinnen, die sich Paris zur Wahl stellen. Die unteren sind nicht männerbezogen.

Für die Darstellung der männlichen Konstellation sind charakteristische Abwandlungen nötig. Die Zuordnungen wären wohl zunächst:

Hephaistos Ares Zeus

Apoll   Poseidon Hades

Dionysos Hermes

Die frauenbezogene Trias (die sich einer Frau zur Wahl stellen würde, wenn es einen weiblichen Paris gäbe) wäre:

Apoll   Dionysos   Zeus [47]

Nicht frauenbezogen sind: Hephaistos (der Bastler), Ares (der Politiker), Hermes (der Esoteriker).

Der Mann bleibt immer sohnhaft, erreicht damit nicht eine Einheit der Wandlungsphasen (Kreislauf), sondern bestenfalls einen Ausgleich der Polarität, die sich nun tatsächlich mit den Namen Apoll und Dionysos am treffendsten angeben lassen. Eine mögliche Mitte repräsentiert Zeus als beider Vater.

Auch die Konstellation von Mann und Frau erscheint als Dreiheit zwischen Mutter-Kind und Pieta als heilige Hochzeit.

Die Götter, hundert Jahre nach Nietzsches Tod

Ein Rückweg zu den griechischen Göttern scheint auf den ersten Blick genauso ausgeschlossen wie einer zum Christentum, unabhängig davon, ob man dies nun als Symptom der Entfremdung bedauert oder als Symptom der Emanzipation begrüßt.

Der Optimismus Nietzsches bezüglich der Überwindbarkeit des Nihilismus ist uns im 20. Jahrhundert abhanden gekommen. Aber die Einseitigkeit unserer Zivilisation schreit zum Himmel. Alle Bewunderung für die Leistungen der Technik, für die Faszination der Mondlandung, deren Kapsel die NASA sehr zu Unrecht den Namen Apollo[48] gegeben hat, kann doch nicht verhindern, dass die Grundlage dieser Leistungen in der Arbeitsmoral der Menschen sich zunehmend zersetzt. Die säkularisierte Gesellschaft vermag auf Dauer nicht die Haltungen und Werte zu reproduzieren, auf die sie zu ihrem Bestand angewiesen ist. Sie ist nicht nur im Bezug auf materielle Ressourcen nicht »nachhaltig«.

Da hilft keine Ethik. Ethik kann immer nur für Intellektuelle begründen, wozu ihr Gefühl ohnehin ja sagt.[49] Rausch, Wiederverflüssigung, unio mystica importieren wir Abendländer heute aus fremden Kulturen, je nach Geschmack etwa der indianischen wie der fernöstlichen. Doch das bleibt bloß kompensatorisch. Auch der Buddhismus ist eine weltflüchtige Religion, der es nicht um »Treue zur Erde« (Zarathustra), sondern um ihre Überwindung geht.[50]

Die Götter der Erfahrungsreligion stehen nicht nur »jenseits von Gut und Böse«, sondern auch jenseits einer Bewertung der Natur vom Standpunkt des Einzellebens. Nietzsche ist immer noch der christlich-dualistischen Wertordnung, nur eben vielleicht mit umgekehrtem Vorzeichen, verhaftet, wenn er sich auf darwinistische Beschreibungen als Kampf einlässt. Die Götter kämpfen zwar auch gegeneinander, doch sie spielen auch miteinander. Die Interpretation als Kampf ist sogar häufig menschliche Projektion, die daher kommt, dass der so beschreibende Mensch sich nicht wirklich über den Standpunkt des Einzellebens zu erheben vermag.

Nietzsche vermag hinter den Perspektiven keine Synthese mehr zu denken, darin ist er modern, doch genau das hindert ihn auch, seine Ansätze zu einer Aufhebung der Vergegenständlichung der Welt weiterzuführen.

Der späte Nietzsche glaubt schon beim Kristall ein »Durchsetzen« zu sehen als Grundform dessen, was sublimiert zum Denken wird, das Durchsetzen fremden Materials mit eigener Form (Umbau, Verdauung, Aneignung).[51] Entsprechend seiner Vorstellung, dass der »Wille zur Macht« als Universalkraft die einzige einem starken Sein entsprechende Erklärung ist, sucht er nicht nach anderen, die Reihe der »Naturreiche« durchlaufenden Grundgesten. Die polare Entsprechung seines monoman überall gesehenen »Willens zur Macht« wäre das, was Friedrich Hufeland als »Sympathie« bezeichnet hat, die Rückverbundenheit, die alle Emanzipation bedingt, von der Schwere des Kristalls über die Verwurzelung der Pflanze und die Artbindung des Tieres bis zur Religio des Menschen. Die Entdeckung der »gegenseitigen Hilfe« von Kropotkin gegen Darwin ist freilich nur eine Sentimentalität, solange sie nicht als tellurisches Prinzip der Nacht und auch des Todes mit der Geste des »zu Grunde gehen« verbunden wird.

In der Natur wächst nichts Einzellebendiges, auch die Bäume wachsen nicht in den Himmel. Der Tod ist das Mittel der Natur, viel Leben zu haben – nicht in einem zweckrationalen Sinn. Die gegenteilige Sichtweise des Mephistopheles, dass alles nur entsteht, um Stoff der Destruktion abzugeben, ist genauso berechtigt. Ob wir den ewigen Kreislauf als sinnhaft oder als sinnlos betrachten, hängt an uns, und die Antwort sagt mehr über unseren Charakter als über die Welt.

Die Götter als Naturqualitäten

Reduktionistische Betrachtung reduziert nicht nur die Fülle von (prinzipiell gleichartigen) Kausalbeziehungen, sondern reduziert vor allem auch die Arten von Beziehungen. Als Alternative zu Kausalbeziehungen denken wir meist an teleologische, doch sind diese nur die Umkehrung und das Komplementärstück. Nietzsches Teleologiekritik ist berechtigt, aber ihre Konsequenz ist nicht der Kausalreduktionismus der baconistischen Wissenschaften. Nietzsche will alle Kausalzusammenhänge auf Reiz-Reaktions-zusammenhänge zurückführen. Damit würde er sich einer aristotelischen Physik nähern, wenn er nicht die spezifischen Reaktionsformen im Unbestimmten lassen würde.

Die mangelnde Konkretheit der Naturbeschreibung, die sich nur entweder für Handhabbarkeiten oder das Ganze ernsthaft interessiert, ist die Rückseite des Perspektivismus und Konstruktivismus. Eine allgemeine konstruktivistische Theorie bringt uns nicht weiter; es kommt darauf an, konkret darzustellen, wie bestimmte Begriffe, sprachimmanente Bildlichkeit und Versuchsaufbauten Ergebnisse beeinflussen. Goethes und Newtons Farbenlehre können dafür als Beispiel dienen. Goethes Denken geht von einer Polarität aus, ist der Ordnung der Liebe verpflichtet, Newtons Theorie der Ordnung der Macht.

Ich formuliere im Sinn des griechischen Naturbegriffs: Natur ist nicht gesetzmäßig verfasst. Alle Gesetze sind Näherungswerte, jede umfassendere Betrachtung bringt die gesetzlichen Abläufe gegenüber den Randbedingungen zum Verschwinden.

Alle Gesetze sind nur statistischer Art. Nietzsche formuliert: »Tatsächlich gilt die Logik (wie die Geometrie und Arithmetik) nur von fingierten Wesenheiten, die wir geschaffen haben.«[52] Das Gegenmodell zum Gesetz ist vielleicht die Sprache. Im einen Fall ist Natur als unterworfen gedacht, im anderen als sich ausdrückend. Es gibt keine Atome, Gene etc. Dies sind modellhafte Vorstellungen, die freilich sehr weit reichenden prognostischen Wert haben. Als andere Konzeptionalisierung ist eine über Ausdrucksparallelen, Synchronizitäten bzw. Synchorizitäten möglich. Radikalisiert heißt dies, dass experimentelle Wissenschaft es immer nur mit gestellter Natur zu tun hat und damit gerade nicht mit dem, was der Begriff Natur meint.[53]

Es geht um die Frage, nach was in mir lege ich das Geschehen aus; Kausalität ist nach dem Muster von Wille und sich bewegendem Arm gedacht.[54] Die Subjekt-Objekt-Grammatik legt das Geschehen immer schon auseinander in Substanz und Tätigkeit: »Wenn ich sage »der Blitz leuchtet« so habe ich das Leuchten einmal als Tätigkeit und das andre mal als Subjekt gesetzt, also zum Geschehen ein Sein supponiert, welches mit dem Geschehen nicht eins ist, vielmehr bleibt, nicht wird.«[55] Sage ich »Zeus blitzt«, habe ich diesen Fehler nicht begangen, solange ich Zeus nicht als Substanz verstehe. Wer die Götter als Subjekte einsetzt, hat damit tatsächlich bleibende Charaktere gewählt, nicht Dinge. Die Abblassung »es blitzt« betont mehr die Einheit eines Weltprozesses.

Wenn ich vom Fluss sage, »er spielt«, ist die Tendenz nicht klar, ich schreibe ihm Freiheit zu. »Der Zwang ist in den Dingen gar nicht nachweisbar: die Regel beweist nur, dass ein und dasselbe Geschehen nicht auch ein anderes Geschehen ist.«[56]

Das heute Fruchtbarste an Nietzsche liegt da, wo er selbst das Dionysische Philosophie werden lässt, in der Tendenz zur Verflüssigung, die sich in seiner Sympathie für Heraklit ausdrückt.

Es ist ein moderner Mythos im schlechten Sinne des Wortes, der sich für Beschreibung von Tatsachen hält, dass die Moderne mit Kopernikus, Darwin und Freud die Kosmosvorstellung unmöglich gemacht hätte. Auch unsere Welt ist voll von Göttern. Durch Missachtung verschwinden sie nicht, aber die des Kultus beraubten Atmosphären werden zerstörerisch. Die missachteten Götter werden zu Dämonen. Dämonisierung ist ein Realprozess. Hermes wirkt heute auch als weißkragiger Umweltverbrecher, der sich geschickt allen Auflagen zu entwinden weiß, Apoll als wissenschaftlicher Eunuch im Elfenbeinturm, der sich um die Konsequenzen seiner »Erkenntnis« nicht kümmert. Artemis dagegen zeigt sich in solcher Welt nur noch als Naturkatastrophe und in Menschengestalt kaum noch als Jäger, sondern als Katastrophentourist, der eine heimliche »sympathy for the devil« hegt.

Heilung unserer Weltbeziehung verlangt Wiederverbindung mit den ewigen Mächten, die die Welt durchwalten und konstellieren, und zwar in der Fülle ihrer Charaktere. Die zwei Gestalten Apoll und Dionysos reichen nicht aus, um die Welt zu fassen. Multiperspektivisches Denken muss darüber weit hinaus gehen.[57] Nietzsches Texte helfen uns immer wieder bei den dazu nötigen Lockerungsübungen.

In der Charakterisierung von Naturqualitäten mit den Namen der Götter liegt der Ansatz einer anderen Naturwissenschaft, die Grundcharaktere unterscheidet. Da sie nicht in Kausalitäten denkt, eignet sie sich nicht für Manipulation, wohl aber zur Erfassung der unmanipulierten Qualitätszusammenhänge.

Die traditionelle abendländische Vorstellung sieht den Menschen als das Organ der Natur, in dem sie zum Selbstbewusstsein kommt, als denjenigen, der die Schöpfung vollendet, indem er sie benennt. Dies ist vorgebildet in der jüdischen Tradition der adamitischen Sprache. Adam durfte den Wesen der Natur Namen geben, und wie er sie nannte, so sollten sie heißen.[58] Heute tun wir uns schwer, zu begreifen, was denn die Wesen davon haben sollen, wenn sie vom Menschen benannt oder erkannt werden. Fügen wir denn durch das Namengeben irgendetwas hinzu? Sicherlich geht es nicht um Benennung im nominalistischen Sinn. Der Pflanze ist es egal, ob ich ihren Artnamen kenne. Aber sie wächst besser, wenn ich mich ihr liebevoll zuwende. Hieße das aber nicht, ihnen Bewusstsein zuzuschreiben?

Benennung bedeutet zunächst Abgrenzung, Herauslösung und Heraushebung aus dem Kontinuum oder Fluss des Seins. Die Wesen gewinnen durch die Herauslösung aus dem Strom des Seins zunächst einen Dingcharakter. Von diesem freilich haben sie wirklich nichts. Wenn es bei der Verdinglichung bleibt, dann ist damit sogar eine Entwesentlichung verbunden.

Das kann heißen, dass die Art der Zusammenhänge im Fluss des Seins (Aufgehens und Wiederzugrundegehens) tatsächlich kausaler (und teleologischer im Sinn von Gezogensein) Art sind. Darauf beruht das Funktionieren des Baconismus.[59] Für unsere Zivilisation typisch ist nun ein Missverhältnis. Wir können zwar theoretisch einsehen, dass der Baconismus nur einen kleinen Ausschnitt der Wirklichkeit beschreibt, aber in unserer Lebenswelt wird die Wirksamkeit dieses Ausschnitts immer größer, insofern wir mit Konstrukten umgehen, die nur diesen Ausschnitt aufweisen. Darauf beruft sich nun der Baconist, wenn er auf das Funktionieren pocht und seine Betrachtung anderen überlegen sieht.

Tatsächlich ist die Grenze die von Funktion und Sinn und nicht die zwischen anorganisch und organisch. Spätestens die Gentechnik hat diese Schwelle ebenso verwischt wie von Wissenschaft und Technik.

Aber die kosmische Aufgabe des Menschen ist eben eine andere als die Ursache-Wirkungszusammenhänge[60] nachzukonstruieren und immer mehr vom immer gleichen zu schaffen.[61] Die Aufgabe des Menschen (besonders des Künstlers, und in gewissem Sinn ist tatsächlich der Mensch immer ein Künstler, wie er auch immer ein homo faber und ein homo religiosus ist[62]) ist, etwas sichtbar zu machen, was vorher nicht sichtbar ist.

Der Mensch soll nicht das tun, was die »Schöpfermächte« getan haben und natürlich besser können als er. Erkenntnis als Freisetzung vollzieht nicht Natur nach, wie sie ohne den Menschen ist. Sie ist eben nicht ohne den Menschen, und im Menschen findet eine Kehre von den Ursache-Wirkungs- zu Sinn-Ausdrucks-Beziehungen statt. Mit seinen Beinen gehört er der Kausalordnung an, und niemals kann Befreiung von ihr ein sinnvolles Ziel sein. Die Kehre gehört zur Natur, wie der Wolkenbildungsprozess zum Wasserkreislauf, er lässt sich aber nicht aus den Gesetzen der Strömungswissenschaft kausal herleiten.[63]

Aber der Mensch hat noch eine andere Fähigkeit, zu deren Entfaltung die Herauslösung der Wesen zu Dingen nur eine Durchgangsstufe ist: Der Mensch kann neue Verbindungen schaffen – nicht indem er die (kausalen) Linien des Seinszusammenhangs rekonstruiert, sondern indem er quer dazu gemeinsame Qualitäten in den unterschiedlichsten Dingen sieht. Diese Charaktere lassen sich nicht zufällig mit den Namen der Götter der Erfahrungsreligion am besten angeben. Denn diese »Götter« sind eben solche Benennung der Grundcharaktere oder Grundgesten, die Natur und Menschenwelt, Landschaft und Seelenlandschaft miteinander verbinden. Sie sind unsterblich, denn sie sind nicht biologische Wesen. Aber sie sind wesenhaft.

Diese Charaktere sind übermenschlich und doch menschengesichtig, denn im Menschengesicht erscheint der Blick, der den anderen Blick als selbstblickend wahrnimmt.

Die drei großen Fähigkeiten des Menschen gehören zusammen:

1. Dass er Qualitäten entbinden kann.
2. Dass er Begegnendes als Selbstmittelpunkt einer Umwelt, als Du wahr nimmt.
3. Dass er diesem begegnenden Du einen Aufforderungscharakter ansieht.

Wir können heute die Götter als Benennungen von Qualitäten verstehen, die wahrzunehmen den Menschen ausmacht. Einerseits können wir dann betonen, dass sie, was ihre Namen und Abgrenzungen angeht, menschliche Geschöpfe sind, andererseits, dass sie es sind, die den Menschen formen. Beides wusste auch die Antike.[64]

(22. 02. 1999)

[1] Das mythische Bewusstsein hat eine ganz andere Ontologie als die moderne Bewusstseinsverfassung. Der Religionsphilosoph Georg Picht hat darauf hingewiesen, dass die moderne Bewusstseinsverfassung gesprengt würde, wenn sie Begriffe wie Gott (Theos) oder auch Natur (Physis) in ihrer wirklichen Bedeutung zuließe. Die sog. Aufklärung ist insofern »ein ausgeklügeltes System der Verdrängung.« Sehr ähnlich äußert sich der Mythenforscher Walter F. Otto, Gesetz, Urbild, Mythos, in: Ders., Die Gestalt und das Sein, gesammelte Abhandlungen, Darmstadt 1955. S. auch Georg Picht, Kunst und Mythos, Stuttgart 1990.

[2] Zur Rekonstruktion der Götter als Atmosphären: Hermann Schmitz, System der Philosophie, Bonn 1966 f. insbes. Bd III,2; Schmitz hat dem Dionysischen als polarer Größe das Palladische gegenübergesetzt, dessen Hauptcharakter Glanz, Spiegelung, Reflexion ist (als dionysisches Numen sieht er z.B. auch den heiligen Geist, als palladisches das Gewissen).

[3] Ludwig Klages, Vom Kosmogonischen Eros, 9. Auflage, Bonn 1988.

[4] Ich kann jeden Gott mit einer Polarität und einer Tendenz angeben, so z. B.:
HERMES: Grenze – Weg GELINGEN
APOLLON: Vollkommenheit – Lebendigkeit REINIGUNG
ARES: Reinigen – zerstören DURCHBRECHEN
ZEUS: Aufbauen – Abbauen ÖFFNUNG
POSEIDON: Verfestigung – Verflüssigung ERSCHÜTTERUNG
DEMETER: geben – nehmen NÄHREN
PLUTO: Allleben – Einzelleben EINGEHEN

APHRODITE: Wonne – Sehnsucht VEREINIGUNG
ARTEMIS: Jäger – Gejagtes JAGEN
PALLAS: oben – unten SPIEGELN
DIONYSOS: Verbindung – Vereinzelung LÖSEN.

[5] Christian Rätsch, Heilkräuter der Antike, München 1995, S. 143 ff.

[6] Das Griechentum bezeichnet die Stillstellung des mythologischen Prozesses in der Mitte zwischen Höherwertung des Mütterlichen gegenüber dem Sohnhaften und der dualistischen Negativierung des Weiblich-Erdhaften gegenüber dem Männlich-Uranischen, die wir als klassisch empfinden. Dionysos und Apoll bezeichnen die Gleichwertigkeit der Pole (vgl. Edward C. Whitmont, Die Rückkehr der Göttin, München 1982 S. 63 ff.). Zum mythologischen Prozess: R. Falter, Was sind Götter der Erfahrungsreligion, in: Ökologie 2/96.

[7] Jahwe und andere nicht in der Natur erfahrbare Götter fordern gerade dies, und zwar weil sie auf Verwirklichung durch ihre Anhänger angewiesen sind und mit deren Nachlässigkeit oder Hinwendung zu anderen Göttern an Macht verlieren.

[8] Das Tier und der Gott haben also die Unterscheidung vom Menschen gemeinsam.

[9] Es sei denn, man interpretierte das menschliche Leben als Übungsweg, mit dem er sich Fähigkeiten erwürbe, die erst später für die Welt wichtig würden. Das sind aber »Hinterweltler«-Lehren, die allesamt die Sinnfrage zu Zweckfragen umfälschen und verschieben, sei es in ein nächstes Leben (karmischer Egoismus) oder in eine andere Welt (Jenseitsreligion).

[10] Dies ist auch ein Aspekt der Polarität, die Nietzsche mit apollinisch und dionysisch meint.

[11] Deutungen der Dionysos-Mysterien, die versuchen aus einer 1987 gefundenen Formel auf Grabbeigaben eine christentumsnahe Erlösungsvorstellung zu erschließen, sind Kontext negierende Überinterpretationen. Bezeichnend ist, dass sie dazu herhalten müssen, Nietzsches Antikenrezeption zu diffamieren und die grundlegende Differenz von Griechentum und Judaismus, die Nietzsche durchaus richtig gesehen hat, einzuebnen. Der Kontext dafür ist modischer Philosemitismus; ich nenne als Beispiel nur Hubert Cancik, Philologe und Kultfigur, Nietzsche und seine Antike in Deutschland, Stuttgart 1999 (vgl. dazu die Besprechung durch Bernd Mattheus in SZ 4./5. September 1999).

[12] Nietzsche benennt es mit Traum und Rausch.

[13] Vgl. dazu R. Falter, Die Götter der antiken Erfahrungsreligion XI, Aphrodite und Ares, in: Novalis 10/97 S. 60-64, und ders., Fortschrittssucht als Hindernis realistischer Kulturkritik, in: Jahrbuch für anthroposophische Kritik 1998, S. 193-203.

[14] Logos als Lauf der Dinge ist eher Hermes' Bereich, Logos als Polaritätenverbindung ist Athenas Bereich, Logos als Gesetzmäßigkeit ist gar kein Gott, sondern ein Wahn, denn die Welt ist Spiel der Götter und nicht Uhrwerk eines Schöpfers.

[15] Erika Simon, Opfernde Götter, 1953 S. 25; vgl. auch W. F. Otto, a.a.O., S. 92.

[16] Heraklit ed. Mansfeld 49; Homerische Hymnen 3; Louise Bruit Zaidman / Pauline Schmitt Prantel, Die Religion der Griechen, München 1994, S. 196; Georg Picht, Kunst und Mythos, Stuttgart 1990, S. 565.

[17] Bei Apoll ist die Ableitung aus der mythischen Entsühnung, wie sie Erika Simon vorschlägt, glaubwürdig. Bei Dionysos versagt sie.

[18] Erika Simon: Opfernde Götter, 1953, S. 33.

[19] Dazu: R. Falter, Ludwig Klages zum 40. Todestag, in: Novalis 11/97. Die Theodizeefrage gibt es in der Erfahrungsreligion nicht: 1. weil keiner der Götter Macht über die Weltordnung hat und diese (Moira etc.) der menschlichen Anschauungs- und Denkmöglichkeit entzogen sind; 2. aber auch, weil es dem Menschen nicht zukommt, die Welt zu beurteilen und damit einen Platz außerhalb ihrer einzunehmen.

[20] Zum homöopathischen Prinzip in der Antike vgl. die Telephos-Geschichte in der Ilias, die am Pergamon-Altar dargestellt war.

[21] Kleinschrod geht davon aus, »dass das Wesen der Krankheit in einer Störung des Lebensprinzips besteht«. »Die Krankheit ist eine Störung des Lebens, die in sich das Gesetz der Heilung trägt« (in: M. Platen, Die neue Heilmethode, Bd. 1, Berlin 1913, S. 5). Die Heilung liegt also in der Krankheit wie der Kern in der Schale (S. 20). »Jede Heilung ist mit der Erwerbung einer neuen Eigenschaft für das Leben verknüpft. Neu gestärkt geht das Leben aus der Heilung hervor. (...) Ist das Leben nicht mehr imstande, sich diese Eigenschaft zu erwerben, kann es mit anderen Worten seine innere Krankheitsursache nicht mehr entfernen – so stirbt es.« (S. 36)

[22] Zum »Apollinischen am Fluss« vgl. R. Falter, Der Fluss des Lebens und die Flüsse der Landschaft, in: Natur, Welt- der Sinnbilder, Laufen 1999 (in Druck).

[23] Die Biene gehört ansonsten der kleinasiatischen Großen Mutter zu. Eine spannende Bemerkung findet sich bei Jaques Brosse (Mythologie der Bäume, Freiburg 1990, S. 126). Die Befruchtung dieser Hautflügler weist die Merkwürdigkeit auf, dass das Männchen beim Hochzeitsflug seine Zeugungsorgane im Körper des Weibchens zurücklässt und dann stirbt (wie ja auch eine Arbeitsbiene, die gestochen hat). Dieser Zusammenhang von Befruchtung und Selbstkastration entspricht dem Adonismythos. Wie genau die Antike über das Leben der Bienen Bescheid wusste, ist allerdings umstritten.

[24] Laut Kerenyi a.a.O. S. 201 ein phrygischer Name der unterirdischen Göttin. Die Hochzeit von Zeus und Semele wurde am Berg Sippylos in Kleinasien lokalisiert. Die Stadt Magnesia am Sippylos stellte auf ihren Münzen den Zeusknaben zwischen zwei Kureten dar, die mit Schwert und Schild tanzen. Es sind dieselben älteren Söhne der Gaia, die ihn zerstückeln werden.

[25] Aristoteles, Die Bewegung der Lebewesen 703b, S. 26.

[26] W. F. Otto, Dionysos, Frankfurt 1933, S. 134; dazu kommentiert Jaques Brosse (a.a.O., S. 111): »Offensichtlich spürten die Alten das göttliche Wesen natürlicher Phänomene deutlicher als wir.«

[27] Auch das sog. »dionysische« Individuum, das R. P. Sieferle (Epochenwechsel, Berlin 1994, S. 154 und 164 f.) als Produkt der Lebensphilosophie ansieht, verdient diesen Namen nicht. Es zeichnet sich durch eine gewisse Infantilität aus, es formuliert nämlich die radikalsten Forderungen im Vertrauen auf deren Nichtdurchsetzbarkeit. Die allmächtige Mutter, auf deren Widerstand das wahrhaft dionysische Individuum rechnet, ist nicht, wie Sieferle meint, die systemische Welt, sondern die Natur in ihrer gleichzeitig gebenden und nehmenden Allmacht. Wenn der moderne Mensch, auch im Kleinen, etwa im Umgang mit Krankheit, die ihm unter den Griffen der Apparatemedizin zum anthropogenen oder gar iatrogenen Schaden und Risiko wird und allen Schicksalsbezug verliert, diese Geborgenheit gerade zerstört, so ist das geradezu die Vernichtung der Basis, auf der das Dionysische Sein seine Basis hat.

[28] Rhode, Psyche, Seelencult und Unsterblichkeitsglaube der Griechen, Tübingen 1925, Bd. II, S. 23.

[29] Hans Prinzhorn, Die erdentrückbare Seele, in: Mensch und Erde, Darmstadt 1927.

[30] Kaltenbrunner, Dionysios vom Areopag, Sigmaringerdorf 1996, S. 149 und 167 f..

[31] Dass das 3. Jahrhundert n. Chr. weniger eine Wende vom Heidentum zum Christentum, sondern innerhalb beider war, hat Peter Brown (Die letzten Heiden, Frankfurt 1995) herausgearbeitet. Er sieht in der Spätantike einen Stilwandel des Erlebens, »der die christliche Kirche ebenso sehr von ihrer Vergangenheit wie von ihren heidnischen Zeitgenossen trennte« (S.121). Er meint, dass das, was die erfahrungsreligiös geprägte Kultur ablöst, nicht primär das Christentum ist, sondern ein anderer (expressiverer ichbezogener) Lebensstil, den er als Zeitalter der Ambition dem Zeitalter des Ausgleichs entgegenstellt (S.62).

[32] Im orphischen Hymnus auf Physis wird sie als diejenige bezeichnet, die all das Reifende erlöst (pepainomenon lyteira), ganz buchstäblich die Pflaumen von den Bäumen löst, wenn sie reif geworden sind (Kerenyi: Antike Religion, München 1971, S. 256).

[33] Auf die drei Geburten hat Kaltenbrunner, a.a. O., S. 128 ff. und 174 f. hingewiesen, zur Aura ebd., S 180; Robert Ranke Graves (Griechische Mythologie I, S. 63) erwähnt die Vorstellung, dass Dionysos nach seinem Siegeszug über die Erde zur Rechten des Vaters sitze. In der Zwölfzahl der Götter löst er Hestia ab.

[34] Tauler, Predigten 5,1, vgl. Kaltenbrunner, a.a.O., S.175. Es gibt keine Herz-Dionysos-Mystik, aber die Herz-Jesu-Mystik ist ein letzter Nachklang des dionysischen Kerns des Christentums. Man vergleiche die spätmittelalterlichen und frühneuzeitlichen Darstellungen von Christus in der Kelter. Schefold (1998 S. 450 und 461) formuliert: »Wenn der Leichnam verwest, keltert der Mysteriengott den Wein, die unsterbliche Seele,« dies ist aber genau betrachtet gerade kein Bild für die Unsterblichkeit der Einzelseele, sondern ihr Eingehen in eine allgemeinere Verflüssigung.

[35] Kaltenbrunner, a.a. O., S. 134 und 184.

[36] H. E. Schröder, Schiller, Nietzsche, Klages, Bonn 1974, S. 80.

[37] Erfahrungsreligion wird zum Aberglauben erst wenn Erfahrung dinganalog gefasst wird. Das heißt, Aberglauben ist ein Produkt der Verdinglichungstendenz, die Rückseite des Emanzipationsstrebens und der Enthauptung der Erfahrungsreligion durch das Christentum. Wenn ich meine, die leiblich gespürte Schwere, die mit Schwermut verbunden ist, müsse sich auf der Waage objektivieren lassen, wenn ich konkretistisch vorstelle, wie der marsische Zorn, der mich mitreißt, in mich hineinkommt, dann kommt es zu Vorstellungen wie dem vom Geschlechtsverkehr mit Dämonen.

[38] Robert Ranke Graves, Die Weiße Göttin, Reinbek 1985, S.580; Nietzsche hat die Verwandtschaft von Dionysos und dem Gekreuzigten deutlich gespürt.

[39] In diese Richtung geht der Rekonstruktionsversuch urchristlicher Haltung durch Konrad Dietzfelbinger (Mysterienschulen, München 1997). Tatsächlichkeit von Urbildlichkeit absetzen und gegen sie betonen muss man nur, wenn man die Welt ändern will, und das heißt, wenn man mit der Welt, wie sie ist, nicht einverstanden ist und der Natur nicht mehr vertraut. Jäger und Sammlerkulturen tun dies in ganz anderem Maß.

[40] Was Apoll, der so gar keine Soter-Gestalt ist, zu einem Analogon des Christus machen konnte, ist seine besondere Botsamkeit gegenüber dem Vater »den Menschen künden des Zeus unsterblichen Ratschluss« ist seine selbstgesetzte Aufgabe. Er ist also so etwas wie der Archetyp des Angelos.

[41] Dionysos' Mutter missachtet die Unüberwindlichkeit des Abstands von Menschen und Göttern. Diese Hybris ist in der Gestalt Dionysos resorbiert, wie in Apoll der Zug des Starrmachens und der Bevorzugung des Toten.

[42] Bruit Zaidman, a.a.O., S 200; In einem Fragment des Aischylos (Fr 86 (Mette)) scheint der orakelnde Apoll sich geradezu in Dionysos zu verwandeln, vgl. Schmitz, System der Philosophie, Bd. 3,4, Bonn 1977, S. 45, Anm. 215.

[43] Diese beiden Bezeichnungen des in seiner Jugend sehr von Nietzsche beeindruckten Rudolf Steiner sind Dämonisierungen von Apoll und Dionysos. Die Mehrzahl der Anthroposophen will Steiners nietzscheanische und antichristliche Phase gern verdrängen. Umso verdienstvoller ist die Aufarbeitung durch Marc David Hoffmann, Zur Geschichte des Nietzsche-Archivs, Berlin 1991, insbesondere S. 158-285 und 424-523.

[44] Zur Möglichkeit, Liebe als Grundstruktur der Welt zu denken, vgl. R. Falter, Die Götter der antiken Erfahrungsreligion, XI.

[45] Nietzsche scheint das Hermetische wie das Palladische suspekt gewesen zu sein. Dabei mogelt er freilich in das Apollinische viel Palladisches hinein. So etwa, wenn er den Griechen ein Bewusstsein der Fiktionalität ihrer tragischen Weltauffassung unterstellt.

[46] Woolgar und Woolgar, Göttinnen, Urbilder für eine Psychologie der Frau, Hamburg 1991 (engl. Titel: »The Goddess within«).

[47] Die entsprechenden Formen der weiblichen Bezogenheit wären Prophetin (Muse, Sibylle) Gefährtin (Mänade) und Gattin; dem entspricht bei Athena der Schüler (Odysseus), bei Aphrodite der Geliebte (Anchises) bei Hera der Herrscher.

[48] Aus apollinischer Perspektive handelt es sich bei der »Weltraumeroberung« um ein ausgeprägtes Stück menschlicher Selbstüberschätzung und Dummheit, das an seiner Sterblichkeit und Staubhaftigkeit gar nichts ändert.

[49] Es ist mir unverständlich, wie jemand, der sich mit Nietzsche beschäftigt hat, einen so naiven, politisch korrekten Unsinn schreiben kann wie Ernst Gerhard Eder (Mit Nietzsche denken, Bd. 1, S. 306 und 312), der die Perspektive der Überwindung des Menschen gefährlich findet und an Ethik appelliert.

[50] Freilich wird von einer bedeutenden japanischen Schule des 20. Jahrhunderts die Frage gestellt, ob der Nirwana Gedanke des Buddha nicht durch seine Schüler missverstanden worden sei. Vielmehr könnte ursprünglich ein Mitschwingen mit der ununterbrochenen Lebenswelle gerade nicht als Erlösung von, sondern als Einverstandensein mit dem Kreislauf von Leben und Tod gemeint sein, dazu: Yukio Kotani, Gegen Nirwana und Zivilisation, in: Hestia 1994/95, S 95 ff., bes. S. 105-109.

[51] Friedrich Nietzsche, Umwertung aller Werte, Hrsg. von Friedrich Würzbach, Bd. I, S. 259 (53).

[52] KSA 12/38911.

[53] In der Folge davon wird dann der Naturbegriff verbogen, er erscheint als Gegenbegriff. Demgegenüber muss betont werden, dass Natur eben gerade nicht etwas ist, was gegenübersteht, was Objekt werden kann, sondern einen den Betrachter immer schon umfassenden Zusammenhang meint. Natur ist aber keineswegs et-

was, das nur als Singular auftritt, sondern jede einzelne Natur ist bereits von der Art, freilich nur insofern jedes Wesen das Ganze an Ort und Stelle ist.

[54] KSA 13,274.

[55] Würzbach, a.a.O., I, S. 100 f., Nr. 122 ff..

[56] KSA 12,383.

[57] Ich habe andernorts die zwölf Hauptcharaktere in einen Kreis geordnet: R. Falter, Naturqualitäten am Fluss, in: Natur – Welt der Sinnbilder, Laufen 1999. Zur Benennung der Naturqualitäten mit den Götternamen: Falter, Was heißt Natur? in: Novalis 4/97.

[58] Im Koran wird betont, dass dazu auch die Engel nicht in der Lage waren.

[59] Warum der Reduktionismus so erfolgreich ist, ob also Natur doch in gewisser Weise auch funktioniert, ist zentrales Problem heutiger Naturphilosophie. Heißt dies denn, dass der Baconismus doch zumindest einen Aspekt von Natur richtig beschreibt? Es liegt zunächst einmal nahe, Funktionen als unhinterfragte und verabsolutierte Perspektivierungen anzuschauen. Man kann sagen, der Baconismus greift einen bestimmten Bereich von Phänomenen heraus, der sich relativ leicht generalisieren lässt. Ihn interessiert beispielsweise, wie der Apfel vom Baum fällt, aber nicht wie er hinauf kommt. Vom Baum als Wesen aus gesehen ist ja das Hinabfallen ein Rückerstatten, ein Opfern, so dass schließlich im Durchgang durch die Erde aus dem Apfel wieder ein Baum werden kann. Das Hinunterfallen ist nur ein kleiner Ausschnitt aus der Gesamtbewegung der Rückerstattung, die mit dem Wiedereingehen in die Erde, evtl. sogar durch den Magen eines Tieres oder Menschen genauso lange dauert wie das Hinaufkommen.

[60] Man kann entweder sagen: Die Zusammenhänge von Ursache und Wirkung, Fressen und Gefressenwerden etc. sind diejenigen, die ohne den Menschen schon da sind, oder man kann sagen: Gerade Funktionszusammenhänge gibt es ohne den Menschen nicht, kein anderes Wesen erlebt Funktionszusammenhänge, weil es immer schon vorgängig eingegliedert ist in den Strom des Seins. Da die anderen blickenden Wesen nicht mit Selbstreflexion begabt sind, sehen sie die Welt auch nicht funktional. Funktionale Betrachtungsweise ist demnach ein Produkt der Identifikation des Menschen mit seinem Standpunkt und der Projektion in Wesen, die zwar einen Standpunkt haben, aber ihn nicht formulieren, wie sie ihn auch ebenso wenig überschreiten können.

[61] Die Vorstellung von der Ebenbildlichkeit des Menschen zum Schöpfergott hat diese Fehlauslegung bestärkt.

[62] Vgl. Hans Jonas, Werkzeug, Bild und Grab, in: Philosophische Untersuchungen und metaphysische Vermutungen, Frankfurt 1992.

[63] In dieser Unmöglichkeit besteht der berechtigte Kern der Scheu vor dem naturalistischen Fehlschluss, aber Natur ist eben mehr und das Geistige nicht ein bloss moralisches, sondern dass er Wert hat ist nur eines seiner Kennzeichen überdies wohl nicht sein spezifisches, denn auch der Strom des Seins hat Werte, nämlich die blickenden Wesen, die sich ihrerseits durch eine erste Kehre ihm entheben.

[64] Homer und Hesiod haben den Griechen ihre Götter gegeben, sagt Herodot, und auch der Mythos weiss davon, dass die Götter auf den Kultus des Menschen angewiesen sind. Und doch sind es die Götter, die in ihren Konstellationen den Menschen überhaupt erst individualisieren. Individualisierung wird zunächst so beschrieben, dass Menschen Patrone haben, Odysseus etwa die Göttin Athena.

Das grosse Drama von Verzweiflung und Gnade

Pascals Rede und Nietzsches Gegenrede

Ulrich Willers

Pascal stellt in der Situation der Neuzeit, in der den Menschen die relativ selbstverständliche Geborgenheit in der Welt abhanden kam, als Erster der großen Denker die Frage nach Gott und Glaube, Gestalt und Geschick des Christentums. Der evangelische Kirchengeschichtler und Exeget Franz Overbeck, zuverlässiger und beständiger Freund Nietzsches, hat Pascal als »den größten Apologeten des Christenthums in der Neuzeit« gesehen und sein Denken als »verwegenes Christenthum« gekennzeichnet[1]. Allein dies hätte schon reichlich Anlass für Nietzsche, den späteren erbitterten Kritiker des Christentums, gegeben, die Auseinandersetzung mit Pascal zu suchen.

Nietzsches Interesse richtet sich nicht primär auf Pascal als Person, auch nicht auf Inhalte und Einzelargumente christlichen Denkens, sondern auf den Typus korrupten Christentums, auf Phänomen und Symptome der·Dekadenz. So sehr er sich auf einzelne Aussagen einlässt, so stark bezeugt er gerade damit, dass es ihm nicht auf diese selbst, sondern auf die dahinter, darin versteckte Denkweise ankommt: Worauf will, was da gesagt wird, letztlich hinaus; was verrät es über die zu Grunde liegende Einstellung zur Welt; welche ›Moral‹ ist hier der herrschende *Gedanke?*

Eine gewisse Vorliebe Nietzsches für Pascal ist unübersehbar; dabei liebt er diesen natürlich nicht wirklich, aber er schätzt ihn – zumal als Symptom: Wie wenige sonst lässt er den »Geist« des Christentums, sein »Wesen« erraten.

So buchstabiert er denn Pascal und nicht etwa Augustinus als großen exemplarischen Christen. Fasziniert ist Nietzsche von der glasklaren Logik, die in unübertrefflicher Weise die innersten Kammern christlichen Glaubens strukturell und inhaltlich freilege. Er trifft in Pascal auf einen Protagonisten der

Welt der Moderne und der Wissenschaft, der gleichzeitig ein ganzer Christ ist, den christlichen Glauben bis in die feinsten Verästelungen analytisch durch-dringt und ineins damit auf die konkrete Existenz in der Welt bezieht. Zwar ist Nietzsche selbst aus Herkunft und durch Studium der Quellen intimer Kenner christlicher Praxis und Theorie, aber was von Pascal zu lernen ist, das hat sein passionierter Kritiker doch nicht in sich und aus sich selbst zur Verfügung.

Ein solcher Denker, Genie des Kopfes und des Herzens muss Nietzsche anziehen. In der Tat lässt er, nachdem er ihn einmal für sich entdeckt hat, von der Auseinandersetzung mit den Positionen Pascals über Gott, Welt und Mensch nicht mehr ab. Freilich hat Nietzsche seine spezifische Perspektive: Pascal sub specie fidei christiani, id est: moralitatis.

Das Gespräch mit Pascal ist insofern besonders interessant, als der Athe-ist, welcher Nietzsche ist und sein will/muss, die Verachtung seines Gegen-spielers auf sich lasten spürt, die er im Gegenangriff auf Pascals starke Über-zeugung, dessen ›Moral‹, abwehren will.

Die Auseinandersetzung ist zentral in den großen Fragestellungen Nietz-sches (Moral und Wille zur Macht, Nihilismus und der Mensch der Zu-kunft, tragisch-dionysische Interpretation und/als Veränderung der Welt) verankert und vermag in dreifacher Hinsicht weiterzuführen:

1) Sie deckt die starken Gegen-Überzeugungen Nietzsches auf. Die Rede vom »Atheisten und Antichristen« ist ein apologetisches Manöver und erzeugt Zerrbilder. Nietzsche aber ist, was er selbst zu betonen nicht unterlässt, Gegner »de rigueur«. Seine Attacke des Christentums dient deshalb, recht verstanden, der Selbstklärung christlichen Glaubens.

2) Die Aufzeichnungen zu Pascal dokumentieren besonders deutlich und m. E.. unmissverständlich Nietzsches Widerwillen gegen das Chris-tentum, gerade auch in dessen authentischer Form. Diesen Gegen-Wil-len hat er immer tiefer, voller, für ihn selbst zwingender zu interpretieren unternommen. Sein Geschmack (Instinkt) spricht gegen das Christen-tum. Nicht der Christ Pascal findet sein Interesse, sondern Pascal als Christ – als Symbol und Symptom des Christseins unter den Bedingun-gen der Moderne.

3) Die Auseinandersetzung mit dem Christentum hat ihren spezifischen Kontext; sie geschieht nicht um ihrer selbst willen, sie dient der Profi-lierung der Nihilismus-Problematik. Fern jeden freundschaftlichen oder wissenschaftlich-»objektiven« Diskurses sieht sich Nietzsche um der in seinem Sinne menschengerechteren Zukunft willen im Kampf mit dem christlich-nihilistischen Ideal von Mensch und Welt, mit der »Moral«,

deren Implikationen und Konsequenzen. Entschieden, so konsequent wie umfassend zielt er auf die Verwindung, d.h. die Einheit von Vollendung und Überwindung des Nihilismus.

Ich beschränke mein Thema im Folgenden auf einen Aspekt: Pascals Rede von Gott und Gnade, Offenbarung und Erlösung oder: Pascals Überzeugung von der grundlegenden menschlichen Angewiesenheit auf über-menschliche Hilfe, von Nietzsche problematisiert.[2]

Die Reflexion auf Pascals Glaubensoption im engeren Sinne, auf die christlichen Grundüberzeugungen, die im Folgenden teilweise rekonstruiert werden, bestärkt und vertieft Nietzsches grundsätzliche Wertung der Pascalschen Vernunftkonzeption (und was daraus folgt), dass sie im Grunde nur ein Beispiel (mehr) der in Europa dominierenden Denkweise sei, der von Nietzsche so genannten »moralischen Ontologie«; dies gilt auch von Pascals »coeur«, das, in den Netzen moralischer Grundentscheidungen aufgehängt, darin gefangen bleibt und damit Nietzsches Ziel der »großen Vernunft« (des Leibes) nicht entsprechen kann – worauf freilich Pascal auch keinen allzu großen Wert gelegt haben würde.

Pascals leidenschaftliche Apologie des Christentums, seine Reflexionen über Gott, Religion, Erlösungsbedürftigkeit des Menschen, über Offenbarung und gnädig-trostvolle Zuwendung Gottes zum Sünder, sind für Nietzsche vor allem deshalb von großem Reiz, weil sie deutlich zeigen, worauf es dem Antipoden ankommt: Das Christentum ist gerade da, wo es logisch und existentiell ernst genommen wird, unübersehbar eine Gestalt moralischen, selbstwidersprüchlichen, weltverleumderischen Willens zur Macht. So kann er sogar zu der frappierenden, an die Einschätzung Jesu gemahnenden Aussage über Pascal kommen, »dieser tiefste Mensch der neueren Zeit«[3] hätte ein Jahrzehnt mehr leben sollen, dann hätte er vielleicht anstelle der Jesuiten sein eigenes Christentum totgelacht – ja, er hätte doch wohl besser seinem Leben ein Ende gesetzt als die Apologie des Christentums verfasst:

> »Wenn man sich abschafft, thut man die achtungswürdigste Sache, die es giebt, – die Gesellschaft hat mehr Vortheil davon als durch irgend welches Leben in Entsagung, Misère und Selbstverachtung, gleich dem Leben Pascals [...] Ich würde glauben, dass Pascal durch eine [tätige] Selbstwiderlegung Pascals [Selbstmord, zum Zeugnis der Selbstwidersprüchlichkeit und Unlebbarkeit der vertretenen Positionen] mehr genützt hätte als durch seine Apologie des Christenthums, den ›Pascalisme‹ ...«[4]

Nietzsche hat sich gleichwohl von der Miserabilität Pascals nicht abschrecken lassen und sich formal wie inhaltlich einlässlich mit ihm befasst: wie er arbeitet, argumentiert, was er erreichen will; welche inhaltlichen Schwerpunkte der apologetischen Arbeit es gibt, was sie bedeuten und worauf sie in Person und Denken, Denkendem und Gedachtem schließen lassen.

Den »Hauptfehler« Pascals, seinen »Selbstbetrug«, sieht Nietzsche in einer Grundfigur der Argumentation, die nach seiner Meinung so voraussetzungsreich wie unreflektiert ist: »[Pascal] meint zu beweisen, dass das Christenthum w a h r ist, weil es n ö t h i g ist«; er war aber »nicht vorsichtig genug, er w o l l t e beweisen!« und unterschlägt, dass er schon von christlicher Prädisposition aus[geht], also schon voraussetzt, was doch erst zu erweisen wäre und was nachhaltigem Zweifel ausgesetzt bleibt[5]:

> »das setzt voraus, dass eine gute und wahre Vorsehung existirt, welche alles Nöthige auch wahr schafft«.

Was Pascal als passionierter Apologet des Christentums voraussetzt, erhebt Nietzsche zum philosophischen Problem. Selbst wenn es, argumentiert er, die Vorsehung gäbe, wäre gar nicht zwingend anzunehmen, dass zugleich auch wahr, was nötig ist; es könnte durchaus »nöthige Irrthümer« geben. Im Übrigen könnte, was als nötig erscheint (das Christentum), auch in sich eine (nützliche oder schädliche) Täuschung sein:

> «Die Nöthigkeit könnte nur so erscheinen, weil man sich an den Irrthum schon so gewöhnt hat, dass er wie eine 2te Natur gebieterisch geworden ist.« (a.a.O.)

Der Beweis »wahr, weil nötig« für die Wahrheit des Christentums ist aus Nietzsches Perspektive also hinfällig. Das Christentum ist damit zwar nicht widerlegt, was eben gar nicht Nietzsches Optik ist, aber Pascals Argumentation ist in dieser Hinsicht brüchig.

Pascal freilich wäre von Nietzsches Einwänden kaum überzeugt; das Herz, das die ersten Prinzipien einsieht, übergreift und übersteigt derart rationale Überlegungen. Aber selbst wenn die Wahrheit des Christentums auf Grund äußerer Argumente fraglich wäre, so würde auch das einen Pascal nach Nietzsches Meinung kaum anfechten, denn seine spezifische Klugheit und/als Feigheit[6] rate es ihm an, Christ zu sein, selbst wenn der Gegenbeweis gegen den christlichen Glauben nicht geführt werden könne. Mit folgenden Worten, die Pascals Christentum vom hedonistisch orientierten, »opiatischen« Christentum des 19. Jahrhunderts abheben, charakterisiert Nietzsche das berühmte Argument du pari, das als »Wette« bekannt gewordene Stück der Pensées:

> »Gesetzt selbst, dass ein Gegenbeweis des christlichen Glaubens nicht geführt

werden könnte, hielt Pascal in Hinsicht auf eine furchtbare Möglichkeit, dass er dennoch wahr sei, es für klug im höchsten Sinne, Christ zu sein. Heute findet man zum Zeichen, wie sehr das Christenthum an Furchtbarkeit eingebüsst hat, jenen andern Versuch seiner Rechtfertigung, dass, selbst wenn es ein Irrthum wäre, man zeitlebens doch den großen Vortheil und Genuss dieses Irrthums habe[...]«[7]

Mag ihn auch die Argumentation selbst nicht überzeugen und eines Pascal unwürdig erscheinen, dessen tiefe Ernsthaftigkeit, dessen Ringen sind jedenfalls weit überzeugender, eben christlicher im Ursprungssinne, als die Praxis zeitgenössischer Christentümer, in der man sich mit einem billigen Glauben zu herabgesetzten Preisen, einem sanften Moralismus begnügt, weil man nicht mehr die Kraft aufbringt »zum Suchen, Kämpfen, Wagen, Alleinstehen-Wollen« und damit auch nicht »zum Pascalismus, zu dieser grüblerischen Selbstverachtung, zum Glauben an die menschliche Unwürdigkeit, zur Angst des Vielleicht-Verurtheilten«[8], die immerhin zum Einsatz des ganzen Lebens – und »(m)an opfert immer...«[9] – motivieren. Pascal, der von Nietzsche so genannte Pascalismus, tut immer »das Äusserste«[10].

Schaut man auf die Inhalte, die Nietzsche bei Pascal unter seine m o r a l - u n d g l a u b e n s k r i t i s c h e Lupe nimmt, dann hat man es zwar wirklich mit den zentralen Themen, Problemen und Ideen Pascals zu tun, dies aber in klarer, gezielter und interessierter Abzweckung auf die Gegenbewegung, auf Ziele und Anti-Ziele, die Nietzsche so konsequent wie entschieden, teils aggressiv, verfolgt. Pascal, der ein authentisches, wenn auch menschlich, wie Nietzsche meint, ruinöses Christentum lebt und vertritt, gibt die willkommene Folie ab, die großen Fragen der Zeit in Hinsicht auf Religion, Glaube und Offenbarung, auf die Verhältnisbestimmung von Gott-Denken und Mensch-Sein zu entwickeln; das Formalobjekt ist jedes Mal »Moral«, Moral als Problem.

Als ein Problem im Problem macht Nietzsche die Rede vom »d e u s a b s - c o n d i t u s« aus, von dem Pascal im Anschluss an und in Übersteigerung von Jesaja 45,15 sagt, dass »er sich denen verbirgt, die ihn versuchen, und sich denen offenbart, die ihn suchen«. Schon früh äußert Nietzsche Misstrauen gegen eine solche Konzeption Gottes und damit gegen Pascals Glaubwürdigkeit in diesem Punkt; so heißt es etwa in der *Morgenröte* (1881):

»Über den ›verborgenen Gott‹ und über die Gründe, sich so verborgen zu halten und immer nur halb mit der Sprache an's Licht zu kommen, ist Niemand beredter gewesen, als Pascal, zum Zeichen, dass er sich nie darüber hat beruhigen können«[11].

Zwar gebe sich Pascal »so zuversichtlich, als ob er einmal mit hinter dem

Vorhang gesessen hätte«[12], aber in Wahrheit habe er bloß nicht die Kraft, sich einzugestehen, dass im Grund der verborgene Gott ein schweres moralisches Problem darstelle.

Wie ein Pascal und alle, die ähnlich wie er auf den offenbar-nichtoffenbaren Gott setzen, empfinden möchten, hat Nietzsche in einer eindringlichen Passage der *Morgenröte* an der eben schon zitierten Stelle unter der Fragestellung »Die Redlichkeit Gottes« gründlich problematisiert: Ein Gott der Güte, der, allwissend und allmächtig, eher ein grausamer Gott wäre, wenn er die Menschen in ihren Zweifeln allein lässt und dann noch bei einem »Sichvergreifen an der Wahrheit« schlimmste Folgen androht; ein Gott, dem es an Geist oder Beredsamkeit fehlt und der sich nicht klar mitzuteilen weiß, ja geradezu an seiner Unfähigkeit, sich den Menschen eindeutig, »wahrhaftig und deutlich« zu offenbaren, leidet, so dass die Menschen sich zum »Mitleiden mit dem leidenden Gott« gedrängt sähen[13] – ein solcher Gott, das Produkt einer degenerierenden Art von Menschen, in der jüdisch-christlichen Tradition bis in die feinsten Verzweigungen hinein logisiert, wird schließlich den Tod, das Ende des Christentums[14] bedeuten. Unbekümmert um solche Aussagen Pascals, die dieser Deutung widersprechen, interpretiert Nietzsche in diesen und ähnlich lautenden Überlegungen Pascal als einen verzweifelt-zweifelnden Denker, der sich den Bruch zwischen Wissen und Glauben, wie ihn die Selbstbewegung des Denkens im Laufe der Jahrtausende, zumal der letzten Jahrhunderte hervorgebracht und unübersehbar gemacht hat, nicht in seiner ganzen Härte und Irreversibilität eingestehen kann und fideistische bis offenbarungspositivistische Kunstgriffe zur Entschärfung, ja Verleugnung des entstandenen Problems und zur Rettung seines Gottes anwendet.

Hinter Nietzsches Abweisung des Gottes Pascals steht, dass er, durch immer neue Ausformulierung des zu Grunde liegenden Problems gestützt, strikt leugnet, was Pascal als ebenso wahr wie unbeweisbar voraussetzt: Offenbarung als göttlich-übermenschliche Wirklichkeit.

Da Pascal das Systemdenken eines Descartes (oder Thomas von Aquin) konsequent ablehnt, fehlen ihm die rationalen Mittel eines Gottesbeweises und einer entsprechenden Widerlegung des Atheismus: Er vertritt keine Konklusionsphilosophie oder -theologie, wo aus evidenten Prämissen in logischem Zwang bestimmte Resultate unausweichlich werden. Freilich wäre Denken im Sinn des Descartes'schen Systems vor Nietzsches Einwänden ebenso wenig gefeit.

Nietzsche insistiert im einen wie im anderen Fall, beim Gott der Philosophen (das Absolute, ipsum esse usw.) ebenso wie beim Gott der Offenbarung (Gott der Väter, Gott Jesu Christi usw.), darauf, dass jedes Mal ein moralischer Wille am Werk sei (sein müsse), um die Aussagen über Gott bzw. Offenbarung abzustützen; damit unterläuft er die gängige Gegenüberstellung philosophischen oder theologischen Gotteserweises und auch den Streit, ob ein Gottesbeweis möglich sei oder nicht. Alles Reden von Gott, Offenbarung, Gnade und Erlösung, vom Reich Gottes, Heil der Seele und ewigen Leben verrät – analog allem Reden von Geist, Vernunft, Denken, Bewusstsein, Seele, Wille – menschheitsgeschichtlich frühe moralische Wert-Urteile, die Herden-Perspektive, die ihrer Perspektivität als moralischer, d.h. weltverleumderischer und lebensfeindlicher, gar nicht ansichtig wird.

Die Kirche als Sammelbecken solcher Herdenansichten hat die antike Philosophie nach ihrer dekadenten Seite hin beerben können und übernommen; demgemäß bleibt sie »überall bei der Oberfläche stehen, bei Zeichen, Gebärden, Worten, Emblemen denen sie eine arbiträre Auslegung giebt: sie hat eine zu Ende gedachte Methodik der psychologischen Falschmünzerei«[15]. Pascal ist Apologet dieser Kirche; allenfalls treibt er das von ihr Gewollte noch auf die Spitze und lässt die geheime Logik umso deutlicher hervortreten.

Für Nietzsche ist nicht entscheidend, ob – sei es philosophisch, sei es theologisch – Gott be- oder erweisbar sei, vielmehr geht sein Interesse darauf aufzudecken, welcher Gott mit welchen Implikationen für den ihn bekennenden Menschen geglaubt, welcher für den jeweiligen Menschen bzw. Typus lebensbestimmend wird. Nietzsches Frage lautet also auch hier: Welcher Mensch sagt und tut »Gott«; wie wirkt sich das in seinem Leben aus: Leben erhaltend, lebensteigernd oder Leben verneinend?

> »Was ich am Christenthum bekämpfe? Immer nur Eins: sein Ideal vom Menschen, seine Forderungen an den Menschen, sein Nein und sein Ja in Hinsicht auf den Menschen« (14/750) – »Man soll es dem Christenthum nie vergeben, dass es solche Menschen wie Pascal zu Grunde gerichtet hat. Man soll nie aufhören, eben dies am Christenthum zu bekämpfen, dass es den Willen dazu hat, gerade die stärksten und vornehmsten Seelen zu zerbrechen.«[16]

Wie aber gelingt dies dem Christentum? Es pflanze ein Menschenbild, das den Lebenswillen verneinen lehrt und fordert, in die Herzen derer, die sich aus welchen Gründen immer nicht wehren können; es stelle ein bestimmtes Ideal – Symptom einer bestimmten Sorte Mensch, die sich aber nicht als spezifisch durchschaut – als das Ideal »geradezu für den Menschen überhaupt« dar, als »das Ziel, das Maass, die höchste Wünschbarkeit«:

> »Diese Aufrichtung eines Ideals war bisher die unheimlichste Versuchung, welcher der Mensch ausgesetzt war: denn mit ihm drohte den stärker gerathenen

Ausnahmen und Glücksfällen von Mensch, in denen der Wille zur Macht und zum Wachsthum des ganzen Typus Mensch einen Schritt vorwärts thut, der Untergang [...] Was wir am Christenthum bekämpfen? Dass es die Starken zerbrechen will, dass es ihren Mut entmuthigen, ihre schlechten Stunden und Müdigkeiten ausnützen, ihre stolze Sicherheit in Unruhe und Gewissensnoth verkehren will, dass es die vornehmen Instinkte giftig und krank zu machen versteht, bis sich ihre Kraft, ihr Wille zur Macht rückwärts kehrt, gegen sich selber kehrt, – bis die Starken an den Ausschweifungen der Selbstverachtung und der Selbstmisshandlung zu Grund gehn: jene schauerliche Art des Zugrundgehens, deren berühmtestes Beispiel Pascal abgiebt.«[17]

Pascal ist also ohne Zweifel einer dieser »Starken«, wie Nietzsche alle nennt, die individuell sind, um ihre Individualität wissen und ihr Ausdruck verleihen, die einen bestimmten Grad von Außerordentlichkeit und die »Souveränität des Einzelnen«[18] gegenüber der Masse, der Herde, den (Allzu-)Vielen aufweisen. Nietzsche hat lange mit dem Problem gerungen, wie es möglich sei, dass solche Starken den eigentlich Schwächeren unterliegen. Eine Antwort lautet: Der Sinn der Rache, geistiger Blutsaugerei, ins Geistige getriebenen, im langen Prozess der Geschichte nicht zuletzt im jüdisch-christlichen Kontext auf die Spitze getriebenen Ressentiments habe die Oberhand gewonnen und den Lebenswillen gerade der Starken untergraben. Das Prinzip der Selbstbeobachtung bis zur Selbstzerfleischung habe die Starken, die Großen, die Vielfältigen, die sich hier auf Grund ihrer inneren »Disgregation« der vielfältigen Antriebe in ihnen nicht zu wehren wissen, im innersten Kern ihrer selbst angegriffen; d.h. habe ihren spezifischen Willen zur Macht diskreditiert und umgelenkt.

Im Falle Pascals ist evident, dass und wie er das P r i n z i p   d e r   S e l b s t e n t w e r t u n g ,   d e r   S e l b s t v e r a c h t u n g   u n d   S e l b s t m i s s h a n d l u n g in seinem Leben und Glauben handhabt. Das Letzte ist für Nietzsche natürlich besonders interessant, weil hier der logische Christ Pascal die geheimen Unterströme christlichen Denkens, wie Nietzsche sie überall wittert, aber selten so klar zu greifen bekommt, bloßlegt.

Wie alle Religion, so ist auch das Christentum vor allem als » a l t é r a t i o n   d e   l a   p e r s o n n a l i t é «, als grundlegende Entfremdung der Person von sich selbst zu deuten. Auf einer frühen Stufe der menschlichen Entwicklung entstanden, können die Religionen im Grunde kaum mehr als eine »rudimentäre Psychologie«[19] ausbilden. Der in ihnen wirksame Grundvorgang ist eine Projektion eigenen Erlebens in eine Wirklichkeit jenseits der eigenen »starken und erstaunlichen Momente«, jenseits machtvoller Selbsterfahrung. Man rechnet sie nicht sich zu, sondern interpretiert sie als Überwältigung durch eine »jenseits« konzipierte »Wirklichkeit«:

»Der Mensch hat alle seine starken und erstaunlichen Momente nicht gewagt, sich zuzurechnen, – er hat sie als ›passiv‹, als ›erlitten‹ als Überwältigung concipirt:
die Religion ist eine Ausgeburt eines Zweifels an der Einheit der Person, eine altération der Persönlichkeit:
insofern alles Grosse und Starke vom Menschen als übermenschlich als fremd concipirt wurde, verkleinerte sich der Mensch, – er legte die zwei Seiten, eine sehr erbärmliche und schwache und eine sehr starke und erstaunliche in zwei Sphären auseinander, hiess die erste ›Mensch‹, die zweite ›Gott‹.«[20]

Die Geschichte der Moral und der Religion ist von dieser primitiven Psychologie gezeichnet. Auch noch »in der Periode der m o r a l i s c h e n   I d i o s y n - k r a s i e «[21] herrscht dieses Gesetz: Der Mensch legt sich in zwei Hälften auseinander – in den schwachen, sich selbst zugeschriebenen Teil seiner selbst und in den starken, die hohen, erstaunlichen, sublimen Zustände umgreifenden Teil, der einem Gott, einem Über-Menschlichen zugewiesen wird.
Was die Religionen insgesamt charakterisiert, das gilt natürlich auch für das Christentum; Nietzsche erwähnt es ausdrücklich:

»Auch der Christ legt seine Person in eine mesquine und schwache Fiktion, die er Mensch nennt und eine andere, die er Gott (Erlöser, Heiland) nennt auseinander –
Die Religion hat den Begriff ›Mensch‹ erniedrigt; ihre extreme Consequenz ist, dass alles Gute, Grosse, Wahre übermenschlich ist und nur durch eine Gnade geschenkt...«[22]

Ob und/oder wieweit Nietzsche mit solcher Charakterisierung im Recht ist, kann jetzt nicht diskutiert werden; unter Rücksicht konkreter Praxis und traditioneller Reflexionsansätze gibt es mindestens prima vista durchaus gute Gründe für seine Interpretation, die keineswegs willkürlich ist. Und neben Luther[23] ist es vor allem Pascal, der Nietzsche – über das bereits Gesagte weit hinauslangend – reiches Anschauungsmaterial für seine religions- und christentumskritischen Positionen bietet.
Der vorhin zitierten Nietzsche-Stelle korrespondiert beinahe unmittelbar diese von Pascal, wo er dem Glauben die Einsicht zuschreibt, dass »alles Schwache der Natur zugehört, alles Mächtige der Gnade«, so als hätte Nietzsche genau diese Passage Pascals im Blick gehabt, so als hätte Pascal so einen »Klugen« wie Nietzsche gemeint: Statt wie »die Klugen der Welt« die weltlichen Gegensätze zwischen Zweifelnden, die die Schwäche des Menschen betonen, und Erkenntnisgewissen, die die menschliche Größe herausstreichen, nur einem Subjekt, eben dem Menschen allein zuzuschreiben,

»lehrt uns der Glaube, beides in verschiedene Subjekte zu verlegen, so dass alles Schwache der Natur zugehört, alles Mächtige der Gnade, hierin besteht die erstaunliche und neue Vereinigung, die Gott allein uns zeigen und die er allein vollbringen konnte [...]« (Pascal, Gespräch mit Herrn de Saci, 1655).[24]

Dies ist – nach Nietzsche – rudimentäre Psychologie; Pascals Position gilt als Symptom einer angekränkelten, geschwächten Persönlichkeit und als Hinweis auf Christentum und Kirche (mit ihrer Rede von »Sünde«, »Erlösung« und »Gnade«) als korrumpierende Macht. Dem kirchlich-christlichen »Druck der asketischen E n t s e l b s t u n g s - M o r a l«[25] ordnet selbst ein so außerordentliches Individuum wie Pascal sich und seine im Grunde gesunden Instinkte der Macht, des Egoismus, der Liebeskraft, der Herrschsucht, natürlicher Ungerechtigkeit usw. unter[26]; er glaubt »an die Verderbniss seiner Vernunft durch die Erbsünde [...], während sie nur durch sein Christenthum ihm verdorben ist ...«[27].

Pascal übernimmt die Urteile der »Repräsentanten des Heerden-Instinkts«[28], der Priester und christlich-moralisch infizierten Philosophen: dass im Grunde »überall die Selbstsucht herrsche«, dass alles Sünde sei – theologisch systematisiert im Gedanken der Erbsünde (in protestantischem bzw. jansenistischem Sinne) – und dass daraus im Grunde die »(a)bsolute Verwerflichkeit des Menschen« resultiere, der Mensch also in Wahrheit zu keiner guten Tat, zu keiner wahren Erkenntnis, zu keinem verlässlichen Glücksverlangen fähig sei – ohne Gnade[29], ohne göttlich-übermenschlichen Zuspruch und ohne Offenbarung[30], ohne Erlösung von der Verstrickung in die allgegenwärtige und allbedrohende Sünde. In solcher Perspektive, die freilich nur die einer bestimmten Art Mensch ist, sich aber nicht als derart begrenzte zu verstehen weiß, wird nach Nietzsche alles, was Wert hat, angekränkelt, verdächtigt, verkehrt, zerbrochen; alle natürlichen Wertschätzungen werden auf den Kopf gestellt, aus dem Menschen wird schließlich »eine sublime Missgeburt«[31]. Der »R e i c h t h u m a n P e r s o n, die Fülle in sich, das Überströmen und Abgeben, das instinktive Wohlsein und Jasagen zu sich, was die großen Opfer und die grosse Liebe macht«[32] werden negiert, die natürlichen Instinkte, natürliches Verlangen, Wollen, Erkennen und Fühlen werden dem Menschen aus- oder schlechtgeredet, und zwar so, »dass der Mensch als werthvoll empfindet, was seinem Selbst entgegengeht«[33] und sich im Grunde nur dann bejahen kann, wenn er sich nicht bejaht, nämlich »wenn er sein Selbst einem andern Selbst preisgibt«[34], sei es der Nächste, sei es Gott oder was sonst zur »Selbstlosigkeit« zu verführen imstande sein könnte.

»Oh über die psychologische Erbärmlichkeit und Lügnerei, welche bisher in Kirche und kirchlich angekränkelter Philosophie das grosse Wort geführt hat!

Wenn der Mensch sündhaft ist, durch und durch, so darf er sich nur hassen. Im Grunde dürfte er auch seine Mitmenschen mit keiner anderen Empfindung behandeln wie sich selbst; Menschenliebe bedarf einer Rechtfertigung, – sie liegt darin, dass Gott sie befohlen hat. –
Hieraus folgt, dass alle die natürlichen Instinkte des Menschen (zur Liebe usw.) ihm an sich unerlaubt scheinen, und erst, nach ihrer Verleugnung, aufgrund eines Gehorsams gegen Gott wieder zu Recht kommen... Pascal, der bewunderungswürdige Logiker des Christenthums, gieng so weit! man erwäge sein Verhältniss zu seiner Schwester, p. 162: ›sich nicht lieben machen‹ schien ihm christlich.«[35]

Der Selbsthass bzw. die Rede davon bei Pascal ist sprichwörtlich; Nietzsche bezieht sich durchaus auf einen realen Sachverhalt: le moi est haissable...[36] Dieses selbst- und fremdabwertende Ich, wie es Pascal vertritt, züchtet in sich, als Tribut an die verdrängten Triebe, ein unbändiges Verlangen nach Aufwertung, die es freilich sich selbst nicht verschaffen kann. Auf dem Umwege über Gott, Offenbarung und Erlösung, im »grosse(n) Drama der Verzweiflung und der Gnade«[37], freilich auf der Basis rein fiktionaler Weltauslegung, eignet es diese sich an – um den Preis der Verleugnung seiner natürlichsten Impulse, um den Preis des Verlustes von Selbst-Verwirklichung im Sinne der Entfaltung, Ent-Fesselung und Frei-Setzung eigenster Kräfte und Potentiale. Das freilich ist für Nietzsche Ausdruck höchster und unüberwindlicher Dekadenz: »›Selbstlosigkeit‹ – das décadence-Prinzip, der Wille zum Ende«[38].

Für Nietzsche ist das Christentum die Fest-Stellung eines bestimmten Lebens- und Menschenideals, als dessen Gegner er sich versteht. In Pascal hat er das schönste Beispiel für sein Urteil über das Christentum insgesamt; es ist zugleich das jammervollste, weil die Bindung Pascals an die christlich-moralische Weltauslegung seine individuelle Kraft aussaugt. Pascal übernimmt in ebenso faszinierender wie erschreckender Konsequenz die tragenden Überzeugungen des Christentums seit Paulus: Sofern er keine Abstriche an der Substanz des geforderten Glaubens macht, ist er redlich; zugleich aber ist er auch unredlich, weil er, so Nietzsche, nicht die Kraft aufbrachte, das Christentum, seine absurden Dogmen und Begriffsgespinste, hinter sich zu bringen, obwohl er doch ein Gespür für die tiefste Unmoralität des deus absconditus hatte.

Nietzsche ist nicht primär an den Glaubensinhalten interessiert, denen Pascal sich mit Passion existentiell hingibt, vielmehr ist er darauf aus, in dem von Pascal mit letzter, klarer, heller Logik vollzogenen und reflektierten Glauben die ihn bedingende Moral aufzudecken und in ihrer Gefährlichkeit zu entdecken wie bewusst zu machen.

Nietzsches Kritik ist treffsicher. Wie Nietzsche das Christentum – das er durchaus als starken Gegner achten konnte, wie sich nicht zuletzt in seinem Fluch auf das Christentum zeigt – insgesamt vorwiegend als d a s Paradigma abendländisch-moralischer Verdorbenheit taxierte und untersuchte, so sucht er auch in Pascals Leben und Denken vorwiegend die Momente auf, die Ausdruck dieser für ihn menschenverachtenden, Größe verhindernden, Leben und Lust am Leben vergällenden Moralität sind. Er weist unter Rückgriff auf im Grunde nur wenige Stellen in den Schriften Pascals die durchgehende Fixierung dieses großen Denkers und Christen auf solche Moralität nach. So sehr er daher einerseits Pascal als Person und als Philosophen hoch schätzt, so sehr lehnt er ihn wegen seiner Verhaftung an die christliche Moralität, die er aus jedem tragenden Glaubensmoment der Pascalschen Christlichkeit herauszieht (Sünde, Verlorenheit, Gnade, Erlösung, Offenbarung, Wahrheit), entschieden ab: Pascal bzw. der Pascalismus ist, wie wir hörten, bei aller Nähe in der Denkweise wie in der Souveränität der Einzelheit (großes Individuum mit eigenen Perspektiven), Nietzsches »untersten« Instinkten im Grunde zuwider. Deshalb ist Rivalität mit Pascal im strengen Sinne nicht möglich, aber er anerkennt ihn als einen seiner maßgeblichen Gesprächspartner.[39]

Nietzsche sieht sich durch die Begegnung mit Werk und Lebenszeugnis Pascals außerordentlich bereichert – zur vertieften Diagnostik des Christentums. In ihm begegnet er auf der Höhe der Modernität einem Denker des Christlichen in seiner Reinform – in der Form, in der er es nicht akzeptieren kann, um seiner eigenen, anderen Wertschätzungen des Lebens willen.

Die Kritik der Pascalschen Optionen über die Beziehungen zwischen Gott und Mensch ist, von gewissen, nur Pascal zuzuschreibenden Momenten abgesehen, primär eine Kritik der herrschenden christlichen »Moral«, wie sie sich überall spiegelt und realisiert: in Dogma und Lehre ebenso wie in Liturgie und Alltag. Aus dieser Sicht sind jedenfalls »Christen« im Gespräch mit Nietzsche erst am Anfang.

(29. 05. 2000)

---

[1] Franz Overbeck, Über die Christlichkeit unserer heutigen Theologie (¹1873), Darmstadt 1974 (= Reprografischer Nachdruck der 2., um eine Einleitung und ein Nachwort vermehrten Auflage, Leipzig 1903), S. 45f. – In auffallender Anlehnung daran Nietzsche in der Morgenröte 64 = KSA 3, S. 63.

[2] Die hier nicht behandelten anthropologischen und moralphilosophischen Aspekte sind in einem umfangreicheren Artikel als Beitrag zu einem Tagungsband einer

von Gotthard Fuchs und Ulrich Willers veranstalteten Tagung der Akademie Rhabanus Maurus, Wiesbaden/ Naurod (1997) ausgeführt, der 2000/2001 erscheinen soll; für die hier nicht zu leistenden Nachweise sei auf diesen Fundort verwiesen.

[3] KSA 14, S. 346

[4] F. Nietzsche, KSA 14, S. 430

[5] KSA 9, S. 366, 355

[6] s. KSA 13, S. 462f. 7 KSA 12, S. 138

[8] ebenda

[9] KSA 13, S. 463

[10] KSA 9, S. 355

[11] KSA 3, S. 84f.

[12] ebenda

[13] ebd.; cf. 5/72f.

[14] Vgl. dazu Ulrich Willers, Destruktive Demontage oder Analyse der Wirklichkeit? Friedrich Nietzsches Rede vom finis christianismi, in: M. von Brück, J. Werbick, Hrsg., Traditionsabbruch – Ende des Christentums? Würzburg 1994, S. 27-54

[15] KSA 13, S. 333

[16] KSA 13, S. 27

[17] KSA 13, S. 27f.

[18] KSA 12, S. 487

[19] KSA 13, S. 306f.

[20] KSA 13, S. 306f.

[21] KSA 12, S. 527

[22] KSA 13, S. 307

[23] cf. KSA 12,12, S. 306

[24] Schriften zur Religion, Hrsg. von H. U. von Balthasar, Einsiedeln 1982, 32-47, hier: 45

[25] KSA 12, S. 530

[26] cf. z. B. KSA 12, S. 531

[27] KSA 13, S. 188

[28] KSA 12, S. 487

[29] cf. KSA 9, S. 374

[30] cf. KSA 12, S. 539

[31] KSA 5, S. 83

[32] KSA 12, S. 530

[33] ebenda

[34] ebenda

[35] KSA 12, S. 530f.

[36] cf. z. B. 3,63, S. 77f.

[37] KSA 9, S. 344; cf. 369, 379

[38] KSA 6, S. 426f.

[39] cf. z. B. KSA 2, S. 533 f.; 9, S. 585

Karl Barth nach dreissig Jahren

Religionsphilosophische Überlegungen zu seinem offenen Erbe

Harald Seubert

Hans Maier zu Ehren

Der vorliegende Aufsatz wurde anlässlich der Emeritierung von Staatsminister a.D. Prof. Dr. Drs. h.c. mult. Hans Maier im Juli 1999 im Schülerkreis vorgetragen. Er reflektiert also auf Barth in einem religionsphilosophischen, dem Programm Guardinis verpflichteten Gesprächszusammenhang. Daraus resultiert eine Spannung, die Möglichkeit und Unmöglichkeit gegenwärtigen Christseins auch in der Sache auszumessen sucht, denn Barths Radikalität nimmt bereits früh die Auflösung des Kultus in einen Interpretationshorizont von Kultur (J. Taubes) zurück, und er antwortet insofern von verschiedenen Seiten den Miseren des späten 20. Jahrhunderts. Wer immer sich von diesen Aporien ins Neue entfernen will und die Einrede Nietzsches, des 'Wahrsage-Vogels Geist' im Sinn hat, wird Barths Fragen reflektieren müssen.

Der Abstand von gut dreißig Jahren, die Dauer einer Generation, erlaubt es noch von Zeitgenossenschaft zu sprechen, und doch ist genug Zeit vergangen, um nach dem zu fragen, was von einem Denken bleibt und nach dem, was sich aus der Warte dieses Abstandes anders ausnimmt. Auf den ersten Blick bleiben die bewegenden Zeugnisse der letzten Jahre: Barth zählt nicht zu jenen systematischen Denkern, die gegen Ende des Lebens einer Radikalisierung folgen, wie etwa Karl Rahner: Es ist die Heiterkeit der späten Freundschaft mit Carl Zuckmayer auf den Höhen des Wallis,[1] (Barth suchte die Kontaktnahme nach der Lektüre von Zuckmayers Autobiografie » ...

als wär's ein Stück von mir«) im Zeichen der Milde und Entschiedenheit der Mozartschen Musik,[2] jenes befreiten Engelsgesangs, dem er gegenüber der Bachschen Erhabenheit – nicht ohne gewisse Einseitigkeiten – den Vorzug gab, es sind schließlich die – unabsichtlichen letzten – Worte aus einem Telefonat mit dem Lebensfreund Eduard Thurneysen: »Ja, die Welt ist dunkel. Und dennoch es wird regiert, Gott sitzt im Regimente«, gesprochen im Dezember 1968 am Vorabend seines Todes.[3] Und bewegend bleibt, wie sich das große Werk zum Schweigen sammelt: vor der Musik, doch nicht nur vor ihr: seine letzte akademische Vorlesungsstunde widmete er der Liebe als der Krone aller Theologie, welche damit in die Praxis hinüberweist.[4]

Für die Predigt in dieser Zeit: Das war die Stoßrichtung der ersten Auflage des *Römerbriefes* gewesen – und sie blieb es bei allen Veränderungen des Ansatzes. Wie der beeindruckende Bau der *Kirchlichen Dogmatik*, eine Lebensarbeit, zu der Barth freilich erst nach und nach und auf einem nicht weniger eindrucksvollen Weg gelangte, Gestalt gewann, das ist eine andere, ungleich schwieriger zu beantwortende Frage.

Beidem, den großen Leitlinien und den Veränderungen in Barths Theologie, sollen die folgenden Skizzen gewidmet sein. Dies soll geschehen, indem das Proprium aus dem verfremdenden Blick einer religionsphilosophischen Fragestellung aufgewiesen wird; und obwohl die großen Radikalen der Zwanziger Jahre – Barth auf seine Weise ebenso wie Heidegger – dem vermeintlichen »compositum mixtum« der Religionsphilosophie eine scharfe Absage erteilt haben würden.

Zunächst (1) wende ich mich dem epochalen *Römerbrief*-Kommentar aus dem Jahr 1919 zu, sodann (2) skizziere ich die gedankliche Umakzentuierung hin zu dem großen Ja! der *Kirchliche(n) Dogmatik*, dann (3) betrachte ich ein meines Erachtens bis heute besonders zentrales Problem: das Verhältnis von Rechtfertigung und Recht, Brüdergemeinde und Bürgergemeinde in Barths Darlegung, wende mich (4) dem Wunderlich-Wunderbaren in Barths Altersstil zu, um dann (5) in einer abschließenden Überschau einige zentrale religionsphilosophische Implikationen von Barths Denken zu behandeln – wohl wissend, dass man sich, so fragend, in einer 'contradictio' bewegt, aber in der Erwartung, dass gerade sie fruchtbar werden könnte.

1. Barths *Römerbrief* und sein Umfeld

1. Suchte man die großen Tendenzen der Zwanziger Jahre dieses Jahrhunderts ähnlich reliefartig namhaft zu machen, wie Friedrich Schlegel einst

mit den Jahren um 1790 verfuhr, so sähe man sich unweigerlich auf Barths *Römerbrief*-Kommentar aus dem Jahr 1919 (Erste Auflage) verwiesen. In seiner expressiven Wucht, seinem Anspruch, seiner atavistisch anmutenden Neuheit gehört das Werk unter anderem neben *Sein und Zeit*«, die erste Auflage von Ernst Blochs *Geist der Utopie*, deren Beschreibung eines alten Kruges wie mit einem Schlag aus der Künstlichkeit der Kulturphilosophie und -phänomenologie eines Georg Simmels herausspringt[5], und es gehört neben die großen fragmenthaften Beiträge zur Wertefrage von Max Scheler. Nicht minder gehört es in den Zusammenhang einer Abstoßung von der Kultur, der Alliance von Bürgerlichkeit und Religion. Jacob Taubes', des Weltrabbiners, Umschreibung Vom Kult zur Kultur trifft gerade den Impetus des *Römerbriefs*, sein großes Nein! gegen den Gedanken einer kulturtheoretisch zu stiftenden Brücke zwischen Gott und Mensch.[6] Und es gilt in der Interpretation nicht zu übersehen, wie das doxologische Ja!, das Barths *Kirchliche Dogmatik* schrittweise entfalten wird, auf diesem Nein! beruht. Sehr scharf hat sich derselbe Jacob Taubes in seinen Römerbrief-Vorlesungen wenige Wochen vor seinem Tod dieser Grundstellung angeschlossen und Barths Gedankengang in der folgenden Weise metaphorisch verdichtet: »Es muss etwas geschehen von der anderen Seite, dann sehen wir, wenn uns der Star gestochen ist, sonst sehen wir gar nichts.«[7]

Gott ist im Sinn des *Römerbriefes* auf die Welt im Sinn einer Krisis, eines Widerspruchs gegen sie, bezogen – und nicht anders. »Gott aber ist im Himmel und du auf Erden! Und gerade das Nicht-Wissen dessen, was Gott weiß, ist das Wissen von Gott, der Trost, das Licht, die Kraft, das Wissen der Ewigkeit, mit dem wir in der Zeit sind.«[8.] Ganz und gar kontrapunktisch zu Heidegger, und sich doch in der Radikalität mit ihm berührend, zeichnet Barths *Römerbrief* die Konturen einer »Todeslinie«, die idealistisches und gründerzeitliches Selbstbewusstsein gleichermaßen ad absurdum führt: Er setzt sie mit dem Kreuz gleich. Dem frühen Barth bleibt es ein Skandalon, ein Ärgernis und eine Torheit.

Denn am Kreuz brechen sich nicht nur die Allianzen der Kultur, hier bricht sich auch die Ethik. Sie kann ihrem Ursprung nach nur Buße sein, und sie teilt das Dilemma mit der Theologie, dass sie ihre Zielbestimmung im »soli deo gloria« hat, dass aber der Gott, den sie betrachtet, unanschaubar bleibt, so dass ihm kein Laetare gesungen werden kann.

Der junge Barth denkt, sehr im Unterschied zum späteren, nicht eigentlich christologisch. Er denkt die Kontingenz der Lebensgeschichte Jesu, an die sich Gott gebunden hat, das 'ein für alle Mal' (ephapax), als eine Urgeschichte. Und er folgt – gerade ohne Ordination als Extraordinarius für reformierte Theologie an die Göttinger Universität berufen – in der Zweiten Auflage des *Römerbriefes* (1922) dieser Linie konsequent weiter, wenn er die von Overbeck, dem Freund Nietzsches, behauptete Grundkonstellation der Kirchengeschichte als eines Abfalls von der Urgeschichte in Christus für sich übernimmt. Dass Barth einmal eine kirchliche Dogmatik schreiben würde, wissend, dass die Erwartung einer narrativen biblischen Dogmatik naiv sei, war seinerzeit noch nicht zu erwarten. Vor allen Katastrophen des Jahrhunderts formuliert der junge Barth Sätze, die noch mehr ausdrükken, als die Nötigung, die Kirche solle in die Katakomben zurückgehen. Ihr müsse die Katastrophe unvermeidlich sein, denn die Vorläufigkeit sei für sie bestimmend. Und vor der Welt könne sie keinen Standpunkt beziehen, ohne die Absicht, ihn preiszugeben, wenn 'taktische Zwecke' erreicht seien. Dieses 'larvatus prodeo' ist beides: ein radikaler Hinweis darauf, dass das Reich Gottes nicht von dieser Welt ist, und eine Mahnung gegenüber der Korrumpierbarkeit der Kirche vor dieser Welt. So treffend diese Bemerkungen scheinen, wird man ein Jahrhundert und einige Krisen später gleichfalls finden, dass sie keinesfalls unproblematisch sind.

Festzuhalten bleibt, dass die scharfe Grenzziehung zwischen den Erfordernissen des Neins Gottes und der Engagiertheit in einem bestimmten Sinn des jungen Barth eigene Ansätze zum religiösen Sozialismus konterkarierten. Dass im religiösen Sozialismus kulturprotestantisches Erbe weiterwirkte, sah er nach dem Tod des von ihm verehrten jüngeren Blumhardt aus Bad Boll im Jahr 1919 deutlich, und sein Auftritt auf der Tambacher Konferenz der religiös Sozialen gab ganz in diesem Sinn zu Protokoll:

>>Ja, Christus zum soundsovielten Male zu säkularisieren, heute z.B. der Sozialdemokratie, dem Pazifismus, dem Wandervogel zu liebe, wie ehemals den Vaterländern, dem Schweizertum und Deutschtum, dem Liberalismus der Gebildeten, das möchte uns allenfalls gelingen. Aber nicht wahr, da graut uns doch davor, wir möchten doch eben Christus nicht ein neues Mal verraten!<<[9]

Dem ist in Parenthese hinzuzufügen, dass Barth, sehr im Unterschied zu Tillich, 1933 keine >>Idee des christlichen Sozialismus<< mehr anerkannte, aber auch dies im Unterschied zu Tillich, nicht um seines Beamtentums willen die SPD-Mitgliedschaft ruhen ließ, so wie das die SPD-Führung selbst ihren Beamten angeraten hatte. Die Larvatio kann nicht Sache der Politik sein, das wird Barth im Sinn einer Scheidung der Geister immer wichtig bleiben. Dies ist ein Zeichen von Barths großer persönlicher Integrität, das im Umfeld von Barmen auf die theoretische und praktische Bewährungsprobe gestellt wird.

Bei aller radikalen Abständigkeit – die zeitlichen Einflüsse auf den *Römerbrief* sind evident: Tief ist vor allem in die zweite Auflage des Buches die Existenzdialektik Kierkegaards eingedrungen, die Grundstimmung von

Entweder-Oder und von *Furcht und Zittern*; der Rayon, der Barth prägt, wäre weiter zu fassen auf jene Tendenzen, die Hans Urs von Balthasar in seiner *Apokalpyse der deutschen Seele* resümieren wird, als großen Widerhalt zur »christlichen Weltanschauung« und als das Ringen mit ihr. Neben Nietzsche sind hier vor allem Dostojevskijs heilige Narren und Scheiternde an der Torheit des Reiches Gottes als prototypische Gestalten zu nennen. Doch jene Prägungen haben das Unspezifische von Einflüssen, die allzu offenkundig in der Luft lagen. Wesentlicher und Frucht bringender scheint es mir, aus dem Abstand Barths frühes Fanal im Zusammenhang der jüdischen Religionsphilosophie der Zeit zu durchleuchten. Hier geht es nicht um Einflüsse, es geht um parallele Verständigungen, zu denen sich solche Einflüsse kondensierten. Zu denken ist zunächst an den Denk-Weg, den Rosenzweigs *Stern der Erlösung,* konzipiert in den Schützengräben von Makedonien, gegangen ist, von der jüdisch-deutschen Symbiose mit der idealistischen Philosophie, durch einen radikalen Zweifel hindurch in jene Offenbarung, die im jüdischen Kultus und der exegetischen Tradition des Rabbinats Heimstatt gefunden hat. Es ist ein Weg von der Reflexion und Dirimtion zur »Einfalt«, ein Weg im Sinn der Aufspannung des ersten und letzten Wortes von Rosenzweigs Werk: *Vom Tod zum Leben* (Buch – und Nicht-mehr-Buch). Oder zu denken wäre an Walter Benjamins messianische Anfänge, in seinem Theologisch-politischen Fragment des Jahres 1921, in dem es unter anderem heißt: »Erst der Messias selbst vollendet alles historische Geschehen, und zwar in dem Sinne, dass er dessen Beziehung auf das Messianische selbst erst erlöst, vollendet, schafft.«[10] Durch den »Haarriss« des alten Äons dringe das neue ein. Solche zugleich hochspekulativen und tief aporetischen Gedanken, die nach dem Ersten Weltkrieg in der Luft lagen, können ihr sachliches christliches Analogon nur in einer theologia crucis finden, die sich in dem Paradoxon hält. Formuliert Benjamin doch: Philosophie, »wie sie im Angesicht der Verzweiflung einzig noch zu verantworten ist, wäre der Versuch, alle Dinge so zu betrachten, wie sie vom Standpunkt der Erlösung aus sich darstellten (...). (Dies) ist das Allereinfachste, weil der Zustand unabweisbar nach solcher Erkenntnis ruft, ja weil die vollendete Negativität, einmal ganz ins Auge gefasst, (sich) zur Spiegelschrift ihres Gegenteils zusammenschiesst. Aber es ist auch das ganz Unmögliche, weil es einen Standort voraussetzt, der dem Bannkreis des Daseins entrückt ist.«[11]

Es ist nicht unwesentlich zu sehen, dass in den Römerbrief-Kommentaren auch die Spur Nietzsches sehr tief eingegangen ist: Wenn von Overbeck – und Jacob Burckhardt her – gezeigt wird, dass die Geschichte für sich ziel- und sinnlos verläuft, und erst in ihrer Orientierung auf das »ephapax« in Christus sich ihre Koordinaten sammeln (in seiner Frankfurter Habilitationsvorlesung hatte der junge Adorno die Weltgeschichte a l s Naturgeschichte interpretiert, durchaus in diesem Sinn), so war es die Stimme Nietzsches, mit der Barth die Lehre von der seufzenden, leidenden Kreatur in Römer 7 und 8 verdeutlichte.

»und wie nicht wir die Menschen sind, nach denen die gesamte Natur sich zu ihrer Erlösung hindrängt: viel schon, dass wir überhaupt einmal ein wenig mit den Köpfen heraustauchen und es merken, in welchen Strom wir tief versenkt sind. Und das gelingt uns nicht mit eigener Kraft.«[12]

Um dem Ansatz des Barthschen *Römerbriefs* gerecht zu werden, ist zu sagen, dass seine Radikalität überraschen muss. Immerhin war Barth von einem dezidiert liberalen Studienumfeld und aus der Nähe zu Ragaz und Kutter hergekommen. Es sind die deutschnationalen Töne der Liberalen, wie sie sich in der Anekdote, Kutter habe nach Kriegsausbruch den ganzen Tag hindurch »die Wacht am Rhein« gesungen, bekunden, die zum Auslöser für Barths grundsätzlichere Frage nach einer Selbstzerstörung der Kultur, mit Freud einem »Unbehagen in der Kultur«, das zum Krieg und der Entfesselung einer Todesmaschinerie treiben könne, führte.[13] Hinzu kommt die Frage nach dem Bruch der Äonen und der Andersheit des christlichen Glaubens vor der Welt. War doch im Konnex des Ersten Weltkriegs die Kirche »verwechselbar« geworden. In gewisser Weise ließ ihn dies zu seinem Vater, dem bibeltreuen Professor Fritz Barth, und seinem anti-liberalen Anfang zurückkommen, von dem der junge Student wegtendiert hatte, auf das Erbe Schleiermachers und der Selbstdenker in der Theologie hin, die er trotz einer zeitweiligen Prägung durch Wilhelm Herrmann so recht nicht fand.

2. Die Amphibolien von Barths Entwicklung zeigen sich, wenn man sie wie durch einen Spiegel betrachtet und dem Verhältnis zwischen Barth und Peterson nachgeht. Dabei sind Differenzen, Analogien und Einflüsse gleichermaßen zu konstatieren.

Über die persönliche Seite in den Göttinger und Bonner Jahren – ein schwankendes Verhältnis, das von Seiten Barths wohl immer von einem grundsätzlichen Wohlwollen bestimmt wurde (die Konversion änderte daran nichts, so schrieb Barth an Peterson noch am 22. 8. 1932 in durchaus anerkennendem Sinn: »Eine merkwürdige Randgestalt werden Sie ja in diesem Äon immer bleiben!«[14] – hat Barbara Nichtweiss in ihrer großen Peterson-Monografie (1991) Rechenschaft abgelegt. Dass es in Zwiegespräch und Briefwechsel zu einer intensiven theologischen Auseinandersetzung kam, dies kann man den von Nichtweiss mitgeteilten Zeugnissen immerhin entnehmen, und von daher lässt sich fürs erste auch die Vermutung bestätigen, dass Peterson Barth in einem nicht geringen Ausmaß beeinflusst habe. Die

Differenzen in Denkstil und -methode könnten freilich gravierender kaum gedacht werden: hier Peterson, als Epigrammatiker, fast schon Aphoristiker und dort Barth, der bereits in der gleichsam expressionistischen Phase des *Römerbriefs* ein großer Epiker ist. In der Sache ist die äußerliche Differenz gewiss durch den erst 1925 – also doch mit einigem Abstand – entwickelten Traktat: *Was ist Theologie?* markiert, der auf Karl Barths 1922 erschienenen Vortrag: *Das Wort Gottes als Aufgabe der Theologie* repliziert.[15] Ist es doch die Dialektik der Barthischen »dialektischen Theologie«, die Petersons scharfen Widerspruch findet. Man mag von Barths Satz seinen Ausgang nehmen: »Wir sollen als Theologen von Gott reden. Wir sind aber Menschen und können als solche nicht von Gott reden. Wir sollen beides, unser Sollen und unser Nichtkönnen, wissen und eben damit Gott die Ehre geben.«[16] Peterson glossiert diese Position mit dem Satz: »Das ist die Nemesis, die den Dialektiker erreicht, dass er vor lauter Ernstnehmen nicht zum Ernst kommt.« Und es wird weiter gesagt, dass die Dialektik, die damit freilich von Peterson – sehr im Unterschied zu Barths Verständnis – als die Verstrickung des Denkens in Antinomien aufgefasst (also eher im Kantischen Sinn ausgelegt) wird, am »Punktum des Glaubens« ihre Grenze findet: jenes Glaubens, »zu dem es wesentlich gehört, dass er Gehorsam ist.«[17] Zu ihm gehört damit auch die Bindung an das Dogma, an das Sakrament und an das Apostolat. Da Peterson als Historiker und Empiriker um deren Genesis weiß, kann er die Bedeutung der Kirche unterstreichen. Sie – nichts sonst freilich! – hat katechontische Bedeutung: die Kraft zur Aufhaltung des Antichrist. Peterson bemerkt unter anderem in seiner Abhandlung *Die Kirche* (1925): »Das Sakrament setzt ja nicht direkt die Inkarnation fort, sondern so, dass es eingesetzt ist. Und das Dogma setzt ja nicht direkt das Reden Christi von Gott fort, sondern so, dass es eine von Christus der Kirche übertragene Lehrgewalt gibt, in der das Dogma vorkommt. (...) Aber damit, dass das Dogma zum Reden Christi hinzugehört, ist dann auch das andere gegeben, dass das Dogma primär nicht in der Autorität gründet, wie sie Christus ist und hat, sondern in derjenigen, wie sie von Christus verliehen ist.«[18]

Das Reden von und aus Gott zu wollen, so wendet Peterson gegen die Barthsche Paradoxie ein – die aber auch die hermeneutische Position des frühen Bultmann trifft! –, das heißt, zu viel zu wollen: es bedeutete eine Verwechslung der Autorität von Christus mit der Autorität Christi selbst. Und deshalb sei die Verstrickung in das umdüsterte Schweigen des Nein! des ersten *Römerbriefes* unvermeidlich. Peterson sieht zugleich sehr scharf, dass daraus ein Mittelweg folgen könnte, dem er immer, und gerade im sakramentalen Zusammenhang, die schärfste Absage erteilt hat: der einer narrativen, nur erinnernden »Theologie«. Seine grundsätzliche Befragung dieses immer beliebter werdenden Genres ist bis heute ohne angemessene systematische Antwort geblieben.

In concreto impliziert Petersons Position, dass die Predigt sich im Sakrament vollenden muss, und dass es einen bruchlosen Übergang von der profanen Hermeneutik zur Hermeneutik heiliger Texte nicht geben kann (wie Peterson gegen Holl und Dilthey!) einwendet.[19] Die Schrift selbst rückt dann aber in einen Auslegungs-, Traditions- und Apostolatszusammenhang ein. Gegen das »sola scriptura« wendet Peterson wenig später, jedoch vor seiner Konversion zum Weihnachtstag 1930, und noch um einiges schärfer in seiner Vorlesung zum Johannes-Evangelium ein: »Nicht in der Schrift, sondern in Christus finden wir das Leben (...). Die Schrift ist nur »martyria«, aber nicht »zoe« für die Christen. Christus und die Schrift decken sich nicht einfach. Christus ist kein geschriebener Heiland.«[20] Da die Schrift der Auslegung bedarf und insofern diese Auslegung in dem sakramentalen Raum pneumatische Qualität haben wird (man denke an Petersons Rehabilitierung der Lehre vom mehrfachen Schriftsinn!), kommt es zu der berühmten Doppelperspektive in Petersons eigenem Römerbrief-Kommentar (Vorlesung 1925 und 1927/28), die eine eschatologische mit einer sakramentalen Auslegung zu verbinden sucht.

Das Sakrament besiegelt (es bezeugt nicht nur) die neue Seinsweise in dem Äon »post Christum natum«. Und dies manifestiert sich in der Kirche als einer Kirche aus Juden und Heiden. Auch hier sieht man die Konkretion in Petersons Deutung gegenüber dem Barthschen Römerbrief-Kommentar, der diese Differenz kaum explizierte. Er sprach eher in existenzphilosophischer Orientierung vom Menschen überhaupt, der unter die Todeslinie des Kreuzes gestellt sei. Peterson geht es hingegen um den Zusammenhang von Kirche und Israel. Wenn gesagt wird, dass die Kirche das »Wahre Israel« sei, so wäre sie doch ohne den Zeit-Ort des realen Israel gar nicht denkbar. Glaube ist Aufschein der Ewigkeit an einem konkreten historischen Zeitort. Und dies, dass Doxa und Dogma aufs engste zusammenzusehen sind, hat Peterson immer betont. Die These von dem Ende einer jeden Politischen Theologie nach Christus – wie hier nur zu erwähnen ist: die Achse von Petersons Auseinandersetzung mit Carl Schmitt – ist hier grundgelegt. Auch sie führt zu der spezifischen Klarheit, die Barth in Barmen erkennen lässt, und sie ist in Barths weiterer und engerer Schülerschaft – mit der einen großen Ausnahme Eberhard Jüngels – doch erstaunlich verkannt worden.

Was Barth Peterson verdankt, ist also, so kann nach dieser Skizze des seinerzeitigen geistigen Ortes von Peterson bemerkt werden, wohl dreierlei: die Einsicht in die Bedeutung und Konkretion des Dogmas, einer Lehr- und Glaubenstradition. Dies, die pistis nicht einfach narrativ als »Treue Gottes« (*Römerbrief*, erste Fassung) und nicht existential allgemein, sondern auch als Gehorsam zu fassen, gibt der *Kirchliche(n) Dogmatik* erst ihre labyrinthische Tiefe und jene Weite einer Säulenhalle, die sie auszeichnet.

Peterson, von Haus aus Historiker, hat die Theologie als Reflexion und Analyse begriffen. Dem ist Barth teilweise gefolgt: in seiner Aneignung des »fides quaerens intellectum« aus der Anselmischen Fassung des ontologischen Gottesbeweises, von welcher sogleich zu handeln sein wird. Die Kirchlichkeit der Barthschen Theolgie wäre ohne jene konkretisierende Einrede Petersons schwer vorstellbar. Die Verortung der Predigt in der Liturgie und im Sakrament hat der reformierte Barth freilich nie mitvollziehen wollen – oder können. Sprechend für die Verhältnisse ist die Aussage Petersons, des ganz und gar Bescheidenen, in einem Brief an Anselm Stolz vom 30. August 1933: »Die Hinwendung zum Dogma habe ich inauguriert, während Barth sich in diesem Punkte (wie er mir gesagt hat) von mir hat beeinflussen lassen.«[21]

Wenn man den Denkweg Barths vom dialektischen Nein des *Römerbriefs* zum symphonischen Ja der *Kirchliche(n) Dogmatik* nicht ohne Peterson denken kann, dann mag man sich noch einmal auf dessen »Theologischen Traktat«: *Was ist Theologie?* zurückbeziehen. Dieser verdeutlicht, dass hier im Sinn einer »christlichen Weltanschauung« geredet wird, die – wie in paralleler Weise und vom Judentum her bei Franz Rosenzweig geschehen – in philosophos (»gegen die Philosophen«) zielt, und außerhalb der Prägungen und Tabuierungen der Moderne ihre Verständigung zu leisten versucht.

> »Die Theologie ist die erste Wissenschaft. Das ist nicht in der Weise menschlichen Hochmuts gesagt (...). Wir kennen alle die mittelalterlichen Kreuzigungsdarstellungen. Zu Füßen des Kreuzes liegen die Knochen des toten Adam. Das kann ein Symbol für das Wesen der Theologie sein. Adam ist gestorben, und mit ihm ist die Zeit alles bloß menschlichen Fragens nach Gott und alles bloß menschlichen Redens von Gott vergangen. Gott hat geredet in seinem Sohn. Das ist es, was das Dogma sagt (sc. aber eben nicht bloß gedächtnishaft, erinnernd!) und wovon allein die Theologie lebt.«[22]

In der späten Baseler *Einführung in die Theologie* erkennt man gleichsam die Summe dieser Wendung Barths, die auch eine Wendung zu Kirche und Dogma ist. Dort wird bemerkt, dass Theologie menschliche Beantwortung des göttlichen Wortes sei, es wird aber hinzugefügt, dass sie niemals den Bereich der ersten Zeugen erreichen kann. Sie ist verwiesen auf das, was dasteht, wie es durchaus lutherisch heißt.[23]

Biografisch war der Weg zur *Kirchliche(n) Dogmatik*, dies sei hier nur angemerkt, freilich auch gekennzeichnet von der Lösung aus den Debatten und der Polemik, die seinem *Römerbrief* folgten und während deren Friedrich Gogarten ein genialischer, wenngleich wenig verlässlicher Kombattant war. Barth nannte die *Kirchliche Dogmatik* einmal die »Dame im Reifrock«. Doch viellleicht war sie mehr: ein eigentümlicher, nach oben hin offener, nach unten fest gegründeter Kathedralenbau in Zeiten, in denen gemeinhin keine Kathedralen errichtet werden. Ein Fünfundvierzigjähriger machte sich an das Werk, ein knapp Achtzigjähriger legte die Feder aus der Hand. Die spezifischen Bedingungen des »Opus magnum« bleiben nun nach einigen argumentationsanalytischen Hinsichten aufzuweisen.

2. Das große Ja. Auf die *Kirchliche Dogmatik* zu

1. Am Anfang steht der Befund, dass die Problematik der »fides quarens intellectum« zunehmend in Barths Denken Eingang findet. Dies geschieht zunächst auf den Fokus von Anselms *Proslogion* hin. Der entscheidende Gedanke, den Barth hier entnimmt und in dem Buch, das er nicht zu Unrecht für sein schönstes hielt, entwickelt, kann im Anschluss an Hans Urs von Balthasars Barth-Monografie so formuliert werden: Wer immer mit dem Namen Gottes in Berührung kommt, der berührt ihn nicht nur begrifflich, er kommt vielmehr von einer Begegnung mit Gott her. Hieraus ergibt sich der absolute Rechts- und Geltungsgrund des Satzes vom Widerspruch. Bezieht sich jener Grundsatz doch darauf, dass ein »solo intellectu« existierender Gott eine erwiesene Unmöglichkeit ist.[24] Daran erweist sich die Narrheit des Toren des Ersten Psalms, der spricht: »Es ist kein Gott.« Sagt er doch in seinem Herzen, was sich nicht denken lässt. Gewiss: Aus dem gedachten Wort »Gott« lässt sich nicht, wie die Einrede des Anselm-Gegners Gaunilo in widerlegender Absicht suggerieren will, Gottes Existenz deduzieren. Sehr wohl aber lässt sich daraus die Unmöglichkeit der Vermeinung gewinnen, es sei nur als ein Begriffswort zu nehmen. Diesen aufzuweisenden Grund zu leugnen, das hieße, die eigene menschliche »veritas creata« in Abrede zu stellen. Deshalb hat Barth je länger je mehr die Rationalität und Transparenz des Glaubens betont. »Der christliche Glaube sieht und weiß, woran er sich hält« – betont er. Dies liegt zwar in der Natur der Vernunft, doch in der Weise, dass die Vernunft damit auf ihre Grenzen stößt, auf ihr nicht mehr naturhaftes Sein.

Es ist dieser Grundgedanke, der die Denkform der Analogie für Barth außerordentlich bedeutsam machen wird, obgleich er sie als »analogia fidei« neu expliziert und sein Wort aus den Anfängen der *Kirchliche(n) Dogma-*

tik, dass die »analogia entis« »eine Erfindung des Antichrist« sei[25] im sanfteren Pfeifenrauch der späten Jahre abgemildert, nie aber zurückgenommen hat. Und wenn die t r i n i t a r i s c h e   S o u v e r ä n i t ä t Gottes materialiter wesentlich ist für Barths Wendung zur *Kirchliche(n) Dogmatik*, so ist es die Wiederentdeckung der Analogie gleichsam materialiter. Barths Wiedergewinnung der Analogie kann in ihrem begrifflichen Inneren als eine monumentale Wiederentdeckung des Prinzips der »fides quaerens intellectum« begriffen werden. Die Analogie der Geschöpflichkeit kommt als mögliche und ermöglichende Möglichkeit der unmöglichen Wirklichkeit der Sünde entgegen, sie befreit den Glauben, so dass er wissen, erkennen kann und darf. Der Mensch wird, bemerkt Barth, »durch Gottes Offenbarung zur Teilnahme an seiner Wahrheit herangezogen. Dass ihnen (den Menschen) das durch Gottes Offenbarung widerfährt, dass er ihnen das gibt, was es nicht gibt: in ihrer Geschöpflichkeit den Charakter einer Analogie zu sich selbst als dem Schöpfer – das darf nicht geleugnet werden.«[26] Eberhard Jüngel hat wie so oft kongenial und in einer klareren begrifflichen Bezugnahme auf die philosophische Tradition, als sie Barth eigen war, formuliert: »Die Analogie ist die ontologische Selbstermöglichung ihrer Erkennbarkeit.«[27]

Hans Urs von Balthasar trug dieser Denkweise seinerseits sehr präzise Rechnung, wenn er Barths »Analogie«-Begriff als den Kern einer Logik der Voraussetzung aufgefasst hat, »in dem Sinn, dass die eigentliche und ursprüngliche Setzung Gottes i m   A k t   i h r e r   S e t z u n g   s i c h   s e l b s t   e t w a s v o r a u s s e t z t.«[28] Das heißt: »Die Schöpfung ist also die durch den Bund ermöglichte Möglichkeit für ihn«, die geschichtliche Zeit, ja mehr noch: die Schöpfungszeit als Urbild vor aller Zeit, ist in der urbildlichen und zugleich kontingenten Lebenszeit Jesu Christi grundgelegt. Man bemerkt an dieser Stelle, wie der Grundriss der *Kirchliche(n) Dogmatik* auf die Apokalyptik des *Römerbrief(es)* und seinen Zeit-Ort bezogen bleibt. Von hier her ist, wie ich nur andeuten möchte, die trinitarische, und als trinitarische konsequent christologische Konzeption von Barths *Kirchlicher Dogmatik* zu verstehen.

Die Analogie hat eminent trinitarische Konsequenzen. Anders als Karl Rahner versteht Barth die immanente Trinität nicht »immer schon« als ökonomische Trinität.[29] Er spricht ungleich deutlicher immanent trinitarisch: Gott ist es eigentümlich, sich von sich zu unterscheiden. In dem folgenden Leitsatz der Barthschen *Prolegomena* wird dies besonders deutlich: »Er ist als solcher Gott unser Vater, weil er es als der Vater Gottes des Sohnes zuvor in sich selber ist.«[30] Dies aber heißt, dass Gottes Freiheit unumschränkte Souveränität ist, jedoch eine, die sich an die Geschichte und eine konkrete, spezifische Gestalt gebunden hat. Von der Enthüllung der Gestalt, im kultischen Kreis der hohen Jahresfeste: Ostern, dem Sohn, her erfahren wir die Verhüllung, die Freiheit Gottes, Karfreitag: den Vater und die Mitteilung und (ekklesiologische) Geschichtlichkeit Gottes für uns, Pfingsten: den Geist.

Dass Barth als Reformierter die Prädestinationslehre als Herzstück Kirchlicher Dogmatik auffasst, könnte nahe liegend scheinen. Läge eine Calvinistische Prädestinationslehre vor, so fügte sich dies freilich nicht zu dem skizzierten Aufriss. Barth indessen versteht »Prädestination« nicht im Sinn einer Vorzugswahl Gottes, sondern ganz gemäß dem Wort Römer 8, 29: »Im Voraus erkannt, im Voraus bestimmt zum Ebenbild seines Sohnes, berufen, gerechtfertigt, verherrlicht.« Herzstück der Prädestination ist die Erwählung, da für Barth – in denkbar radikaler Abwendung von aller Theologie der Korrelation und des Anknüfpungspunktes – weder eine Anthropologie noch die Gotteslehre a se expliziert werden kann. Was ist, ist kraft der Offenbarung. Für die Theologie heißt dies, dass in ihrem Anfang alles präsent sein muss (die *Prolegomena* können dann nicht länger hinführend propädeutisch apologetischen Charakter haben), da keine Aussage ohne Bezug auf die anderen getroffen werden kan, im Sinn jenes Bezugszusammenhangs, der dem Offenbarungsgeschehen gemäß ist.[31]

Der methodische Voraussetzungsgedanke leitet auch Barths Versöhnungslehre an, auf die deshalb nun noch ein knapper Blick zu werfen bleibt. Von Sünde ist nur bei erkannter und erfahrener Versöhnung zu sprechen, der Richter Christus begegnet zugleich als Opfer und als der Gerechte. Hieraus resultiert im Sinn der Tektonik der *Kirchliche(n) Dogmatik*, dass Barth die Ethik, die er nicht ausgeführt hat,[32] und die Ekklesiologie in die Versöhnungslehre eingefügt hat. Dies tut er aber mit einer Spitze, die zumal von katholischen Theologen wahrgenommen worden ist: Rechtfertigung und Versöhnung sind nicht zu denken ohne die Heiligung. Die Lutherische Formel des »simul iustus et peccator« verliert bei Barth den Anschein einer Dissonanz, einer Dialektik oder eines unverbindlichen Pendelschlags, dessen Richtungssinn nicht festgelegt ist. Sie gewinnt eine eindeutige Orientierung. Sie öffnet sich der Schönheit sittlicher Handlung, doch sie verfolgt diese gerade im Blick auf ihre Differenz zur Welt. »Nachfolge Christi« sei, so formuliert Barth, nicht als »consilium«, sondern als »Mandat« zu verstehen, und er merkt an, am liebsten würde er Dietrich Bonhoeffers Buch *Nachfolge* – und das heißt auch: das Lebenszeugnis und den Schmerz, der in es eingegangen ist – ganz zitieren, um zu zeigen, wie sich diese *Bezeugung* im Leben bewähren muss.[33]

An dieser Stelle wird man sich doch noch einmal auf den anderen großen Antipoden verwiesen sehen: auf Karl Rahner. Wenn es in der Perspektivierung der Trinitätslehre auch gravierende Unterschiede, zumal hinsichtlich immanenter und ökonomischer Trinität gibt, so könnte der folgende Satz

Rahners aus dem *Grundkurs* doch als eine treffende Umschreibung von Barths Trinitätstheologie begriffen werden:

>»Indem Gott für uns in der angedeuteten Weise sich als der dreifaltige zeigt, ist schon von dem heiligen Geheimnis in sich selbst jene immanente Dreifaltigkeit erfahren, weil seine freie, gnadenhafte, übernatürliche Zuwendung uns sein Innerstes zuwendet, weil seine absolute Identität mit sich selbst keine tote und leere Einerleiheit bedeutet, sondern eben das als göttliche Lebendigkeit in sich selbst fasst, was uns in der Dreifaltigkeit seiner Zuwendung zu uns begegnet.«[34]

2. Wenn man, so wie hier geschehen, das Anselmische »fides quarens intellectum« als einen Schlüssel in Barths *Kirchliche(r) Dogmatik* versteht, so darf man einen zweiten Schlüssel nicht vergessen: die lebenslange Auseinandersetzung mit Schleiermacher, die in Barths Gegenvotum gegen Emil Brunners vermeintliche dialektische »Erledigung Schleiermachers« im Jahr 1925 vorläufig gipfelte und der noch einer der letzten Texte Karl Barths galt: ein schöner Beitrag zu einer Schleiermacher-Auswahl.[35] Wenn der Aufbruch zum *Römerbrief* gewiss auch eine scharfe Trennung von Schleiermacher war, so wusste Barth doch mit einiger Bestimmtheit, dass er mit dessen Denken nicht zu Rande gekommen sei. Übrigens hat Hans Urs von Balthasar auch dies deutlich gesehen und er hat zu Recht darauf hingewiesen, dass Barth häufig genug Schleiermachersche Theologoumena meine, wenn er sich gegen eine »katholische« Denkweise richtete. Wenn Schleiermacher und die Katholizität für Barth zu Wechselbegriffen werden, so verweist das freilich darauf, dass er zum Katholischen wie zu Schleiermacher gleichermaßen in einem affinen Verhältnis blieb. Darauf ist, wie hier nur nebenher bemerkt sei, zwei Mal auf prominente Weise, und jeweils mit helvetischem Zungenschlag, erwidert worden: in der kongenialen, sich mit Schleiermachers Denken auseinandersetzenden Studie von Balthasars 1955 und 1957 in der Gregoriana-Dissertation eines anderen Schweizers,[36] die die Identität von Barths *Rechtfertigungslehre* und der Lehrmeinung des Tridentinum aufzuweisen suchte. In der Sache kann man an dieser Stelle immerhin drei Momente nennen, an denen der Schleiermacher-Impuls für Barths *Kirchliche Dogmatik* bedeutungsvoll blieb:

1. Für ihn wie für Schleiermacher hängt alles an einem Punkt der äußersten Intensität (man mag hier auch zu Carl Schmitt und seinem Begriff der »äußersten Sphäre« hinüberdenken); es ist für Barth das Angesprochenwerden durch das Wort, das Jesus Christus ist, für Schleiermacher ist es das Gefühl schlechthinniger Abhängigkeit (Differenz!).

2. Zweiheit und Überwindung der Zweiheit hängen in beiden Denkansätzen eng miteinander zusammen. Die Schleiermachersche Zweiheit ist jene von Re-

zeptivität und Spontaneität, die Barthsche die von Offenbarung und Glaube. 3. Theologisches Denken und Sein werden, nach Barth wie nach Schleiermacher, von ein und demselben Punkt her bewegt: Barth fasst sie allerdings nicht als Subjekt-Objekt-Einheit, sondern als Einheit Gottes und des Menschen in Jesus Christus, im Sinn seiner Logik des Voraussetzens, auf.

Indes, was ist der Ort, an dem diese Korrespondenzen sich zeigen? Es ist nicht allein die Theologie als Reflexion oder Dogma. Es ist bei Schleiermacher immer zugleich die »Religion«, die Barth im § 17 der *Kirchliche(n) Dogmatik* als Unglaube identifziert, versteht er doch Religion als eine für menschenmöglich gehaltene immanente Sinnorientierung, die der Radikalität der Offenbarung niemals gewachsen sein könnte. Die Schwierigkeiten, die sich aus dieser Ablehnung der Religion ergeben, werden später in sachlicher Hinsicht noch zu erwägen sein.

3. Rechtstheologie und politischer Raum

Die Bekenntnissituation der freien Barmener Bekenntnissynode 1934, in deren Umkreis Barth seine Rechtstheologie entfaltet – mit deutlicher und eindeutiger Stoßrichtung gegen jedwede natürliche oder Geschichtstheologie – ging einher mit seiner konsequenten Verweigerung des Diensteides auf Hitler. In zweiter Instanz bekam er auch durch die Einlassung seiner Kollegen – Bultmann darunter – Recht, wurde aber gleichzeitig zu einer beträchtlichen Geldzahlung wegen Verweigerung des Deutschen Grußes verurteilt. Wie man heute weiß, nicht zuletzt unter Einwirken von Emanuel Hirsch[37] wurde Barth einen Monat später durch Berufung auf § 6 des *Gesetzes zur Wiederherstellung des Berufsbeamtentums* (»zur Vereinfachung der Verwaltung können Beamte in den Ruhestand versetzt werden, auch wenn sie noch nicht dienstunfähig sind«) entlassen (die Entlassung betraf auch Barths damaligen Assistenten Helmut Gollwitzer). Fortan kam seine Stimme aus der Schweiz, wenngleich er in den Sommersemestern 1946/47 als Gastprofessor an der Reetablierung theologischer Lehre in Bonn noch einmal regen Anteil nahm. Barths Geschichte mit dem NS-Regime war damit nicht zu Ende. Seine letzte Vorlesung hielt er in Bonn bereits am 10. Februar 1935: Eine halkyonische Zeit sei vorübergegangen, sagte er,

> »Und nun ist das Ende gekommen und es scheint daran nichts mehr zu ändern zu sein. Wie sollen und wie können wir uns dazu stellen? Es fiel ein Reif in der Frühlingsnacht.«[38]

Er stellte diese Stunde unter das Wort »Gott widersteht den Hoffärtigen« und meinte damit auch die Lust an der Freiheit von Forschung und Lehre, die die Vergänglichkeit allen Tuns hätte vergessen lassen. 1938 dann wandte er sich vehement von Basel aus gegen die Einforderung des Beamteneides für die Pfarrerschaft, und auf subkutanen Kanälen trat er für den seit 1938 bis zum Kriegsende in Konzentrationslagerhaft gefangenen Martin Niemöller ein. Barths bisheriges Werk war seit jenem Jahr in Deutschland verboten. Dass man seine Involviertheit in die deutschen Zustände nicht überbewerten darf, ist wohl wahr, und das gilt auch für die Einlassungen der späten Jahre. Hier sprach einer sehr bewusst von außen: *Die Deutschen und wir* ist ein exemplarischer Text des Jahres 1945 überschrieben, und *Wie können die Deutschen gesund werden?* fragt er wenig früher. Dennoch ist hier auch der Briefwechsel mit Josef Hromádka zu erwähnen, dem evangelischen Dekan zu Prag, in dem er gegen alles Appeasement zum bewaffneten Widerstand gegen das Hitler-Regime aufrief. Dies geschah mit erkennbarer Beteiligung und Leidenschaft. Und in der letzten Bonner Vorlesungsstunde hatte Barth in ähnlichem Sinn bemerkt, er hätte es sich nicht anders denken können, als dass sein Grab am Rhein sein würde. »Die Söhne der alten Hussiten (werden) dem zu schlaff gewordenen alten Europa zeigen (...), dass es auch heute noch Männer gibt. Jeder tschechische Soldat, der dann kämpft und leidet, wird dies auch für uns und – ich sage es jetzt ohen Rückhalt – er wird es auch für die Kirche Jesu tun..., die in dem Dunstkreis der Hitler und Mussolini nur entweder der Lächerlichkeit oder der Ausrottung verfallen kann.«[39]

2. Dies sind die näheren und weiteren Umstände, die zu Barths Explikation von Rechtfertigung und Recht, *Bürgergemeinde und Christengemeinde* (1936) führen. Ihre Sache hat zum Leitfaden das »Fiat iustitia« Ferdinands I. als Konkretisierung der vorletzten Vaterunser-Bitte: »Dein Reich komme«.

Und der Gedankenzusammenhang gipfelt in dem – so gewagten wie die Interpretation fordernden – Satz aus *Kirchliche Dogmatik* II/1, der Lehre von der Vollkommenheit Gottes: »Schnurgerade folgt aus dem Glauben an die Gerechtigkeit Gottes eine sehr bestimmte p o l i t i s c h e Problematik und Aufgabe.«[40] Wie Eberhard Jüngel im Einzelnen dargelegt hat, wäre diese Explikation ohne die bestimmte Barthsche Färbung der »Rechtfertigungslehre« nicht denkbar. Gewiss, dem Reformierten ist die Rechtfertigung nicht »articulus stantis et cadentis ecclesiae« wie dem Lutheraner. Ihr geht die Versöhnung, ein Analogisch-Werden-Können Gottes und des Menschen notwendig voraus; und umgekehrt explizert sie dieses doch, im Sinne von Barths Methode, allererst. Die Art, wie jene Entfaltung bei Barth gedacht wird, folgt strukturell jenem Voraussetzungsverhältnis des »für uns« zweiten, das Hans Urs von Balthasar in kongenialer Nähe zu Barth als das Leitmotiv seiner

Dogmatik herausgearbeitet hat. Als rechtfertigungstheologischen Spitzensatz hat Barth notiert: »Man kann also wohl allgemein und umfassend sagen: das Gesetz ist nichts anderes als die notwendige Form des Evangeliums, dessen Inhalt die Gnade ist.«[41] Das meint: Gesetz ist die Weise, wie sich das Evangelium in der Welt zeigen kann: Gott als Dämon und Fratze, eine Auffassung, in der sich Barth unter den Theologen der Zwanziger Jahre mit Exponenten ganz anderer Richtungen, so der Dämonologie Tillichs, jedoch auch mit Werner Elert berührt. Man vergleiche heute auch die Explikation des schrecklichen, tötenden Antlitzes des Anderen bei Emmanuel Levinas; Herrlichkeit, hebr. »kabod«, wird von Lévinas gar als Ausfluss eines Exzesses des Übels gedeutet. Dies ist ein Grundzug, der auch zu der Schönheit des Christentums gehört und den Hans Urs von Balthasar in seiner *Apokalypse der deutschen Seele* schon früh aufgewiesen hat.[42] Barth führt diesen Gedanken allerdings radikal weiter: Es ist die Vollkommenheit Gottes, sein Evangeliums-Charakter, der als Gesetz begegnet – kein »deus absconditus«. Und dann wird die Fortsetzung des Gedankens einsehbar: Das Sein der Liebe und der Freiheit muss den schlagen, der nicht in ihr ist, etwa so, wie uns die Erfahrung lehrt, dass die Schönheit einer Landschaft oder eines Kunstwerks schmerzen kann, wenn sie uns denn in einer leidenden, zerspaltenen Grundverfassung begegnen. Barth sagt dies mit den folgenden Worten:

> »Wenn jedoch diese Reihenfolge sich für uns ereignet, wenn das Gesetz uns also zum Zuchtmeister wird auf Christus hin, der für uns den Tod, den das Gesetz wirkt, gestorben ist und der auferstanden ist von den Toten, dann hat sich das Evangelium ereignet, und zwar das trotz unserer sündigen, unreinen Hände siegreiche Evangelium.«[43]

Aus der so erfahrenen Rechtfertigung heraus wird sich der Christ im Barthschen Sinn zur Rechtlichkeit und zum Gesetz zu verhalten haben. Wenn Barth den Grundsatz von Barmen, dass die Kirche Kirche, der Staat Staat bleiben solle, wiederholt und bekräftigt, dann impliziert dies gerade, dass er beide Größen wesentlich und positiv aufeinander bezogen sehen will. Beide, Kirche wie Staat, denkt Karl Barth als Abbilder zu dem »himmlischen Politeuma«, und von diesem Urbild und der je eigenen Vorläufigkeit her verweisen Kirche und Staat ihrerseits analogisch (syndesmotisch) aufeinander. Barth spricht in diesem Zusammenhang sehr eindeutige Warnungen aus vor einem Staat, der nicht zu viel Staat sei, sondern zu wenig Staat: das Mehr an Staat, das er um der Analogie willen fordert, ist eins mit einem Mehr an Rechtsstaatlichkeit und der Vorbereitung einer zwischenstaatlichen Friedensordnung. Auf sehr eigenen Wegen scheint sich der Theologe Barth in der Sache den Grundbestimmungen politischer Philosophie in der Aristotelischen *Politik* anzunähern. Die Bedeutung des Staates für die Kirche liegt nach Barth im Sinn von 1. Timotheus 2 darin, »ein ruhiges und stilles Leben« allererst zu ermöglichen – nicht als Selbstzweck freilich, nicht zur Erhaltung eines hedonistischen »Weide-Glücks«, sondern, um der Verkündigung den Boden zu bereiten, die im Staat ihren Ort haben muss. Dies ist von Seiten des Staates gedacht: Gut ist er, wenn er sich selbst begrenzt auf die Ermöglichung der Verkündigung hin, die nicht den Staat zur Apotheose führt. Aristoteles spricht im letzten Buch der *Nikomachischen Ethik* in durchaus vergleichbarer Weise davon, dass Polis und Leben des Einzelnen gleichermaßen ihr letztes Ziel in der »eudaimonia« finden, dass die eudaimonia der Polis aber die des einzelnen nur vorbereiten kann. Sie reicht nicht so weit, dass sie dem einzelnen Menschen Glück schenken kann; denn von ihm muss ein »kybernetisches« und »architektonisches« Vermögen zur Führung seines Lebens gefordert werden, das in der Polis den Regierenden vorbehalten bleibt. Und man denke hier auch an Hobbes' *Leviathan*, der die Gewissens-, nicht aber die Bekenntnisfreiheit einräumen kann.

Der christliche Theologe buchstabiert die Problematik freilich auch und gerade von der anderen Seite her aus: Die Predigt von Evangelium und Rechtfertigung muss weitergehen, auch in Situationen der Unterdrückung – und dies ist nicht zuletzt als eine Verantwortung des Christen gegenüber dem Staat zu begreifen. »Nicht g e g e n den Staat, sondern als Leistung der Kirche f ü r den Staat wird auch das geschehen!«[44], selbst im Sinne von Widerstandsakten, da auf diese Weise dem Staat gleichsam eine christliche Aretologie entgegengehalten wird, ein Bild dessen, was er sein soll: Spiegel des Urbildes eines göttlichen Regiments. Fürbitte, aber auch das nicht-korrumpierbare Wort in öffentlichen Dingen (man vergleiche den Weg, der seit dem *Römerbrief* zurückgelegt wurde!) werden so zur priesterlichen Aufgabe. Und in diesen Vollzügen gibt sich die Christengemeinde als solche zu erkennen, und sie haben deshalb eine deutlich normative Implikation. Es ergibt sich nach Barth eine christliche Grundpflicht für das Politische, die weder einem Individualismus noch einem Kollektivismus das Wort redet. Sie wird fordern, dass der Staat der Kirche folge – eine Unterscheidung, die de facto mit Montesquieus Discrimen zwischen republikanischen Regierungen und despotischem Regime konvergiert: Der Einheit der Kirche in einem Geist entspreche analogisch die Gleichheit vor dem Gesetz, der Verschiedenheit der Gaben und Aufgaben in der christlichen Gemeinde entspreche die politische Gewaltenteilung.

Andere aretologische und normative Momente folgen daraus: der Grundsatz des »pacta sunt servanda« und eine Lehre vom Frieden nicht um jeden, sondern um fast jeden Preis, wie Barth etwas vage sagt, in Andeutungen, die

vielleicht durch Kants Lehre vom ewigen Frieden präzisiert werden könnten.[45] Der »status confessionis« ist in diesem Wort der Christengemeinde für
die Bürgergemeinde impliziert. Mehr noch: Barth spricht von einer »prophe-
tischen Erkenntnis«, die dem deliberativen Weg, der demokratischen Diskussion und Abstimmung entzogen sei. Prophetisch kann die Christengemeinde sprechen, insofern sie mit e i n e r S t i m m e spricht; etwa, wenn sie
mit Barths Worten erkennt, dass angesichts der Schreie leidender und ster-
bender Juden im NS-Reich keine Choräle mehr zu singen sind. Die Engagiertheit des einzelnen Christen ist auf ein anderes Blatt geschrieben. Sie,
sich manifstierend in Partei- oder Verbandszugehörigkeiten, lässt ihn zunächst als Christen »anonym« bleiben. In den Konkretionen der Politik kann
es daher unter Christen zu allen möglichen Differenzen kommen, wie sie
sich bei verschiedenen Menschen unter der Sonne einstellen. So wichtig diese
Klärungen gegenüber einer Zwei-Reiche-Lehre in der Folge Luthers sind –
Barths späte Applikationen hielten sich nicht immer auf dieser Höhe.[46]

Diese Erwägungen werden bleiben, da sie das Verhältnis von Kirche und
Staat in der Spannung jener Debatten um eine politische Theologie halten,
die sich heute mit dem Namen Carl Schmitts verbinden, jedoch in freier Aneignung des reformatorischen Grundsatzes von den zwei Reichen und dem
Gebet für den Staat, sehr konsequent die Unmöglichkeit einer solchen politischen Theologie voraussetzen. Sie bleiben auch, da sie – wie man mit Aristoteles sagen könnte – ein »typos«-Wissen formulieren, das in gegenwärtigen
Streitfragen nicht ohne Bedeutung sein könnte.

Der folgende Grundzug ist zum Schluss aus diesem Gedankengang hervor-
zuheben: Konfessionellen Streitigkeiten ist Barths Gedankengang eo ispso
entzogen. Doch gerade damit geht seine f u n d i e r e n d e Bedeutung für die
Stellung der Kirche vor der Welt einher. In der Begründungs- und Denkweise
zeigt sich dies darin, dass Ethos und erstes und letztes Wort, das Barth im
Sinn des Johannes- Prologs mit Christus identifiziert, aufeinander verweisen. Die Praxis des christlichen Lebens hat die Würde gelebten Zeugnisses,
auch des Märtyrertums für sich; der Verweis auf das eine Wort, das Christus
ist, verdient aber die alleinige Ehre.

4. Späte Impressionen

Mit dem aufgenötigten Weg von Bonn nach Basel beginnt eine »Helvetisie-
rung«, die Barrth selbst überraschte, und es beginnt vor einem jungen Hö-
rerkreis seine Weltwirksamkeit. Altersmilde war am Beginn festgestellt wor-

den, sie galt auch dem Katholizismus. Seit der geplanten Reise mit Balthasar zur Verkündigung des Mariendogmas und der informellen Romreise 1967 (anekdotenfähig wurde das Gespräch mit Papst Paul VI. über Barths Präferenz für den Heiligen Joseph vor der Himmelskönigin) war dies öffentlich bezeugt.[47] Und im Umkreis der schönen späten Freundschaft mit Zuckmayer, dem Mainzer, sind Barths Erwägungen über die Bedeutung des lateinischen Missale besonders eindrücklich. Die Milde galt jedoch – wieder einmal – dem 19. Jahrhundert; nicht Schleiermacher, sondern den Funken tätiger und aufgeklärter Gottesliebe im späten Pietismus. Dennoch wirkt der späte Barth keinesfalls wie ein »Kirchenvater des 20. Jahrhunderts«, auch nicht wie ein »Heros der Gottesgelehrsamkeit«, als den er Schleiermacher einmal charakterisierte. Eher wie ein großer »magister ludi«, der »ernste Spiele« gespielt hatte, aber wusste, dass er sein Werk nicht hinausführen konnte – und der sah, dass auch dies gut war. Der einmal in der Zeit des *Römerbriefs* – sehr energisch und wenig kenntnisreich gegen die bürgerliche »Goethe«-Religion polemisiert hatte, begriff nun, durchaus in einem Goetheschen Geist, dass sein opus magnum ein Ganzes und zugleich ein Bruchstück sein und so in das Offene des zugesprochenen Wortes geleiten konnte. Der große Stil, die Kraft der Bändigung, das Licht in der Schwere, der eine Wurf, dass er all dies gewagt und geleistet hatte, war ihm freilich wohl bewusst – doch den Darmstädter Sigmund Freud-Preis für Wissenschaftliche Prosa 1968, den er schon nicht mehr selbst entgegennehmen konnte, betrachtete er eher amüsiert. Maßgeblich blieb auch die Predigt: im Alter in der Baseler Strafanstalt. Jede Skizze der späten Jahre wäre aber unvollständig, wenn nicht das kaustisch Ironische, scharfzüngig Polemische, die spezifische, sehr Baslerische rabies theologorum genannt wäre. Gegen die Plattfußtheologie (eine Theologie ohne Pneuma) der Dorothee Sölle, eine Theologie nach dem Tod Gottes, wie man weiß, richtete sie sich ebenso wie gegen kirchenamtliche Verlautbarungen.[48]

Und der späte Barth irritierte mit dem einzigen zu Lebzeiten publizierten Fragment aus seiner Ethik, der Tauflehre, einem entscheidenden Plädoyer für die Erwachsenentaufe und ein Absprechen des Sakramentencharakters der Taufhandlung. Barths Begründung folgt freilich durchaus stimmig den Grundlinien seiner Theologie. Die Taufe ist Akt der zuvorkommenden Gnade Gottes, die bewirkt, dass der Mensch – »aktiv« (wie es etwas unglücklich heißt) – besser wohl: sich heiligend und sich dieser Heiligung innewerdend) – jener Gnade teilhaftig wird. »Nicht per verbum et sacramenta, sondern durch den Heiligen Geist« geschieht das, so hebt Barth hervor. Wie zwingend die ekklesiologische Folgerung ist, die Barth daraus zieht, interessiert weniger,[49] als dass er auch die Verkündigung in den Zweifel einschließt. Sie, das Gebet und das Abendmahl hatte Barth zu Beginn der Arbeit an der *Kirchliche(n) Dogmatik* als Sakrament begriffen. Nun bleibt das – trinitarisch verstandene – »Solus Christus« der entscheidende Ankerpunkt seiner Sakramententheologie. Christus allein ist Sakrament, das aber heißt: Mysterium und Geheimnis, und damit ist die Geisttaufe indirekt durchaus als sakramentaler Akt zu verstehen. Die alte Radikalität der Römerbriefzeit schimmert hier noch einmal hindurch.

Wenn dem so ist, dann wäre aber die Frage nach der Kirche und die Frage nach dem Dogma, welches das uns nur sekundär sich überliefernde Wort wahrt, neu zu stellen. Dies hieße auch, der Stimme Petersons noch einmal Gewicht zu geben. Zu einschlägigen Explikationen ist es bekanntlich bei Barth niemals gekommen. Zu den späten Stücken der *Kirchliche(n) Dogmatik* gehört indes auch eine Lehre von den vielen Lichtern, unter Einschluss des »lumen naturale«, die das eine Licht, das Christus ist, heller leuchten ließen. Und in diesem Sinn gibt Barth dem Begriff des »Humanismus« einen neuen Adel im Licht der christlich verstandenen »königlichen Würde des Menschen«.[50]

Dieser Gedanke eröffnet den Blickpunkt auf jenen Kulturzusammenhang zurück, mit dem der junge Barth gebrochen hatte. Und von hier her ist zu sehen, dass er – so wenig er je eine Mixtur der Philosophie und der Theologie ins Auge genommen und so sehr sein Weg ganz theologisch war – doch Philosophie und Theologie zeitlebens konvergieren sah: in dem Grund des »fides quaerens intellctum«. Die Philosophie bleibt nach Barth freilich aporetisch auf diesen Grund bezogen. Die Theologie hört das von außen sich zusprechende Wort.

5. Religionsphilosophische Schlussanmerkungen

Hier ist es an der Zeit, die religionsphilosophische Problematik des Erbes Karl Barths in aller gebotenen Kürze zu resümieren, aus einem Abstand, der Aneignung und Distanzierung zusammenführen soll:

1. Das Ringen mit Schleiermacher kam wohl deshalb zu keinem Ziel, weil Barth einen Weg zwischen jener Kierkegaardianischen Dialektik seiner Anfänge, dem großen Nein, und dem Ja des Kathedralenbaus der *Kirchliche(n) Dogmatik* nicht sehen wollte und weil er diesen Weg erst recht nicht explizieren konnte.

Gerade da hätte Schleiermacher Möglichkeiten eines Anschlusses geboten. Für den großen Platon-Übersetzer ist Dialektik nicht die Verstrickung des endlichen Verstandes, der ins Metaphysische ausgreifen will, in Schein und Irrtum. Und sie ist auch nicht Selbstbewegung des Begriffs wie für Hegel.

Dialektik ist platonisch inneres Gespräch der Seele mit sich selbst, in dem die Gegenstimme, der Einwand, der ursprünglichen Intention begegnet.[51] Wie Schleiermacher, ausgehend von der hohen Zeit der Lehre vom Selbstverhältnis (Fichte 1794), wusste, durchquert das Selbstbewusstsein im Augenblick des Übergangs vom unmittelbaren Sich-inne-Werden zu dem Seinerselbst-bewusst-Werden den Bruch einer fehlenden Einheit. Schleiermacher analysiert das Selbstbewusstsein »in Beziehung auf das Mitgesetztsein eines Anderen«, und dies in der philosophischen Grundlegungsdisziplin der Dialektik ebenso wie in dem religionsphilosophischen Grundbegriff des »Gefühls schlechthinniger Abhängigkeit.«[52]

Darin kommen im Sinn Schleiermachers Rezeptivität und Spontaneität in eins zusammen:

»Das Gemeinsame aller derjenigen Bestimmtheiten des Selbstbewusstsein, welche überwiegend ein Irgendwohergetroffensein der Empfänglichkeit aussagen, ist, dass wir uns als abhängig fühlen. Umgekehrt ist das Gemeinsame in allen denjenigen, welche überwiegend regsame Selbsttätigkeit aussagen, das Freiheitsgefühl. Jenes nicht nur, weil wir anderwärts her so geworden sind, sondern vornehmlich, weil wir

nicht anders als nur durch ein anderes so werden konnten (§ 4; S. 25).«[53]

Schleiermachers Denken umfasst von diesem Begriff der Dialektik und des Selbstbewusstseins her Philosophie und Religion. Dies versagt sich Barth. Und damit tritt ein doppelter Bruch ein: ein Desinteresse am Selbstverhältnis, und ein Auseinandertreten von Kultur und Kirche, das schlüssig nie zurückgenommen wurde. Wenn der junge Barth den Bruch zwischen Kultur und Kultus aufgewiesen hat, wie neben ihm manche anderen, so ist aus der Rückschau die Bedeutung eines Zusammenhangs des Numinosen und der öffentlichen Sphäre wesentlich: die Möglichkeit eines Rekurses auf die geteilte, christliche Sittlichkeit. Gerade in der Bedrängnis der Bekenntnissituation scheint Barth dies geahnt zu haben.

Wenn der alte Heidegger sagte, er würde alles, was er dachte, wieder denken, nur außerhalb der Universität, so könnte für Barth Ähnliches gesagt werden. Auch sein Denken ist nicht eigentlich diskursiv: das große Ja der *Kirchliche(n) Dogmatik* bleibt weitgehend Paränese und Doxologie. Dies ist groß. Es nimmt aber die Freiheit der Reflexion, die Peterson in seinem Traktat *Was ist Theologie?* so ausdrücklich angemahnt hatte. Vielleicht hat Barths Dogmatik, recht betrachtet, ihren Ort nicht nur in der Predigt, sondern mehr noch in der Liturgie, und über das früh artikulierte katholische Verständnis hinaus stünde ein orthodoxes Gespräch mit Barth erst zu erwarten.

Das dialektische »Nein« hingegen verweist auf die Einsamkeit der Gewissenserforschung, allerdings, ohne dass Barth je eine Theorie des Gewissens liefern könnte. Dieses »Einsamste ohne alle Äusserlichkeit« der Moralität (Hegel),[54] dieser »Ruf aus einer Ferne in eine Ferne« (Heidegger)[55], ist eben in jedem Fall ein Mit-Wissen zu allem Wissen als ein Wissen von sich (syneidesis, synoida: Stoa). Es kann daher seinen Zielpunkt keinesfalls in dem göttlichen »verbum externum« haben.

Es ist offensichtlich, dass jene Mängel den weiteren Fortgang der evangelischen Theolgie mitbestimmt haben: den Weg in die Wissenschaftstheorie (ausgehend von Pannenbergs Anfängen), den Weg in die kleine Münze des Narrativen oder eine Revision der Barthschen Idealismus-Vergessenheit durch Eberhard Jüngel, die aber keineswegs immer jene Differenz zwischen »Wissen-Könnnen« und »Hoffen-Dürfen« wahrt, die nach Barth geboten wäre. Dabei wäre von Barth (wie ich mir erlauben möchte anzudeuten!) auch in praxi einiges zu lernen:

– Das Verhältnis von Brüdergemeinde und Christengemeinde, wie er es bestimmt hat, eröffnete beispielsweise einen Spielraum von Freiheit und Bestimmtheit, der Beratungsscheine nicht in jener Doppeldeutigkeit hält, die zu Recht als »dekonstruktivistisch« benannt wurde.

– Oder: Die große Tektonik, in die Barth die Frage der Rechtfertigung einfugt, wahrt »Klarheit um Gottes willen« (Eberhard Jüngel), sie ist aber dennoch errichtet in wahrhaft ökumenischer Weite.

2. Schwerer noch wiegt Barths Bruch mit dem Begriff der Religion. Da es, wie das Gespräch mit Erik Peterson zeigt, durchaus zu einer Einsicht Barths in die Bedeutung des Dogmas kam, und da Hans Urs von Balthasar richtig gesehen hat, dass der Kirchenbegriff der *Kirchliche(n) Dogmatik* nicht spaltend sein müsste, ist es umso verwunderlicher, dass Barth sein Verdikt wider die Religion nicht wirklich zurückgenommen hat. Als ob nicht die Mühe der »religio«[56] und die Tradierung des zugesprochenen Sakramentes, sein Erscheinen im Kultus der Gemeinde, eine hohe Dignität hätten, die in ihrer Empirie den Reichtum des religiösen Phänomens ausmacht, die Begegnung in der Differenz zulässt und die jene Konkretion des Dogmas versinnlicht, die uns trifft, wie Peterson bemerkte.[57]

3. Daran schließt ein Weiteres an: Balthasar hat Barths *Römerbrief* überraschend klar als Gegenströmung abgegrenzt zu jenem katholischen Aufbruch, dem – wie Balthasar meinte – Baudelaire, Dostojevskij, Kirerkegaard selbst zu heiligen Texten wurden.[58] Darin ist eine deutliche Selbstkritik impliziert, wenn man Balthasars frühen Weg im Auge hat. Die Abgrenzung ist deshalb stimmig, da Barth von Anfang an sieht, dass Theologie Theologie

bleiben muss. Wohl mag ihm das in Barmer Zeiten dazu geholfen haben, auch die Kirche Kirche sein zu lassen.

Methodisch meint dies auch, dass Barth – wie er selbst sagte – aus keiner »Garküche« seine Rezepturen nahm: nicht aus jener der Phänomenologie, nicht jener der Heideggerschen existentialen Ontologie und Hermeneutik. Dieser Abschied ist ein Weg, wie ihn ähnlich konsequent in ihrer Zeit Balthasar und Edith Stein gegangen sind, und es ist ein Weg zur Wirklichkeit des Glaubens. Gerade dieser eigene Weg könnte aus dem Abstand die Philosophie zur Zwiesprache fordern. Und Barths doxologische Stimme ist dabei in einem Zusammenhang mit Petersons Rückwendung zu dem faktischen Dogma oder mit Rahners unermüdlicher Zetematik zu sehen.

Konfessionell sind solche Denkwege nicht zu fixieren. Aus dem Abstand muss man auch Hans Urs von Balthasars Theologie der Herrlichkeit hier verorten; denn die Schönheit des Glaubens bleibt bei Barth eine »beiherspielende« Nebenstimme, ohne die sein Denkgebäude aber kaum vorstellbar wäre.

Ans Ende stelle ich deshalb nicht ganz absichtslos jenen kleinen Brief, den der alte Barth fiktiv an Mozart richtete:

> »Was ich Ihnen danke, ist schlicht dies, dass ich mich, wann immer ich Sie höre, an die Schwelle einer bei Sonnenschein und Gewitter, am Tag und bei Nacht guten, geordneten Welt versetzt und dann als Mensch des 20. Jahrhunderts jedes Mal mit Mut (nicht Hochmut!), mit Tempo (keinem übertriebenen Tempo!), mit Reinheit (keiner langweiligen Reinheit!) mit Frieden (keinem faulen Frieden!) beschenkt finde. Mit Ihrer musikalischen Dialektik im Ohr kann man jung sein und alt werden, arbeiten und ausruhen, vergnügt und traurig sein, kurz: leben.«[59]

Um Mozarts Seligsprechung willen wäre Barth gar 14 Tage lang gerne Papst gewesen, und von Mozart instrumentiert mag er das »Gloria Patri et Filio et Spiritui sancto« gehört haben, mit dem er seine letzte Vorlesung schloss.[60]

(29. 10. 2001)

[1] Karl Barth – Carl Zuckmayer, Späte Freundschaft, Zürich 1970.

[2] Dazu Barth, Letzte Zeugnisse, Zürich 1969. Die Zeugnisse der Vorliebe für Mozart sind natürlich vielfältig. Vgl. auch den Band Wolfgang Amadeus Mozart 1756-1956, Zollikon 1956.

[3] Hier zit. nach Eberhard Busch, Karl Barth's Lebenslauf, München 4 1986, S. 515. Das Wort »es wird regiert!« ist ursprünglich ein Ausspruch von Christoph Blumhardt.

[4] Karl Barth, Einführung in die Theologie, Zürich 1968, S. 213ff.

[5] Vgl. dazu Theodor W. Adorno, Henkel, Krug und frühe Erfahrung, in: ders., Noten zur Literatur, Frankfurt/Main 1981, S. 556ff.

[6] Jacob Taubes, Vom Kult zur Kultur. Bausteine zu einer Kritik der historischen Vernunft, aus dem Nachlass herausgegeben, München 1996, S. 269ff.

[7] Taubes, Die Politische Theologie des Paulus, München 1993, S. 106.

[8] Karl Barth, Der Römerbrief. Zweite Fassung (1922), Zürich 9 1954, S. 294. Vgl. dazu auch Christofer Frey, Die Theologie Karl Barths. Eine Einführung, Frankfurt/Main 1988, S. 65ff.

[9] Vgl. dazu auch die frühen Aufsatzsammlungen Barths. Vgl. zu den Hintergründen: E. Busch, Karl Barths Lebenslauf, a.a.O., S. 122, zu dem Tambacher Vortrag und seinen Folgen. Tiefer dringen Eberhard Jüngels »Beobachtungen« über die theologischen Anfänge Karl Barths, in: ders., Barth-Studien, a.a.O., S. 61ff.

[10] Walter Benjamin, Theologisch-Politisches Fragment, in: ders., Illuminationen. Ausgewählte Schriften, Hrsg. von S. Unseld, Frankfurt/Main 1977, S. 333f. Vgl. auch K.M. Kodalle, Walter Benjamins politischer Dezisionismus im theologischen Kontext, in: Norbert Bolz und W. Hübener, Hrsg., Spiegel und Gleichnis. FS. für Jacob Taubes, Würzburg 1983, S. 301ff.

[11] Benjamin, a.a.O., S. 333f. Dazu auch Taubes, Die Politische Theologie, a.a.O., S. 104.

[12] Karl Barth, Der Römerbrief. Zweite Fassung (1922), a.a.O., S. 291.

[13] Man mag hier an die Jugendgespräche in Thomas Manns Doktor-Faustus-Roman denken, die jenes Unbehagen formulieren und die Folgen, die aus ihm resultierten, bereits antizipierbar machen.

[14] Vgl. dazu B. Nichtweiss, Erik Peterson. Neue Sicht auf Leben und Werk, Freiburg, Basel, Wien 1992, S. 526ff. Es ist besonders sprechend, dass dieser sanft-ironische, zugleich aber liebevolle Brief mitten in den Debatten um Petersons Konversion datiert. Im Umkreis der Darlegungen der Chronologie der Peterson-Barth-Begegnung bis 1960 findet sich bei B. Nichtweiss eine schier unerschöpfliche Fülle von Material verzeichnet, auf die hier nur summarisch verwiesen werden kann.

[15] Barth, Das Wort Gottes als Aufgabe der Theologie, München 1924, S. 156ff.

[16] Erik Peterson, Was ist Theologie?, in: ders., Theologische Traktate. Mit einer Einführung von Barbara Nichtweiss, Würzburg 1994, S. 1ff.

[17] ebenda

[18] Peterson, Die Kirche, in: ders., Theologische Traktate, a.a.O., S. 245ff.

[19] Hierzu auch Nichtweiss, Erik Peterson, a.a.O., S. 567ff., mit dem genauen Nachweis, dass Barth Petersons weitere Entwicklung genau verfolgte, aber sich, u.a. in den Briefwechseln mit Thurneysen und Bultmann, über dessen Gedanken- und Begriffsprägungen verwundert.

[20] Peterson, Vorlesung: Auslegung des Johannes-Evangeliums, Manuskript, S. 288f. Hier zit. nach Nichtweiss, Erik Peterson, a.a.O., S. 568f.

[21] So Peterson in einem Brief an Anselm Stolz, am 30.8. 1933, zit. nach Nichtweiss, a.a.O., S. 607

[22] So Peterson, Was ist Theologie?, in: ders., Theologische Traktate, a.a.O., S. 17

[23] Vgl. dazu Gerhard Ebeling, Über die Reformation hinaus? Zur Luther-Kritik Karl Barths, in: ZthK, Beiheft 6 (1986), S. 33ff.
Obwohl sich solche Wendungen bei Barth immer wieder finden, darf man wohl mit guten Gründen bezweifeln, dass es ein lebenslanges »Ringen« mit Luther gegeben habe.

[24] H. U. von Balthasar, Karl Barth. Darstellung und Deutung seiner Theologie, Einsiedeln 1976, S. 156.

[25] Kirchliche Dogmatik I/1, S. VIII, Vgl. dazu auch grundsätzlich Balthasar, Karl Barth, S. 177ff. Im Hintergrund steht freilich die Frage, ob eine »analogia fidei« und »analogia relationis« ohne eine Seinsanalogie gedacht werden kann und inwiefern sich Barth mit guten Gründen dieser gegenüber abschotten kann. Vgl. dazu auch E. Przwara. Analogia entis. Hier nach Einsiedeln 1961; und Eberhard Jüngel, Die Möglichkeit theologischer Anthropologie auf dem Grunde der Analogie, in: ders., Barth-Studien, a.a.O., S. 210ff.

[26] Kirchliche Dogmatik II/1, S. 260f. Siehe dazu die Fundierung in Karl Barth, Fides quaerens intellectum. Anselms Beweis der Existenz Gottes im Zusammenhang seines theologischen Programms (1931); hier nach der Ausgabe von Eberhard Jüngel und Ingolf U. Dalferth, Zürich 1986.

[27] Eberhad Jüngel, Barth-Studien, S. 228.

[28] H. U. von Balthasar, Karl Barth. Darstellung und Deutung seiner Theologie, Einsiedeln⁴ 1976, S. 156.

[29] Vgl. die entscheidenden Bemerkungen bei Rahner, Grundkurs des Glaubens, München 1976, S. 138ff.

[30] Kirchliche Dogmatik II/1, S. 260f. Siehe dazu die Fundierung in Karl Barth, Fides quaerens intellectum. Anselms Beweis der Existenz Gottes im Zusammenhang seines theologischen Programms (1931); hier nach der Ausgabe von Eberhard Jüngel und Ingolf U. Dalferth, Zürich² 1986.

[31] Dazu die schlüssigen Erwägungen bei Balthasar, Karl Barth, a.a.O., S. 250ff.

[32] Vgl. aber: Die Fragmente der Ethik; Das christliche Leben; Die Kirchliche Dogmatik IV/4; Fragmente aus dem Nachlass; Vorlesungen 1959-1961, hrsg. von Hans-Anton Drewes und Eberhard Jüngel, Zürich 1979.

[33] Vgl. Kirchliche Dogmatik IV/2, S. 626 und S. 660ff. Siehe auch die Bemerkungen von Chr. Frey, Die Theologie Karl Barths, a.a.O., S. 234ff. Vgl. D. Bonhoeffer, Nachfolge, München 1961.

[34] Rahner, Grundkurs, a.a.O., S. 142.

[35] Dies zeigt sich erstmals ganz deutlich in der Vorlesung Karl Barth, Die Theologie Schleiermachers, Göttinger Vorlesung WS 1923/24, hrsg. von Dietrich Ritschl, Zürich 1978, S. 1ff. Vgl. auch den Briefwechsel Barth-Thurneysen, Bd. 1 (1913-1921), Zürich 1973, S. 525, 489, 492. Siehe zuletzt Karl Barth, Nachwort, in: Schleiermacher-Auswahl, München und Hamburg 1968.

[36] Hans Küngs Überlegungen zur Rechtfertigungslehre setzen allerdings an einem Punkt ein, der für die Denkform Barths nicht zentral ist.

[37] Vgl. dazu die quellengeschichtliche Untersuchung von Heinrich Assel, »Barth ist entlassen ...«. Emanuel Hirschs Rolle im Fall Barth und seine Briefe an Wilhelm Stapel, in: ZthK 91 (1994), S. 445ff.

[38] Nachweis nach Rowohlt Monografie. Vgl. auch Busch, Karl Barths Lebenslauf, a.a.O., S. 246ff.

[39] Vgl. Briefwechsel mit Hromádka. Eine Wiederholung dieser Konstellation bei getrübter Urteilsfähigkeit zeichnet sich in den Jahren des Kalten Krieges ab.

[40] Kirchliche Dogmatik II/1, S. 434. Vgl. zum folgenden durchgehend: Barth, Rechtfertigung und Recht (1938, als Heft 1 der Theologischen Studien) und Christengemeinde und Bürgergemeinde, 1946, als Heft 20 der Theologischen Studien. Dazu durchgehend: Eberhard Jüngel, Zum Verhältnis von Staat und Kirche nach Karl Barth, in: ZthK Beiheft 6 (1986), S. 76ff.

[41] Barth, Evangelium und Gesetz (1935), Nachdruck in: Theologische Existenz Heute, Neue Serie, 50, 1956, S. 5. Dazu die ingeniöse Deutung Jüngels, Zum Verhältnis von Staat und Kirche nach Karl Barth, a.a.O., S. 95ff.

[42] Vgl. dazu E. Lévinas, Die Transzendenz und das Übel, in: ders., Wenn Gott ins Denken einfällt. Diskurse über die Betroffenheit von Transzendenz, Freiburg, München 1988, S. 172ff.

[43] So Barth, Evangelium und Gesetz, a.a.O., S. 31, vgl. auch Kirchliche Dogmatik IV/1, S. 830f. und Jüngel, Zum Verhältnis von Kirche und Staat, a.a.O., S. 100ff. sowie ders., Evangelium und Gesetz. Zugleich zum Verhältnis von Dogmatik und Ethik, in: ders., Barth-Studien, Gütersloh 1982, S. 180ff.

[44] Barth, Christengemeinde und Bürgergemeinde, Nachdruck Zürich 1989, S. 76ff.

[45] Kant hat durchaus aus der Staatenwelt des europäischen Gleichgewichts heraus gedacht und von ihr her den großen Grundsatz, dass Krieg nicht sein soll, eingelöst. Dies werde ich im Einzelnen in einer Reihe von Aufsätzen und einer Politischen Philosophie darlegen, die nächstens erscheinen wird. Vgl. auch W. Kersting, Wohlgeordnete Freiheit. Immanuel Kants Rechts- und Staatsphilosophie, Berlin, New York 1984, sowie Hans Ebeling, Vernunft und Widerstand. Die beiden Grundlagen der Moral, Freiburg und andere 1986.

[46] Hierbei ist weniger auf die Einzelheiten von Barths Einlassungen zu Zeitfragen zu rekurrieren als vielmehr auf den politischen Linksbarthianismus, der zum Teil von F.-W. Marquardt bis B. Klappert merkwürdige Blüten trieb. Siehe zur Fortsetzung dieser unmittelbaren Intention: Karl Barth, Texte zur Barmer Theologischen Erklärung, hrsg. von M. Rohrkrämer, Zürich 1984; vgl. auch den Sammelband: Eine Schweizer Stimme. 1938-1945, ³Zürich 1985.

[47] Karl Barth, Ad Limina Apostolorum, Zürich 1967.

[48] Vgl. dazu die Bemerkungen und Hinweise bei Eberhard Busch, Karl Barths Lebenslauf, a.a.O., S. 497ff.

[49] Vgl. im Einzelnen die theologische Auslotung bei E. Jüngel, Karl Barths Lehre von der Taufe. Ein Hinweis auf ihre Probleme; und ders., Thesen zu Karl Barths Lehre von der Taufe, beide in: E. J., Barth-Studien, a.a.O., S. 246ff. bzw. S. 291ff.

[50] Vgl. dazu unter anderem: Die Menschlichkeit Gottes. Zollikon, Zürich 1956; und ders., Die Wirklichkeit des neuen Menschen, Zürich 1950 (ThSt 27). Ein lebensweltliches Pendant dazu liegt mit Barths Altersbriefen vor: Briefe 1961-1968, hrsg. von Jürgen Fangmeier und Hinrich Stoevesandt, Zürich 1979.

[51] Vgl. dazu Schleiermacher, Dialektik, hrsg. von Andreas Arndt, Hamburg 1988, insbes. S. 15ff.; vgl. auch M. Frank, Das individuelle Allgemeine. Textstrukturierung und Textinterpretation nach Schleiermacher, Frankfurt/Main 1977; und H.-G. Gadamer, Schleiermacher als Platoniker (1969), in: ders., Kleine Schriften, Band 3, Tübingen 1972, S. 141ff.

[52] Vgl. hier die §§ 2-4 von Der christliche Glaube, Berlin 1960, S. 10ff. Siehe auch Schleiermacher, Hermeneutik und Dialektik, und: Allgemeine Einleitung zur Dialektik, in: ders., Hermeneutik und Kritik, herausgegeben und eingeleitet von Manfred Frank, Frankfurt/Main 1977, S. 410ff.

[53] ebenda

[54] Vgl. dazu die §§ 503ff. in Hegels Berliner Enzyklopädie. Theorie-Werkausgabe Band 10, Frankfurt/Main 1970, S. 312ff.; und den Dritten Abschnitt des »Moralitäts«-Kapitels in Hegels Grundlinien der Philosophie des Rechts oder Naturrecht und Staatswissenschaft im Grundrisse, Theorie-Werkausgabe, Band 7, S. 243ff.

[55] Heidegger, Sein und Zeit, hier nach Tübingen 1984, S. 272f.

[56] Ernst Feil, Religio, Band 1, Göttingen 1986. Von diesem auf Grund seiner Gelehrsamkeit und der Vielfalt der herangezogenen Quellenstränge beeindruckenden Werk sind mittlerweile 3 Bände erschienen. Es fragt sich allerdings, ob die mit dem Analogie-Problem zusammenhängende, in dieser Studie aufgewiesene Vorgriffsstruktur nicht auch dem Religionsproblem einen bestimmten Fußpunkt in Barths Dogmatik sichert. Dafür spricht einiges; vgl. auch den Brief vom 22. Mai 1967 an den Bonhoeffer-Biografen Eberhard Bethge, in dem Barth Bonhoeffers »nicht-religiöse Interpretation« und seine gegen Barth gerichtete Rede vom »Offenbarungspositivismus« gleichermaßen problematisiert; in: Briefe 1961-1968, a.a.O., S. 405

[57] Vgl. dazu E. Peterson, Der Brief an die Römer. Aus dem Nachlass herausgegeben von Barbara Nichtweiss unter Mitarbeit von Ferdinand Hahn, Würzbug 1997, insbes. S. 353ff.

[58] Hans Urs von Balthasar, Karl Barth, a.a.O., S. 17ff.

[59] Barth, Wolfgang Amadeus Mozart. 1756-1956, Zollikon 1956

[60] Karl Barth, Einführung in die evangelische Theologie, a.a.O., S. 224

Aspekte der nietzscheanischen Sichtweise von Jesus Christus[1]

Hans Otto Seitschek

1. Einleitung: Zur Religionskritik des 19. Jahrhunderts

Beginnend mit der späten Aufklärung setzte im späten 18. Jahrhundert in Europa eine neue, zunehmend kritische Sichtweise von Religion ein. Dabei stand gerade das Christentum im Zentrum der Betrachtungen. Weg vom alleinigen äußeren Vollzug von Riten und anderen religiösen Handlungen wurde die Religion (von lat. *relegere*: (etwas) sorgfältig beachten) mehr und mehr zu etwas Innerlichem. Immanuel Kant untersucht 1793 beispielsweise die Religion »innerhalb der Grenzen der bloßen Vernunft«[2] und Friedrich Schleiermacher beschreibt knapp dreißig Jahre später 1821 die Religion als Gefühl der schlechthinnigen, das heißt absoluten, von allen Bedingtheiten gelösten, Abhängigkeit[3]. Allgemein gültige Lehren über die Religion geraten zunehmend in den Hintergrund, religiöse Handlungen verlieren an Wert und Bedeutung. Auch das Wesen der Religion, Gott, wird neu gesehen, es wird bei Kant zu einem bloßen Postulat der praktischen Vernunft und zum Hauptantrieb menschlicher Sittlichkeit.

Eine deutliche Religions- und Gotteskritik übt Ludwig Feuerbach: Gott ist das nach außen projizierte Wesen des Menschen, der sich in Gott gewissermaßen vor sich selbst unterwirft und in Gott seine Ideale, die der Mensch oft nicht erreicht, anbetet. Aus Feuerbachs Projektionsthese[4] folgt für die Religion, sofern ihr Wesen von Gott geprägt ist, dass sie eine bloße Selbstidealisierung des Menschen ist. Der französische Positivist Auguste Comte sieht in seinem Drei-Stadien-Gesetz[5] das theologische Stadium als Ausgangspunkt einer Entwicklung zu einem Stadium positiven, logisch eindeutigen, wissenschaftlichen Wissens vom Realen an. Dabei müssen das theologische und das metaphysische Stadium jeweils überwunden werden. Karl Marx sieht in der Religion einen die bestehende Gesellschafts- und Klassenordnung stützenden Faktor, der als »*Opium* des Volks«[6] die breite Masse über ihr Elend hinwegtrösten soll, um ein Aufbegehren und letztlich die Revolution zu verhindern. Religion wird allein zu einem ideologischen Überbau. In Marx' Utopie einer klassenlosen Gesellschaft ist eine Religion nicht mehr nötig, da die Bedürfnisse eines jeden gestillt sind. Eine weitere, psychologische Dimension der Religionskritik kommt bei Siegmund Freud zum Ausdruck: Er sieht die Religion als Illusion an, als Neurose, in der der Mensch die Realität verkennt und abwehrt.[7]

Insgesamt lässt sich eine zunehmend reduktionistische Haltung in der nachaufklärerischen Religionskritik feststellen. Religion spielt sich allein in der Psyche des Menschen ab und nimmt dabei die Rolle einer Krankheit, einer die Realität überdeckenden Instanz ein, die eine klare Sicht der Dinge unmöglich macht. Wohingegen die funktionalistische Religionskritik Wirkung und Funktion der Religion angreift, bezieht sich die naturalistische Religionskritik auf das Wesen, auch auf die Entstehung der Religion, die letztlich ein naturalistisches »Konstrukt« ohne Transzendenzbezug ist. Die europäische Tradition der Religionskritik bezieht sich insbesondere auf das Christentum, auf seine Institutionen, auf seine Lehre und auf seine Erscheinungen, beziehungsweise Erscheinungsformen. Prägend für die Christentumskritik im späten 19. Jahrhundert war Friedrich Nietzsche. Seine Religionskritik nimmt eine eigene Rolle ein: Er kritisiert die Religion, dabei insbesondere das Christentum, vom Zentrum aus. Er versucht, das Christentum durch eine Erschütterung im Inneren zum Einsturz zu bringen – ähnlich einem Rad, das zerspringt, wenn man die Nabe herausbricht – und nicht, es von außen einzureißen: »Ein Begriff hier weg, eine einzige Realität an dessen Stelle – und das ganze Christenthum rollt in's Nichts!«[8] Gott ist für Nietzsche tot. Der Mensch bleibt allein zurück. In einem allgemeinen Wettstreit, griechisch αγων, nach dem Gesetz der Natur, nicht nach den all zu schwachen Regeln christlicher Moral, findet eine Höherentwicklung zum Übermenschen statt.

2. Nietzsches Blick auf Jesus

Friedrich Nietzsche sieht vor allem die Gestalt Jesus, weniger den Christus, als Sohn Gottes. Er ist weit davon entfernt, systematisch Jesu Leben und

Werk zu untersuchen, wirft aber an bestimmten Punkten seines Werkes einen Blick auf ihn. Nietzsches Sichtweise von Jesus Christus ist dabei nicht, wie man auf Grund seiner vernichtenden Kritik am Christentum glauben mag, einseitig negativ. Nietzsche hebt seine Sichtweise von Jesus Christus von der des Christentums ab: »Das ›Christenthum‹ ist etwas Grundverschiedenes von dem geworden, was sein Stifter that und wollte«[9] und »...die Kirche ist exakt das, wogegen Jesus gepredigt hat – und wogegen er seine Jünger kämpfen lehrte...«[10].

Der nietzscheanische Blick auf Jesus Christus ist ambivalent: Einerseits nennt er sich in »Ecce homo« selbst »froher Botschafter«[11], setzt sich sozusagen mit Jesus gleich, andererseits nennt er ihn in »Der Antichrist« einen »Idiot[en]«[12]. Einen interessanten Hinweis liefern hier auch die so genannten »Wahnsinnsbotschaften« vom Januar 1889, die Nietzsche teils mit »Dionysos«, teils mit »Der Gekreuzigte« unterzeichnete.[13] Nietzsche wechselt also zwischen Identifikation mit Jesus und Ablehnung von ihm hin und her: Er sieht Jesus auf seinen eigenen Spuren wandeln, gewissermaßen auf dem Weg zum »Übermenschen«, und gleichzeitig sich selbst die Spuren Jesu fortsetzen, indem er gegen die vorherrschende – christlich geprägte – Moral opponiert. Dabei kommt Nietzsche aber zu keiner wahren Nachfolge im Sinne des Christentums. Nietzsche scheidet streng genommen zwischen »Jesus« und »Christus«[14]: Der Mensch Jesus war auf dem richtigen Weg, der Christus, der im Christentum fortlebt, ist in seiner Schwäche erhöht worden. Der Bruch in der nietzscheanischen Sicht von Jesus geschieht durch die Kreuzigung: Jesus Christus scheitert auf seinem eigentlich richtigen Weg, er geht ihn aus Nietzsches Sicht nicht bis zu einem erfolgreichen Ende, sondern landet in einer Sackgasse und fällt sich selbst, seiner Vision, zum Opfer: »Das ›Evangelium‹ starb am Kreuz«[15]. Laut Nietzsche starb Jesus zu früh, durch die »Sehnsucht zum Tode« überfallen:

> »Noch kannte er nur Thränen und die Schwermuth des Hebräers, sammt dem Hasse der Guten und Gerechten, – der Hebräer Jesus: da überfiel ihn die Sehnsucht zum Tode.
> [...]
>
> Glaubt es mir, meine Brüder! Er starb zu früh; er selber hätte seine Lehre widerrufen, wäre er bis zu meinem Alter gekommen! Edel genug war er zum Widerrufen!«[16]

Diese Sätze zeigen, dass Nietzsche – die Worte Jesu nachahmend, da er hier von »seinen Brüdern« spricht – Jesus zwar auf dem richtigen Weg wandeln sieht, dass er ihm aber zugleich den Vorwurf macht, diesen abgebrochen zu haben. Für Nietzsche brach Jesus seinen rechten Weg ab, hätte ihn aber neu aufgenommen und seinen falschen Weg »widerrufen«, wäre er nicht am Kreuz gestorben. So wird es notwendig, dass Nietzsche selbst diesen Weg fortsetzt. Er sieht Jesus also nicht als verdorben an, so wie er das Christentum sieht, sondern als einen, der auf dem richtigen Weg war, aber schließlich scheitert und seinen Weg nicht bis zum Ende geht. Hierbei ist wichtig, dass Nietzsche die schlechte Gesellschaft, in der sich Jesus befand, kritisiert: Es waren einfache Landarbeiter oder Fischer, auch Personen, die am Rand der damaligen Gesellschaft standen, wie Händler, Diebe oder Zöllner.[17] Auch Frauen, die zu dieser Zeit ebenfalls überwiegend am Rande der Gesellschaft standen, waren in Jesu Umfeld, wie die Begegnung mit einer Samariterin an einem Brunnen zeigt.[18] Wohl in seiner krassesten Abwertung nennt Nietzsche Jesus einen »Idiot[en]«: »Mit der Strenge des Physiologen gesprochen, wäre hier ein ganz anderes Wort eher noch am Platz: das Wort Idiot.«[19]

In diesem Satz Nietzsches entlädt sich ohne Zweifel ein »enthemmter Hass«, den Nietzsche jedoch im Entwurf eines Jesusbildes überwindet, das, so Eugen Biser, »durch seine Einfühlungskraft wie durch seine Hellsichtigkeit überrascht«[20]. Biser verweist in diesem Zusammenhang auch auf Karl Jaspers'[21] Deutung von diesem Satz Nietzsches, der ihn, mit leichten Bedenken, in Fjodor Dostojewskis Roman »Der Idiot«[22] motiviert sieht. In diesem Roman stellt Dostojewski in der Figur des Fürsten Myschkin »seinen« Jesus dar: eine gescheiterte, aber gute Existenz. Biser meldet daran ebenfalls berechtigte Zweifel an, da nicht gesichert ist, ob Nietzsche diesen Roman schon kannte, als er Jesus »Idiot« nannte. Biser deutet das Wort vom Idioten werkimmanent und stellt es zu Nietzsches Satz: »Ich will kein Heiliger sein, lieber noch ein Hanswurst... Vielleicht bin ich ein Hanswurst...«[23] in Beziehung. Laut Biser ist die Bezeichnung »Idiot« ein weiterer Hinweis auf die wechselseitige Identifikation Nietzsches mit Jesus, die von Nietzsche, der sich auch als »Hanswurst« sieht, ausgeht und in der Bezeichnung »Idiot« auf Jesus »abfärbt«[24].

Das »schockierende Wort ›Idiot‹«[25] würde ich in diesem Zusammenhang »griechisch« deuten, motiviert durch Bisers Anmerkung, »dass die Suche nach anderen Erklärungen [für Nietzsches Wort ›Idiot‹] vollauf gerechtfertigt erscheint«[26]: Ἰδιώτης heißt »Privatmann«, im Gegensatz zum πολίτης, dem sich in der Polis als »Bürger« betätigenden freien Menschen. Jesus Christus blieb immer ein Privatmann und wirkte nie in der Art eines Polisbürgers, quasi als »Politiker«, sondern stets als einfacher Mensch, dabei vor allem in seinem engsten Jüngerkreis. Er verkündete seine Lehre eher im Stile eines Privatmannes denn im Stile eines Staatsmannes. Gerade darin lag aber seine Macht und Anziehungskraft: Er blieb der einfache Sohn eines Zimmermanns und verkündete doch das Reich Gottes, das in ihm selbst seinen Anfang nimmt. Er war ein Mann aus dem Volk und kehrte sich doch von gesellschaftlichen Konventionen ab, wie sein Umgang oder sein Wirken zeigt, beides stand oft in scharfem Kontrast zu seiner Umwelt, beispielsweise den Pharisäern. Indem Nietzsche Jesus als »Privatmann«, »Hausmensch«, bezeichnet, der auf das Eigene, τὸ ἴδιον, bedacht ist, will er möglicherweise klarmachen, dass Jesus sich vielleicht seiner Stärke und seines Einflusses bewusst war, beides aber nicht wirkungsvoll nutzte oder zur Geltung brachte und im Gegenteil damit die Schwäche zur Stärke erhob, obwohl er, ähnlich wie auch Nietzsche, seine Aussagen nicht argumentativ bewies, sondern entschieden verkündete. Dies legt ihm Nietzsche jedoch als Verkennen und Abwerten der Realität aus. Er entwickelte seine Menschlichkeit, die Nietzsche stets als Schwäche ansieht, bis zum höchsten Grade. Jesus war vollendeter Mensch, aber niemals ein »Übermensch« im Sinne Nietzsches, obwohl er möglicherweise dazu hätte werden können, wenn er nur seine Lehre widerrufen hätte[27]. Nietzsche sieht in diesem Zusammenhang die Lehre Jesu Christi wohl auf die Seligpreisungen der Bergpredigt[28] beschränkt, die besonders die Gewaltlosigkeit der Christen propagiert. So kehrt Nietzsche die Bergpredigt Jesu Christi, ihre Diktion nachahmend, in »Also sprach Zarathustra«[29] um, um die durch das Christentum bedingte Umkehrung der Werte rückgängig zu machen. Karl Löwith spricht in diesem Zusammenhang sogar von einer »antichristliche[n] Bergpredigt«[30]. Ferner ist für Nietzsche das Evangelium auch keine gute, frohe Botschaft, sondern eine »›schlimme Botschaft‹, ein Dysangelium.«[31] So kann man bei Nietzsche das Christentum »gegenlesen«[32], wie Hans Maier meint, es von der Gegenseite beleuchtet sehen, umso eine kritischere Sichtweise vom Christentum zu erhalten.

Hinter Nietzsches Bezeichnung »Idiot« für Jesus Christus, steht wohl als Kern der Kritik, dass Jesus nicht »Privatmann« hätte bleiben sollen, sondern sich als aktiver Bürger, als »Politiker«, in der Welt hätte durchsetzen sollen. Doch Jesus sieht sich selbst anders, sein »Reich ist nicht von dieser Welt«[33], sein Schatz, der Wert und das Ziel seiner Lehre, ist die eschatologische Vollendung des Lebens und des Reiches Gottes, das in Jesus selbst seinen Anfang nimmt, in Gott. So sieht Nietzsche Jesus als »heilige[n] Anarchist[en]« und »politische[n] Verbrecher«[34] an, da er die Ausgestoßenen zur Auflehnung gegen die geltende Ordnung aufrief, nicht die Machthaber zur Umkehr ihrer Politik bewegte. In Jesus verbindet sich eine Mischung von »Sublimem, Krankem und Kindlichem«[35], so dass Jesus seine Aufgabe letztlich nicht bewältigt und am Kreuz stirbt. Nietzsche wirft Jesus auch vor, dass er Gott als gerechten Richter ansah und gleichzeitig als liebenden Vater. Dieses Paradoxon hätte Jesus aufheben müssen, um seine Anhänger nicht zu verwirren, denn ein Richter, sei er auch noch so gerecht, kann nicht die Liebe selbst sein. Man könnte meinen, dass Nietzsche damit beim alttestamentlichen Gottesbild stehen bleibt:

»140.
Zu jüdisch. – Wenn Gott ein Gegenstand der Liebe werden wollte, so hätte er sich zuerst des Richtens und der Gerechtigkeit begeben müssen: – ein Richter, und selbst ein gnädiger Richter, ist kein Gegenstand der Liebe. Der Stifter des Christenthums empfand hierin nicht fein genug, – als Jude.

141.
Zu orientalisch. – Wie? Ein Gott, der die Menschen liebt, vorausgesetzt, dass sie an ihn glauben, und der fürchterliche Blicke und Drohungen gegen Den schleudert, der nicht an diese Liebe glaubt! Wie? Eine verclausulierte Liebe als die Empfindung eines allmächtigen Gottes! Eine Liebe, die nicht einmal über das Gefühl der Ehre und der gereizten Rachsucht Herr geworden ist! Wie orientalisch ist das Alles! ‚Wenn ich dich liebe, was geht's dich an?‘ Ist schon eine ausreichende Kritik des ganzen Christenthums.«[37]

»Zu jüdisch« meint hier wohl »zu unklar, zu widersprüchlich« und »zu orientalisch« wohl »zu despotisch«. Gott wirkt hier auf Nietzsche wie ein orientalischer Despot.

Ein weiterer Anhaltspunkt, um der Sichtweise Nietzsches von Jesus Christus näher zu kommen, steckt in folgendem Zitat: »Ich bin der Antiesel par excellence und damit ein welthistorisches Unthier, ich bin, auf griechisch, und nicht nur auf griechisch, der Antichrist...«[37]. Es macht insbesondere Zweierlei deutlich: »Auf griechisch« heißt, dass Nietzsche »anstelle von«, griechisch ἀντί, Jesus Christus steht, ihn also ersetzt und seine Rolle einnimmt, da er seinen Weg einer neuen Lehre in Opposition zur herrschenden gesellschaftlichen Konvention in anderer Weise fortführt. »Nicht nur auf griechisch« heißt, dass Nietzsche, indem er an die Stelle von Jesus Christus tritt, ihn wegwischt, sich als Anti-Christus gegen ihn stellt, ihn und seine Lehre gar vernichtet, da er gescheitert ist und durch seine Schwäche unterlag. Nietzsche sieht sich als apokalyptischen Anti-Christen, der das Christentum vernichtet und den Anbruch einer neuen Zeit und die Vision eines neuen Menschen verheißt. Gerade dieses Zitat (s.o.) Nietzsches, bezeichnenderweise aus »Ecce homo«, zeigt die ambivalente Sichtweise, die Nietzsche von Jesus Christus hat. Die Position Nietzsches steht im Spannungsfeld zwischen einer völligen Selbstidentifikation mit Jesus und einer völligen Ablehnung und sogar Vernichtung von ihm. So fragt Eugen Biser im Titel eines seiner Bücher über Nietzsche: »Gottsucher oder Antichrist?«[38] Letztendlich kann aber gerade die scharfe Ablehnung des Christentums selbst eine gereinigte, eigenständige Gottsuche[39] sein, so in aller Kürze eine der Thesen dieses Buches.

Mit dem von Nietzsche ausgerufenen »Tod Gottes« ergibt sich schließlich ein scheinbarer Anknüpfungspunkt zum Christentum. So heißt es im »Hochgebet« des römisch-katholischen Messkanons: »Deinen Tod, o Herr, verkünden wir, und deine Auferstehung preisen wir, bis du kommst in Herrlichkeit.«[40] Es wird damit der Kreuzestod Jesu Christi, des Herrn, seine Auferstehung und die Vollendung in Gott verkündet. Doch Nietzsche bleibt beim gewaltsamen Tod Gottes stehen, »Gott ist todt! Gott bleibt todt! Und wir haben ihn getödtet!«[41], schreibt er in der Parabel vom »tollen Menschen«, wohingegen die Christen den Schritt weiter zur Auferstehung Jesu Christi gehen und zur universalen Überwindung des Todes durch seine Auferstehung. In diesem Zusammenhang ist jedoch einschränkend festzustellen, dass Nietzsche mit »Gott« eher »Gott Vater« denn »Gott Sohn« meint.

Vielleicht ist Nietzsches Ruf vom »Tod Gottes« auch das radikale Abwerfen eines überkommenen Gottesbildes, das in seiner Kindheit und Jugend möglicherweise durch das Milieu seines Elternhauses, eines evangelischen Pfarrhauses, geprägt wurde. Vielleicht gewinnt Nietzsche so eine neue Sichtweise des wahren Horizonts, der durch seine bisherige Gottesvorstellung »verstellt« war. In diesem Sinne wäre der Tod Gottes ein notwendiger Schritt Nietzsches hin zu einem neuen, geläuterten Gottesbild, das in seiner Unfasslichkeit Gott eher gerecht werden kann. Ein Hinweis auf die Suche Nietzsches nach einem neuen Gottesbild mag in der Aufforderung Zarathustras »Hütet euch, dass euch nicht eine Bildsäule erschlage!«[42] stecken. An anderer Stelle, in den »Nachgelassenen Fragmenten« aus den Jahren 1886/87, heißt es: »Im Grunde ist ja nur der moralische Gott überwunden. Hat es einen Sinn, sich einen Gott ‚jenseits von Gut und Böse‘ zu denken? Wäre ein Pantheismus in d i e s e m Sinne möglich?«[43] Und bereits 1882 schreibt Nietzsche: »Ihr nennt es die Selbstzersetzung Gottes: es ist aber nur seine Häutung: – er zieht seine moralische Haut aus! Und ihr sollt ihn bald wiedersehn, jenseits von gut und böse.«[44]

Hier wird deutlich, dass Nietzsches »Tod Gottes« nicht allein destruktiv zu sehen ist, sondern auch etwas Neues, noch nie Dagewesenes, entstehen lässt. In seinem Buch »Gott ist tot« stützt Biser vorsichtig die Behauptung, dass Nietzsche mit der Feststellung, dass Gott tot sei, sich dem wahren unendlichen Sein, der »höchsten Steigerung des Daseins«, annähert:

> »Wer Gott für undenkbar hält, oder genauer und im Blick auf die Diskussion des anselmischen Arguments gesagt, wer die innere Möglichkeit eines unendlichen Seins bestreitet, der weigert sich grundsätzlich, seine Gedankengänge bis an ihre äußersten Grenzen auslaufen zu lassen. Doch von eben diesem *denkerischen Einhalt* verspricht sich Zarathustra jene *höchste Steigerung des Daseins,* die seine Ausmündung in Gott seit jeher verhindert hat.«[45]

Auch diese Argumentationslinie lässt Nietzsche letztlich als »Gottsucher« enden, der in radikaler Weise sucht und schließlich an sich selbst scheitert und im Nihilismus stehen bleibt. Nietzsche, der zwar widerspricht, »wie nie widersprochen worden ist«, aber doch »der Gegensatz eines neinsagenden Geistes«[46] ist, bejaht in seiner Verneinung von Jesus Christus ihn gleichzeitig. So sehe ich, ausgehend von Bisers Buchtitel »Gottsucher oder Antichrist?«, Nietzsche eher als »Gottsucher *und* Antichristen« an, der zwischen beiden Positionen oszilliert.

3. Ein Seitenblick auf Sokrates

In seine Sichtweise von Jesus Christus nimmt Nietzsche wichtige Aspekte seiner Deutung von Sokrates auf. Auch eine klare Vorwegnahme der christlichen Moral geschah für Nietzsche schon durch Sokrates, der, obwohl von seiner Unschuld überzeugt, den Schierlingsbecher trank. Er war ein lebendes Beispiel für seine Philosophie, die nicht nur Gelassenheit vor dem Tode lehrte[47], sondern auch, dass es besser sei, Unrecht zu erleiden als Unrecht zu tun. So sagt Sokrates zu Kriton, »dass es niemals gerechtfertigt ist, Unrechttun mit Unrechttun zu erwidern und, wenn man Böses erlitten hat, sich mit bösen Taten zu wehren.«[48] Auch Sokrates setzte, wie später Jesus, seinen Anspruch höchster Menschlichkeit gewaltlos durch. Auch Sokrates trat, ebenso wie Jesus, nicht als nietzscheanischer »Übermensch« auf und empfing letztlich den Schierlingsbecher aus den Händen seiner Polis Athen. Auch er scheiterte in seinem Leben, so Nietzsche. Sokrates ist für ihn einer der »Niedergangs-Typen«[49]. Dennoch scheidet Nietzsche noch einmal zwischen der Person des »Sokrates« und dem »Sokratismus«.[50] Nietzsche bewundert die »Tapferkeit und Weisheit des Sokrates in Allem, was er that, sagte – und nicht sagte«[51], aber er wirft ihm vor, am Leben gelitten zu haben und es am Ende nicht zu seinen Gunsten umgebogen zu haben. Dabei stützt sich Nietzsche auf den letzten Satz, den Sokrates in seinem Leben sprach, »O Kriton, wir sind dem Asklepios noch einen Hahn schuldig«[52], den Nietzsche nicht anders deutet als: »›Oh Kriton, das L e b e n i s t e i n e K r a n k - h e i t ! ‹«[53] Nietzsche meint, dass Sokrates den Tod als Heilung und Erlösung von der »Krankheit« des Lebens ansah. Aus diesem Grunde schuldet Sokrates dem Heilgott Asklepios einen Hahn als bescheidenes Dankopfer. Dieser Satz verdirbt laut Nietzsche die bewundernswerte Einstellung des Sokrates und setzt sich im »Sokratismus« fort, dem vor allem die Philosophie Platons, des einflussreichsten Schülers von Sokrates, Vorschub leistete.

Sokrates und Platon zersetzen den griechischen Geist, der dionysisch-rauschhaft sich selbst entgrenzt und alle Normen abwirft, sich selbst Norm ist. Sokrates und insbesondere Platon setzen anstelle des dionysischen Geistes den apollinisch-nüchternen, formhaften Geist[54], der in der Analyse das Formlose durchdringt, ihm Form gibt und es erhellt. Interessant ist in diesem Zusammenhang Platons »Philebos«: Hier wird die Quelle der Einsicht »ganz nüchtern und unberauschend« genannt und mit »strengem und gesundem Wasser« verglichen.[55] Platon sieht die Quelle der Einsicht also in etwa als »apollinisch« im nietzscheanischen Sinn an. Hier steckt für Nietzsche schon der Beginn der Abwertung und Eingrenzung des Starken, das sich sodann nicht mehr frei entwickeln kann und nicht mehr übermenschlich werden kann.

Gerade die sokratische Moral zersetzt mit ihrer Einschätzung der Moral als Erkenntnis und Wissen des Guten den dionysischen Geist, der sich quasi selbst Moral ist. Für Nietzsche wird dadurch der Geist des Griechentums zerstört, so dass Sokrates und Platon »Verfalls-Symptome« sind, »Werkzeuge der griechischen Auflösung«, »pseudogriechisch«, ja sogar »antigriechisch«[56]. Eben auf dieser Stufe der Dekadenz steigt nach Nietzsche die christliche Moral ein. Auch sie verdirbt und hemmt die Entwicklung des Menschen. So meint Biser dazu unter Bezugnahme auf § 12 des »Problem des Sokrates« in der »Götzen-Dämmerung«:

> »Im Grund beginnt das Christentum für Nietzsche schon lange vor seiner eigentlichen Geschichte mit Sokrates, der schon so sehr der Lebensverneinung verfallen war, dass er sterben wollte und Athen zum Giftbecher zwang.«[57].

Insbesondere durch Platon systematisierte sich diese Verteidigung der Schwäche im Sokratismus. In der Gestalt der »jüdisch-christlichen Moral« ist die sokratische Moral heute »die in Europa als gültig behandelte Moral«[58]. Nietzsche sieht im Sokratismus also einen direkten Vorläufer der christlichen Moral, die sich auf die Person Jesu bezieht.

So sind für Nietzsche beide, Sokrates und Jesus, in ihrer Lebensführung bewundernswerte Gestalten, die sich aber am Ende ihres Lebens, das bei Jesus laut Nietzsche zu früh kam, alles verderben und damit ihren bisherigen Erfolg entwerten, da sie der Welt unterliegen. Doch Nietzsche übersieht dabei, dass Sokrates, wie wohl er auf seine »innere Stimme«, das »Daimonion«[59], hinweist, sich nicht als von Gott auserwählt ansieht, sondern sein Leben, das von der Großstadt Athen geprägt ist, meistern will. Anders bei Jesus Christus: Er ist Sohn Gottes, der Gott als seinen »Abba«, »Papa«, anredet, seinem Willen gehorcht und ihn auf Erden lebt. Im Garten von Gethsemane betet Jesus: »Abba, mein Vater, alles ist dir möglich; nimm diesen Kelch von mir; doch nicht, was ich will [geschehe], sondern was du [Gott Vater] willst!«[60] Jesus fügt sich dem Willen des Vaters im Wissen, dass dieser ihm, wenn er es wolle, »mehr als zwölf Legionen Engel schickte.«[61] Jesus kommt es, mehr noch als Sokrates, der durch sein Leben und Sterben ein Beispiel für Gerechtigkeit und Gesetzestreue in der Polis gegeben hat, auf seine Nachfolge an, die die, die ihm nachfolgen, erlöst und ins Reich Gottes führt. So verfolgen also beide, Sokrates und Jesus, unterschiedliche Ziele in ihrem Leben und Sterben, das trotz einiger Parallelen nur in Ansätzen miteinander vergleichbar ist. Dennoch bleibt für das Verständnis der nietzscheanischen Sichtweise von Jesus Christus und vom Christentum die Person des Sokrates ein wichtiger Ausgangspunkt.

4. Grundzüge von Nietzsches Beurteilung des Christentums

Friedrich Nietzsche sieht als Kern des Christentums die »Inthronisation« der Schwäche an. In der Heiligen Schrift steht: »Was krumm ist, soll gerade werden, und was uneben ist, werde eben. Dann offenbart sich die Herrlichkeit des Herrn [...]«[62]. Bei Nietzsche ist Gott »ein Gedanke, der [...] alles Gerade krumm [macht] und Alles, was steht, drehend«[63]. Diese Entgegensetzung charakterisiert die generelle Divergenz zwischen der nietzscheanischen Haltung und der Grundhaltung des Christentums. Will das Christentum den Menschen auch in seiner Schwachheit annehmen, was gerade durch die Menschwerdung Gottes in Jesus Christus zum Ausdruck kommt, und ihn dadurch stärken, so will Nietzsche alles Schwache auslöschen, um das Starke weiter zu fördern.

Ein Ursprung der vernichtenden Kritik Nietzsches am Christentum liegt in Nietzsches Bewertung der Antike, ein anderer mit Sicherheit in Nietzsches

Biografie. Im Folgenden möchte ich jedoch den Ausgangspunkt bei Nietzsches Sichtweise der Klassischen Antike nehmen.[64] Prägend dafür ist der Begriff der »Kalikagathie«, griechisch καλοκαγαθία, der das Hauptcharakteristikum des antiken griechischen Adelsethos beschreibt: Äußere Schönheit, Wohlgeformtheit und Stärke, griechisch mit dem Adjektiv καλός bezeichnet, sind nur zusammen mit innerer Wohlgeformtheit und Integrität, griechisch mit dem Adjektiv ἀγαθός bezeichnet, zu denken und umgekehrt. Nur durch das Erweisen von Bestleistung in Allem kann man die Kalikagathie für sich beanspruchen. Der Edle und Freie gibt das Maß für das Gerechte vor: Er entscheidet frei, was richtig und was falsch ist. Ihm Untergebene, beispielsweise Sklaven, müssen ihm gehorchen. Alles entscheidend ist die menschliche Durchsetzungskraft, die im edlen, damit adligen, Menschen der griechischen Antike besonders ausgeprägt ist. Dem gegenüber steht das Christentum. Es geht, so Nietzsche, davon aus, dass der Mensch nicht weiß, was gut und schlecht ist, und sich deshalb von einem Gotte leiten lassen muss: »Das Christenthum setzt voraus, dass der Mensch nicht wisse, nicht wissen k ö n n e , was für ihn gut, was böse ist: er glaubt an Gott, der allein es weiss.«[65]

So nimmt das Christentum nach Nietzsche dem Menschen jede Entwicklungsmöglichkeit zu einem Wesen jenseits der Regeln der geltenden Moral, »jenseits von Gut und Böse«[66]. Also kann sich die Menschheit nicht voll entfalten, da in ihr Schwaches und Starkes vermischt, ja verwischt wird. Es herrscht eine »Gleichmacherei« vor, die nicht mehr zwischen stark und schwach unterscheidet wie das griechische Adelsethos. Ernst Barthel sieht 1944 – wohl unter dem starken Eindruck des für ihn eben zu Ende gehenden Dritten Reiches – im »Unterschied zwischen Minderwertigkeit, Normalwertigkeit und Höherwertigkeit, den die Menschen immer wieder falsch und verkehrt behandeln«, sogar das »eigentliche Lebens- und Grundproblem Nietzsches«[67]. Zunächst wird, so Nietzsche, die Stärke des Einzelnen geschwächt und verdorben, sodann die aller Menschen. Die Stärkeren können sich auf Grund der christlichen Moral nicht mehr adäquat entwickeln und sich somit gegenüber den Schwachen nicht mehr durchsetzen: alles unter Vorwand des Christentums. So kann der Mensch nie zu seiner vollen Entfaltung kommen, der Mensch kann sich nie zu einem »Übermenschen« entwickeln, der durch seinen »Willen zur Macht« an die Stelle des »toten Gottes« treten soll:

> »Seht, welche Fülle ist um uns! Und aus dem Überflusse heraus ist es schön hinaus zu blicken auf ferne Meere.
> Einst sagte man Gott, wenn man auf ferne Meere blickte; nun aber lehrte ich euch sagen: Übermensch.«[68]

Der Mensch wird auf Grund des Hindernisses Christentum nie das Schwache ausrotten können und jenseits aller moralischen Werturteile treten können, allein dem Willen des Stärksten folgend, der dann der alles bestimmende Wille ist. »Denn«, so Eugen Biser, »in alledem erscheint Gott als die totale *Mediatisierung des Menschen*, die mit ihrer Dazwischenkunft sein Selbstsein ebenso wie seine freie Selbstentfaltung behindert.«[69] Die christlichen Werte sind nach Nietzsche ein »Sklavenaufstand in der Moral,« der damit beginnt, »dass das Ressentiment selbst schöpferisch wird und Werthe gebiert«[70]. Das Ressentiment ist hier der Vorwand der Schwächeren, gegenüber den Stärkeren ein Recht zu haben, das ihnen nach Nietzsche in überhaupt keiner Weise zukommt, da alles Recht das Vorrecht der Stärkeren ist. Durch diese Ressentiments bringen die Schwächeren die Stärkeren ins Straucheln und verhindern so einerseits ihre eigene Ausrottung, andererseits die Höherentwicklung des Menschen bis hin zum »Übermenschen«, der alles Überkommene, jede Tradition abschüttelt und zerbricht, wie in den »drei Verwandlungen« im »Zarathustra«[71] angedeutet wird. Hintergrund dieser Ressentiments, die in den christlichen Werten zum Ausdruck kommen, ist die Behauptung der Existenz Gottes, die Nietzsche in der Parabel vom »tollen Menschen« negiert, um sich von allem Ressentiment zu befreien:

> »Gott ist todt! Gott bleibt todt! Und wir haben ihn getödtet! Wie trösten wir uns, die Mörder aller Mörder? Das Heiligste und Mächtigste, was die Welt bisher besass, es ist unter unseren Messern verblutet, – wer wischt diess Blut von uns ab?«[72].

Gerade der Satzteil »die Mörder aller Mörder« ist zentral. Er weist meines Erachtens zwei Lesarten auf: erstens: »Die ersten unter den Mördern« (*genitivus subiectivus*), zweitens: »Die, die alle Mörder von ihrem ›Mörder sein‹ befreien, indem sie ihr ›Mörder sein‹ ermorden und damit aufheben« (*genitivus obiectivus*). In der zweiten Lesart kommt besonders die Befreiung von allem Ressentiment, die Überwindung der herkömmlichen Moral und der christlichen Werte zum Ausdruck. Auch dies ist ein Ausdruck der starken Kritik am Christentum bei Nietzsche: Durch das Negieren Gottes wird alles, was nach bisherigen Normen als Schuld galt, weggewischt. Es soll allein die Norm des Stärkeren herrschen, nicht die von den Schwachen durch das Christentum zur Norm erhobenen Schwächen. So ist das Christentum in den Augen Nietzsches eine völlige Umkehrung des Starken hin zum Schwachen und des Schwachen hin zum Starken. Gerade deshalb muss das ursprünglich Schwache durch die »Umwerthung aller Werthe«[73] wieder nach unten gewandt werden, damit die alte Werteordnung, die ihre Fundierung nach Nietzsche in der heidnisch-griechischen Antike hat, wiederhergestellt wird.

Durch den Tod Gottes »bricht« Nietzsche einen »Hauptbegriff, den Glauben an Gott,« aus dem Christentum »heraus«, und »so zerbricht [...] auch das Ganze: man hat nichts Nothwendiges mehr zwischen den Fingern«.[74] An anderer Stelle schreibt Nietzsche in »Der Antichrist«: »Ein Begriff [Glaube] hier weg, eine einzige Realität an dessen Stelle – und das ganze Christenthum rollt in's Nichts!«[75] So macht Nietzsche klar, dass im Zerstören des Zentrums, des Glaubens an Gott, gleich das ganze Christentum entwertet ist.

Alles, was das Christentum als einen Wert ansieht, ist Fiktion, so Nietzsche. Diese Fiktion verschwindet, wenn der Tod Gottes klar wird. Dies ist laut Jaspers der Grund für den »europäischen Nihilismus«, der durch das Aufweisen des Christentums als Fiktion einen Sturz ins Bodenlose, eben ins Nichts, verursacht.[76] Martin Heidegger deutet das nietzscheanische »Gott ist tot« in einem Beitrag von 1943 metaphysisch-ontologisch. Es weist dorthin, »von wo aus [...] die Frage nach dem Wesen des Nihilismus gestellt werden kann.«[77] Auch den »Brahmanismus, [und den] Buddhismus« zählt Nietzsche neben dem Christentum zu den »großen nihilistischen Religionen«, ist doch ihre höchste Vorstellung der »Gegensatzbegriff des Lebens, das Nichts,«[78] die größtmöglich gedachte Einheit und Einigkeit. Nietzsche sieht im Christentum nicht nur das Verderben, Korrumpieren des Einzelnen und der Gesellschaft, er sieht in ihm, wie auch Jaspers bekräftigt, ein »allgemeines Sollen« als moralische Forderung zu Grunde gelegt: »Der Angriff [Nietzsches] geht, [...] auf den Ursprung der Moral selbst als eines allgemeingültiges Sollens.«[79] Gegen solch ein »Sollen« verwehrt sich Nietzsche, da der Starke, letztlich der »Übermensch«, unter keinem moralischen Sollen mehr steht, sondern es selbst ist. Nietzsche will die Menschen vom Joch der Moral und der christlichen Werte befreien, so dass eine Höherentwicklung des Menschen in neue Dimensionen überhaupt erst möglich wird. Bisher sieht Nietzsche allein eine ständige Wiederholung allen Seins und aller Phänomene in der Geschichte: »Die ewige Sanduhr des Daseins wird immer wieder umgedreht – und du mit ihr, Stäubchen vom Staube!«[80] Ebenso spricht Nietzsche von einem »Wahrsagevogel-Geist«, als der er sich vorkommt, »der zurückblickt, wenn er erzählt, was kommen wird«[81] Aus diesem Grund gelangt der Mensch niemals zu seiner wahren Stärke und Größe und bleibt immer schwach und klein, da sich alles Sein in seiner Unvollkommenheit wiederholt, ohne dass sich die Stärksten durchsetzen. Der Mensch bleibt gebeugt unter dem Gott, dessen Tod die Menschen noch nicht erkannt haben. Fast schon ironisch schreibt Nietzsche in der »fröhlichen Wissenschaft« über das Verderben der wahren Moral, hier mit »Tugenden« im Sinne der griechischen ἀρετή umschrieben, durch das Christentum:

»Die moralische Skepsis im Christenthum. – Auch das Christenthum hat einen großen Beitrag zur Aufklärung gegeben: es lehrte die moralische Skepsis auf eine sehr eindringliche und wirksame Weise: anklagend, verbitternd, aber mit unermüdlicher Geduld und Feinheit: es vernichtete in jedem einzelnen Menschen den Glauben an seine ›Tugenden‹: es liess für immer jene großen Tugendhaften von der Erde verschwinden, an denen das Alterthum nicht arm war, jene populären Menschen, die im Glauben an ihre Vollendung mit der Würde eines Stiergefechtshelden umherzogen.«[82]

Diese Aussage macht zweierlei deutlich: Zunächst die Charakteristika des Christentums wie Nietzsche sie sieht: »anklagend, verbitternd, aber mit unermüdlicher Geduld und Feinheit«. Sodann zeigt diese Aussage, dass Nietzsches Kritik am Christentum ihren Ausgang in der heidnisch-griechischen Antike nimmt, in der es laut Nietzsche noch wahre, vom Christentum nicht verwässerte, Tugenden gab. Das Christentum verdeckt als »Sklavenmoral« einer schwachen Mehrheit die »Herrenmoral« weniger, singulärer Gestalten, die sich durch wahre Stärke auszeichnen. Das Christentum entzieht dem starken Menschen durch die »Praxis der Kirche [...] jedes Blut, jede Liebe, jede Hoffnung zum Leben«[83], so dass ein schwaches Etwas von Mensch übrigbleibt, das sich einem starken Gott in die Hand geben muss. Biser meint in seiner Deutung von Nietzsche dazu:

»Weit davon entfernt, den Menschen zur vollen Höhe seines Seinkönnens zu führen, trägt gerade die Moral daran die Schuld, dass der mächtigste und prachtvollste Typus Mensch niemals erreicht wurde, und dass die Welt statt dessen mit lauter Fragmenten des Menschseins bevölkert ist.«[84]

Das ist nach Nietzsche das Grundkonzept des Christentums, womit es die Menschen für sich vereinnahmt und schwächt.

Ein weiterer »griechisch antiker« Ansatz der Kritik am Christentum liegt in Nietzsches Feststellung, dass das Christentum ein »verpöbelter Platonismus« ist. Ausgehend von der Lektüre der augustinischen *Confessiones*, deren »philosophische[n] Werth« Nietzsche als »gleich Null«[85] ansieht, meint er:

»Verpöbelter Platonismus, das will sagen, eine Denkweise, welche für die höchste seelische Aristokratie erfunden wurde, zurecht gemacht für Sklaven-Naturen. Übrigens sieht man, bei diesem Buche, dem Christenthum in den Bauch: ich stehe dabei mit der Neugierde eines radikalen Arztes und Physiologen.«[86]

Gerade der Ausdruck »in den Bauch sehen« macht deutlich, dass Nietzsche in seiner Kritik, wie Eugen Biser meint, »ins Zentrum der angegriffenen Position« eindringt, »um sie von ihrer Mitte her zum Einsturz zu bringen.«[87] Eine Zuspitzung der zerstörerischen Kritik am Christentum ist in Nietzsches »Gesetz wider das Christenthum«[88] am Schluss von »Der Antichrist« zu finden. Ziel von Nietzsches Kritik am Christentum ist es insbesondere, dass der Mensch, der seine höchsten Vorzüge an einen Gott abgetreten hat, um sich selbst zu erniedrigen und anzubeten, was er doch nur selbst schon war, wieder zurück erlangt.[89] In diesem Gedanken, dem Abtreten höchster Vorzüge und Idealvorstellungen an einen Gott, klingt in Nietzsches Kritik am Christentum auch Ludwig Feuerbachs »Projektionsthese« nach, in der Gott lediglich die nach außen projizierten Ideale des Menschen darstellt. Auch Gerhard Streminger weist unter Bezugnahme auf Nietzsche auf die Neigung des Menschen hin, in der Moral einen Teil von sich als Gott anzubeten.[90]

Letztendlich, so meine ich, kreist Nietzsches Kritik am Christentum stets um ein zentrales Argument: Das Christentum ist im Kern schwach, gibt aber die Schwäche als Stärke aus und erhebt sie zur moralischen Norm.

5. Resümee:

Sieht Nietzsche das Christentum als »Inthronisation« der Schwäche an, so trifft eine solch radikale Ablehnung auf Jesus Christus nicht zu. Nietzsche sieht Jesus vielmehr als einen an, der auf dem richtigen Weg war, aber von der Vollendung seines Weges abgebracht wurde. Nietzsche setzt sich selbst an die Stelle Jesu. Die Vorwegnahme der christlichen Moral sieht Nietzsche schon bei Sokrates, der die »Inthronisation« der Schwäche schon in seiner freiwillig erduldeten Hinrichtung instituiert. Sokrates und Jesus waren für Nietzsche singuläre Menschen, aber niemals »Übermenschen«, da beide im Tod scheiterten. Ziel Nietzsches ist die Umwertung aller Werte, indem er das Christentum durch die Proklamation des »Todes Gottes« »in's Nichts«[91] rollen lässt. Durch diesen Schritt wird das Christentum und seine Moral als Fiktion entlarvt und kann damit überwunden werden.

Ein interessanter Ansatzpunkt findet sich meines Erachtens in der wechselseitigen Identifikation Nietzsches mit Jesus. War nicht vielmehr Jesus ein »Nietzscheaner seiner Zeit«, der gesellschaftliche und religiöse Konventionen brach und widersprach, »wie nie widersprochen worden ist«[92]? War nicht Jesus ein »Umwerter aller Werte«, der die zum Teil inhumanen Werte der Antike, man denke nur an die rechtliche Ausgrenzung der Sklaven, über-

wand? Letztlich gewann erst durch das Christentum jeder Mensch, egal ob
Freier oder Sklave, einen Eigenwert als Individuum, der allen Menschen in
gleicher Weise zuzugestehen ist. Doch Jesus Christus gründete, anders als
Nietzsche, sein Leben und seine Lehre in Gott, seinem Vater. In letzter Instanz geht Jesus Christus auch die inhumane Härte ab, die in Nietzsches
Philosophieren »mit dem Hammer«[93] steckt. In diesem Zusammenhang sehe
ich Nietzsche als »Umwerter der Umwertung«, die vorher durch Jesus Christus stattfand. Durch Nietzsches Umwertung soll zwar etwas völlig Neues,
»Übermenschliches«, entstehen, dessen Ursprünge sich aber schon im Wer-
tehorizont der griechischen Antike, der Vorsokratik und der Sophistik, vor
allem bei Protagoras in seinem *homo-mensura*-Satz und seiner agnostischen
Aussage über die Götter[94], abzeichnen: Die Durchsetzung des von Natur aus
Stärksten in Unabhängigkeit vom Transzendenten. Eben diese »Durchsetzung des von Natur aus Stärksten« kehrte Jesus Christus, vor ihm schon Sokrates, um. Diese Umkehrung will Nietzsche durch seine Umwertung wieder richtig stellen.

In Nietzsches Radikalkritik am Christentum klingt aber stets auch ein Suchen nach dem »wahren Gott« hörbar an, auf das unter anderem Eugen Biser in seiner Sicht von Friedrich Nietzsche hinweist. In diesem Sinne, denke
ich, dass Nietzsches Kritik am Christentum fruchtbar sein kann, insofern sie
jeden Christen dazu anhält, die eigene Position immer wieder neu zu über-
denken, um ein positives Profil der eigenen Sichtweise vom Christentum zu
gewinnen.

Stellvertretend für die beiden Pole in Nietzsches Denken über Religion
und Gott, den suchenden und den abwertenden, seien abschließend zwei Gedichte Nietzsches zitiert:

Noch einmal eh ich weiter ziehe
Und meine Blicke vorwärts sende,
Heb ich vereinsamt meine Hände
Zu dir empor, zu dem ich flehe,
Dem ich in tiefster Herzenstiefe
Altäre feierlich geweiht,
Dass allzeit
Mich seine Stimme wieder riefe.
(Herbst 1864)[96]

Will weise sein, weils mir gefällt,
Und nicht auf fremden Ruf.
Ich lobe Gott, weil Gott die Welt
So dumm als möglich schuf.
(um 1882)[95]

(voraussichtlich 28.01.2002)

[1] Vom Autor ist ein Referat zum gleichen Thema vor dem Nietzsche-Forum München intendiert.

[2] I. Kant, Die Religion innerhalb der Grenzen der bloßen Vernunft, in: Kön. Preuß. Akad. d. Wiss. [Hg.], Kants Werke, Bd. VI, Berlin 1968 (Nachdruck), S. 1-202.

[3] Siehe F. Schleiermacher, Der christliche Glaube, Bd. I, Berlin [7]1960, § 4, S. 23-30.

[4] Die sog. »Projektionsthese« kommt 1841 zum Ausdruck, und zwar zu Beginn des 2. Teils von »Das Wesen des Christentums« (L. Feuerbach, Das Wesen des Christentums, in: Ders., Werke in sechs Bänden, hg. v. E. Thies, Bd. 5, Frankfurt am Main 1976, S. 219-243, 317-326) sowie 1846 in »Das Wesen der Religion« (L. Feuerbach, Das Wesen der Religion, in: Ders., Werke in sechs Bänden, hg. v. E. Thies, Bd. 4, Frankfurt am Main 1976, S. 81-153).

[5] Siehe A. Comte, Rede über den Geist des Positivismus (1844), frz./dt., übers., eingel. u. hrsg. v. I. Fetscher, Hamburg [2]1966, S. 4-41.

[6] K. Marx, Zur Kritik der Hegelschen Rechtsphilosophie (1844), in: Ders./F. Engels, Werke, Bd. 1, Ost-Berlin 1958, S. 378-391, 378 (Zitat).

[7] Siehe S. Freud, Die Zukunft einer Illusion (1927), in: Ders., Studienausgabe, hg. v. A. Mitscherlich u. a., Bd. IX, Fragen der Gesellschaft, Ursprünge der Religion, Frankfurt am Main 1974, S. 135-189, bes. S. 164-189.

[8] F. Nietzsche, Der Antichrist, § 39, KGW, Bd. VI/3, S. 210

[9] Ders., Nachgelassene Fragmente, November 1887 - März 1888, KGW, Bd. VIII/2, 11[294], S. 356

[10] Ebd., 11[257], S. 340

[11] F. Nietzsche, Ecce homo, Warum ich ein Schicksal bin, § 1, KGW, Bd. VI/3, S. 364.

[12] Ders., Der Antichrist, § 29, KGW, Bd. VI/3, S. 198

[13] Ders., Sämtliche Briefe, Januar 1889 (Brefe Nr. 1234-1255), KSB, Bd. 8, S. 572-577

[14] Siehe dazu: W. Kaufmann, Nietzsche. Philosopher, Psychologist, Antichrist, Princeton [4]1974, S. 337-390 (Nietzsche's repudiation of Christ), bes. S. 342. Zur »Sonderstellung« der nietzscheanischen Jesus-Deutung siehe auch: G.-G. Grau, Christlicher Glaube und intellektuelle Redlichkeit. Eine religionsphilosophische Studie über Nietzsche, Frankfurt am Main 1958, S. 201-223 (Geschichtlicher Ursprung (Jesus und Paulus)).

[15] F. Nietzsche, Der Antichrist, § 39, KGW, Bd. VI/3, S. 209

[16] Ders., Also sprach Zarathustra I, Vom freien Tode, KGW, Bd. VI/1, S. 91

[17] Siehe u. a. Mk 2,16 f., Lk 5,30 f., 7,34 u. 19,1-10

[18] Joh 4, 7-28

[19] F. Nietzsche, Der Antichrist, § 29, KGW, Bd. VI/3, S. 198

[20] E. Biser, Gottsucher oder Antichrist?, Salzburg 1982, S. 79

[21] K. Jaspers, Nietzsche und das Christentum, München/Zürich, [3]1985, S. 20. Siehe dazu auch: G.-G. Grau, Christlicher Glaube und intellektuelle Redlichkeit. Eine religionsphilosophische Studie über Nietzsche, Frankfurt am Main 1958, S. 201, Anm. 2

[22] F. M. Dostojewski, Der Idiot. Roman, [26]München/Zürich 1999

[23] F. Nietzsche, Ecce homo, Warum ich ein Schicksal bin, § 1, KGW, Bd. VI/3, S. 363

[24] E. Biser, Gottsucher oder Antichrist?, Salzburg 1982, S. 80f.

[25] Ders., Nietzsche für Christen, Freiburg 1983, S. 39.

[26] Ders., Gottsucher oder Antichrist?, Salzburg 1982, S. 84, Fn. 32.

[27] Nach F. Nietzsche, Also sprach Zarathustra I, Vom freien Tode, KGW, Bd. VI/1, S. 91.

[28] Siehe Mt 5, 3-10, bes. 9.

[29] Siehe dazu F. Nietzsche, Also sprach Zarathustra I, Zarathustras Vorrede, § 4, KGW, Bd. VI/1, S. 11 f.

[30] Karl Löwith, Nietzsches antichristliche Bergpredigt, in: Ders., Sämtliche Schriften, Bd. 6, Stuttgart 1987, 467-484; siehe auch E. Biser, Gottsucher oder Antichrist?, Salzburg 1982, S. 32 und ders., Nietzsche für Christen, Freiburg 1983, S. 22.

[31] F. Nietzsche, Der Antichrist, § 39, KGW, Bd. VI/3, S. 209.

[32] Zitat von Hans Maier aus der Vorlesung »Nietzsche«, gehalten im Sommersemester 1998 an der Ludwig-Maximilians-Universität, München.

[33] Joh 18, 36.

[34] F. Nietzsche, Der Antichrist, § 27, KGW, Bd. VI/3, S. 196

[35] Ebd., § 31, S. 200.

[36] F. Nietzsche, Die fröhliche Wissenschaft, Drittes Buch, §§ 140 f., KGW, Bd. V/2, S. 167.

[37] Ders., Ecce homo, Warum ich so gute Bücher schreibe, § 2, KGW, Bd. VI/3, S. 300.

[38] E. Biser, Gottsucher oder Antichrist?, Salzburg 1982

[39] Siehe u. a. schon im »Vorwort« zu E. Biser, Gottsucher oder Antichrist?, Salzburg 1982, S. 9-11.

[40] »Eucharistisches Hochgebet«, »Geheimnis unseres Glaubens«, in: Gotteslob, Ausg. für das Erzbistum München und Freising; Nr. 360 u. ö.

[41] F. Nietzsche, Die fröhliche Wissenschaft, Drittes Buch, § 125, KGW, Bd. V/2, S. 159.

[42] Ders., Also sprach Zarathustra I, Von der schenkenden Tugend, § 3, KGW, Bd. VI/1, S. 97.

[43] Ders., Nachgelassene Fragmente, Sommer 1886 - Herbst 1887, KGW, Bd. VIII/1, 5[71]/§ 7, S. 217.

[44] Ders., Nachgelassene Fragmente, Sommer - Herbst 1882, KGW, Bd. VII/1, 3[1]/§ 432, S. 105.

[45] E. Biser, »Gott ist tot« – Nietzsches Destruktion des christlichen Bewusstseins, München 1962, S. 219 (»Der Besieger Gottes und des Nichts«); siehe dazu auch ebd., S. 230.

[46] F. Nietzsche, Ecce homo, Warum ich ein Schicksal bin, § 1, KGW, Bd. VI/3, S. 364

[47] Platon lässt Sokrates über die Vorbereitung auf den Tod folgendes ausführen: »καὶ γὰρ ἴσως καὶ μάλιστα πρέπει μέλλοντα ἐκεῖσε ἀποδημεῖν διασκοπεῖν τε καὶ μυθολογεῖν περὶ τῆς ἀποδημίας τῆς ἐκεῖ, ποίαν τινὰ αὐτὴν οἰόμεθα εἶναι.«, »Denn vielleicht ziemt es sich für den, der dorthin wandern wird, sich über die Wanderung dorthin Gedanken zu machen und es sich auszumalen, wie wir uns denken, dass sie ist.« (Platon, Phaidon, 61 d 8 - e 2; die Zitate Platons folgen der Insel-Ausgabe: Platon, Sämtliche Werke, Bde. I (Kriton), IV (Phaidon) u. VIII (Philebos), hg. v. K. Hülser, nach der Übers. v. F. Schleiermacher, Frankfurt am Main/Leipzig 1991).

[48] »[...] ὡς οὐδέποτε ὀρθῶς ἔχοντος οὔτε τοῦ ἀδικεῖν οὔτε τοῦ ἀνταδικεῖν οὔτε κακῶς πάσχοντα ἀμύνεσθαι ἀντιδρῶντα κακῶς, [...]« (Platon, Kriton, 49 d 7-9)

[49] F. Nietzsche, Götzen-Dämmerung, Das Problem des Sokrates, § 2, KGW, Bd. VI/3, S. 61.

[50] Siehe dazu W. Kaufmann, Nietzsche. Philosopher, Psychologist, Antichrist, Princeton ⁴1974, S. 391-411 (Nietzsche's Attitude towards Socrates), bes. S. 399 (deutsch in J. Salaquarda [Hg.], Nietzsche, Darmstadt 1980, S. 21-44).

[51] F. Nietzsche, Die fröhliche Wissenschaft, Viertes Buch, § 340, KGW, Bd. V/2, S.,249.

[52] «Ὦ Κρίτων, [...], τῷ Ἀσκληπιῷ ὀφείλομεν ἀλεκτρυόνα·« (Platon, Phaidon, 118 a 6f.).

[53] F. Nietzsche, Die fröhliche Wissenschaft, Viertes Buch, § 340, KGW, Bd. V/2, S. 249.

[54] Die Unterscheidung von »dionysisch« und »apollinisch« bei Nietzsche findet sich insbesondere in: F. Nietzsche, Die Geburt der Tragödie aus dem Geiste der Musik, § 1, KGW, Bd. III/1, S. 21-26.

[55] »Καὶ μὴν καθάπερ ἡμῖν οἰνοχόοις τισὶ παρεστᾶσι κρῆναι, μέλιτος μὲν ἂν ἀπεικάζοι τις τὴν τῆς ἡδονῆς, τὴν δὲ τῆς φρονήσεως νηφαντικὴν καὶ ἄοινον αὐστηροῦ καὶ ὑγιεινοῦ τινος ὕδατος· ἃς προθυμητέον ὡς κάλλιστα συμμειγνύναι.«,
»So haben wir nun wie Weinschenken zwei Quellen vor uns stehen: der Süßigkeit des Honigs könnte man die Lust gleichsetzen, die ganz nüchterne und unberauschende der Einsicht aber mit strengem und gesundem Wasser vergleichen; beide müssen wir nun versuchen, bestens mit einander zu mischen.« (Platon, Philebos, 61 c 6f.)

[56] F. Nietzsche, Götzen-Dämmerung, Das Problem des Sokrates, § 2, KGW, Bd. VI/3, S. 62.

[57] E. Biser, Nietzsche für Christen, Freiburg 1983, S. 37, unter Bezugnahme auf F. Nietzsche, Götzen-Dämmerung, Das Problem des Sokrates, § 12, KGW, Bd. VI/3, S. 67: » – nicht Athen, er [Sokrates] gab sich den Giftbecher, er zwang Athen zum Giftbecher...«.

[58] K. Jaspers, Nietzsche. Einführung in das Verständnis seines Philosophierens, Berlin/Leipzig 1936, S. 119.

[59] U. a. in: Xenophon, Memorabilien, I, 1, 4.

[60] Mk 14, 36; das vertrauliche »Abba« ist nur bei Markus überliefert. Jesus spricht Gott meist mit »Vater« an, u. a. in der Parallelstelle zu Mk 14, 36 bei Mt 26, 39

[61] Mt 26, 53.

[62] Jes 40, 4/5 u. Lk 3, 5/6.

[63] F. Nietzsche, Also sprach Zarathustra II, Auf den glückseligen Inseln, KGW, Bd. VI/1, S. 106.

[64] Anders u. a. E. Biser, Nietzsche für Christen, Freiburg 1983, Teil I. Hier stellt Biser Nietzsches Werk und Aussage ausgehend von seiner Biografie dar. Auch Karl Jaspers beginnt eines seiner Nietzsche-Bücher mit »Nietzsches Leben« (K. Jaspers, Nietzsche. Einführung in das Verständnis seines Philosophierens, Berlin/Leipzig 1936, S. 22-100). Manfred Balkenhohl setzt in »Der Antitheismus Nietzsches« in Kapitel IV, »Gott und Christentum als Grundprobleme in der Phase der Adoleszenz bei Nietzsche«, ebenfalls bei Nietzsches Leben an. Er deutet Nietzsches Kritik am Christentum auch psychologisch (M. Balkenhohl, Der Antitheismus Nietzsches, München u. a. 1976, S. 91-122).

[65] F. Nietzsche, Götzen-Dämmernung, Streifzüge eines Unzeitgemässen, § 5, KGW,

Bd. VI/3, S. 108.

[66] Ein häufiger Topos bei Nietzsche, der auch Titel eines seiner Werke ist: »Jenseits von Gut und Böse« (KGW, Bd. VI/2, S. 1-255).

[67] E. Barthel, Nietzsche als Verführer, Baden-Baden 1947, S. 155 (Schluß: Die Überwindung Nietzsches durch eine positive Ethik im Anschluß an Humanität und Lehre Jesu).

[68] F. Nietzsche, Also sprach Zarathustra II, Auf den glückseligen Inseln, KGW, Bd. VI/1, S. 105.

[69] E. Biser, Theologie und Atheismus, München 1972, S. 28 f.

[70] F. Nietzsche, Zur Genealogie der Moral, Erste Abhandlung, § 10, KGW, Bd. VI/2, S. 284.

[71] Ders., Also sprach Zarathustra I, KGW, Bd. VI/1, S. 25-27

[72] Ders., Die fröhliche Wissenschaft, Drittes Buch, § 125, KGW, Bd. V/2, S. 159

[73] Ders., Götzen-Dämmerung, Die vier grossen Irrthümer, § 2, KGW, Bd. VI/3, S. 83 und ders., Ecce homo, Warum ich ein Schicksal bin, § 1, KGW, Bd. VI/3, S. 363. Der Topos der »Umwerthung aller Werthe« findet sich an einigen Stellen von Nietzsches Werken. So taucht »Umwerthung aller Werthe« auch als ursprünglicher Untertitel von »Der Antichrist« auf, bevor er von Nietzsche selbst gestrichen wurde (siehe die handgeschriebenen Titelblätter von F. Nietzsche, Der Antichrist, KGW, Bd. VI/3, S. 162, 164).

[74] Ders., Götzen-Dämmerung, Streifzüge eines Unzeitgemässen, § 5, KGW, Bd. VI/3, S. 108.

[75] Ders., Der Antichrist, § 39, KGW, Bd. VI/3, S. 210

[76] Nach K. Jaspers, Nietzsche. Einführung in das Verständnis seines Philosophierens, Berlin/Leipzig 1936, S. 216f.

[77] M. Heidegger, Nietzsches Wort »Gott ist tot«, in: Ders., Gesamtausgabe, Bd. 5: Holzwege, Frankfurt am Main 1977, S. 209. Zum Thema »Nihilismus« bei Heidegger, aber auch zur Heideggerschen Nietzsche-Rezeption generell, siehe: M. Heidegger, Nietzsche, Bde. I u. II, in: Ders., Gesamtausgabe, Bde. 6.1 u. 6.2, Frankfurt am Main 1996 u. 1997, darin insbes. die Kapitel »Der europäische Nihilismus« (ebd., Bd. II, S. 23-229; auch als Freiburger Vorlesung (1940): M. Heidegger, Nietzsche: Der europäische Nihilismus, in: Ders., Gesamtausgabe, Bd. 48, Frankfurt am Main 1986), »Die seinsgeschichtliche Bestimmung des Nihilismus« (ebd., Bd. II, S. 301-361) und »Der Nihilismus« (ebd., Bd. II, S. 245-254), siehe ebenso M. Heidegger, Das Wesen des Nihilismus, in: Ders., Gesamtausgabe, Bd. 67: Metaphysik und Nihilismus, Frankfurt am Main 1999, S. 17-267.

[78] F. Nietzsche, Nachgelassene Fragmente, Frühjahr 1888, KGW, Bd. VIII/3, 14[25], S. 21f.

[79] Nach K. Jaspers, Nietzsche. Einführung in das Verständnis seines Philosophierens, Berlin/Leipzig 1936, S. 126

[80] F. Nietzsche, Die fröhliche Wissenschaft, Viertes Buch, § 341, KGW, Bd. V/2, S. 250.

[81] Ders., Nachgelassene Fragmente, November 1887 - März 1888, KGW, Bd. VIII/2, 11[411]/§ 3, S. 432.

[82] Ders., Die fröhliche Wissenschaft, Viertes Buch, § 122, KGW, Bd. V/2, S. 156

[83] Ders., Der Antichrist, § 62, KGW, Bd. VI/3, S. 251.

[84] E. Biser, Gottsucher oder Antichrist?, Salzburg 1982, S. 35f.

[85] Brief Nietzsches an Franz Overbeck vom 31. März 1885 in F. Nietzsche, Sämtliche

Briefe, Januar 1885 - Dezember 1886, KSB, Bd. 7, S. 34.

[86] Ebd.

[87] E. Biser, Nietzsche für Christen, Freiburg 1983, S. 17.

[88] F. Nietzsche, Gesetz wider das Christentum, KGW, Bd. VI/3, S. 252

[89] Nach E. Biser, Gottsucher oder Antichrist?, Salzburg 1982, S. 36, mit Verweis auf F. Nietzsche, Nachgelassene Fragmente, Frühjahr 1888, KGW, Bd. VIII/3, 14[124], S. 97f.

[90] Nach G. Streminger, Die Jesuanische Ethik, in: E. Dahl [Hrsg.], Die Lehre des Unheils, Hamburg 1993, S. 136, unter Bezugnahme auf: F. Nietzsche, Menschliches, Allzumenschliches I, § 137, KGW, Bd. IV/2, S. 130f.

[91] F. Nietzsche, Der Antichrist, § 39, KGW, Bd. VI/3, S. 210.

[92] Ders., Ecce homo, Warum ich ein Schicksal bin, § 1, KGW, Bd. VI/3, S. 364

[93] »Wie man mit dem Hammer philosophiert« ist der Untertitel von Nietzsches »Götzen-Dämmerung« (Ders., Götzen-Dämmerung, KGW, Bd. VI/3, S. 49).

[94] »πάντων χρημάτων μέτρον ἐστὶν ἄνθρωπος, τῶν μὲν ὄντων ὡς ἔστιν, τῶν δὲ οὐκ ὄντων ὡς οὐκ ἔστιν«. »Aller Dinge Maß ist der Mensch, der seienden, dass sie existieren, der nicht-seienden, dass sie nicht existieren.« (Sext. adv. math. VII 60, ähnlich auch Platon, Theait., 151 e9-152 a4, nach H. Diels, Die Fragmente der Vorsokratiker, Bd. II, Berlin ³1912, Prot. B/1, Nr. 536, S. 228) und »περὶ μὲν θεῶν οὐκ ἔχω εἰδέναι, οὔθ' ὡς εἰσὶν οὔθ' ὡς οὐκ εἰσὶν οὔθ' ὁποῖοί τινες ἰδέαν· πολλὰ γὰρ τὰ κωλύοντα εἰδέναι ἥ τ' ἀδηλότης καὶ βραχὺς ὢν ὁ βίος τοῦ ἀνθρώπου«, »Über die Götter freilich kann ich nichts wissen, weder, dass es sie gibt, noch dass es sie nicht gibt, noch wie sie aussehen; denn vieles hindert daran, dies zu wissen, sowohl die Unklarheit [in dieser Sache], als auch die Kürze des menschlichen Lebens.« (Diog. IX 51, nach ebd., Prot. B/4, Nr. 537, S. 229 f.). Auch Heidegger weist in seiner Nietzsche-Interpretation auf Protagoras hin: M. Heidegger, Nietzsche, Bd. II, in: Ders., Gesamtausgabe, Bd. 6.2, Frankfurt am Main 1997, S. 118-124 (»Protagoras«), bes. S. 118 f., 122.

[95] F. Nietzsche, Entschluss (1. Strophe), in: Ders., Gedichte, Urach 1947, S. 54; siehe auch ders., Nachgelassene Fragmente, Herbst 1884, KGW, Bd. VII/3, 28[56], S. 29 f., allerdings mit anderem Anfang: »Will weise sein, weil's mir gefällt / Und noch nach eignem Ruf [...]«.

[96] Ders., Dem unbekannten Gotte (1. Strophe), in: Ders., Gedichte, Urach 1947, S. 5.

ANHANG

CHRONIK DER VORTRÄGE DER NIETZSCHE-GESELLSCHAFT, DES NIETZSCHE-KREISES MÜNCHEN[1] UND DES NIETZSCHE-FORUMS MÜNCHEN 1965 – 2001

Vorträge der Ära Schweiger-Kopf
(nach Unterlagen von Albert Kopf):

27.	Jan	1965	Dr. Schweiger, Dr. Baader sprechen im Künstlerhaus
22.	Febr.	1965	Mitgliederversammlung (Neugründung), Künstlerhaus
15.	März	1965	(N.N.) Der Imperativ Kant-Nietzsche, Künstlerhaus
05.	April	1965	Verschiedenes, Künstlerhaus
03.	Mai	1965	Mitgliederversammlung, Künstlerhaus
26.	Juli	1965	Albert Kopf zur Biografie Nietzsches, Künstlerhaus
25.	Aug.	1965	Veranstaltung zum 65. Todestag Nietzsches mit Lesung von Oswald Spenglers Rede zum 80. Geburtstag, Künstlerhaus
15.	Okt.	1965	Mitgliederversammlung, Künstlerhaus
15.	Nov.	1965	Albert Kopf: Die frohe Botschaft Nietzsches, Torggelstube
13.	Dez.	1965	Dr. Schweiger: Was ist »dionysisch«?, Torggelstube
17.	Jan.	1966	Albert Kopf: Der Übermensch in der Literatur, Torggelstube
07.	März	1966	Albert Kopf: Der Übermensch ... (Fortsetzung), Torggelstube
21.	März	1966	Albert Kopf: Der Übermensch ... (Fortsetzung), Torggelstube
09.	Mai	1966	Inge Schwarz: Nietzsche und die Frauen, Torggelstube
13.-15.	Aug.	1966	Fahrt der Nietzsche-Gesellschaft nach Sils-Maria
15.	Okt.	1966	A. Kopf: Programm und Aufgaben der Nietzsche-Gesellschaft, Torggelstube
07.	Nov.	1966	Nietzsche-Lesung und Mitgliederversammlung, Torggelstube
05.	Dez.	1966	Albert Kopf: Der Übermensch bei Nietzsche, Torggelstube
09.	Jan.	1967	Lesung u. Vortrag Albert Kopf: Umwertung aller Werte, Torggelstube
13.	Febr.	1967	Lesung u. Vortrag Albert Kopf: Wille zur Macht, Torggelstube

06. März 1967 Lesung u. Vortrag Dr. Schweiger: Ewige Wiederkehr, Torggelstube
24. April 1967 Mitgliederversammlung, Torggelstube
05. Juni 1967 Else Kornetzki: Der junge Nietzsche und die Naturwissenschaft, Torggelstube
Dr. Schweiger: Die Literatur des jungen Nietzsche, Torggelstube
19. Juni 1967 Frau Hefele: Nietzsche und das Glück, Torggelstube
Frau Kornetzki: Nietzsches Abwendung von Christus, Torggelstube
03. Juli 1967 Herr Jakob: Nietzsches Reisen, Torggelstube
Dr. Schweiger: Nietzsche als Student, Torggelstube
17. Juli 1967 Hans-Ekkehart Glöckner: Nietzsche und die Gesundheit
Albert Kopf: Nietzsche und die Erziehung, Torggelstube
28. Aug. 1967 Albert Kopf u. Frau v. Stetten: Nietzsche und die Musik I, Gaststätte Kunstgewerbehaus (KGH)
11. Sept. 1967 Albert Kopf u. Frau v. Stetten: Nietzsche und die Musik II, KGH
25. Sept. 1967 Albert Kopf: Nietzsche und Richard Wagner I, KGH
23. Okt. 1967 Albert Kopf: Nietzsche und Richard Wagner II, KGH
14. Nov. 1967 Else Kornetzki: Hätte Nietzsche zum Nationalsozialismus ja gesagt?, KGH
04. Dez. 1967 Albert Kopf: Also sprach Zarathustra – Tondichtung von Richard Strauss (mit Musik), KGH

15. Jan. 1968 Dr. Schweiger: Was versteht Nietzsche unter Bildung, KGH
05. Febr. 1968 Mitgliederversammlung, KGH
04. März 1968 Frau Hefele: Friedrich Würzbach über Bildung, KGH
08. April 1968 Albert Kopf: Nietzsche vom Philologen zum Philosophen, KGH
20. Mai 1968 Dr. Schweiger: Nietzsche und seine griechischen Grundlagen I, KGH
18. Juni 1968 Dr. Schweiger: Nietzsche und seine griechischen Grundlagen II, KGH
15.-18. Aug. 1968 Fahrt der Nietzsche-Gesellschaft nach Sils-Maria
21. Okt. 1968 Zum 124. Geburtstag Nietzsches: Selbstdarstellung, Künstlerhaus
11. Nov. 1968 Else Kornetzki: Die Bedeutung der Entwicklungslehre in Nietzsches Denken, Künstlerhaus
02. Dez. 1968 Dr. Schweiger: Elitebildung, Künstlerhaus

13. Jan. 1969 Dr. Schweiger: Nietzsches Thesen zu den deutschen Bildungsanstalten, Künstlerhaus
03. März 1969 Albert Kopf: Der Weg des Nihilismus von Friedrich Nietzsche bis heute I, Künstlerhaus
14. April 1969 Albert Kopf: (Fortsetzung...), II, Künstlerhaus

Vorträge des Nietzsche-Kreises München unter Albert Kopf:

02. Juni 1969 Mitgliederversammlung, Spatenhof
23. Juni 1969 Else Kornetzki über den Evolutionsbegriff, Spatenhof
15. Juli 1969 Albert Kopf: 15 Punkte über Nietzsche, Spatenhof
16. Aug. 1969 Albert Kopf: Die frohe Botschaft Nietzsches, Spatenhof
23. Sept. 1969 Albert Kopf: (Fortsetzung »Fröhliche Wissenschaft«)
13. Okt. 1969 Albert Kopf: Nietzsche über Bildung und Erziehung
17. Nov. 1969 Albert Kopf: Umwertung aller Werte, Spatenhof

26. Jan. 1970 Herr Richter: Vom Rationalen zu Nietzsche, Spatenhof
23. Febr. 1970 Else Kornetzki: Über Friedrich Würzbach, Spatenhof
23. März 1970 Herr von Barloewen: Universalgeschichte und Evolution des Menschen, Spatenhof
07.April 1970 Mitgliederversammlung, Spatenhof
27. April 1970 Albert Kopf: Nietzsches Gedanken über die Frage: Was ist Wahrheit?, Spatenhof
25. Mai 1970 Rudolf Hirsekorn: Nietzsche, der große Philosoph der Ganzheitssicht, Spatenhof
24. Aug. 1970 Ulrich Grummes: Die Denkerfahrung des jungen Nietzsche (zum Todestag Friedrich Nietzsches) Spatenhof
22. Sept. 1970 Rudolf Hirsekorn: Gedanken zur kosmisch orientierten Ethik von morgen im Sinne der Ganzheitssicht Friedrich Nietzsches, Spatenhof
23. Nov. 1970 Albert Kopf: Nietzsches Philosophie im Urteil des Zwanzigsten Jahrhunderts I: Karl Jaspers, Spatenhof

18. Jan. 1971 Albert Kopf (Fortsetzung II): Ernst Jünger und Friedrich Georg Jünger, Spatenhof
15. Febr. 1971 Dr. Leopold Bayerl (Fortsetzung III): Zur Nietzsche-Deutung von Martin Heidegger, Spatenhof
30. März 1971 Albert Kopf: Einführung und Werkanalyse von Richard Strauss' Tondichtung »Also sprach Zarathustra« (am Klavier: Petra Jacob), Ratskeller
26. April 1971 Prof. Dr. Herman Wein: Die Entkitschung Nietzsches, Ratskeller
24. Mai 1971 Dr. Leopold Bayerl: Gott lebt – Gott ist tot – oder Glaube und Unglaube ist dasselbe, Ratskeller
21. Juni 1971 Dr. Leopold Bayerl: Sünde, das gibt es nicht – zu Nietzsches Lehre von der »Unschuld des Werdens«, Ratskeller
... Juli 1971 Dr. Leopold Bayerl, Fortsetzung ..., Ratskeller
20. Sept. 1971 Albert Kopf: Nietzsche als Musiker u. Komponist, Ratskeller
25. Okt. 1971 Dr. Leopold Bayerl: Angst und Leid in der modernen Welt
29. Nov. 1971 Rudolf Hirsekorn: Das Ewig-Unzerstörbare im Menschen aus der Sicht des Mythos und der Philosophie Schopenhauers und Nietzsches, Ratskeller

24. Jan. 1972 Albert Kopf: Die Umwertung aller Werte, Ratskeller

28. Febr. 1972 Dr. Leopold Bayerl: Nietzsche und der Okkultismus, Ratskeller
27. März 1972 Albert Kopf: Nietzsche und die Musik (mit Liedern), Ratskeller
24. April 1972 Dr. Leopold Bayerl: Hegels und Nietzsches Analysen des Judentums, Ratskeller
29. Mai 1972 A. Kopf: Übermensch: Einführung und Versuch einer Deutung
25. Sept. 1972 Dr. Egon v. Niederhoeffer: Ludwig Klages, der Deuter Friedrich Nietzsches, Hansahaus
30. Okt. 1972 Dr. Leopold Bayerl: Sehnsucht als Urquell, Wienerwald, Hofgarten
24. Nov. 1972 Dr. Mirtschuin: Lebensphilosophie, Wienerwald, Hofgarten

29. Jan. 1973 Albert Kopf: Nietzsche als Prophet, Wienerwald, Hofgarten
26. Febr. 1973 Dr. Theodor Haakh: Zivilisation contra Kultur, Wienerwald, Hofgarten
26. März 1973 Albert Kopf: die frohe Botschaft Nietzsches, Wienerwald, Hofgarten
07. Mai 1973 Rudolf Hirsekorn: Ewige Wiederkunft, Wienerwald, Hofgarten
28. Mai 1973 Dr. Heidl (Fulda): Menschliche Harmonie, Wienerwald, Hofgarten
28. Sept. 1973 Dr. Leopold Bayerl: Individualismus, Spatenhof
29. Okt. 1973 Albert Kopf: Nietzsches Gedanken über Erziehung und Bildung, Spatenhof
03. Dez. 1973 Frl. Krause: Nietzsches Vorausschau, Spatenhof

22. Jan. 1974 Prof. Dr. Georgi Schischkoff (Salzburg): Philosophie und Ideologie (gemeinsam mit der VHS München), Max-Gymnasium
19. Febr. 1974 Heinrich Strube: Nietzsche u. d. Naturwissenschaft, Spatenhof
25. März 1974 Dr. Theodor Haakh: Naturwissenschaft als Ersatzreligion, Spatenhof
29. April 1974 Rudolf Hirsekorn: Ist der Übermensch ..., Spatenhof
27. Mai 1974 Else Kornetzki: Nietzsche: Moralist oder Immoralist? Spatenhof
30. Sept. 1974 Albert Kopf: Der Übermensch, Spatenhof
04. Nov. 1974 Albert Kopf: Richard Wagner und Friedrich Nietzsche I, Spatenhof
02. Dez. 1974 Albert Kopf: Richard Wagner und Friedrich Nietzsche II, Spatenhof

27. Jan. 1975 Dr. Hans-Joachim Becker: Nietzsche und Adorno, Spatenhof
06. März 1975 Dr. O. Mayer: Nietzsche als Gegner der Hauptströmungen seiner Zeit, Spatenhof
28. April 1975 Mitgliederversammlung, Spatenhof
09. Juni 1975 Albert Kopf: Nietzsche und der Charontische Kreis, Spatenhof
29. Sept. 1975 Dr. Leopold Bayerl: Nietzsche und Buber, Spatenhof
09. Okt. 1975 Prof. Dr. Georgi Schischkoff (Salzburg): Friedrich Nietzsche, Werk und Bedeutung nach 75 Jahren, Lenbachhaus
24. Nov. 1975 Dr. Marcanish: Nietzsche in Australien, Spatenhof

26. Jan. 1976 Dr. Haakh: Nietzsche u. Klages u. d. Wissenschaft, Spatenhof

27. Febr. 1976 Dr. Leopold Bayerl: Wille zur Neuheit und Wille zur Macht, Spatenhof
29. März 1976 Dr. E. v. Niederhoeffer: Nietzsche in seiner Handschrift, Spatenhof
26. April 1976 Kurt Niklasch: 1. Rezitationsabend (Zarathustra), Spatenhof
24. Mai 1976 Albert Kopf: Würzbach zur Umwertung der Werte, Spatenhof
27. Sept. 1976 Kurt Niklasch: 2. Rezitationsabend, Spatenhof
25. Okt. 1976 Albert Kopf: Nietzsches Gedanken zu Erziehung und Bildung – nach 100 Jahren noch aktuell!, Spatenhof
29. Nov. 1976 Herr Weingärtner: »Weltreise«, Spatenhof

31. Jan. 1977 Dr. Theodor Haakh: Klages über Nietzsche, Spatenhof
28. Febr. 1977 Heinrich Strube: Zeichnerische Darstellung ..., Spatenhof
30. März 1977 Dr. Egon v. Niederhoeffer: Nietzsche u. seine Handschrift
25. April 1977 Herr Wehr/A. Kopf: Nietzsche und die Tiefenpsychologie
13. Juni 1977 Dr. von Pippich: Nietzsche in der Tschechei, Spatenhof
26. Sept. 1977 Rudolf Hirsekorn: Der Gottesbegriff Nietzsches – die Grundlage der kosmischen Urreligion, Spatenhof
31. Okt. 1977 Albert Kopf: Aspekte und Deutungen des Übermenschen, Spatenhof
28. Nov. 1977 Heinrich Strube: »Im Fluge über Leben und Werk von Friedrich Nietzsche«, Spatenhof

30. Jan. 1978 Mitgliederversammlung, Spatenhof
27. Febr. 1978 H. Strube: Wie sah Nietzsche die Zukunft der Menschheit? Spatenhof
20. März 1978 Dr. Egon von Niederhoeffer: Das Willensproblem, Spatenhof
24. April 1978 Albert Kopf: Der Prophet Friedrich Nietzsche, Spatenhof
25. Sept. 1978 Albert Kopf: Vereinigte Staaten von Europa, Spatenhof
30. Okt. 1978 Dr. Egon von Niederhoeffer: Nietzsches Handschrift im Verlauf seines Lebens, Spatenhof
27. Nov. 1978 Manfred Krause: »Die Idylle«, Spatenhof

29. Jan. 1979 Rudolf Hirsekorn: Urkult der komischen Zeitgottheit und christlicher Kult in der Philosophie Nietzsches, Spatenhof
26. Febr. 1979 Renate Friedel: Grundgedanken hinter der Vielseitigkeit und Vieldeutigkeit von Nietzsches Werk, Spatenhof
26. März 1979 Albert Kopf: Nietzsches Gedanken über die Frage »Was ist Wahrheit?«
30. April 1979 Dr. Hans-Joachim Becker: Max Horkheimers Nietzsche-Interpretation als Beitrag zur Genese der kritischen Theorie, Spatenhof
28. Mai 1979 Rudolf Hirsekorn: Die Psychologie der Praxis Nietzsches, der Weg zum Übermenschen, Spatenhof
24. Sept. 1979 A. Kopf: Also sprach Zarathustra. Entstehung, Aufbau, Bedeutung und Deutungen, Spatenhof
29. Okt. 1979 Harro Seyr: Die Symbolik in Nietzsches Zarathustra, Spatenhof
26. Nov. 1979 Rudolf Hirsekorn: Der Wille zur Macht, Spatenhof

28. Jan. 1980 Ulf Jörg Rowold: Wer war Zarathustra?, Spatenhof
25. Febr. 1980 Winfried Dentler: »Der Übermensch« – Deutung des Begriffs und praktische Vorschläge zur Verwirklichung, Spatenhof
31. März 1980 Albert Kopf: Der Wille zur Macht im Zarathustra und in den späteren Werken Nietzsches I, Spatenhof
28. April 1980 Albert Kopf: Der Wille zur Macht ... II, Spatenhof
22. Mai 1980 Albert Kopf: Der Wille zur Macht ... III, Spatenhof
25. Sept. 1980 Holger Schmid (Tübingen): »Die ewige Wiederkehr des Gleichen«, Nietzsches schwerster Gedanke, Stadt Köln
24. Okt. 1980 Albert Kopf: Die frohe Botschaft Friedrich Nietzsches, Stadt Köln

22. Febr. 1981 Mitgliederversammlung, Ansprengerstr. 25/VI
29. Sept. 1981 Prof. Dr. Werner Ross: Friedrich Nietzsche, seine Lehren aus seinem Leben, Torbräu
26. Okt. 1981 Heinrich Strube: Stufen der geistigen Entwicklung bei Nietzsche, Torbräu
30. Nov. 1981 Albert Kopf: Umwertung aller Werte, Torbräu

25. Jan. 1982 Dr. Egon von Niederhoeffer: Nietzsche und seiner Freunde Schrift zur Zeit des Zarathustra, Torbräu
22. Febr. 1982 Albert Kopf: Wagner und Nietzsche (und: Paragraphen gegen die »Nibelungen«) Torbräu
29. März 1982 Albert Kopf: Der Musiker Friedrich Nietzsche, Torbräu
26. April 1982 Albert Kopf: »Die Musik macht den Geist frei« – Nietzsches Philosophie der Musik, Torbräu
25. Mai 1982 Albert Kopf: Friedrich Nietzsches Antworten auf die Frage: »Was ist Wahrheit?«, Torbräu
27. Sept. 1982 Rudolf Hirsekorn: Nietzsche: Lehrer der Psychologie der Praxis als Weg zum Übermenschen, Torbräu
25. Okt. 1982 Dr. Egon von Niederhoeffer: Der reine und der freie Geist bei Nietzsche, Torbräu
29. Nov. 1982 Rudolf Hirsekorn: Nietzsche, der Weisheitslehrer einer Psychologie der Praxis als Weg zum Übermenschen II, Torbräu
31. Jan. 1983 Dr. Egon v. Niederhoeffer: Nietzsche und Amerika, Torbräu
28. Febr. 1983 Dr. Theodor Haakh: Wald und Wahn, Torbräu
28. März 1983 Albert Kopf: Der Prophet Friedrich Nietzsche, Torbräu
30. Mai 1983 Dr. Theodor Haakh: Von der Naturverehrung zur Naturzerstörung, Torbräu
26. Sept. 1983 Albert Kopf: Nietzsche über Erziehung und Bildung, Torbräu
31. Okt. 1983 Dr. Egon v. Niederhoeffer: Leben und Erleben bei Nietzsche und Klages in ihren Auffassungen, Torbräu
26. Nov. 1983 Albert Kopf: Werkanalyse zu Richard Strauss´ »Also sprach Zarathustra«, Torbräu

30. Jan. 1984 Dr. Theodor Haakh: Zwei Denker als Dichter: Nietzsche und Klages. – Der poetische Niederschlag ihrer Philosophie, Torbräu
27. Febr. 1984 Franz Mitteldorf: Elitäres Denken und im besonderen das elitäre Denken Nietzsches, Torbräu

26. März 1984   Dr. Egon von Niederhoeffer: Nietzsche und Hölderlin und ihre Zukunftsschau, Torbräu

05. Mai 1984   Soiree des Nietzsche-Kreises Essen-Brilon: Dr. W. L. Hohmann; Prof. Dr. Dr. Karel Mácha: »Friedrich Nietzsche. Zweifel und Einsamkeit (Musik Jan Truhlar)«, Pfarrheim St. Gabriel

28. Mai 1984   Holger Schmid (Tübingen): Das Labyrinth in Nietzsches Denken (zusammen mit dem Nietzsche-Kreis Essen-Brilon), Torbräu

14. Juni 1984   Philos.-musikal. Soiree zusammen mit dem Nietzsche-Kreis Essen-Brilon: Dr. Henning Ottmann: Die Aufklärung bei Nietzsche. Musik von H. Villa-Lobos (am Klavier Johannes Klier), St. Gabriel

24. Sept. 1984   Dr. Hans Habsch: Die Selbstverwirklichung des Menschen bei Nietzsche (gemeinsam mit Nietzsche-Kreis Essen-Brilon), Torbräu

20. Okt. 1984   Soiree (mit dem Nietzsche-Kreis Essen-Brilon) Albert Kopf: Werkanalyse von R. Strauss: Also sprach Zarathustra. Am Klavier: Dr. Richard Jung, St.Gabriel

26. Nov. 1984   Albert Kopf: Nietzsches Gedanken über die Frage: »Was ist Wahrheit?« (mit dem Nietzsche-Kreis Essen-Brilon), Torbräu

26. Jan. 1985   Philosophisch-musikalische Soiree (mit dem Nietzsche-Kreis Essen-Brilon): Yoko Ikeda: Das Nietzsche-Bild in der jap. philos. Literatur. 4 Klavierstücke v. Josef Suder (am Klavier: L. Brandel), St. Gabriel

28. Jan. 1985   Dr. E. v. Niederhoeffer: Was sagen uns die Handschriften der Freunde Nietzsches? (mit dem Nietzsche-Kreis Essen-Brilon), Torbräu

25. Febr. 1985   Dr. Holger Schmid: Was ist Romantik (Fröhliche Wissenschaft, Aph. 370; mit dem Nietzsche-Kreis Essen-Brilon), Torbräu

25. März 1985   Albert Kopf: Nietzsches Gedanken über Mensch, Staat und Europäertum (mit dem Nietzsche-Kreis Essen-Brilon), Torbräu

29. April 1985   Karl Bruns: Möglichkeit und Wirklichkeit, Sartres Nietzsche und Genet-Interpretation, Torbräu

04. Mai 1985   Musikalische Soiree (mit dem Nietzsche-Kreis Essen-Brilon): Dr. W. L. Hohmann: 4 Grundthesen der Lyrik Gottfried Benns, mit Musikstücken von Friedrich Nietzsche. Am Klavier: Peter Vasicek, St. Gabriel

30. Sept. 1985   Albert Kopf: Aspekte zum Übermenschen – Auffassungen verschiedener Denker zu Nietzsches Idee des Übermenschen, Torbräu

28. Okt. 1985   Albert Kopf: Nietzsches Wirkung in unserer Zeit, Torbräu

25. Nov. 1985   Albert Kopf: Bringen Kultur, Wissenschaft und Technik nur Fortschritt?, Torbräu

25. Jan. 1986   Yoko Ikeda: Das Friedrich-Nietzsche-Bild in der japanisch-philosophischen Literatur (mit dem Nietzsche-Kreis Essen-Brilon), St. Gabriel

27. Jan. 1986 Johann Hahn: Friedrich Nietzsche und die Physik, Torbräu
24. Febr. 1986 Dr. Holger Schmid: Vom Schicksal der Musik, Torbräu
31. März 1986 Albert Kopf: Nietzsches Sieg über den Geist der Schwere. Entstehung, Bedeutung, Wirkung u. Ausdeutung des »Zara-
thustra«, Torbräu
28. April 1986 Dr. Egon von Niederhoeffer: Deutung der Handschriften von
Freunden Nietzsches, Torbräu
29. Sept. 1986 Lydia Steinmetz: Nietzsches Bild von Frauen, Torbräu
27. Okt. 1986 Albert Kopf: Nietzsches »Umwertung aller Werte«, Torbräu
24. Nov. 1986 Albert Kopf: Abenteuer der Vernunft, zum 100. Geburtstag
von Dr. Friedrich Würzbach, Torbräu

26. Jan. 1987 Dr. E. v. Niederhoeffer: Über Nietzsches Handschrift, Torbräu
23. Febr. 1987 Dr. Wolfgang Class: Nietzsches Dionysos – Wiedergeburt oder
Neuschöpfung, Torbräu
27. März 1987 Albert Kopf: Nietzsches Gedanken über die Frage: »Was ist
Wahrheit?«, Torbräu
24. April 1987 Dr. Wolfgang Class: Nietzsche als Zeitgenosse, Torbräu
25. Mai 1987 Prof. Dr. Wolfgang Dittrich: Wissenschaft, Wahrheit und Glauben, Torbräu

Vorträge des Nietzsche-Kreises München unter der Leitung
von Dr. Wolfgang Class und Dr. Beatrix Vogel

28. Sept. 1987 Dr. Wolfgang Class: Das Problem des Sokrates I, Torbräu
27. Okt. 1987 Dr. Wolfgang Class: Das Problem des Sokrates II, Torbräu
30. Nov. 1987 Dr. Wolfgang Class: Platons Sokrates-Bild, Torbräu

22. Jan. 1988 Dr. Alois K. Soller: Nietzsche – ein Nihilist?, Torbräu
29. Febr. 1988 Dr. Wolfgang Class: Nietzsche und Heraklit, Augustiner
28. März 1988 Dr. Fritz Oberbeil: Moral und Psychologie, Schwabinger Bräu
26. April 1988 Prof. Dr. Wolfgang Dittrich: Naturwissenschaft contra Philosophie, Schwabinger Bräu
30. Mai 1988 Dr. Alois K. Soller: Größe und Elend des Menschen bei Pascal
und Nietzsche, Schwabinger Bräu
26. Sept. 1988 Stephan Kowarik: Friedrich Nietzsches Verhältnis zur Décadence, Schwabinger Bräu
31. Okt. 1988 Dr. Wolfgang Class: »Optimismus« – Von der Theodizee zum
Lebensgefühl, Schwabinger Bräu

Vorträge des Nietzsche-Kreises München unter der Leitung
von Dr. Beatrix Vogel

30. Jan. 1989 Lydia Steinmetz: Einführung und Leitung der Diskussion über
den Abschnitt »Von der Selbstüberwindung« aus »Also sprach
Zarathustra«, Seidlvilla

27. Febr. 1989 Stephan Kowarik: Einführung und Leitung der Diskussion zum Aphorismus 341 der Fröhlichen Wissenschaft, Seidlvilla

24. April 1989 Dr. Hannelore Bonnan: Symbolik und Erlösungsgedanke in Nietzsches Zarathustra, Haus des Deutschen Ostens (HDO)

29. Mai 1989 Dr. Alois K. Soller: Textanalyse und Leitung der Diskussion zum Abschnitt »Von Kind und Ehe« aus Nietzsches Zarathustra, HDO

29. Sept. 1989 Dr. Fritz Oberbeil: Der Begriff des Leidens bei Friedrich Nietzsche in destruktiver und konstruktiver Hinsicht, HDO

30. Okt. 1989 Dr. Leopold Bayerl: Dauer und Wandel. Der Drang zur Neuheit als Grundzug der Welt, des Lebens und des Menschen, HDO

27. Nov. 1989 Dr. Alois K. Soller: Nietzsche und Marquis de Sade im Vergleich: Wie konsequent ist Nietzsches Denken?, HDO

29. Jan. 1990 Max Werner Vogel: Der Subjektivismus in der Philosophie – Nietzsche als seine Zuspitzung (I), HDO

19. Febr. 1990 Max Werner Vogel: Der Subjektivismus in der Philosophie – Nietzsche als seine Krise (II), HDO

26. März 1990 Dr. Beatrix Vogel: Nietzsches Nihilismus als experimental-philosophische Denkweise, HDO

23. April 1990 Dr. Alois K. Soller: Nietzsches Kritik der Moral, HDO

28. Mai 1990 Stephan Kowarik: »Wahrnehmungs-Denken« als ein Zugang zum Verstehen Nietzsches, HDO

01. Okt. 1990 Dr. Wolfgang Class: Die Entgötterung der Welt (Jaspers) – Was meint Nietzsche mit der nihilist. Konsequenz der Naturwissenschaft?, HDO

29. Okt. 1990 Dr. Leopold Bayerl: Nietzsche und das Problem der Individualität, HDO

26. Nov. 1990 Prof. Dr. Wolfgang Dittrich: Hat Nietzsche das Christentum zutreffend interpretiert? (Lesung und Diskussion), HDO

28. Jan. 1991 Prof. Dr. Eugen Biser: Nietzsches Religionskritik, HDO

23. Febr. 1991 Musikalisch-philosophischer Abend (mit dem Nietzsche-Kreis Essen-Brilon): Prof. Dr. Karel Mácha: Das Gefährliche Auf-dem-Wege – Friedrich Nietzsche als Philosoph des Grenzenlosen. Einführungsvortrag: Dr. Alois K. Soller: Nietzsche als Komponist. Ruth Reitmeyer singt Lieder von Friedrich Nietzsche, begleitet von Dr. Maria Hülle-Keeding am Klavier.

25. März 1991 Serge Lawrence Cisneros: Darf Nietzsche recht haben? Beweise der Fehlbarkeit der Kirche (I), HDO

29. April 1991 Dr. Hans-Joachim Becker: Van Gogh in Arles und Nietzsche in Turin. Begegnung zwischen Kunst und Philosophie, HDO

27. Mai 1991 Serge Lawrence Cisneros: »Der Parteimensch wird mit Notwendigkeit Lügner« (Antichrist, § 55) – Beweise der Fehlbarkeit der Kirche II, HDO

20. Sept. 1991 Ansprache zum Gedenken an Albert Kopf (Dr. Beatrix Vogel) im Waldfriedhof zu Grünwald

28. Okt. 1991 Dr. Herbert Will: Nietzsche und Groddeck: Ist Groddecks Psy-

chosomatik eine praktische Umsetzung von Nietzsches Philosophie?, HDO

25. Nov. 1991 Dr. Leopold Bayerl: Der Impuls zur Neuheit – Kritische Interpretationen zu Nietzsche im Anschluß an das Nietzsche-Buch von W. Kaufmann, HDO

27. Jan. 1992 Dr. Hans-Joachim Becker: Nietzsche und Adorno: Zur Nietzsche-Rezeption in der kritischen Theorie, Seidlvilla[2]

24. Febr. 1992 Dr. Claudia Konrad: Freunde oder Rivalen: Gustav Mahler und Richard Strauss

20. März 1992 Musikabend mit Liedern von Josef Suder und Karl Bleyle. Mit Katharina Gerbitz, Klavier; Boris Nikitenko, Violine; Ruth Reitmeyer, Sopran, mit der Romain-Rolland-Gesellschaft, HDO

27. April 1992 Silvia Steindl: Vortrag und Lesung: Die »Dreieinigkeit« – das Freundschaftsdreieck zwischen F. Nietzsche – L. A. Salomé – P. Rée

29. Mai 1992 Prof. Dr. Karel Mácha: J. J. Rousseau: Musiker oder Philosoph? Musikalische Umrahmung: Musik von Rousseau, Mozart und Schubert. Mit Ruth Reitmeyer, Sopran; Dr. Maria Hülle-Keeding, Klavier, mit der Romain-Rolland-Gesellschaft, HDO

28. Sept. 1992 Max W. Vogel: Was ein Weiser heute über Nietzsche sagt: Bhagwan Shree Rajneesh in »Zarathustra – a god that can dance«

28. Okt. 1992 Prof. Dr. Wolfgang Dittrich: Bertrand Russell über Nietzsche (Textauswahl und Diskussionsleitung)

30. Nov. 1992 Max Werner Vogel: Nietzsches Wertbegriff und seine »Umwertung aller Werte«

25. Jan. 1993 Rudolf Kuhr: Der Übermensch – Was meinte Nietzsche damit? Was können wir heute damit anfangen?

15. Febr. 1993 Prof. Dr. Eberhard Simons: »Doch alle Lust will Ewigkeit, will tiefe, tiefe Ewigkeit« – Interpretation zu Nietzsches »Mitternachtslied«

30. April 1993 Benefiz-Konzert für das Centre »Jean Christophe« in Vézelay, mit Liedern und Instrumentalsätzen von Josef Suder sowie Nietzsche-und Hölderlin-Liedern von Karl Bleyle. Mitwirkende: Ruth Reitmeyer, Boris Nikitenko, Hartmut Brüsch. Vortrag: Dr. Claudia Konrad, Einführung in die Musik von Suder und Bleyle, (mit der Romain-Rolland-Gesellschaft), HDO

24. Mai 1993 Uraufführung: Der zarte (harte) Nietzsche. Ein Vorlesespiel mit verteilten Rollen und Musik von Dietmar Moews, Seidlvilla

27. Sept. 1993 Max Werner Vogel: Der philosophische Subjektivismus, Nietzsches »Umwertung aller Werte« und Carlos Castaneda, »Das Feuer von innen«

25. Okt. 1993 Dr. Claudia Konrad: Hermann Hesse und die Musik

29. Nov. 1993 Prof. Dr. Wolfgang Dittrich: Ludwig Klages »Die psychologischen Errungenschaften Nietzsches« (Lesung u. Diskussion)

31. Jan. 1994 Ralph Mattus (Dortmund): Wie kann also etwas Todtes »sein«? Nietzsche (Fröhliche Wissenschaft) – Foucault – Deleuze

28. Febr. 1994 »In München leben meine Antipoden« – Hier irrte Nietzsche! Ein Abend zum Thema »München und Nietzsche« mit Christoph Burgauer

28. März 1994 Dr. Alois K. Soller: Nietzsches Kritik des Sozialismus

25. April 1994 Dr. H.-J. Becker: Nietzsche in Japan

30. Mai 1994 Tobias Schneider: »Wenn die Gedanken schweigen« – Aspekte des Dionysischen in der frühen Prosa Robert Musils

26. Sept. 1994 Max Werner Vogel: Nietzsche in seinen Gedichten – Interpretationen zu Nietzsches Lyrik, Lesung: Dr. Claudia Konrad

14. Okt. 1994 Prof. Dr. Eberhard Simons: Festvortrag zum 150. Geburtstag Friedrich Nietzsches: »Das Wahre ist so der bacchantische Taumel, an dem kein Glied nicht trunken ist ...«

17. Okt. 1994 Prof. Dr. Manfred Zahn: Festvortrag zum 150. Geburtstag Friedrich Nietzsches: Nietzsches Kritik der Moderne

28. Nov. 1994 Prof. Dr. h. c. Heinz Friedrich: »Weisheit für übermorgen« – Zu Nietzsches Nachlass

30. Jan. 1995 Albert von Schirnding: Dionysos und sein Widersacher: Zu Thomas Manns Rezeption der Antike

20. Febr. 1995 Prof. Dr. Karel Mácha: »Das Gefährliche Auf-dem-Wege« – Begegnungen mit Friedrich Nietzsche

27. März 1995 Michel de Vries: Nietzsche und die Folgen – Die Kunst des Zwanzigsten Jahrhunderts

24. April 1995 Dr. Alois K. Soller: Das Frauenbild Nietzsches im Kontext von Nietzsches Philosophie

29. Mai 1995 Prof. Dr. Franz Buggle (Freiburg): »Denn sie wissen nicht, was sie glauben« oder warum man redlicherweise nicht mehr Christ sein kann

25. Sept. 1995 Matthias Gaertner: »Unmöglichkeit?« Zu Gustav Landauer und der Frage, was heute politisches Handeln heißen könnte

23. Okt. 1995 Michael Lahr: Nietzsche in Frankreich – Spurensicherung im Werk Michel Foucaults

27. Nov. 1995 Wolf-Dieter Enkelmann: Gesundheit und Krankheit – Erfahrungen und Gedanken zu einem offenen Problem

29. Jan. 1996 Dr. Hans Morawa: Vom »Willen zur Macht« zur »Machtergreifung«. Friedrich Nietzsche und Adolf Hitler – Eine Betrachtung aus historischem Anlass

23.-25. Febr. 1996 Symposion des Nietzsche-Kreises München: Von der Unmöglichkeit oder Möglichkeit, ein Christ zu sein – Zur europäischgeschichtlichen Freiheits- und Wertekonstitution. Vorträge und Podiumsdiskussionen: Eberhard Simons, Franz Buggle, Michael von Brück, Albert von Schirnding, Elisabeth Endres, Carl Amery und Hans-Rüdiger Schwab

25. März 1996 Matthias Gaertner: Friedrich Nietzsche – ein sprachloser Denker?,

20. Mai 1996 Prof. Michael Benedikt (Wien): Nietzsches Wort »Gott ist tot« – aus der Sicht von »Heideggers Halbwelt«

30. Sept. 1996 Matthias Gaertner: Über-mensch – Zu Nietzsches Gedanken des Übermenschen bzw. einer Überwindung des Menschen

25. Nov. 1996 Dr. Ernst Gerhard Eder (Wien): Über die ökologische Krise, die Harmlosigkeit der Historie und Friedrich Nietzsche

13. Jan. 1997 Albert von Schirnding: »Wendepunkt und Wirbel der sogenannten Weltgeschichte« – Zum Bild des Sokrates bei Friedrich Nietzsche

24. Febr. 1997 Matthias Gaertner: »Die wahre Welt: ... schaffen wir sie ab!« – Nietzsche, ein Denker des Politischen?

24. März 1997 Wolfgang Seelig: Richard Wagners Parsifal: Ersatzreligion? – »Erlösung in der Vereinigung«

26. Mai 1997 Dr. Camillo Friedrich Schrimpf: Anmerkungen zur »Genealogie der Moral« von Friedrich Nietzsche

23. Juni 1997 »Zarathustra – a god that can dance«. Was ein indischer Weiser heute über Nietzsche sagt – Bhagwan Shree Rajneesh über Nietzsches Zarathustra, Wiederholung des Vortrags von Max Werner Vogel (gest. 1995) vom 28.Sept.1992 (im Rahmen des Themas »Indien« in der Seidlvilla)

29. Sept. 1997 Prof. Dr. Dr. Karel Mácha: »Wurschtkuchelseminar« – Ein philosophischer Nachunterricht zu Friedrich Nietzsche, der Lebensphilosophie und dem Leben überhaupt

27. Okt. 1997 Dr. Jürgen Kraft: Nietzsche und kein Ende – Wie und warum sich die Gegenwart mit seinem Denken befasst

24. Nov. 1997 Dr. Alois K. Soller: Der »Übermensch« bei Friedrich Nietzsche

26. Jan. 1998 Matthias Gaertner: »Wir haben die Kunst, um nicht an der Wahrheit zugrunde zu gehen«

16. Febr. 1998 Prof. Dr. Jörg Salaquarda (Wien): »Wohin ist Gott?« – Überlegungen zur Möglichkeit des Christseins unter Bedingungen der Moderne

27. April 1998 Dr. W. L. Hohmann (Essen): Nietzsche-Heidegger: Das Denken und der Tod – ausgehend von Nietzsches Satz »Gott ist tot«

25. Mai 1998 Dr. Harald Seubert (Nürnberg/Halle): Einheit und Vielheit – Ein verborgenes Leitmotiv auf Nietzsches Denkweg

29. Juni 1998 Albert von Schirnding: »Abdankung« – Phantasie über ein Thema Thomas Manns

28. Sept. 1998 Dr. Manfred Gawlina (Neapel/München): Nietzsche und Fichte zu den Begriffen »Selbstbewusstsein« und »Gott«

26. Okt. 1998 Dr. Claudia Conrad: Nietzsche und die Musik, Vortrag mit Musikbeispielen

30. Nov.	1998	Tobias Schneider: Wieder den Geist der Zeit – Friedrich Nietzsche im Spiegel der Münchner Kosmiker
18. Jan.	1999	Dr. Alois K. Soller: Peter Singers praktische Ethik
22. Febr.	1999	Reinhard Falter: Apoll und Dionysos – Nietzsches Polarität und die heute mögliche Sicht auf die Griechen
26. April	1999	Karl Klezok: Heinrich Heine und Friedrich Nietzsche
07. Juni	1999	Prof. Dr. Hubertus Mynarek: Das Gottesbild Luthers
28. Juni	1999	Michael Lahr: Lessing und Nietzsche
27. Sept.	1999	Christoph Burgauner: Friedrich Nietzsche im Lichte *unserer* Erfahrung
25. Okt.	1999	Dr. Jürgen Kraft: Nietzsches Lehre von der ewigen Wiederkunft des Gleichen – Das Problem der abendländischen Metaphysik
29. Nov.	1999	Zur Feier des 80. Gründungsjubiläums der Nietzsche-Gesellschaft liest Gregorij H. von Leitis Ausschnitte aus Friedrich Würzbachs Vortrag zur Gründung der Nietzsche-Gesellschaft sowie aus Thomas Manns Rede, gehalten anlässlich Nietzsches 80. Geburtstag, Piotr Oczkowski begleitet mit Werken von Beethoven und Chopin (zusammen mit ELYSIUM-BETWEEN TWO CONTINENTS)
31. Jan.	2000	Dr. Ingo Christians: »Das Widerstreben ist die Form der Kraft«
22. Febr.	2000	Prof. Dr. Hans-Rüdiger Schwab (Münster): Der Sieg über den Panther – Karl Mays Auseinandersetzung mit Nietzsche
28. April	2000	Prof. Dr. Norbert Rath (Münster): Thomas Manns Nietzsche-Deutungen (mit dem Thomas-Mann-Förderkreis München e.V.
29. Mai	2000	Prof. Dr. Ulrich Willers (Eichstätt/München): Pascals Jesus und Nietzsches Pascal
13. Juni	2000	Neukonstitution des Nietzsche-Forum München als rechtsfähige Vereinigung (Gründungsmitglieder: Dr. Hans-Joachim Becker, Christoph Burgauner, Heribert Förtsch, Prof. Heinz Friedrich, Prof. Manfred Görg, Prof. Karl Hahn, Dr. Claudia Konrad, Michael Lahr, Gregorij H. von Leitis, Prof. Ram Adhar Mall, Dr. Miriam Ommeln, Prof. Werner Ross, Achim U. J. Rowold, Albert von Schirnding, Prof. Hans-Rüdiger Schwab, Prof. Harald Seubert, Prof. Eberhard Simons, Dr. Beatrix Vogel, Dr. Elke Wachendorff, Dr. Luitgard Wiest)
26. Juni	2000	Albert von Schirnding: Die Propheten von der Martiusstraße – Ein München-Kapitel aus Thomas Manns »Doktor Faustus«
25. Sept.	2000	Bernhard Setzwein liest aus seinem Roman: »Nicht kalt genug«, Martina Reichová begleitet mit Klavierkompositionen Friedrich Nietzsches
02. Nov.	2000	Prof. Dr. h.c. Heinz Friedrich: Ecce homo? – Nietzsches »Übermensch« im Zwielicht unserer Erfahrung
10.-12. Nov.	2000	»Die Auflösung des abendländischen Subjekts und das Schicksal Europas«, Fachtagung anlässlich des 100. Todestages Friedrich Nietzsches, mit Prof. Michael von Brück (München), Prof.

Manfred Görg (München), Prof. Karl Hahn (Münster), Prof.
Ram Adhar Mall (München), Prof. Hans-Rüdiger Schwab
(Münster), Prof. Harald Seubert (Halle), Prof. Eberhard Simons (München), Prof. Bassam Tibi (Göttingen, Tel Aviv),
Prof. Gianni Vattimo (Turin), Dr. Elke Wachendorff (München), Prof. Kurt Weis (München) und der Pianistin Elena Let-
nanova (Bratislava)

29. Jan.	2001	Dr. Hans-Joachim Becker: Fichtes Idee der Nation und das Judentum
12. Febr.	2001	Dr. Margaretha Huber (Rom): EIKON, das Bild
05. April	2001	Erste ordentliche Mitgliederversammlung des Nietzsche-Forum München e.V.
23. April	2001	Dr. Hans-Joachim Koch (Gladenbach): Zur Nietzsche-Rezeption in Indien und Japan
21. Mai	2001	Prof. Dr. Hermann Josef Schmidt (Dortmund): »Feind... Gottes?« – Nietzsches verheimlichte Denkkontinuität
08. Juni	2001	Kolloquium zum Thema: Wirklichkeitserfahrungen in Grenzsituationen, mit Prof. Kurt Weis (München): Das alltägliche Schweigen des Leibes oder: Das bewusste Suchen nach anderen Wirklichkeitserfahrungen, und Dr. Nikolaus Gerdes (Bad Säckingen): Normale Wirklichkeit als soziale Konstruktion oder: Krebsdiagnose: Der (unfreiwillige) Sturz aus der normalen Wirklichkeit
25. Juni	2001	Prof. Dr. Dieter Borchmeyer (Heidelberg): Goethe – der Überdeutsche, im Bilde Nietzsches
30. Juli	2001	Musikalisch-philosophischer Abend anlässlich des 70. Geburtstages von Prof. Dr. Dr. Karel Mácha. Den Vortrag von Prof. Karel Mácha: »Eine Stimme aus sieben Einsamkeiten« begleitet Elena Letnanova mit Klavierkompositionen Friedrich Nietzsches
17. Sept.	2001	Dr. Andreas Urs Sommer (Greifswald): Macht und Ohnmacht der Ursprünge bei Franz Overbeck und Friedrich Nietzsche
29. Okt.	2001	Prof. Dr. Harald Seubert (Halle): Karl Barths religionsphilosophisches Erbe
26. Nov.	2001	Dr. Miriam Ommeln (Bonn): Die Verkörperung von Friedrich Nietzsches Ästhetik ist der Surrealismus

[1] Diese Vortragschronik wurde von Frau Dr. Beatrix Vogel nach vorliegendem
Achivmaterial erstellt. (Anm. der Herausgeberin)
[2] Ab Januar 1992 finden alle Veranstaltungen des Nietzsche-Kreises München,
wenn nicht anders vermerkt, in der Seidlvilla statt.

ANSCHRIFTENVERZEICHNIS DER AUTOREN

Prof. Dr. Michael von Brück, Waldweg 17 a, 93138 Lappersdorf
Prof. Dr. Franz Buggle, Seltzenstrasse 13, 79280 Au
Reinhard Falter, Steinerweg 12, 81241 München
Prof. Dr. h.c. Heinz Friedrich, Maréesstrasse 6, 80638 München
Dr. Matthias Gaertner, Forstenrieder Allee 14, 81476 München
Dr. Manfred Gawlina, Wilhelm-Hertz-Straße 17, 80805 München
Prof. Dr. Jörg Salaquarda (verstorben am 08.06.1999)
Hans-Otto Seitschek, Birkenleiten 50, 81543 München
Dr. Harald Seubert, Moritzbergstraße 85, 90482 Nürnberg
Prof. Dr. Dr. Eberhard Simons , Ludwigstraße 22, 80539 München
Max Werner Vogel (verstorben am 11.01.1995)
Dr. Beatrix Vogel, Orionstraße 8, 83624 Otterfing
Prof. Dr. Ulrich Willers, Heidingsfelderweg 47, 85072 Eichstätt